本书获得教育部国别和区域研究培育基地
——西南科技大学拉丁美洲和加勒比研究中心出版资助

拉美研究丛书
Latin American Studies Series

中国社会科学院
拉丁美洲研究所
INSTITUTO DE AMERICA LATINA
ACADEMIA DE CHINA DE CIENCIAS SOCIALES

展望中拉合作的新阶段

Prospects for the New Stage of China–Latin America Cooperation

刘捷　刘维广◎主编

中国社会科学出版社

图书在版编目（CIP）数据

展望中拉合作的新阶段/刘捷，刘维广主编. —北京：中国社会科学出版社，2016.4
ISBN 978 - 7 - 5161 - 7463 - 0

Ⅰ. ①展… Ⅱ. ①刘…②刘… Ⅲ. ①对外合作—研究—中国、拉丁美洲—文集 Ⅳ. ①F124 - 53

中国版本图书馆 CIP 数据核字（2015）第 309572 号

出 版 人	赵剑英
责任编辑	张　林
责任校对	高建春
责任印制	戴　宽

出　　版	中国社会科学出版社
社　　址	北京鼓楼西大街甲 158 号
邮　　编	100720
网　　址	http://www.csspw.cn
发 行 部	010 - 84083685
门 市 部	010 - 84029450
经　　销	新华书店及其他书店
印　　刷	北京明恒达印务有限公司
装　　订	廊坊市广阳区广增装订厂
版　　次	2016 年 4 月第 1 版
印　　次	2016 年 4 月第 1 次印刷
开　　本	710×1000　1/16
印　　张	25.75
插　　页	2
字　　数	435 千字
定　　价	96.00 元

凡购买中国社会科学出版社图书，如有质量问题请与本社营销中心联系调换
电话：010 - 84083683
版权所有　侵权必究

《拉美研究丛书》总序

拉美和加勒比国家是发展中世界的重要组成部分。拉美地区自然资源丰富，市场广阔，发展潜力巨大，是一个充满生机和有广泛发展前景的地区。

拉美是发展中世界较早实现经济起飞的地区。1950—1980年，拉美地区经历了持续30年的增长周期，年均增长率高达5.3%，国内生产总值增长了4倍，一些主要国家如墨西哥、巴西等出现经济增长"奇迹"。多数拉美国家在这一时期相继进入中等收入行列，不少国家提出了向发达国家跃进的目标。进入21世纪后，拉美国家克服了20世纪80年代的经济危机和90年代的经济起伏，迎来经济增长的新一轮"黄金时期"。目前拉美地区人均国内生产总值达到1万美元，一些国家已经或有望在近期跨入高收入国家行列。在实现经济增长的同时，拉美国家的发展政策趋于稳定，国际话语权扩大，国际影响力提升。拉美国家注重多元化外交，努力营造于己有利的国际环境和国际秩序，最大限度谋求在世界和全球性事务中的主动权和话语权，已经成为多极世界中的重要一极。无论在未来全球经济增长，还是在世界政治和经济秩序调整，以及全球治理进程中，拉美国家将发挥越来越重要的作用。

近年来，中国从战略高度重视拉美，是因为拉美对中国来说越来越不可或缺。

首先，拉美国家是延长中国战略机遇期和共筑和谐世界的重要伙伴。中国与拉美国家同属发展中世界，双方有类似的历史遭遇，面临着发展经济、维护政治稳定、促进社会进步的共同历史任务。中拉双方在重大国际问题上相互理解、相互支持、相互配合。中国与该地区主要国家建立了形式多样的战略伙伴关系，中拉间各种对话机制和政治磋商机制日益完善，与主要区域组织的合作取得突破。中拉双方战略共识增多，在全球性问题及与发达国家关系问题上的共同战略利益扩大，在多边机构和国际组织中有了更多合作需求，战略合作的基础更加牢固。无论是延长中国战略机遇期还是共筑和谐世界，拉美都成为中国不可或缺的重要伙伴。

其次，中国在拉美地区有着越来越重要的经济利益。随着中国经济快速增长，对外部资源能源的需求越来越大。拉美自然资源丰富，对弥补中国国内资源能源短缺具有无可替代的作用和意义。拉美国家不仅已经成为中国所需能矿资源和农业产品的重要来源地，而且成为中国重要的海外市场和企业"走出去"战略的重要目的地，双方在产能、基础设施、科技、新能源、农业、金融领域等的合作越来越密切，拉美国家与我国重大对外经济利益有了越来越密切的关联性。

最后，拉美地区国家已经成为中国对外经贸合作的重要对象。中拉经济有极大互补性，相互合作需求巨大，双方经贸水平不断提升。继2000年首次超过百亿美元大关后，中拉贸易额连上新台阶，2013年超过2600亿美元。受国际金融危机和全球经济增长放缓影响，中拉贸易在2013年以后增速减缓，但贸易量仍呈现增长势头。与此同时，中国不断加大对拉美地区投资，扩展新的投资领域。目前拉美已成中国对外投资的重要目的地，截至2014年底，中国对拉美地区直接投资存量达到989亿美元。在中拉经贸合作取得新突破的新起点上，习近平主席在2015年1月提出，中拉要共同努力，实现10年内中拉贸易规模达到5000亿美元、中国在拉美直接投资存量达到2500亿美元的目标。

特别值得指出的是，拉美国家现代化进程起步较早、城市化水平较高，提供了许多可供其他国家借鉴的经验教训，特别是在推进经济增长、化解社会矛盾、缓解社会冲突、维护社会稳定方面，对我国的发展具有重要借鉴意义。

拉美的崛起和中拉关系的全面提升，对我们的拉美研究工作提出了新要求和许多新课题，要求我们对拉美地区进行更多和更深入的了解。然而，从略知拉美到深入了解拉美是一项长期的任务和艰苦的工作，既需要国家决策层面的高度重视，也需要相关部门适当的人力、物力和财力投入和支持，更需要决策界、学术界、企业界和社会公众的持续努力并形成合力。在推进此项工作和任务过程中，不仅要培养大批掌握拉美国家语言、通晓相关知识的"拉美通"型人才，也要培养专业研究领域资深的学者，适时推出有深度、有广度和有针对性的研究成果。中国社会科学院拉丁美洲研究所的《拉美研究丛书》即是这一努力的发端。

近年来，中国社会科学院拉丁美洲研究所注重对拉美重大理论和现实问题的研究，完成了一批高质量，具有重要影响力的科研成果，为党和国家决策，为政府有关部门、企事业和公众对拉美知识的需求作出了重要贡献。我相信《拉美研究丛书》在增进我国各界对拉美的了解，促进中拉合作方面会发挥不可替代的作用。希望该丛书能够得到各界有识之士的教正和支持。

李　捷

2015 年 9 月

目　录

代序:中国改革的新环境及其机遇和挑战 ………………… 李　捷(1)

经济篇

拉美国家需要加快产业结构调整 ………………………… 苏振兴(3)
南美洲国家出口结构调整与经济转型的困境 …………… 赵雪梅(21)
秘鲁的金融业与经济发展:历史与当代转轨 ……… 戴建兵　孔德威(34)
文化差异对中拉贸易影响的实证研究 …………… 曲如晓　杨　修(53)
阿根廷庇隆政府的农业剥夺政策及其影响、启示 ………… 王慧芝(67)

政治篇

拉美左翼执政模式的困境及地区外交新态 ……………… 王友明(79)
21世纪以来拉美地区的"新社会主义"运动 ……………… 靳呈伟(88)
革命制度党与墨西哥的政治稳定(1929—1968) ………… 王文仙(108)
墨西哥工会与法团主义:妥协与改变 …………………… 陈　岚(126)

社会篇

智利成功跨越"中等收入陷阱"对中国的启示 …… 吴志峰　李亚娟(141)
制度之间的政治经济发展
　　——阿根廷和智利比较研究(1989—2001) ………… 李江春(173)
论20世纪90年代以来巴西华侨华人与中国

文化的传播
——机制、作用与思考 …………………………………… 程　晶(205)
墨西哥环保运动初探 ………………………………………… 袁　艳(221)

国际关系与中拉关系篇

中拉关系中的美国因素和中美关系中的拉美因素 ………… 贺双荣(239)
中国学术界关于美拉关系和中拉关系的认知
　　——以《拉丁美洲研究》为例的学术史梳理 ………… 韩　琦(250)
新世纪以来中国和美国对拉美地区公共外交的比较 ……… 牛丹丹(270)
拉美经济改革及中拉经贸合作面临的新机遇新挑战 ……… 沈　安(287)
试析当前中拉合作的成效与深化合作的战略意义 ………… 刘青建(305)
中国与加勒比地区的经济关系 ……………………………… 董经胜(318)
中国与拉美经贸关系新常态研究 …………………………… 唐　俊(328)
中国企业在拉美的直接投资：区位
　　选择的影响因素 ………………………… Diego Quer 李宇娴(346)
拉美大国与中国的拉美外交战略 ……………………… 范和生 唐惠敏(359)
中拉机制化整体合作的进程及特点解析
　　——以地区间主义为视角 …………………………… 楼项飞(371)
世界能源秩序转型中的中拉能源合作：新秩序、
　　新角色与新篇章 ………………………………………… 王　双(383)

代序：中国改革的新环境及其机遇和挑战

如今，中国与世界的关系已发生了重大改变。从前，国内事件与国际事件互不搭界、互不关联。如今，两者却越来越多地联系在一起，你中有我、我中有你，难解难分。这就需要我们在研究中国问题时，要有国际视野；在研究国际问题时，要有中国站位。同时，还要把国际视野同中国站位有机结合起来，站在国内、国际两个大局的交汇点上观察问题、思考问题。

基于这样的认识，我想借此机会谈一谈对中国改革的过去时与现在时的认识体会，也可算是对中国拉丁美洲学会这次召开的"展望中拉合作的新阶段"学术研讨会的一点补充。

中国现在正在进行的全面深化改革，和30多年前启动的那一轮改革，既有联系，又有不同。要想搞清楚这些联系与不同，就必须回顾从1978年12月中共十一届三中全会以来中国改革开放走过的37年历程。

总体来说，中国改革开放走过了三个阶段。

第一个阶段，从1978年中共十一届三中全会到1992年中共十四大，是"松绑发展"阶段。

松什么绑呢？松社会主义传统观念和教条主义对中国社会主义道路探索的束缚之绑。

我们在坚持科学社会主义基本原理的同时，在"什么是社会主义、怎样建设社会主义"这一根本问题上有了极大的进步，使我们对于科学社会主义的认识达到了一个新境界。

从改革人民公社体制开始，到改革整个经济体制、政治体制和文化体制；从设立经济特区开始，到全方位的对外开放；从提出发展有计划的商品经济开始，到作出建立社会主义市场经济体制的历史决策，改革开放的每一次历史性进步，都极大地推进了中国特色社会主义理论体系的形成和发展，理论创新又使人们的思想观念得到极大的解放，又成为推动中国经济社会前进的强大动力。在这一理论与实践相互推进的过程中，我国成功实现了从高度集中的计划经济体制到充满活力的社会主义市场经济体制，从封闭半封闭到全方位开放的伟大历史转折。

第二个阶段，从1992年中共十四大到2007年国际金融危机爆发前夕，是"借力发展"阶段。

借什么力呢？就是借从20世纪90年代蓬勃发展起来的经济全球化大潮之力。

需要说明的是，中国的改革开放，主要是依靠自己的力量发展起来的，但也离不开外部推动力。而且，随着改革开放向深度和广度拓展，由改革开放释放出来的内力与外力的交互作用与深度融合，也更为重要。

这时候，中国要引进来、走出去，加入世界贸易组织，积极参与和推动经济全球化进程，在这个过程中趋利避害，迅速发展壮大起来。中国的这一轮发展，遇到了一个强有力的阻碍，这就是世界经济政治传统秩序的严重束缚。

这个问题，邓小平早就提出来了。20世纪80年代，邓小平在作出和平与发展是当今世界的两大问题的著名论断之时就指出，和平问题是东西问题，发展问题是南北问题，要和平，要发展，就必须打破冷战时期形成的世界政治经济旧秩序，建立平等互利公正的世界政治经济新秩序。这一直是我国发展努力的一个重要目标。

在借力发展阶段，有两个决策至为关键。一是建立和完善社会主义市场经济体制，这为我国加入世界贸易组织，积极参与经济全球化进程，搭建了体制机制平台。二是全力推进加入世界贸易组织的谈判，形成改革的倒逼机制，并为适应入世后面对的国际竞争新格局做了充分准备。

这一轮的发展，取得了举世瞩目的成绩。如今，我国已成为世界第二大经济体，成为推动世界经济和平发展的重要引擎。一个面向现代化、面向世界、面向未来的社会主义中国巍然屹立在世界东方。中国的发展，不仅使中国人民稳定地走上了富裕安康的广阔道路，而且为世界经济发展和人类文明进步作出了重大贡献。

如今，随着2008年国际金融危机的爆发，特别是中共十七大提出转变发展方式以来，中国改革开放进入了第三个阶段，即"转型发展"

阶段。

转什么型呢？这里说的"转型"，当然不是社会根本制度的转型，而是发展方式的转型。就是要从以高投入为手段、以高污染高能耗为代价、以总量倍增为目的的传统发展方式，转变到以创新驱动发展战略为主导的发展轨道上来，实现国民经济的转型升级、提质增效。

要实现这一转变，就必须从现代化传统发展模式的束缚中解放出来，必须从我们习以为常的一些旧经验、旧做法中解放出来，创新发展理念、发展方式、发展模式。要突破对 GDP 和高投资、高耗能、高污染的传统发展方式的依赖，突破发展理念中的拜物主义和拜金主义，树立以人为本的科学发展观。

所以说，当代中国发展又到了一个重要的历史关头。一方面，改革开放 30 多年伟大成就的积累，新中国成立以来 60 多年建设成就的积累，都使我们站在了一个新的历史起点上；另一方面，在积累成就的同时，也积累了一些深层次问题，发展中的问题只有在发展中得到解决，只有在转变发展方式中得到解决。根本出路在于：转变发展方式，更新发展理念，创新发展模式，着眼于保持中高速增长和迈向中高端水平"双目标"，坚持稳政策稳预期和促改革调结构"双结合"，打造大众创业、万众创新和增加公共产品、公共服务"双引擎"，推动发展调速不减势、量增质更优，实现中国经济提质增效升级。

发展方式、发展观念、发展模式，是当今世界各国普遍关注的战略问题，必将成为未来国际竞争新的制高点。

如果说，从前发达国家拉开同发展中国家的差距，主要靠的是科技创新、科技革命的话；今后的国际竞争，还要加上一条，要靠发展方式、发展观念、发展模式的创新。

回顾中国改革开放走过的三个阶段的历程，在经济层面上可以看到两个重要特点。第一，不但中国经济存在着周期性发展，而且中国改革开放也存在着周期性的阶段变化。大体上说，以 15 年左右为一个周期。第二，在每一个周期里，开始都遇到诸多问题，似乎是一头雾水，正所谓"山重水复疑无路"。但到后面，又因遇到重要推力，例如第一阶段是农村改革的成功，第二阶段是入世谈判成功，而进入"柳暗花明又一村"的境界。由此观之，尽管当前的第三阶段，也是经济下行压力继续加大，国际经济发展不稳定、不确定因素持续叠加，但我们完全有理由相信，在经过一段通过全面深化改革不断释放稳中求进的支撑动力之后，中国经济一定会进入新一轮的持续发展周期。

搞清楚了中国改革开放三个阶段的联系与区别，就可以探讨中国新一轮改革开放面临的新环境了。

今天的改革，已与37年前启动的改革有很大不同，具有一些前所未有的特点。这些特点，需要从全面深化改革与十一届三中全会以后的改革的比较中寻找答案。

新一轮改革具有哪些特点呢？

不再是对计划经济体制的改革，而是在市场经济体制下的又一次改革。

不再是法律体系不健全条件下的改革，而是法律体系形成条件下的改革。

不再是经济体量小、内部结构简单条件下的改革，而是经济体量巨大、内部结构复杂条件下的改革。

不再是收入分配差距不大、利益格局尚未分化、社会矛盾简单条件下的改革，而是收入分配差距较大、利益格局多元失衡、社会矛盾凸显条件下的改革。

不再是国内市场相对封闭、国际国内两个市场两种资源各自独立运行条件下的改革，而是全方位开放、国际国内两个市场两种资源日益融合条件下的改革。

这就决定了经济发展新常态的几个重要内容：增速换挡；发展方式转型；经济结构调整；动力转换。

与此同时，前后两轮改革也有不少共同点。其中之一，拉动经济增长的仍然是三驾马车，即：投资、内需（消费）、净出口。但是，这三驾马车发挥作用的内涵和条件，都发生了重要变化。转型发展，要靠全面深化改革。要这三驾马车更好地发挥作用，同样要靠全面深化改革。除此之外，没有其他更好的选择。

上述情况决定了全面深化改革的任务。

——进一步推动增速换挡、方式转型、结构优化、动力转换。

——进一步推动市场化在资源配置及相关领域的健康发展。

——进一步推动经济社会法治化发展。

——进一步推动绿色化发展、包容性发展。

——进一步推动利益格局合理化、社会矛盾和谐化发展。
　　——进一步推动国家治理的集约化、效能化、科学化、民主化发展。
　　——进一步推动崛起的中国主动融入国际社会，国际社会积极接受崛起的中国，成长的中国在变动调整的世界秩序中发挥更大建设性作用的国际新格局，努力构建合作共赢的21世纪人类命运共同体。
　　当然，上述一切改革，都必须在中国共产党的领导下稳步协调进行，都必须在中国特色社会主义道路、理论、制度的刚性框架内进行，都必须在"三个有利于"（有利于发展社会主义社会的生产力，有利于增强社会主义国家的综合国力，有利于提高人民的生活水平）的硬约束下进行。
　　我们面临的是全球性改革。这一次全球性改革浪潮，是从2008年国际金融危机前开始酝酿的。到现在为止，中国新一轮改革走在了世界各国的前头。
　　历史的机遇，总是为勇敢的人，有作为、有担当、有准备的人准备的。中国曾经同历史机遇多次失之交臂，这一次终于占据了改革的先机，利用并拓展了难得的战略机遇期。今后的关键，仍然要把握住以下要点：发展是硬道理；关键办好中国自己的事；量力而行、顺势而为，又开拓进取。
　　当前的全面深化改革，再也不能就改革论改革，而是进入内外结合、协调推进的新境界。首先要加强全面深化改革自身的整体性、协调性，然后要通过全面深化改革推动全面依法治国进程，通过从严治党推动并确保全面深化改革与全面依法治国，让三个轮子一起转起来。
　　由此观之，改革已深入经济社会的微观层面，又上升到国家治理的最高层面。其深度和广度，是以往的改革不可比拟的。因此，要加强国家改革的设计能力与执行能力、控制能力建设，总设计与总执行、总监督紧密结合起来，才能最终通过改革达到推动制度建设与国家治理体系和治理能力现代化的总目标。
　　以全面深化改革红利推动全面科学可持续发展，已是时代要求。中国当前的发展饥渴，再也不是温饱问题，也不仅是经济总量问题，而是发展的质量问题、时空问题。唯有把提高国家硬实力、软实力、创新能力同国民素质结合起来，同构建中国特色大国外交紧密结合起来，才能为中国下一轮的现代化发展提供强有力的内外支撑。
　　中国已度过了凤凰涅槃、浴火重生的阶段，迎接她的将是更加美好的未来。我们没有必要为此而担忧或恐惧。中华文明从本质上是包容的文明，追求世界大同的文明。与"国强必霸"不同，中华文明追求和信仰的是"各美其美，美人之美，美美与共"的逻辑，是"太平世界，环球同此凉热"的胸怀与境界。

李　捷

经济篇

拉美国家需要加快产业结构调整

苏振兴[*]

内容提要 当前，新兴经济体经济增速放缓是普遍现象，尽管面临的国际环境相同，但受外部环境的影响又存在着差异性，其重要原因之一是各经济体对资源输出的依赖程度不同。2011年以来，拉美地区经济再次转入下行态势，面临的挑战主要包括出口不振、经常账户与财政账户"双赤字"、投资率下降、通胀反弹等。拉美国家经济下行的内因首先是自身结构性失衡，集中表现为净出口、投资和内需"三驾马车"对经济增长贡献的失衡，形成单靠内需拉动增长的困难局面；其深层原因是产业结构调整包括基础设施建设滞后，这是由近30年拉美国家产业结构调整的反复与曲折等造成的。因此，加快产业结构调整既是全球科技革命与产业调整大趋势的现实要求，也是拉美国家实现经济可持续发展和缓解社会矛盾的迫切需要。但是，这一产业结构调整进程仍面临诸多挑战，其政策选择主要包括：从结构上摆脱对自然资源的依赖；制定长期战略，发挥国家的政治动员、政策协调和推进作用，形成完整的相互协调的政策体系；扩大融资渠道；建立地区性产业链条。

关键词 拉丁美洲 产业结构 结构性失衡 资源比较优势 政策选择

2003—2008年，在初级产品出口繁荣等因素推动下，拉美国家经

---

[*] 苏振兴，中国社会科学院国际学部委员，拉丁美洲研究所研究员。

济终于扭转了自债务危机以来的长期低迷的局面，经历了一个扩张期，年均增速达到4.8%。2009年受国际金融危机冲击，拉美经济出现负增长（-1.2%），但在反周期政策刺激下2010年即强劲复苏，增速达到6.1%。自2011年起，拉美经济又转入持续下行态势。上述过程表明，强烈的起伏波动是最近30多年来拉美经济运行的一个突出特点。据笔者观察，拉美国家产业结构调整滞后是造成这一现象的根本原因之一。

一 拉美地区经济下行与国际环境

2011—2014年，拉美地区经济增速分别为4.2%、2.6%、2.7%和1.1%。南美次地区2014年增长率仅为0.7%，较上年的2.8%大幅下挫，其中巴西、阿根廷、委内瑞拉增速分别为0.2%、-0.2%和-3.0%，均降至近4年来的最低点，且2015年的前景亦不容乐观。伴随经济下行而出现的挑战主要表现在以下几个方面。

1. 出口不振

拉美主要出口商品能源、矿产品及大宗农产品面临国际市场需求疲软、价格下跌的双重冲击。2014年下半年，国际市场原料价格继续下跌，据初步估计，全年原料平均价格跌幅由上年的5.2%扩大至10.5%。其中，金属价格2013年下跌16.7%，2014年下跌2.3%；食品价格继上年下跌15.5%后，2014年又下跌6.9%；能源价格更由上年上涨4.6%转为下降约17%。[①] 因此，拉美原料输出国贸易比价持续恶化，整个地区的出口值已连续3年在1.1万亿美元的水平上徘徊。

2. 经常账户与财政账户"双赤字"

出口不振导致经常账户连年赤字，2014年拉美地区经常账户赤字额1473亿美元，占地区国内生产总值（GDP）的2.3%，靠流入的外国直接投资填补。各国政府税收，特别是非税收收入的减少使财政赤字逐年上升，2011—2014年，地区财政赤字分别占GDP的2.4%、2.6%、2.9%

---

① CEPAL, *Balance Preliminar de las Economías Latina y el Caribe 2014*, Santiago de Chile, diciembre de 2014, p.6.

和3.1%。初级产品出口繁荣期中出现的"双盈余"局面早已风光不再。在此背景下，各国刺激消费的政策难度加大，社会开支也捉襟见肘，前10年拉美大量贫困人口实现脱贫、收入分配状况有所改善的社会形势可能出现逆转。

3. 投资率下降

拉美国家的投资率本来就不高，近几年又呈现普遍下降趋势。2014年，地区平均投资率为19.2%，降至2010年以来的新低。基于资源开发部门投资扩张周期结束、外资并购的步伐放慢等原因，外国直接投资进入拉美的数量减少，对短期资本的依赖性加大。2014年，拉美地区吸收外国直接投资1222亿美元，同比下降25%左右。随着美联储量化宽松政策的终结，美元走强，以及预期美国利率将会上调，可能出现资本回流，使拉美国家国际融资面临困境。当前最困难的国家是阿根廷和委内瑞拉，2014年底，两国外汇存底分别仅为280亿和205亿美元，而且两国的国际融资渠道均狭窄。

4. 通货膨胀反弹

2011—2014年，拉美地区平均通胀率（加权平均值）分别为6.8%、5.6%、7.3%、9.4%，呈逐步反弹趋势。2014年，委内瑞拉、阿根廷通胀率分别达到63.4%和24.2%，对推高地区通胀率产生了重要影响。为遏制通胀，各国政府不得不采取提高利率、紧缩信贷等措施，难以借助积极的货币政策来提振内需。

当前，新兴经济体经济增速放缓是普遍性现象，其所面临的国际环境也是共同的。但是，就外部环境对各新兴经济体所造成的影响而言，又确实存在着明显的差异性。其中一个重要原因是，各新兴经济体的增长对资源输出的依赖程度不同。例如，同属"金砖国家"的巴西和俄罗斯就遭受国际市场原材料需求疲软与价格下跌的沉重打击，而印度和中国则不受这一因素的困扰。这种差异性在拉美地区内部也同样有所体现。2011年以来的4年中，在南美洲国家经济持续下滑的同时，中美洲国家及多米尼加、海地等国却能保持4.0%左右的平稳增长态势。两者不同表现的原因就在于，南美洲国家对资源输出依赖程度高，而中美洲国家不具备资源优势，主要依赖于出口加工工业，并得益于美国经济复苏势头的拉动。

关于美国货币政策变化可能带来的不利影响，联合国拉美和加勒比经济委员会的评估是：美国量化宽松政策的结束虽然引起了国际资金流动的某种波动，但利率上浮并未立即跟进，国际金融市场继续保持了较高的流动性水平。[①] 这就是说，直到2014年底，拉美国家受美国货币政策调整的不利影响还不算太大。进入2015年后，情形可能就另当别论了。

二 拉美国家经济结构性失衡日益凸显

拉美国家经济当前面临的主要问题是自身结构性失衡，集中表现为净出口、投资和内需"三驾马车"对经济增长贡献的失衡，形成单靠内需拉动增长的困难局面。

这一局面的形成有一个过程。20世纪80年代末90年代初，拉美国家在推行市场化、自由化改革的同时，还必须遏制高达3位数甚至4位数的恶性通胀。"汇率锚"被普遍用作反通胀的主要手段，如阿根廷的"货币局制度"、巴西的"雷亚尔计划"等，导致本币大幅升值，产生财富效应，刺激进口需求上升。与此同时，由于市场快速开放，外国商品"雪崩式"涌入，本地产品无力与之竞争。80年代，拉美国家曾强制性地实施"奖出限入"政策，以获取外贸顺差来缓解外债支付压力，从而出现贸易盈余局面。到90年代，反通胀政策与市场开放政策的结合使对外贸易进入连年逆差状态。

21世纪头十年，拉美地区迎来一个初级产品出口繁荣期，南美国家和少数加勒比国家作为资源输出国都取得了可观的外贸盈余（见表1）。然而，如上文所述，这个繁荣周期到2011年基本结束，说明它不具有可持续性。问题还在于，这个出口繁荣期伴随着汇率持续升值。汇率升值是贸易比价大幅改善和资本大量流入产生的综合效应。资本之所以大量流入这些国家，一是受汇率继续升值预期的诱惑，二是受资源领域直接投资更高回报率的吸引。汇率持续升值产生强烈的副作用，一是非自然资源类可交易产品的生产和出口逐渐陷入困境；二是刺激国内消费升温，加上当时

---

① 参见 CEPAL, *Balance Preliminar de las Economías de América Latina y el Caribe 2014*, Santiago de Chile, diciembre de 2014, p. 6。

正处于经济扩张期,就业形势好转,政府的社会开支扩大,大量贫困人口脱贫,国内消费需求快速上升;三是导致进口急剧扩张,以至于各国政府纷纷采取保护主义措施抑制进口。

表1　　　南美洲、中美洲、墨西哥:贸易(商品与服务)结算

(占 GDP 比重,1960—2011 年)　　　　(单位:%)

	1960—1969	1970—1979	1980—1989	1990—1999	2000—2005	2006—2011
南美洲	1.0	-0.5	1.8	-0.6	3.4	1.8
阿根廷	0.2	0.8	2.4	-0.7	8.2	4.2
巴　西	-0.1	-1.9	2.0	-0.2	2.1	0.3
中美洲	-2.6	-3.5	-3.8	-6.1	-8.7	-10.6
墨西哥	-1.5	-1.9	2.5	-1.5	-1.7	-1.6

资料来源:CEPAL, *Cambio Estructural para la Igualda:Una Visión Integrada del Desarrollo*, San Salvador, 27-31 de agosto, 2012, p.48。

由表1的统计数据可以看出,20世纪80年代以前的20年,拉美国家在进口替代工业化的内向发展模式下,出口对经济增长的贡献基本是不存在的。80年代转入外向发展模式后,南美洲国家经历了两个外贸盈余期。值得关注的是,这两个外贸盈余期有以下共同特点:其一,都是靠出口初级产品实现的;其二,20世纪80年代的外贸盈余是强制压缩进口的结果,而21世纪头十年的外贸盈余则得益于国际市场资源需求的增长,但事实证明,二者都是不可持续的;其三,两个外贸盈余期都对国内制造业发展带来损害,80年代尤为严重,1980—1990年,拉美地区制造业的年均增长率仅为0.1%(按1990年不变价格计算)。[1] 最近30年间,中美洲国家(一定程度上也包括墨西哥)并未改变外贸长期逆差的局面。这组国家自80年代以来走的是发展出口加工装配产业(客户工业)的路子。实践证明,这类产业在扩大就业方面效果比较显著,但影响整体贸易结算的能力有限,因为输出的产品中进口含量过高而增加值很低。上述情况说明,这两类国家都面临产业结构调整滞后的问题,对自然资源或劳动力资源的依赖程度都过高。

---

[1] CEPAL, *Anuario Estadístico de América Latina y el Caribe*, Santiago de Chile, 1997, p.91.

关于拉美国家投资率偏低的现象，大体可以从两种比较中来加以认定。一是跟经济保持快速增长的亚洲国家比较，根据联合国拉美和加勒比经济委员会的数据，亚洲国家固定资本形成占GDP的比重80年代为27.8%，90年代中期接近35%，当前已达到40%，而拉美国家当前的水平仅略高于20%。二是拉美地区自身前后比较，图1的数据表明，1950—1982年，拉美地区平均投资率虽不算高，但总体呈上升趋势；1983—2003年的20年间，拉美投资率大幅下滑，始终在略高于18%的水平上徘徊，比1970—1982年低6个百分点左右；2004—2010年达到20.7%，依然没有恢复到70年代的水平。出现上述现象的原因是，80年代的债务危机，80年代末至90年代前期地区性恶性通货膨胀，1994—2001年期间拉美本地区的多次金融危机，以及外部金融危机（包括亚洲金融危机、俄罗斯金融危机、土耳其金融危机等）的连续冲击，导致拉美经济长达20年的衰退与低迷。

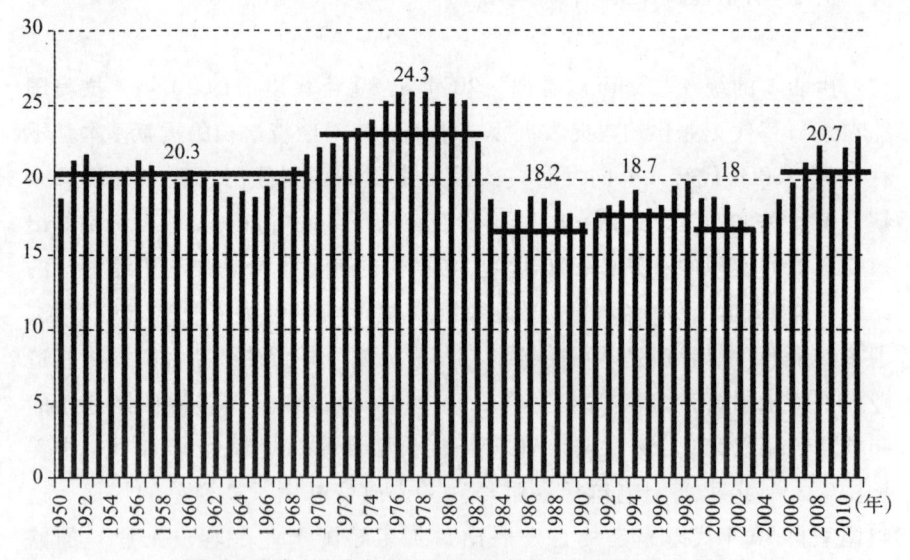

■ 总固定资本形成占GDP（以2005年美元价格衡量）比例

图1　1950—2010年拉美地区总固定资本形成
（占以2005年不变美元价格衡量的GDP比重，%）

资料来源：CEPAL, *Cambio Estructural para la Igualda: Una Visión Integrada del Desarrollo*, San Salvador, 27-31 de agosto, 2012, p.125。

上述经济低迷的20年也正是拉美国家在"华盛顿共识"影响下加速推进经济改革的时期。因此，拉美国家的投资不足问题还具有以下一些深层的特点。

1. 长期的投资不足产生一种累积效应

通常情况下，经济下行一般延续3—5年。这个阶段中的投资萎缩会在接下来的经济扩张期得到恢复。像拉美国家这样固定资本形成率持续20年在低水平上徘徊，就会产生一种累积性的负效应。最典型的例子是基础设施投资。相关统计数据表明，拉美地区基础设施投资率从1980年占GDP的3.5%左右持续下滑，到2000—2004年已降至0.8%，2005—2008年略有增加，回升到0.9%。长时间的投资不足使拉美各国当前的发展都面临严重的基础设施瓶颈制约。预计未来15年内，拉美基础设施要能满足经济发展的实际需要，至少要达到年均占GDP 5%的投资率。但是，仅凭拉美国家自身的财力，这个要求很难达到。

2. 公共投资与私人投资二者的地位发生变化

在原来国家主导型经济体制下，国家既是基础设施和公共产品与服务等领域的投资主体，也在生产领域大量投资。经济改革将国企私有化、国家作用边缘化以后，私人部门不仅成为生产投资的主体，而且许多原来由公共部门提供的产品服务也转由私人部门提供。这一变化带来一些负面后果。例如，在投资萎缩的总趋势下，跟机器设备投资相比，固定资本形成中建筑投资占比不断下降，反映出基础设施建设以及住宅等民生项目的投入更少。一些原来由公共部门提供的产品和服务被转给私人部门后，其价格或收费大幅提高，引起基层民众不满。智利的教育私有化导致学生经济负担过重，曾引发全国性的学生抗议浪潮。近几年来，许多公共产品与服务又陆续改由国家提供，各国政府公共开支大幅增加，面临的财政压力也更大。在科学技术领域，尽管拉美国家历来对科技的重视程度不高，但在经济改革以前，部分国家在建立国家科技管理机构、组建科研院所、组织重要项目研究等方面还是做了不少工作。最近30年来，私人部门并没有在研究与开发方面填补国家作用被弱化以后留下的空白。

3. 公共投资的"顺周期"现象

这一现象的出现主要基于两个原因。其一，由于经济持续低迷，政府财政吃紧成为常态。每逢政策调整，首先压缩的便是公共投资，只能顾眼前而不能顾长远。其二，国际多边金融机构的监控。因为长期财政吃紧，拉美各国政府必须求助于国际多边金融机构的资金支持，同时也就必须接受这些机构的政策约束，不允许实行"反周期"政策便是其中的一条。因此，有评论指出，拉美国家采用"反周期"政策应对2008—2009年的国际金融危机冲击，是最近30年来的头一回。

4. 吸收外国直接投资重"量"不重"质"

最近30多年，拉美国家对外国投资的需求始终处于高位，因此，吸收外资主要是重"数量"，很难从国家产业政策需要、产业布局调整、技术转移等方面对外国投资者提出要求。20世纪八九十年代期间，外国投资很大一部分用于并购拉美的国有企业，对固定资本形成的贡献相对较小，到21世纪初情况已有所改变。据统计，2007—2011年，拉美年均吸收外国直接投资超过1200亿美元，约占全球总量的10%。外国直接投资在拉美地区呈现三大特点：寻求资源、寻求当地市场、寻求出口平台效益。"寻求资源"主要指对石油、天然气和金属矿产等资源开发。这类外资企业具有"飞地"型特点，与其他生产部门缺乏联系；与当地居民在环境问题上的冲突频繁发生；投资往往随着资源价格的波动而大起大落。"寻求当地市场"的外国投资主要集中于大型经济体，涵盖汽车、化工、食品、饮料、纺织、制鞋等众多部门以及服务业，技术扩散效用比较明显，但以中低技术为主。"寻求出口平台效益"的外国投资主要集中于墨西哥、中美洲及部分加勒比国家的出口加工区，主要产业是汽车、电子、成衣等。基于上述特点，外商在拉美投资按其技术强度来衡量主要以中低技术为主：低技术占13%、中—低技术占57%、中—高技术占23%、高技术占7%。[1]

从上文关于外贸与投资情况的分析可以看出，经济增长对内需拉动的

---

[1] 参见 CEPAL, *Cambio Estructural para la Igualdad: Una Visión Integrada del Desarrollo*, San Salvador, 27 – 31 de agosto, 2012, pp. 136 – 137。

过度依赖是投资不足和产业结构调整没有跟上所造成的一种被动局面。从内需的角度看，20世纪90年代进口需求的上升并不是由国民收入实际增长形成的，而是由货币升值引起的"财富效应"。21世纪头十年的情况有所不同，国内需求的增长主要归因于就业扩大、通胀率低、工资收入上升、政府社会开支增加等。但问题在于，国内产业部门并不能对国内需求的扩大作出积极回应，这既表现为现有产业部门产品的更新换代没有跟上，更表现为市场急需的许多新兴产业根本没有建立起来。因此，大部分国内追加需求就转化为进口需求，这同样是不可持续的。

三 拉美国家产业结构调整的延误

产业结构不断调整、升级是经济发展水平由低到高的必由之路。拉美结构学派认为，后发国家要缩小与发达经济体的差距，必须通过艰苦的学习。在此过程中，不断有新的部门加入生产和出口中来。这是一个以多样化为基础的历史过程。那些被投入创新进程的资源会开创出新的投资机会，并使新的生产部门得以建立起来。服务业和工业则对新的技术需求作出回应，使知识更为密集的部门在制造业中的比重不断增加，使更高端的产品在出口商品结构中的比重逐步提高。于是，出口商品结构就变得越来越多样化，并能够进入条件更苛刻的市场。在这类市场上，产品差别化成为一个重要的竞争要素。外部与内部需求的刺激会产生推动力，而经济体则有能力对这些推动力作出内生性回应，从而可以创造出更高生产率的就业。经过这个过程，两大差距就会缩小，一是与国际技术前沿的差距，二是大量劳动力不能进入高生产率部门的差距。上述过程既要有必要的体制加以推动，也要有相应的产业政策加以引导，否则迟早都会夭折。

在进口替代工业化阶段，拉美国家在产业结构调整、升级方面成绩斐然，这不仅表现在多数国家工业部门的发展和壮大上，更体现在巴西、墨西哥等地区大国实现了由传统农业国向新兴工业国的转变。然而，最近30年来，拉美国家的产业结构调整却经历了诸多曲折。

1. 工业化进程的断裂

1982年债务危机的发生标志着拉美地区延续了50年的进口替代工业化模式的终结。人们普遍认为，由于多种结构性失衡的长期积累和深化，进口替代工业化作为一种增长方式在拉美早已呈现活力衰竭的趋势。拉美国家如果及早调整政策，让各产业部门有序转型，逐步走向国际市场，当不至于对生产力造成大的破坏。历史事实表明，由债务危机倒逼出的急促转型是拉美工业化进程的一次大断裂。首先，债务危机从财政和支付结算两个方面断了工业化的进路。财政困境极大地削弱了国家的能力，使进口替代这种国家主导型的工业化失去体制支撑。支付结算压力使工业所需的原材料与机器设备进口难以为继。其次，随着经济改革的推进，公共企业私有化、贸易与金融自由化、国家地位边缘化，使进口替代工业化所依赖的制度体系迅速瓦解。第三，快速的市场开放与反通胀的货币、汇率政策同时并举，产生强烈的刺激进口、抑制出口效应，大批本地制造业企业在外来商品的激烈竞争中走向破产。在上述背景下，20世纪80年代，拉美制造业年均增长率仅为0.1%，整个工业部门由改革前作为拉动经济增长的主导部门变为表现最差的部门，进而出现"去工业化"（desindustrialización）现象。拉美地区制造业产值占GDP的比重1980年达到27.8%，2008年降至15.3%。①

2. 产业结构向资源比较优势回调

在开放市场的情况下，工业部门产业结构该如何调整？在这个问题上，当时占主导地位的观点是，反对实施国家产业政策，强调发挥资源比较优势。"人们期待，制度变革能塑造一种平衡的、由廉价劳动力与自然资源提供的比较优势为基础的生产结构。在生产领域，人们论证说，最好的产业政策就是不要任何产业政策。以静态比较优势为基础的资源配置就足以确保产值和生产率的增长。"②

威尔逊·佩雷斯认为，出现这种舆论有三点背景：一是主张国家的作用边缘化；二是强调要消除财政与信贷补贴以实现财政平衡；三是在进口替代工业化时期，有不少投资项目计划不周，或建设效率低，甚至出现腐

---

① CEPAL, *América Latina y el Caribe: Series Históricas de Estadísticas Económicas 1950 - 2008*, Santiago de Chile, 31 de agosto, 2009; *Anuario estadístico de América Latina y el Caribe*, Santiago de Chile, 2010.

② CEPAL, *Pactos para la Igualdad: Hacia un Futuro Sostenible*, Lima, 5 - 9 de mayo, 2014, p. 28.

败，为抵制产业政策提供了依据。①

正是在上述观点影响下，拉美国家工业部门的产业结构出现向资源比较优势方面回调。"一方面，最近 20 年来，在南锥体国家，尤其是在阿根廷、智利、巴西和乌拉圭，生产用途广泛的工业初级产品的自然资源加工产业（如钢铁、石油工业产品、有色金属、鱼粉、植物油、纸浆和纸等）扮演了较为重要的角色。另一方面，在墨西哥和中美洲小国，生产专门化模式已决定性地转向了客户工业（如电子计算机、视听设备、电视机和服装等）。"②

有的学者将上述调整称为"市场选择"，这也在一定程度上反映了当时的情境。就南美国家而言，鉴于本地的资本货物和耐用消费品生产企业共同面临国内需求下降和进口商品大量涌入的挑战，工业部门必然会选择更多地向资源加工产业方面倾斜。墨西哥重点发展客户工业主要受到加入北美自由贸易区、深化与美国经济合作的影响。显然，不论是南美国家还是墨西哥，资本货物与耐用消费品生产部门不能继续升级、改造，势必会削弱自身的国际竞争力。中美洲国家则另当别论，因为这些国家工业基础薄弱，又无资源优势，重点发展出口加工业应是可取的。

3. 产业结构调整的新尝试

从 20 世纪 90 年代末到 21 世纪头十年，随着一批左翼政党上台执政，拉美国家出现一股政策调整浪潮。"鉴于改革的结果并不令人鼓舞，在许多国家出现'改革疲劳'（fatiga de reformas）。改革在 90 年代末受到遏制。新的政策出现了，表现为不再那么相信市场的自发力量，而更相信国家调控，包括在生产发展、经济活力、社会福利各个方面。"③ 在这一背景下，多数南美国家、墨西哥、哥斯达黎加等国都在产业结构调整方面作了新的尝试，其共同特点是：第一，恢复国家产业政策的应有地位，并强

---

① Wilson Peres, "El Lento Retorno de las Políticas Industriales en América Latina y el Caribe", en *Revista de la CEPAL*, No. 88, abril de 2006, p. 73.

② Jorge Katz, "Cambio Estructural y Productividad en la Industria Latinoamericana 1970 – 1996", en *Revista de la CEPAL*, No. 71, agosto de 2000, p. 66.

③ CEPAL, *Pactos para la Igualdad: Hacia un Futuro Sostenible*, Lima, 5 – 9 de mayo, 2014, p. 28.

调从前期对所有现存产业部门提供财政、信贷、税收支持的"竞争力政策",向支持重点产业发展的产业政策转变;第二,除智利外,其余各国颁布的重点产业规划均以制造业为重点;第三,主张建立国家创新体系,重视科学技术进步,推动新兴产业发展,增强产业的国际竞争力。[①] 现在回过头来看,这一波产业结构调整尝试的"亮点"主要表现为政策理念的变化,而结构调整的实际进展并不大,主要原因在于:其一,这项工作尚处于制定初步规划的阶段,实施规划的配套政策尚未形成;其二,国家并不具备相应的投资能力,如何引导外国与本国私人投资配合国家产业政策的实施,显然还需要有一套刺激政策;其三,当时正处于初级产品出口繁荣期,内外投资纷纷流向资源开发与加工部门,加上货币大幅升值,制造业从投资来源与产品出口两方面都处于不利地位,因此对制造业采取贸易保护主义政策,尽量为其保留国内市场份额,成为政府的当务之急。

综上所述,经过最近 30 年的曲折与反复,拉美国家产业结构调整滞后已成为制约经济增长的核心问题。2012 年,联合国拉美和加勒比经济委员会对拉美国家产业结构状况进行了一次全面评估。具体办法是采用 6 项评估指数,以美国为参照,将拉美国家与美国及其他地区的一些国家加以比较,从中得出拉美国家在这 6 个方面的差距。这 6 项指数分别是:(1)技术进步指数,含研究与开发投入和居民专利数;(2)相对生产率指数,指某国劳动生产率水平与美国生产率水平之间的系数;(3)中、高技术产品(按 Lall 分类法)在总出口中所占比重(X-HMT/X);(4)某国制造业增加值中高技术部门所占比重(Si)与美国同类部门所占比重(Sr)之间的系数(IPR = Si/Sr);(5)适应性指数(IA),指总出口中活力部门与非活力部门各占百分比,其中活力部门是指其产品的世界需求增长高于平均增长;(6)出口高精化指数(EXPY),用于判断国家间出口的质量高低或高精化水平差异。按这 6 项指数评估的结果如下表,大体反映出拉美国家产业结构调整滞后的程度。

---

① 关于这些国家产业结构调整的具体描述,可参见苏振兴《拉丁美洲经济:从衰退到繁荣》,《拉丁美洲研究》2013 年第 6 期,第 15—16 页。

表 2　　　　选择的地区和国家：结构变革与技术进步指数　　　（单位:%）

	相对生产率	适应性指数（IA, 1985）	适应性指数（IA, 2007）	X-HMT/X	EXPY	IPR	百万居民专利数	研发投入（占 GDP）
阿根廷	25.7	0.1	0.2	22.0	10.4	0.4	1.0	0.5
巴　西	11.7	0.4	0.9	32.0	11.4	0.7	0.5	1.0
墨西哥	19.8	0.3	1.1	60.5	19.2	0.6	0.6	0.4
亚洲发展中国家和地区	33.8	0.5	2.3	64.3	14.6	0.9	17.2	1.3
南美洲	12.1	0.3	0.6	18.5	9.1	0.2	0.4	0.4
中美洲	11.0	0.2	1.1	34.2	11.2	0.2	0.3	0.2
资源富集型成熟经济体	71.3	0.5	1.3	32.4	14.1	0.8	55.2	2.0
成熟经济体	76.3	0.8	1.5	64.6	15.0	1.1	126.1	2.4

注：

1. "相对生产率"指与美国生产率相比。数值为 2001—2010 年的平均值。该项中南美国家包含阿根廷、巴西、智利、哥伦比亚、厄瓜多尔、巴拉圭、秘鲁和委内瑞拉；中美洲国家包含哥斯达黎加、洪都拉斯和巴拿马。

2. "适应性指数"（IA）即活力出口部门出口占总出口百分比与非活力部门出口占总出口百分比之间的系数。

3. X-HMT/X 是指按 Lall 分类法，2007 年中、高技术制造业出口在总出口中所占百分比。

4. EXPY 系 2008 年估算值。

5. IPR 指高技术部门在整个制造业中所占比重跟美国的这一比重相比较。该项中南美国家包含阿根廷、玻利维亚、巴西、智利、哥伦比亚、厄瓜多尔、秘鲁和乌拉圭。中美洲国家含哥斯达黎加和巴拿马。成熟经济体含法国、意大利、日本、英国和瑞典。

6. 每百万居民获得的专利数量系 1990—2010 年的平均值。

7. "研发投入"指 1996—2009 年该项投入占 GDP 的比重。平均值是根据每个国家每年的数据估算的。

8. "亚洲发展中国家和地区"含菲律宾、中国香港、印度尼西亚、马来西亚、韩国、新加坡和泰国。

9. "资源富集型成熟经济体"指一组人均 GDP 高水平、自然资源出口占总出口 30% 以上的国家，含奥地利、丹麦、芬兰、爱尔兰、挪威和新西兰。

10. "成熟经济体"指德国、美国、法国、意大利、日本、英国和瑞典。

资料来源：CEPAL, sobre la base de CEPALSTAT, http：// websie. eclac. cl/sisgen/Cosultaintegrada. asp/; TradeCAN（versión 2009）, http：//comtrade. un. org/db/default. aspx; Banco Mundial, World Development Indicadoes (WDI) http://databank.org/; Organización de Cooperación y Desarrollo Económico (OCDE), The Labour Force Sorvey (MEI) http://stats oecd.org/; Comisión Europea, Eurostat, 2012, http://epp.eurostat.ec.europa.eu/. 转引自 CEPAL, Cambio Estructural para la Igualda: Una Visión Integrada del Desarrollo, San Salvador, 27 – 31 de agosto, 2012, p. 78。

四 政策选择与前景展望

联合国拉美和加勒比经济委员会于2010年、2012年、2014年围绕拉美国家产业结构调整问题连续发表了三份专题报告，提出以社会平等为目标和价值观，以结构调整为路径，以政策为工具手段的总体思路。[①] 其中，政策部分着重强调产业政策、宏观经济政策和社会政策的积极作用。上述报告指出，结构变革是一个长期的、包含就业与平等的增长进程的轴心。所有成功的经验都表明，必须用积极的政策去鼓励高生产率的、知识密集的、内外需求活力强劲的部门发展。产业政策的作用就在于，根据每个国家的生产状况、经济规模与制度特点，合理选择那些能推进这一进程的产业部门，并同时关注相关的制度建设，以保证调整目标的实现。鉴于结构调整的长期性，这一过程不可能脱离经济周期的影响。宏观经济政策的基本目标，一是保持追加需求、生产能力的利用率及就业水平的相对稳定，二是防止宏观价格结构及其波动阻碍生产多样化的推进。结构调整既以平等为目标，就必须有积极的社会政策与之相配合，使这一过程伴随着就业的持续增长和收入分配的持续改善。更何况这个过程中还可能因为产业部门的调整和生产技术的进步导致过渡性失业。因此，不断增加正规就业、扩大社会保护、实施收入转移支付政策、发展教育、加强职工培训等社会政策的实施，都是必不可少的。应当说，上述政策建议与大多数拉美国家最近10多年来经济政策调整的取向总体上是相吻合的，不过，各国政府究竟能在多大程度上实际采纳这些政策建议还有待于跟踪观察。

可以说，加快产业结构调整既是全球科技革命与产业调整大趋势的现实要求，也是拉美国家实现经济可持续发展和缓解社会矛盾的迫切需要。

---

① 这三份报告分别是：*La Hora de la Igualdad: Brechas por Cerrar, Caminos por Abrir*, Brasilia, 30 de mayo a 1 de junio de 2010；*Cambio Estructural para la Igualdad: Una Visión Integradad del Desarrollo*, San Salvador, 27 – 31 de agosto de 2012；*Pactos para la Igualdad: Hacia un Futuro Sostenible*, Lima, 5 – 9 de mayo, 2014。

但是，这个产业结构调整进程能否顺利推进也还面临诸多挑战，以下举例说明。

1. 需要从结构上摆脱对自然资源的依赖

拉美多数国家都是自然资源富集国。在这些国家的发展史上，"资源造福"现象不胜枚举，"资源诅咒"与"荷兰病"现象也一再重演。最基本的经验教训就在于，人们始终未能摆脱对丰富的自然资源这一"上帝恩惠"的过度依赖，没有下决心从产业结构上去摆脱这种依赖。上文的表2中特别选取了一组"资源富集型成熟经济体"来进行比较，包括奥地利、丹麦、芬兰、爱尔兰、挪威和新西兰。这些国家由于成功地实现了国家工业化，彻底改变了产业结构，从而在继续获取资源收益的同时，又摆脱了对资源的过度依赖。拉美国家则相反，在工业化已经取得很大成就的情况下，又重走依靠自然资源的老路。例如，2005年，拉美地区初级产品出口占总出口的比重为49.6%，2011年上升到60.7%，增加了11个百分点。[①]

委内瑞拉的情况更为典型，2010年石油出口占总出口的94%，而10年前这一比重为68%；石油收入对中央政府财政收入的贡献率由10年前的不足37%上升到2010年的近50%。[②]当前，全球自然资源紧缺程度进一步加剧，但国际市场上资源需求和价格却依然起伏不定。拉美国家如果下定决心走产业结构调整升级之路，并对自然资源进行合理、有效的开发利用，不断提高其附加价值，那么，资源优势将可以为产业结构调整过程作出重要贡献；如果不能下决心改变依赖资源的历史惯性，将难以摆脱国际市场需求和价格波动带来的恶性循环。

2. 制度与体制建设难度不小

产业结构调整是一种长期战略，关系到国家的可持续发展和国际竞争力的提高，也涉及社会各个方面的利益。实施这一战略，需要制定符合国情的长期产业发展规划；需要在国内就这一发展战略形成广泛的政治共

[①] CEPAL, *Anuario Estadístico de América Latina y el Caribe 2013*, Santiago de Chile, 2013, Cuadro 2.2.21, p.111.

[②] 参见赵丽红《委内瑞拉的经济改革及中委经贸关系》，载苏振兴主编《中国与拉丁美洲：未来10年的经贸合作》，中国社会科学出版社2014年版，第311—312页。

识，需要把各种相关政策组合成一个完整的政策体系，需要对各阶层之间的利益关系不断进行协调，等等。其中最重要的一点可能是国家的作用需要强化。根据拉美一些学者的分析，拉美国家经过20世纪八九十年代经济改革所形成的现行制度和体制仍有许多不适应的地方，需要进一步深化和调整，但又不能矫枉过正，这正是制度与体制建设的难点所在。占主导地位的观点认为，所谓强化国家的作用主要应体现在以下三个方面。其一，国家要发挥政治动员作用。国家在制定产业结构调整、优化、升级的长期规划的同时，必须大力宣传实施这一战略的必要性与可行性，动员起各社会阶层谋求"福利与进步的渴望"，在取得共识的基础上进一步形成"政治契约"。其二，国家的协调作用。一是政策协调，例如，产业结构调整过程所涉及的产业政策、宏观经济政策、社会政策、劳工政策、环境政策等的有机组合与相互配套。二是利益协调，适时调整公、私部门之间，以及各社会阶层之间的利益关系。三是内外协调，即处理好内部与外部关系，如国际融资与确定重点投资领域、改善国内投资环境等。其三，国家的推进作用。国家在这方面有大量工作要做，例如，建立专门机构，加强国家对工业部门的领导；深化金融体制改革，更多地发挥开发银行的作用；增加科技投入，落实国家创新体系建设；重视教育与职工培训，加强人力资源建设，等等。

3. 招商引资政策需要调整

无论是产业结构调整升级还是加快基础设施建设，都需要大量资金投入。拉美国家自实施开放政策以来已形成对外资高度依赖的局面。当前，国际资本市场流动性充裕的局面已不复存在，拉美国家前些年享有的较为宽松的融资环境，特别是大量发行本币债券的融资方式难以继续。可以说，拉美国家在产业结构调整过程中如何获取外部资金支持将是一个重大挑战。这不仅是指资金需要量大，获取资金的渠道相对单一，而且吸收外国投资的要求比以往要高，如需要外国投资配合国家产业政策的实施，投向特定的产业部门与地区，要求投资具有长期性、稳定性，要求相应的技术转移，等等。很显然，如果受资方不能采取必要的鼓励政策，投资者未必就能满足这些要求。此外，从整体上看，拉美国家需要进一步改善投资环境，如实行公开、公正的招投标制度；严格履行合同；简化办事程序，提高办事效率；增加司法制度、劳工制度、福利制度等的透明度，等等。

4. 地区经济一体化的方向需要调整

在世界范围内，拉美是启动区域经济一体化最早的地区之一，但长期以来把降低关税、建立自贸区作为合作重点，并形成若干个次地区性集团并存甚至互相重叠的局面。拉美国家多数是资源富集国，贸易上相互需求的是制成品而不是资源类产品。由于长期忽视产业合作，区域内贸易增长缓慢，相互降低关税、开放市场的实际效果不大。在国际上，随着以美国为中心的北美、以中国为中心的亚洲以及欧盟等几大区域性产业链条的形成，拉美国家发现，除了墨西哥、中美洲以及少数加勒比国家以加工装配等低端产业加入北美产业链条之外，拉美地区始终未能形成自己的区域性产业链条。其中，部分南美国家尤为封闭，迄今囿于"南方共同市场"这个小市场之内。因此，近年来在拉美就萌生出要加强国家间产业合作，形成本地区产业链条的思想，并认为地区性产业链条是各国产业结构调整战略的重要组成部分。联合国拉美和加勒比经济委员会在一份文件中指出："地区生产和出口结构多样化的可能性，与地区一体化进程的前景紧密联系在一起。正如本文所显示的那样，地区内的贸易以商品更多样化、制成品比例更大、技术含量更高为特点，它更适合于中小企业参与，跟与其他地区的贸易往来相比，它创造的就业也更多。因此，它不仅是地区一体化的一个关键环节，也是各国以平等为目标的结构调整战略取得进展的一个关键环节。"[1] 这里所说的拉美地区内贸易的几个特点，正是因为相互贸易中资源类产品很少、制成品交换居多的结果。拉美无疑是一个巨大的市场，加强地区内产业合作，建立起地区性产业链条，对拉美各国产业结构调整的推进是有益的。不过，调整地区一体化的方向需要地区各国尽快取得共识；强化国家间产业合作需要权威性的地区机构进行协调；地区互联互通需要大幅改善，从而要求加强基础设施建设的地区规划和加快建设速度。

综上所述，笔者认为，拉美国家产业结构调整是势在必行，但同时也面临不少困难。预计各国都会陆续启动这一调整进程，其进度将是参差不

---

[1] CEPAL, *Integración Regional: Hacia una Ertrategia de Cadenas de Valor Inclusivas*, Santiago de Chile, mayo de 2014, p. 111.

齐的，整体上进展不会太快。这一进程无疑将为中国企业开展与拉美国家的投资、产能、基础设施建设、金融等领域的合作提供机遇，值得企业界给予关注。

Economic Development and the Industrial Upgrading in Latin America

Abstract: There is a noticeable economic slowdown in Latin America and the Caribbean since 2011. Regional countries are facing challenges posed by decreased export, current account and fiscal deficits, low rate of investment and rising inflation. It is argued that it is a result of structural imbalance in the region. Regional countries failed to promote export and investment and were increasingly dependent on domestic demand to boost economic growth, which caused a relatively poor economic performance in recent years. It can be concluded that they need to take measures to restructure and upgrade the industry to decrease and even remove the dependence on commodity export. Regional governments should serve as the major promoter to develop a long-term strategy of industrial upgrading based on political mobilization, policy coordination and interest convergence.

Key Words: Latin America, Industrial structure, Structural imbalance, Resource comparative advantage, Policy choice

南美洲国家出口结构调整与经济转型的困境

赵雪梅[*]

内容提要 2008年全球金融危机爆发以来，国际市场初级产品价格持续下跌，使依赖资源出口的南美国家出口收入大幅减少，经济进入放缓甚至负增长周期。在世界经济进入结构调整的大背景下，如何适时实施经济转型、调整出口结构，是南美国家必须面对的严峻挑战。经济转型的核心是打造更具可持续性发展的内生动力，以抵御外部冲击。面对世界经济微弱复苏、中国经济增长放缓、国际市场大宗商品需求持续疲软等不利的外部环境，南美各国已经采取了一些措施，但主要的挑战还是长期性的。

关键词 资源性出口贸易结构 国际大宗商品需求与价格 出口结构调整与经济转型

贸易开放是拉美国家20世纪80年代末期开始的经济改革主要成效之一。90年代以来，在逐步降低进口关税的同时，拉美各国积极鼓励出口，并逐步形成了基于比较优势的不同的生产和出口专门化模式。巴西、阿根廷、智利、秘鲁等南美洲国家基于资源优势，形成了以加工和出口资源密集型产品为主的模式；墨西哥及部分中美洲国家利用劳动力以及地理优势，从事面向美国市场的出口加工贸易；巴拿马、多米尼加

---

[*] 赵雪梅，对外经济贸易大学外语学院教授。

共和国等国则利用旅游、金融、运输等服务业优势，形成了以服务业为主的模式。①

本文旨在对21世纪以来南美国家资源密集型生产和出口专门化模式的新特点、国际市场初级产品价格周期性上扬给这些国家经济带来的正负面影响、世界经济危机带来的经济转型压力与困境等方面进行分析。笔者认为，在经历了2003—2008年的出口和国内生产总值持续增长的繁荣期后，南美国家正面临着世界经济调整所带来的挑战与机遇。进一步加强和扩大南南经济合作、扩大区域内的一体化、培育新的经济增长点、推进产业升级、找出最适合自己发展的道路等，这是南美洲国家目前和未来一段时间要解决的主要问题。本文分四个部分。第一部分通过大量数据对南美洲初级产品专业化出口模式的强化特征及原因进行分析，同时也指出不同初级产品之间存在异质性。论文的第二部分主要分析南美资源性出口的增加对其经济产生的影响，如对外贸易开放度提高、贸易条件改善一定程度上增加了个人可支配的国民收入和有利于提高储蓄与消费水平、吸引了更多的外国和本国资本流向资源性产业等。但是也必须看到，以资源为增长动力的模式其自身的脆弱性没有从根本上得以解决。第三部分分析全球金融危机对南美经济的冲击及其经济转型中的不利因素，并从南美洲国家不同的经济现状出发，对其调整出口结构与经济转型的走势进行展望。笔者在第四部分对论文的主要观点进行总结。

一 南美洲国家出口贸易结构新特征及形成原因

南美洲国家②拥有丰富的石油、矿产、农业等自然资源。早在19世纪末期这些国家就曾经是英法等欧洲国家原材料的重要来源地。20世纪90年代以来，在世界经济全球化和本国经济改革的推动下，南美洲国家的资源优势再次成为其出口的增长动力。

进入21世纪以来，特别是2003—2008年期间，随着国际市场大宗商

---

① José Antonio Ocampo, "Globalización y Desarrollo", en la publicación de la CEPAL, Mayo de 2002, p. 180.

② 南美洲国家包括：哥伦比亚、委内瑞拉、圭亚那、苏里南、厄瓜多尔、秘鲁、巴西、玻利维亚、智利、巴拉圭、乌拉圭、阿根廷和法属圭亚那（地区）。

品需求的推动，原油、有色金属、农产品、铁矿石等初级产品价格持续走高。这一时期，南美洲国家资源密集型的贸易结构进一步强化，主要表现在初级产品出口占其商品出口总额的比重持续上升。

从表1的数字中我们可以看出，1990—2000年期间，南美洲国家初级产品出口占商品出口总额的比重总体呈下降趋势，但是自2003年之后，除阿根廷外，南美国家初级产品出口占比均呈上升趋势。2011年玻利维亚、智利、哥伦比亚、厄瓜多尔、巴拉圭、秘鲁和委内瑞拉7国初级产品出口占比超过80%。南美最大的两个经济体巴西和阿根廷，由于其经济结构较为多样化，对初级产品的出口依赖度低于其他南美经济体，但占商品总出口的比重也高达60%—70%。

表1　　1990—2013年南美洲主要国家初级产品出口占商品出口总额的比重（FOB价格）　　（单位:%）

年份 国家	1990	1995	2000	2003	2005	2007	2010	2011
阿根廷	70.9	66.1	67.6	73.0	69.3	68.7	66.8	67.6
玻利维亚	95.3	83.5	72.3	83.9	89.4	93.0	93.6	95.9
巴西	48.1	46.9	42.0	48.5	47.3	52.2	62.9	65.9
智利	89.1	86.8	84.0	83.8	86.3	87.6	87.4	86.2
哥伦比亚	74.9	65.8	65.9	65.7	65.3	59.7	76.1	80.6
厄瓜多尔	97.7	92.4	89.9	88.6	91.0	91.4	90.2	92.1
巴拉圭	90.1	80.7	80.7	86.3	82.9	87.0	92.6	92.4
秘鲁	81.6	86.5	83.1	83.0	85.3	85.9	86.1	86.3
乌拉圭	61.5	61.3	58.5	66.3	68.5	68.4	74.0	72.0
委内瑞拉	89.1	85.8	90.9	87.3	90.6	91.3	95.7	97.6
拉美和加勒比平均	66.9	50.1	41.8	46.3	49.8	50.3	56.4	59.8

数据来源：笔者根据拉美加勒比经委会 *Anuario Estadistica de America Latina y el Caribe*，2004年、2012年、2014年数据整理。

影响南美洲资源密集型贸易结构强化的一个重要原因，是2003—2008年国际市场原材料价格的持续上涨。2003年中期至2008年中期，铁矿石和铜矿石的价格分别上涨了 270% 和 330%，创下了 1960 年和 1974 年以来的最高点。[①]

拉美经委会在其发布的《2006 年拉美和加勒比国际参与—展望 2007 年》报告中对 1990—2000 年和 2003—2006 年这两个不同时期拉美 19 国货物出口的价格和数量的增长率进行了比较。如表 2 所示，1990—2000 年，南美洲国家出口商品的价格下降，其出口收入的增加主要是数量的增加，如智利、秘鲁、巴西等国。而 2003—2006 年，拉美国家中出口商品价格增幅显著的前 7 个国家都是南美洲经济体，其价格的增长率大于数量，表明这些国家贸易条件的改善带来了出口的繁荣。由于南美国家出口产品有差异，其贸易条件改善的程度亦不等。能源和矿产品出口国，价格的增幅大，如委内瑞拉、智利、秘鲁、厄瓜多尔等；农产品出口为主的国家，如乌拉圭、阿根廷和巴拉圭等国，其出口商品价格的增长率低于前一组国家。

表 2　　1990—2000 年与 2003—2006 年拉美国家商品出口总额增长率构成的对比　　（单位：%）

国家	1990—2000 年 价格增长	1990—2000 年 数量增长	国家	2003—2006 年 价格增长	2003—2006 年 数量增长
尼加拉瓜	7.3	2.9	委内瑞拉	32.0	7.1
洪都拉斯	4.6	3.8	智利	28.9	9.3
委内瑞拉	2.1	4.6	秘鲁	21.5	13.8
厄瓜多尔	1.6	5.0	厄瓜多尔	17.4	7.4
墨西哥	1.5	13.6	哥伦比亚	17.4	6.5
危地马拉	1.4	8.4	玻利维亚	15.3	12.7
哥伦比亚	1.3	5.5	巴西	10.6	12.9
哥斯达黎加	1.0	14.7	墨西哥	8.0	6.0
萨尔瓦多	0.8	15.7	危地马拉	6.6	5.7
巴拿马	0.2	5.6	乌拉圭	6.3	14.4
阿根廷	0.0	7.8	阿根廷	5.9	9.6
巴西	-0.7	6.5	洪都拉斯	5.5	5.2

---

① CEPAL, "Panorama de la inserción internacional de América Latina y el Caribe, 2007·Tendencias 2008", en la publicación de la CEPAL, pp. 41–42.

续表

国家	1990—2000 年		国家	2003—2006 年	
	价格增长	数量增长		价格增长	数量增长
巴拉圭	-1.0	2.0	巴拉圭	4.9	5.5
智利	-1.3	9.9	萨尔瓦多	4.7	1.9
秘鲁	-1.8	9.5	海地	4.5	11.7
多米尼加共和国	-1.8	24.6	哥斯达黎加	3.8	6.6
乌拉圭	-2.1	5.6	尼加拉瓜	3.0	16.0
玻利维亚	-3.0	7.2	多米尼加共和国	2.5	2.4
海地	-4.4	6.6	巴拿马	1.7	11.1

数据来源：CEPAL, Panorama de la inserción internacional de América Latina y el Caribe, 2006·Tendencias 2007, p. 54。

南美洲出口商品结构的另一个变化是出口市场的调整，中国、印度等新兴经济体在其出口市场中重要性显著上升，而美国、欧盟等传统的出口市场的重要性有所减弱。2007 年起，中国取代美国和日本，成为智利最大的出口国[①]；2009 年中国成为巴西的第一大出口国，2011 年又成为秘鲁的第一大出口国。南美国家对中国出口的强劲增长主要是由双方的供求关系决定的。21 世纪初期，中国经济高速发展，对能源、铁矿石、铜等原材料的需求迅猛上升，而国内的资源供给已远远不能满足增长的需要。南美国家具有丰富的矿产资源，但其国内需求十分有限。正是由于中国的资源需求与国内供给之间的缺口，以及资源性产品的供给缺乏弹性，拉丁美洲资源逐渐进入了中国人的视野。联合国拉美经济委员会曾在一份报告中指出，21 世纪以来是中国经济的强劲增长和从拉美进口的扩张，有力地刺激了拉美经济的复苏，使出口成为拉美经济增长的主要动力之一。表 3 显示了 2000—2012 年中国在部分南美国家出口市场中的排位变化。除厄瓜多尔外，中国在其余的南美国家的出口市场中，均位居前三位。

[①] 中智自由贸易协定生效以来，中国作为智利第一大出口市场的地位日益巩固。2013 年，智利对中国出口额占其出口总额的 25.1%。

表 3　2000—2012 年中国在部分南美国家出口市场中的排位

国家	2000 年	2009 年	2011 年	2012 年	2010—2012 年中国占南美国家出口市场的年均份额（%）[a]
阿根廷	6	3	2	3	7.3
巴西	12	1	1	1	16.7
智利	5	1	1	1	23.5
哥伦比亚	36	5	4	2	4.6
厄瓜多尔	120	6	16	11	1.4
秘鲁	4	2	1	1	16.0
乌拉圭	4	2	4	3	7.2
委内瑞拉	37	3	3	2	14.2

数据来源：COMTRADE, http://comtrade.un.org/data/。

a：数据来源：CEPAL, Estudio Economico de America Latina y el Caribe, 2014, p.93, cuadro II.4。

二　资源性出口增加对南美洲国家经济的影响

2003 年下半年起，拉美国家，特别是资源出口为主的南美洲国家，逐步摆脱了"失去的六年"[①] 的阴影，国内生产总值进入了稳定的增长期。表 4 显示了拉美经委会依据不同专业化类型与经济规模计算出的 1990—2012 年拉美和加勒比各组国家 GDP 的增减趋势。从该表的数字中我们可以看到，2003—2008 年期间，各专业化类型的拉美和加勒比国家的经济增速都快于 1990—1996 年和 1997—2002 年两个时期，但其中经济增长最快的是以油气、金属和矿产品出口为主的南美国家，年均增长率分别达到 6.1% 和 5.6%，其次是农产品出口国。

表 4　1990—2012 年拉美和加勒比国家国内生产总值增减（%）

依据专业化划分国家[a]	1990—1996	1997—2002	2003—2008	2009—2012
金属和矿产品出口国家	3.5	2.7	5.6	4.8
石油天然气出口国家	3.4	2.6	6.1	2.7

---

① 1998—2003 年上半期，受到世界经济衰退和亚洲金融危机等不利因素影响，拉美多国经济陷入困境，因而有学者称之为"失去的六年"。

续表

依据专业化划分国家[a]	1990—1996	1997—2002	2003—2008	2009—2012
服务业出口国家[a]	3.3	3.0	4.2	3.3
巴西、墨西哥和阿根廷	3.1	1.5	4.1	2.6
农业和农产品加工出口国家[a]	3.3	2.6	4.9	3.3
拉美和加勒比平均	3.1	2.7	4.6	2.9

数据来源：CEPAL, *Estudio Económico de América Latina y el Caribe*, 2013, p. 81, Cuadro I. 4。

a：第一组包括智利、秘鲁；第二组包括委内瑞拉、玻利维亚、哥伦比亚、厄瓜多尔、特立尼达和多巴哥；第三组包括中美洲国家巴拿马和大部分加勒比国家；第五组包括除巴拿马之外的其他中美洲国家，以及乌拉圭、巴拉圭、多米尼加共和国和海地。

出口收入的增长提升了出口占 GDP 的百分比，增加了贸易开放度。进入 21 世纪以来，南美国家的贸易开放度普遍提升。[①] 南美最为封闭的经济体巴西，其 20 世纪 90 年代的年均贸易开放度仅为 18.6%，而 2010—2011 年提升至 34.2%；南美第二大经济体阿根廷，贸易开放度也从 32.4% 提升至 47.3%。[②]

2003—2008 年南美洲国家贸易条件的改善不仅增加了出口收入和财政收入，而且一定程度上提高了个人可支配收入，并有利于国内储蓄和消费水平的提高。拉美经委会在 2013 年经济分析报告中，对该地区 20 世纪 80 年代以来影响人均可支配国民收入增长的四个因素进行了分析[③]。拉美 17 国的数据显示，2003—2011 年，11 个南美国家其贸易条件改善对个人可支配的国民收入产生了增加效应，而其余的贸易条件恶化的中美洲国家情况则相反。2003—2011 年南美次区域国家人均可支配的平均收入比 1990—2002 年提高了 8 倍，其中贸易条件改善对这一增加值的贡献率为 29%。[④]

2003 年以来初级产品国际市场价格的攀升也成为跨国公司投资南美洲国家新的助推力。流入巴西、阿根廷、智利、哥伦比亚等国资源部门的外商直接投资不断增多。如表 6 所示，智利和哥伦比亚两国资源部门吸收的 FDI 占外商直接投资总额的比例从 2004—2008 年的 38% 和 47% 提高至

[①] 贸易开放度是一国某年进出口贸易金额与该国当年 GDP 总额的比率。
[②] 数字来源：CEPAL, *Estudio Económico de América Latina y el Caribe*, 2013, p. 94。
[③] 包括劳动生产率、就业参与率、贸易条件以及外国净收入的转移。
[④] 数据来源：CEPAL, *Estudio Económico de América Latina y el Caribe*, 2013, p. 108。

2009—2012 年的 51% 和 60%，显示了价格对资源配置的引导作用。2012 年智利、哥伦比亚两个中等规模经济体吸收外资的扩张速度引人关注，其吸收外资金额分别达到 303 亿和 158 亿美元，超过墨西哥和阿根廷两国，成为拉美第二和第三大外资吸收国。

表 5　　　　2004—2012 年部分南美国家 FDI 的产业间分布　　（单位:%）

国家/地区	2004—2008			2009—2012		
	资源部门	制造业	服务业	资源部门	制造业	服务业
巴西	18.54	42.22	39.24	19.35	42.53	38.12
智利	37.54	7.15	55.31	50.94	7.93	41.13
哥伦比亚	46.87	25.56	27.57	58.97	9.54	31.49
阿根廷	26.51	45.54	27.95	20.27*	44.65*	35.08*

数据来源：笔者根据拉美经委会 La inversión extranjera directa en América Latina y el Caribe (2008, 2012) 数据整理。

*：阿根廷的数据不包括 2012 年。

显然，中国、印度等发展中国家经济的增长活力为南美初级产品出口国带来很大的收益和 21 世纪的经济增长黄金期。但是，随着初级产品出口价格的提高和出口收入的增加，南美国家对初级产品出口的依赖，特别是对少数几种初级产品出口的依赖性在逐步增加，因而引发了拉美学者对这种模式可能导致"荷兰病"出现的担心。特别是当初级产品出口收入增加带来经济增长和政府收入的提高时，如果这些收入得不到相应的管理，可能会给出口国带来巨大的负面效应。此外，初级产品出口暴涨很容易推高一国的汇率水平，长期会对非初级产品出口产生不利影响。[1]

三　南美国家经济转型面临的困境

2008 年发端于美国的金融危机，通过贸易和金融渠道快速传导到发展中国家。面对金融危机的冲击，拉美多国政府适时地采取了逆周期的扩

---

[1] 经济合作与发展组织发展中心：《2008 年拉丁美洲经济展望》，世界知识出版社 2008 年版，第 21 页。

张性宏观经济政策,包括增加财政支出、降低税收和增加政府投资等财政政策和降低利息、增加流动性供应、增加国有银行的贷款额度等货币政策。在拉美经委会统计数据中的 25 个国家中,19 个国家增加了财政支出,其中,阿根廷、智利、乌拉圭等国的增加幅度比较大。许多国家还实施了减税,如巴西降低汽车购置税、降低企业所得税。2010 年拉美出现了较为强势的经济反弹,南美的巴西、阿根廷、秘鲁、乌拉圭和巴拉圭等国经济增长率都超过了地区平均的 6.1% 的增长率。

但是,近年来国际原材料市场需求大幅回落,并引发价格急剧下降。据世界银行统计,能源、非能源价格从 2012 年起连续 3 年下跌,2014 年比上年分别下跌 7.2% 和 4.6%。其中,农产品价格下跌 3.4%,金属和矿产下跌 6.6%。受全球原油供给增加、原油需求增长放缓、美元继续升值以及投机需求减弱等因素影响,全球原油价格出现暴跌。①

从 2012 年起,南美国家出口收入普遍下降,拉美经济再次进入减速期,特别是巴西、阿根廷、委内瑞拉等南美国家,货币贬值和通货膨胀抬头,其经济面临滞胀压力。表 7 是部分南美国家 2010—2013 年商品出口收入的增减情况。表中数字显示,自 2012 年以来,南美洲主要经济体商品出口收入均出现不同程度的下跌,初级产品的跌幅大都高于制成品出口的跌幅。

表 6　　2010—2013 年部分南美洲国家商品出口收入的增减变化　（单位:%）

国家	2010 年			2011 年			2012 年			2013 年		
	总额	初级产品	制成品	总额	初级产品	制成品	总额	初级产品	制成品	总额	初级产品	制成品
阿根廷	21.1	20.0	23.3	23.5	25.1	20.4	-3.8	-3.5	-4.4	-4.93	-6.2	-2.2
巴西	29.0	34.0	21.1	29.7	35.8	19.5	-5.4	-6.8	-2.9	-0.2	-2.2	3.6
智利	28.4	29.6	20.1	14.2	12.7	24.3	-4.6	-5.1	-1.6	-0.5	-0.1	-2.7
哥伦比亚	20.9	29.8	-0.9	44.2	52.8	16.8	3.7	6.1	-6.2	-0.5	0.6	-0.1
秘鲁	37.5	41.5	16.9	30.0	30.2	28.0	1.6	0.6	8.0	-6.7	-6.7	-6.9

数据来源:笔者根据 CEPAL,*Anuario Estadistica de America Latina y el Caribe*, 2014 数据整理。

---

① 国家统计局国际统计信息中心,《2014 年世界经济形势回顾与 2015 年展望》,http://www.stats.gov.cn/tjsj/zxfb/201502/t20150227_686531.html。

当前，世界经济仍处在国际金融危机后的深度调整过程中。本次金融危机使西方发达国家重新意识到发展实体经济的重要性，并开始把重归实体经济、推进"再工业化"战略提上产业结构调整的议事日程。① 2014年1—11月，发达国家工业生产比上年同期加快2.2个百分点，而发展中国家比上年同期放缓1个百分点。②

作为以资源性出口为主的国家，南美国家经济对外依赖性高。在全球经济复苏缓慢、新兴经济体增速放缓的不利因素影响下，其经济转型的压力是显而易见的。

从理论上看，经济转型意味着发展路径的转变和实现经济增长方式的转变。20世纪90年代以来，南美洲经济体由于逐步加大了对资源性商品出口的依赖，其经济的初级产品化趋势在加强。作为南美第一大经济体的巴西，国际市场大宗商品热潮"制造了巴西贸易结构乃至经济结构向初级产品部门倾斜，经济的抗风险能力和可持续性趋弱"。③

如何变"静态比较优势"为"动态比较优势"，即调整自然资源优势和提升产业结构、优化出口结构之间的关系，是南美国家长期以来面临的难题之一。一方面，丰富的自然资源是南美地区突出的比较优势，特别是像智利、秘鲁、玻利维亚等中等规模国家，其矿产资源之丰富都位居世界前列，但本国市场又很狭小，必须将目光投向国际市场；但另一方面，初级产品化的贸易结构和经济结构的对外脆弱性又是显而易见的，极易受到国际市场价格波动的影响。拉美的学术界早在20世纪80年代末期和90年代初期就围绕着如何在发挥自然资源优势中，保持经济模式的可持续性和提高竞争力做过研究。④ 今天，在经历了21世纪初期的大宗商品热潮后，南美国家需要再一次思考同样的问题。从长期来看，对南美各经济体来说，经济转型的核心仍是打造更具可持续性发展的内生动力，以抵御外部冲击。《2015年拉丁美洲经济展望》报告认为，提高生产率、加强创新驱动、建立多样化产业结构、改善基础设施、加大人力投资等，对拉美国

---

① 姜跃春：《当前世界经济主要特征与未来发展趋势》，中国国际问题研究院网站，http://www.ciis.org.cn/chinese/2013-11/14/content_6461350.htm。

② 国家统计局国际统计信息中心：《2014年世界经济形势回顾与2015年展望》，http://www.stats.gov.cn/tjsj/zxfb/201502/t20150227_686531.html。

③ 王苇航：《内外交困巴西重振经济路在何方》，《中国财经报》2015年1月15日第8版。

④ Fernando Sanchez Albavera, "El actual debate sobre los recursos naturales", en la Revista de la CEPAL, No. 51, diciembre de 1993.

家的经济转型来说，都是至关重要的。[1]

具体来说，投资对经济的拉动作用不足、宏观经济不稳定，以及当前世界经济走势不明朗等，是当前影响南美洲国家经济顺利转型的不利因素。

投资对经济的拉动作用不足，是南美各国经济中长期存在的一个问题。近年来，投资对南美地区经济增长的贡献率比较低，2014年阿根廷、委内瑞拉、巴西、智利等南美国家投资规模下降。固定资本形成总额是资本形成率的重要组成部分，是一国经济发展的重要因素和影响产业升级的约束之一。南美国家中，除智利外，其他国家的固定资本形成总额占GDP的百分比一般不足20%，低于世界的平均水平，是其经济增长的制约因素之一。

一国是否拥有较为稳定的宏观经济环境，对其经济转型也是至关重要的。近年来由于国际市场大宗商品价格骤降，南美国家出口收入减少，各国政府的资源税收入随之相应的减少，财政赤字增加，经济下行压力加大。在宏观调控方面，南美各国表现不同。2014年智利降息5次、秘鲁降息2次，旨在刺激投资；而巴西5次升息，当期利率水平已经达到11.75%[2]，这种做法加大了投资成本，对投资造成不利影响。大宗商品价格的下跌、美国宽松政策的调整和美元升值等因素，使巴西、阿根廷、委内瑞拉等国的货币大幅贬值，国内通货膨胀抬头。所有这些因素程度不同地加大了这些国家经济转型的难度。

外部环境的不稳定是南美洲国家经济转型的困境之一。目前世界经济仍处在不稳定和缓慢的复苏中，发达国家经济出现分化、新兴经济体增速放慢。在经济全球化加剧的时代，外部的不确定势必会对南美经济转型带来影响。拉美经委会在《2014年拉美和加勒比经济报告》中对拉美国家GDP走势与贸易伙伴国GDP走势的相关系数进行了实证分析。其结果显示，南美经济体中，巴西和智利的这一相关系数分别为70.1和76.9，高于其他南美国家。[3] 这说明这两个国家的经济与贸易伙伴国的经济走势具有较

---

[1] 经济合作与发展组织发展中心联合国拉美经委会拉丁美洲开发银行联合主编：《2015年拉丁美洲经济展望——面向发展的教育、技术和创新》，知识产权出版社2015年版，第46页。

[2] 国家统计局国际统计信息中心：《2014年世界经济形势回顾与2015年展望》，http://www.stats.gov.cn/tjsj/zxfb/201502/t20150227_686531.html。

[3] CEPAL, *Estudio Económico de América Latina y el Caribe*, 2014, p.89.

强的关联性。此外,受美国货币宽松政策的影响和经济疲弱及国际大宗商品价格下跌等因素影响,巴西、阿根廷、委内瑞拉等南美国家的货币贬值、外汇市场出现动荡,通货膨胀升高,加大了宏观经济的不稳定性。

综合而言,南美国家经济转型中面临的最大的挑战是长期性的,即如何通过提高生产率、改善生产要素质量特别是劳动力要素质量、促进经济结构的多样化,来提高潜在的经济增长能力,增强经济的内在活力,提高对外部冲击的抵御能力。

结 论

21世纪以来,中国、印度等发展中国家经济的增长活力拉高了国际原材料市场的价格,为南美初级产品出口国带来很大的收益。南美洲主要经济体资源密集型的贸易结构进一步强化,经济结构也向初级产品化倾斜。2008年的金融危机中断了南美国家21世纪经济增长的进程,2012年以来的国际市场初级产品价格的持续下跌给南美经济带来了一系列的冲击。在逐步的经济转型过程中,南美各国政府出台了一些鼓励结构调整的政策。巴西政府2011年颁布的《大巴西计划》。这项计划提出的口号是"创新提高竞争力,参与竞争求发展"。计划提出了2011—2014年期间,通过一系列的政策优惠和鼓励,促进巴西企业的技术创新和增加产品附加值,以此实现提高巴西产品的国际竞争力等目标。哥伦比亚和秘鲁政府先后出台了庞大的投资计划,以加大未来对基础设施建设的投资。智利政府也出台了一系列旨在刺激投资和私人消费的促进计划以及推动企业生产的转型和创新的投资计划。随着各国政府和企业对经济转型意识的加强,南美洲各国的转型步伐还会加快。

Adjustments of Export Structure and Challenges of Economic Transformation in South America

Abstract: Since the global financial crisis in 2008, the international market commodity prices continue to fall and the South American countries that rely on the resource exports reduced his export revenues sharply. Those economies enter a slowdown or even negative growth cycle. In the world economy into the context of structural adjustment, how to timely implementation of the economic transformation and adjust the export structure, are the severe challenges that the South American countries have to face. The core of the economic transformation is to build a more sustainable development of endogenous power, to resist external shocks. In the face of the unfavorable external environment such as a weak recovery of the world economy, China's economic slowing growth and continued weakness of the international market demand for commodities, several South America have taken some measures, but the main challenge is of the long-term.

Key words: The trade structure of export resource, International commodities demand and prices, Export structure adjustment and economic transformation

秘鲁的金融业与经济发展：
历史与当代转轨

戴建兵　孔德威[*]

内容提要　秘鲁独立以来，历经鸟粪繁荣、太平洋战争与战后重建、萧条复苏与扩张、军政府执政、稳定与结构性调整、新自由主义的改革等重要历史时期，秘鲁的金融业从创建、完善体系，再到普惠深化金融，经历了纯粹的自由银行制度、国有化与外资限制、正统向非正统的转变以及自由化改革等体制变革，其历史发展与当代转轨呈现了非常明显的摇摆与不连贯性。其中固然有外部因素的冲击，根本而言，秘鲁社会经济发展的自身特性与其所实施的政策战略是这一轨迹形成的关键。

关键词　秘鲁　金融业　经济发展　历史　当代转轨

克里斯蒂娜·胡恩菲尔特《秘鲁史》一书，将秘鲁独立以来的历史发展划分为八个阶段，即为稳定而长期斗争（1826—1843）、鸟粪繁荣时期（1843—1879）、太平洋战争及战后时期（1879—1900）、20世纪的最初几十年（1900—1929）、萧条与冲突（1929—1948）、独裁与改革（1948—1968）、土地改革与光辉道路（1968—1990）、新结构与藤森（1990—2003）。[①] 其划分的主要依据是重大历史事件、经济周期与社会变

---

[*] 戴建兵，河北师范大学秘鲁研究中心主任、教授；孔德威，河北师范大学商学院教授。

[①] 克里斯蒂娜·胡恩菲尔特：《秘鲁史》，左晓园译，东方出版中心2011年版，第1页。

革。基于这种划分，并结合秘鲁金融业发展的自身特性，本文将秘鲁金融业的历史发展分为既相互连接又有明显差异的七个阶段。在此基础上，围绕金融资本的形成与银行创建、金融体系的完善与金融深化三个层次，从经济发展状况、政策战略实施与体制变革等多方面，对秘鲁金融业的历史发展与当代转轨进行分析。由于银行在秘鲁金融业中始终占据着绝对优势地位，所以本文对秘鲁金融业的分析主要集中于银行部门。

一 鸟粪繁荣时期（1843—1879）

秘鲁独立后 20 多年，一直处于政治动荡和经济困难，直到 19 世纪 40 年代依靠向欧洲出口鸟粪从而带来巨额收益，才使秘鲁进入稳定与繁荣时期。1840—1880 年 40 年的繁荣时期，秘鲁一直保持着较高的贸易顺差（除了 1845 年），财政收入持续增加，年均 GDP 增长一直保持在 2.5%—4.4%（除 1870—1875 年的 -0.6%）（见表 1）[1]，仅鸟粪出口就为秘鲁赚取了大约 1 亿英镑的外汇收入。稳定的经济增长和巨额的鸟粪外汇收入，促进了秘鲁金融业的创建与发展。

表1　　　　　秘鲁经济状况（1840—1875）　　（单位：百万索尔）

国际贸易	1840 年	1845 年	1850 年	1855 年	1860 年	1865 年	1870 年	1875 年
出口	5.21	4.80	7.57	10.31	35.00	25.68	21.00	19.00
进口	4.68	5.10	6.00	9.01	15.00	15.00	12.00	16.00
贸易平衡	0.53	-0.30	1.57	1.30	20.00	10.68	9.00	3.00
贸易平衡占GDP比重	0.7%	-0.4%	1.6%	1.1%	16.5%	7.2%	4.9%	1.8%
财政	1840	1845	1850	1855	1860	1865	1870	1875
财政收入			7.76	14.47	21.05	16.98	47.53	34.21
财政支出			5.69	13.17	21.12	21.59	78.32	56.66

---

[1] Zegarra, Luis Felipe. "Free-Banking and Financial Stability in Peru." *The Quarterly Journal of Austrian Economics*, Vol. 16, No. 2 (Summer 2013), pp. 187-226.

续表

国际贸易	1840 年	1845 年	1850 年	1855 年	1860 年	1865 年	1870 年	1875 年
财政平衡			2.07	1.30	-0.07	-4.61	-30.79	-22.45
财政平衡占 GDP 比重			2.1%	1.1%	-0.1%	-3.1%	-16.6%	-13.7%
债务			14.17	51.51	33.48	38.65	98.55	241.81
债务占 GDP 比重			14.3%	42.4%	27.6%	26.1%	53.3%	147.4%
银行	1840	1845	1850	1855	1860	1865	1870	1875
贷款	0.00	0.00	0.00	0.00	0.00	5.45	12.99	26.81
贷款占 GDP 比重	0.0%	0.0%	0.0%	0.0%	0.0%	3.7%	7.0%	16.3%
存款						2.15	8.95	11.06
存款占 GDP 比重	0.0%	0.0%	0.0%	0.0%	0.0%	1.5%	4.8%	6.7%
流通中的银行票据	0.00	0.00	0.00	0.00	0.00	3.37	5.27	11.38
流通的银行票据占 GDP 比重	0.0%	0.0%	0.0%	0.0%	0.0%	2.3#	2.9%	6.9%
GDP	1840 年	1845 年	1850 年	1855 年	1860 年	1865 年	1870 年	1875 年
GDP (1830=100)	125.69	142.31	158.47	181.44	189.20	207.34	257.08	249.66
GDP	78.37	84.26	99.01	121.53	121.38	148.11	185.01	164.06
GDP 年增长率		2.5%	2.2%	2.7%	0.8%	1.8%	4.4%	-0.6%

资料来源：Zegarra, Luis Felipe. "Free-Banking and Financial Stability in Peru." The Quarterly Journal of *Austrian Economics*, Vol. 16, No. 2 (Summer 2003)。

秘鲁金融业最初是由从事鸟粪贸易的商业寡头创建的。他们将从事鸟粪所获得的巨额收益，一部分投向棉花、甘蔗种植，促进了沿海大庄园的发展；另一部分则投向了金融业，引发了秘鲁金融业的发展。

1862 年底，秘鲁第一家银行普罗维登斯银行（Banco de la Providencia）成立。该银行由当时利马的大贸易商组建，经营范围涉及储蓄、贷款、保险、当铺和银行票据发行等多种业务；1863 年，秘鲁银行（Banco del Perú）银行成立。该银行由八个资本家创立，经营范围包括存款、商业票据贴现、往来账户结算等。同年，伦敦银行、墨西哥银行和南美银行等一些外资银行在利马开设了分行。随后，利马银行（Banco de Lima）、秘鲁国家银行（Banco Nacional del Perú）、担保银行（Banco Garantizador）、英国秘鲁银行（Banco Anglo-Peruano）、特鲁希略银行（Banco de Trujillo）、阿雷基帕银行（Banco de Arequipa）、塔克纳银行（Banco de Tacna）、皮乌拉银行（Banco de Piura）、塞罗银行（Banco de Emisión del Cerro）等相继成立（见表2）。到1873 年，秘鲁全国已有13 家银行。

表2　　　　　　　　　秘鲁银行（1862—1883）　　　　　（单位：百万索尔）

银行名称	主要分行	创立资本（百万索尔）	创立时间	退出时间
普罗维登斯银行（Banco dela Providencia）	利马	0.5	1862 年	1880 年
秘鲁银行（Banco del Perú）	利马	1.0	1863 年	1880 年
伦敦银行（Bank of London）	利马	1.0	1863 年	1897 年与卡亚俄银行合并
利马银行（Banco de Lima）	利马	3.2	1869 年	1878 年
特鲁希略银行（Banco de Trujillo）	特鲁希略	0.5	1871 年	1879—1883 年
秘鲁国家银行（Banco Nacional del Perú）	利马	12.0	1872 年	1880 年
担保银行（Banco Garantizador）	利马	2.0	1872 年	1882 年
阿雷基帕银行（Banco de Arequipa）	阿雷基帕	0.5	1872 年	1879—1883 年
皮乌拉银行（Banco de Piura）	皮乌拉	0.5	1872 年	1879—1883 年
塔克纳银行（Banco de Tacna）	塔克纳	0.5	1872 年	太平洋战争后划归智利继续经营

续表

银行名称	主要分行	创立资本（百万索尔）	创立时间	退出时间
塞罗银行（Banco de Emisión del Cerro）	塞罗	0.1	1872年	1879—1883年
英国秘鲁银行（Banco Anglo-Peruano）	利马	不详	1873年	1876年
Banco de Ascope 银行	特鲁希略	不详	1873年	1879—1883年
秘鲁商业银行（Banco Mercantil del Peru）	利马	不详	1877年	1880年
卡亚俄银行（Banco del Callao）	卡亚俄	0.5	1877年	1897年与伦敦银行合并

资料来源：Zegarra, Luis Felipe (2013)。

　　鸟粪时期秘鲁的银行实行纯粹的自由银行制度。表现在三个方面，一是银行类似于一般工商企业，不受任何特别银行法的约束。事实上直到 1873 年，秘鲁银行仅受制于 1852 年颁布的商业法的约束，而该法又是非常宽松，对企业（包括银行）成立与运营没有特别的要求（如最低准备金等），仅需注册登记；二是各家银行可自由发行银行票据。如普罗维登斯银行（Banco de la Providencia），从其成立就开始发行银行票据，到 1865 年 12 月共发行了 112 万索尔，占总负债的约 1/3。这些银行票据没有任何担保，只有行长的签名，但仍很受公众欢迎。这是与当时秘鲁经济繁荣以及大量银币流入、贸易顺差和财政盈余等密切相关的，银币的大量流入使银行有足够的资金储备来防范挤兑发生。正因为如此，随着 19 世纪 60 年代后期秘鲁国际收支的不断恶化，以及银币流入的减少，政府为应对财政赤字和筹集资金而对金融市场增加干预，1873 年底秘鲁纯粹的自由银行制度最终终结。三是各银行可以不受限制地在各地开设分支机构。此后近 80 年时间里（到 20 世纪 50 年代），秘鲁的区域性银行再也没有达到当时的布点密度。[①]

　　以鸟粪收入为质押的国际融资与外国贷款的增加。这一时期秘鲁经济

[①] Zegarra, Luis Felipe. "Free-Banking and Financial Stability in Peru." *The Quarterly Journal of Austrian Economics*, Vol. 16, No, 2, Summer 2013, pp. 187 – 226.

建设，特别是铁路等大型基础设施建设，所需资金大多源于鸟粪收入或以鸟粪收入为质押的贷款。为筹集大规模铁路建设所需资金，1869年秘鲁政府与法国德雷福斯公司（Dreyfus）所签订贷款合同就是以鸟粪出口专营权和200多万吨鸟粪收入为质押的。德雷福斯公司为秘鲁铁路建设进行融资，并立即支付240万索尔。该合同的签订不仅解决了秘鲁铁路建设的资金短缺问题，更重要的是使秘鲁以鸟粪收入为质押进入了国际金融市场。当然，此后也使得秘鲁政府越来越依赖于国外资本，外国贷款逐渐增加。1870年秘鲁国外贷款为1120万英镑，到1872年达到了2200万英镑。1850—1875年，秘鲁的国外贷款总额约为5184万英镑，比同期巴西、阿根廷、智利三国举借的外国贷款总和还要多。[①]

二　太平洋战争及战后重建（1879—1929）

1879—1885年秘鲁、玻利维亚与智利进行了长达5年的太平洋战争，在使智利几乎控制世界硝石市场并由此进入长达30年的"肥料时代"的同时，秘鲁不仅失去了南部储藏丰富的硝石资源，经济也遭受了毁灭性的打击。战争结束时，秘鲁政府财政收入减少到600万美元，仅为15年前的1/3，外债却达到了1.5亿美元。[②] 尽管如此，秘鲁在19世纪最后20年通过重构对外贸易与区域发展模式，逐渐使经济得以恢复与重建。[③] 此金融不仅发挥了重要作用，也在经济建设中得到了进一步发展。

战后，秘鲁政府为了筹集建设资金，一是设法开辟新税收，增加财政收入；二是对私营企业实行多种优惠政策，鼓励私人资本投资；三是创建新的金融机构，完善金融体系，加大信用融资力度。1886年利马商会和不动产登记组织、1896年利马证券交易所、1889年意大利银行、1897年德意志大西洋银行、1897年国际银行、1899年民众银行等金融机构的相继成立，[④] 不仅进一步完善了秘鲁金融组织体系，增加了信用融资规模，也促进了秘鲁国内信用交易范围的扩大、企业融资方式的

[①] 任克佳：《19世纪秘鲁铁路建设的起落与反思》，《拉丁美洲研究》2013年第2期。
[②] 张寒：《1879—1883南美太平洋战争的回顾与思考》，《才智》2013年第7期。
[③] 克里斯蒂娜·胡恩菲尔特：《秘鲁史》，左晓园译，东方出版中心2011年版，第144、157、163页。
[④] 同上。

转变。

　　这一时期，因无法再从鸟粪和硝石贸易中获取丰厚收入，也无法再以该收入为质押向国外贷款，因此，秘鲁政府转而采取加快国有资源非国有化和开放更多投资领域等措施，积极吸引国外直接投资。这些措施取得了一定的成效，缓解了经济建设的资金短缺问题，但也使得秘鲁经济更多地被外国资本所控制。铁路建设方面，1889 年秘鲁政府以铁路所有权、土地综合开发权和财政补贴等为条件，与由英国债权人组成的秘鲁公司签署了《格雷斯合同》。合同在使秘鲁得以重建和扩建鸟粪繁荣结束之后停建的铁路的同时，也将铁路的所有权和经营权让渡给了外国资本。据统计，当时秘鲁全国总计有 1700 英里铁路，秘鲁公司控制了 1300 多英里，几乎包括所有重要的铁路线[1]；矿石开采方面，通过直接投资，美国塞罗—德帕斯科公司与另一家美国公司到 1920 年几乎控制了秘鲁所有的铜、银和金的开采，成为了大多数矿业公司的所有者；农业生产方面，战后大多数中部和北部沿海地区的种植园因缺乏重建资金，最终不得不卖给外国投资者。外国商行以土地未来收益作质押向生产者发放短期贷款，如果收成不足以偿还贷款，商行将接管土地。直到 20 世纪 30 年代，秘鲁的棉花生产者才最终取得了国内金融机构的融资性支持。[2]

　　第一次世界大战期间，世界蔗糖和棉花等农产品价格的大幅上涨，有力地促进了秘鲁的农业生产。1918 年秘鲁蔗糖生产水平超过了当时最先进的夏威夷地区。从蔗糖、大米和棉花等农产品出口贸易中获得的部分收入，流向城市投资于银行和保险业，促进了秘鲁金融业发展。秘鲁国际银行、德意志大西洋银行、民众银行、里马克保险公司、国民保险公司等都在第一次世界大战到 1920 年间得到了扩张。[3]

三　萧条、复苏与扩张（1929—1968）

　　20 世纪 20 年代后期美国引发的世界性经济大萧条使秘鲁的出口急剧下降，失业率大幅上升。1929—1932 年，秘鲁铜、羊毛、棉花、蔗糖出

---

[1] 任克佳：《19 世纪秘鲁铁路建设的起落与反思》，《拉丁美洲研究》2013 年第 2 期。
[2] 克里斯蒂娜·胡恩菲尔特：《秘鲁史》，左晓园译，东方出版中心 2011 年版，第 163、169、204 页。
[3] 同上。

口分别下降了 69%、50%、42%、22%；建筑业也陷入停滞，利马 73% 的油漆匠、70% 的泥瓦匠、60% 的木匠、58% 的管道工、52% 的电工失业。[①] 与此同时，金融形势也变得愈发严峻，大量银行破产，国外直接投资和贷款减少，政府发行的国库券增多，货币贬值加大，大量到期外债无法偿还。

直到 1933 年秘鲁经济才开始复苏。一方面，传统的出口产品，特别是农产品出口起到了重要支撑作用。1945 年秘鲁出口总额的 56% 来自于农产品；另一方面，多样化的金融促进措施，对工业发展发挥了重要推动作用。多样化的金融促进措施主要包括三个方面：一是创建一批新的银行，增加信用融资，弥补国外直接投资与国外贷款的不足。当时秘鲁政府无法从国外获得直接投资与贷款，所以开设新银行，增加国内信贷成为经济复苏的一种选择。秘鲁在 1931 年开设了农业银行，1936 年开设了工业银行。新银行的开设，降低了秘鲁对国外资本的依赖，增强了国内信用融资对经济建设的资金支持力度，也使得这一时期成为秘鲁历史上极少数没有外国贷款的时期。二是开设新的开发金融机构，推动私人投资者到不愿投资的地区与领域投资，促进经济增长。三是进行货币贬值，提高国内工业品竞争力。1929—1940 年间，秘鲁索尔从 2.50 索尔兑换 1 美元贬值到 6.50 索尔兑换 1 美元。[②] 多样化金融促进措施有力地支持了秘鲁轮胎、玻璃、肥料、建筑材料等行业的生产与新企业的建立。

到 20 世纪五六十年代，借助于西方国家"黄金时代"的经济繁荣，秘鲁经济也进入了发展、扩张时期。国外直接投资，特别是对秘鲁金融业投资增长迅速。1955—1965 年间，仅美国对秘鲁采矿业直接投资就增长了 379%，非采矿业投资增长 180%。但随着直接投资的增加，外国资本对秘鲁经济的控制更加严重。到 1966 年，外国投资者垄断了秘鲁 100% 的石油产量、100% 的铁产量、80% 的铜产量、67% 的锌产量、23% 的蔗糖产量，62% 的货币量。[③]

[①] 克里斯蒂娜·胡恩菲尔特：《秘鲁史》，左晓园译，东方出版中心 2011 年版，第 163、169、204 页。

[②] 同上。

[③] 克里斯蒂娜·胡恩菲尔特：《秘鲁史》，左晓园译，东方出版中心 2011 年版，第 227 页。

四 军政府执政时期(1968—1980)

1968—1980 年的 12 年间,特别是在 1968—1975 年贝拉斯科(Francisco)执政期间,为了缓和社会矛盾、降低国外资本对本国经济的控制,并促进本国工业发展,军政府进行了以土地改革、国有化和社会所有制为主要内容的"秘鲁革命"。在此过程中,军政府对秘鲁金融业也进行了多方面的改革,并产生了深刻影响。

首先是银行国有化。军政府时期,秘鲁长期奉行的出口导向发展战略转为进口替代发展战略。国家对企业实施国有化,加大对国内经济的干预与保护。通过国有化,政府建立了庞大的国有企业,国营企业和国家拥有股权的企业达到了 161 家(其中银行等金融企业 47 家,非金融企业 114 家),国家的掌控企业等产出了 30% 的 GDP、3/4 的出口、一半的进口、一半以上的固定资产投资、2/3 的银行信贷。[①]

在金融业方面,贝拉斯科政府在 1968 年 12 月修改了《中央储备银行章程》,强化秘鲁中央银行职能,1969 年 1 月颁布了《商业银行秘鲁化法令》。根据该项法令,商业银行中秘鲁本国资本不得少于 75%。1971 年又禁止外国机构在秘鲁的商业银行、保险业等金融部门进行直接投资,已经在这些部门投资的外国银行或保险公司必须在 3 年内将至少 80% 的股份转售给秘鲁的投资者。1978 年,军政府虽然重新允许外国资本对秘鲁本国银行进行直接投资,但规定其股份不得超过 20%。这些法令大大限制了外国资本在秘鲁金融业的投资,使得外国银行不得不缩减在秘鲁的经营规模与范围,甚至完全关闭。[②]

最初的 6 年里,军政府的改革是比较成功的,秘鲁 GDP 平均增长 6.5%,通货膨胀率低于 7%。但 1974 年后情况发生逆转。受铜等出口产品价格大幅下降的影响,国际贸易与财政收入受到重创,经济停滞,此时,政府不是增加税收和缩减支出,而是在印制钞票和大量向国外借债,秘鲁陷入严重债务危机,金融形势开始恶化。[③] 主要表现在货币流通量过

---

① 任克佳:《19 世纪秘鲁铁路建设的起落与反思》,《拉丁美洲研究》2013 年第 2 期。
② 徐世澄:《试析秘鲁 1968—1980 年的经济发展战略》,《拉丁美洲研究》1986 年第 5 期。
③ Robinson, Paul. "The Failed Heterodox Experiment in Peru: Alan Garcia 1985 – 1990." On-line at: http://www.cca-alberta.com/pdfs/paulrobinson_paper.pdf.

多、货币贬值与外债成倍增长三个方面。1968年10月贝拉斯科政府刚上台时,货币流通量为130亿索尔,1978年增加到了1500亿索尔,1980年7月更是达到6000亿索尔;货币的超量发行导致货币不断贬值。政府实行固定汇率,1968—1975年间汇率一直固定在38.7∶1。但到1976—1980年间,汇率分别降到了70∶1、110∶1、190∶1、250∶1和342∶1;为应对不断增加的财政开支和巨额的财政赤字,军政府大量举借外债。1968—1978年间,秘鲁的外债规模增长了5倍,1979年底时外债总额达到了93.6亿美元。因无力偿还,最终政府不得不向国际货币基金组织(IMF)申请债务重组[1]。

五 稳定与结构化调整时期(1980—1990)

1980—1990年,秘鲁实施了两种截然相反的稳定与结构调整战略。

先是贝朗德(Belaúnde)政府的正统调整战略与金融政策(1980—1985)。所谓的正统战略实际上是国际货币基金组织向拉美国家所推行的稳定与结构调整战略,核心就是私有化、市场化和自由化。贝朗德政府之所以在1980年开始实施这种新自由主义的正统战略与金融政策,有三方面原因:一是直到1968年军政府执政,秘鲁一直奉行的是市场化发展战略,本身具有浓厚的自由化历史传统;二是过重的债务负担和偿还压力,迫使政府不得不屈从于国际货币基金组织所推行的稳定与结构调整战略;三是智利、乌拉圭和阿根廷等南美国家实行的新自由主义经济改革影响。直到20世纪80年代后期,智利一直被国际货币基金组织等吹捧为自由市场的奇迹。贝朗德经济改革团队成员也大多在海外银行和跨国组织工作多年,其思想深受智利自由市场化模式的影响。

贝朗德政府的正统战略与金融政策,主要包括国有企业私有化、刺激私人投资、取消政府对价格和金融市场干预、降低关税和减少关税壁垒、适度货币贬值以提高产品出口国际竞争力等。由于政策间的矛盾冲突及缺乏现实性,最终未能达到预期目的。在国有企业私有化与刺激私人投资方

---

[1] 周子勤:《关于秘鲁国营企业私有化问题的一些思考》,《拉丁美洲研究》1992年第8期。

面，国内购买力不足限制了国有企业出售，不稳定的宏观经济形势、贸易自由化下出口各项优惠政策的取消和严重的国际债务危机又制约了私人和国外投资者的投资积极性。由此，私人投资出现了下降趋势，私人投资占GDP的比重从1980年的18%下降到了1985年的12%（见图1），国外直接投资也降到了历史最低点；在贸易自由化方面，关税的降低和国外商品的大量涌入，加剧了企业亏损与贷款的增加，众多企业陷入债务危机，产能下降。

1980—1983年，秘鲁制造业的产出下降了将近20%，60%的产能处于闲置状态；在国家投资计划方面，因缺乏资金支持，1981—1985年国家计划中的80多个项目大多不是没能实现预期的产出，就是根本没能建成。贝朗德政府下台时，秘鲁出现了严重的滞胀，GDP停滞不前，通货膨胀上升了2倍，外债增加了70%（见图2、图3），实际工资下降了35%以上，工资总额占GDP的比重降到了3.4%，持续的通货膨胀更促使有限的资金转向了金融和商业投机，造成经济混乱。[1]

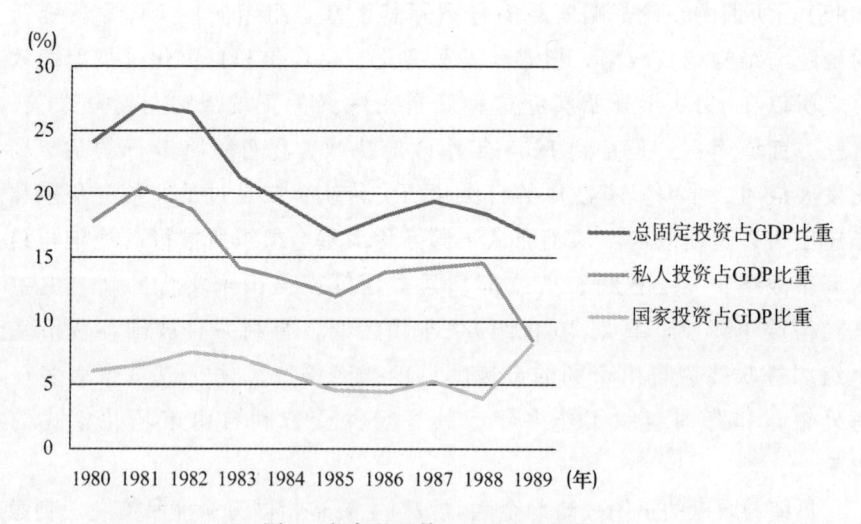

图1　秘鲁的投资（1980—1989）

资料来源：Wise, Carol, and Manuel Pastor. "Peruvian Economic Policy in the 1980s: From Orthodoxy to Heterodoxy and Back", *Latin American Research Review*, Vol. 27, No. 2。

---

[1] Wise, Carol, and Manuel Pastor. "Peruvian Economic Policy in the 1980s: From Orthodoxy to Heterodoxy and Back", *Latin American Research Review*, Vol. 27, No. 2, pp. 83 - 118.

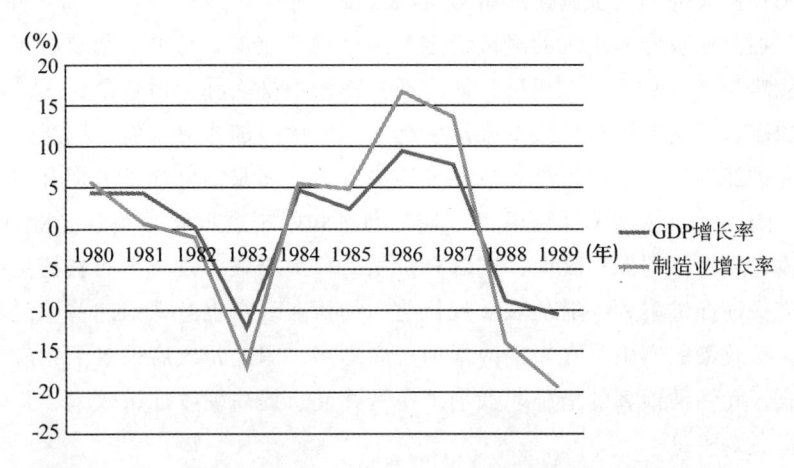

图 2　秘鲁的宏观经济形势（GDP 和制造业增长率）（1980—1989）

资料来源：Wise, Carol, and Manuel Pastor. "Peruvian Economic Policy in the 1980s: From Orthodoxy to Heterodoxy and Back", *Latin American Research Review*, Vol. 27, No. 2。

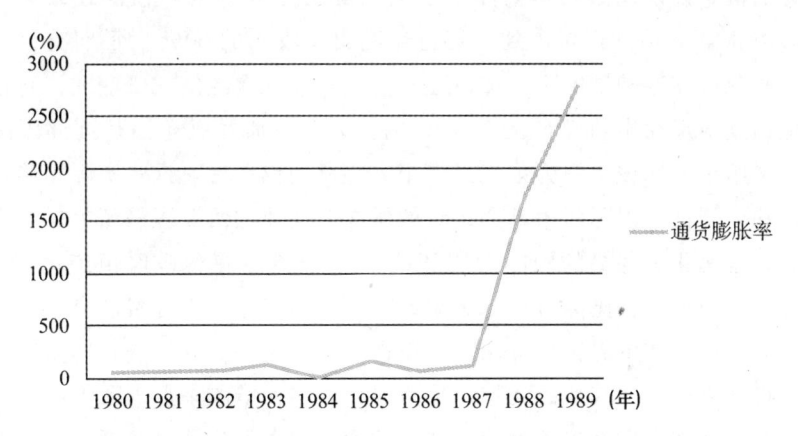

图 3　秘鲁的宏观经济形势（通货膨胀率）（1980—1989）

资料来源：Wise, Carol, and Manuel Pastor. "Peruvian Economic Policy in the 1980s: From Orthodoxy to Heterodoxy and Back", *Latin American Research Review*, Vol. 27, No. 2。

然后是加西亚（García）政府的非正统调整战略与金融政策（1985—1990）。面对严重的债务危机和通货膨胀，加西亚政府实施了一系列激进的民粹主义的非正统调整战略与金融政策。

加西亚政府非正统的经济稳定与结构调整政策。与贝朗德政府正统调整战略与金融政策观点相反，认为通货膨胀不是一种货币现象，不是由过度的需求而是由结构性成本推动引起的。因此，加西亚政府以刺激消费支出促进经济增长，以价格和成本控制降低通货膨胀，增加工资提升实际工资，降低税收提高民众购买力，降低利率和限制进口竞争增强企业活力，以收入支持计划促进就业，向农村贫困人口提供廉价信贷，向农场主提供价格保证促进陷入停滞的农业现代化。加西亚政府也意识到这些稳定与结构调整政策的实施将在短期内增加政府赤字，因此，政府采取了相应的增加收入和缩减预算的措施。如削减军费开支、提高税收征缴效率、降低政府官员薪资等。

具体到金融上，非正统的金融政策主要包括四个方面：一是进行货币改革。加西亚政府在1996年创造了一种新的货币印地（inti, 1印地相当于1000索尔），并为提供国际市场竞争力，将印地相对于美元贬值12%。二是实施多样化的汇率制度。在冻结国内汇率控制进口成本的同时，以多样化的汇率设计刺激出口商品换汇。三是推行10%的外债偿还政策。到1985年时，外债的偿付占到了秘鲁年度出口收入的60%，延期支付变得不可避免。在这种情况下，加西亚政府宣布在秘鲁经济危机期间，将偿还外债额度限定在出口总额的10%以内。另外，加西亚还公开批评国际货币基金组织，视该组织为第三世界国家危机的创造者。这一实际拒绝偿还外债和公开抵制国际货币基金组织的做法，在使加西亚赢得秘鲁民众支持同时，也恶化了秘鲁的国际融资环境。当1986年秘鲁政府拒绝偿还其8亿美元的债务时，国际货币基金组织立即宣布秘鲁为不合格借贷者。随后美洲开发银行和世界银行等国际组织也停止了向秘鲁的借贷。四是实行私人银行国有化。在其执政初期，加西亚采取多种措施来促进私人投资，希望借此实现其发展经济的庞大计划，并为此缩减了公共投资项目，与大的商业集团进行了广泛的协商谈判。但是，受国内反对派运动光辉道路和国际融资环境恶化等因素的影响，私人投资变得越来越谨慎，在其执政的最初两年时间里，私人投资一直没有明显的增加。再加上国外融资困境，秘鲁总投资规模远未达到促进经济繁荣所要求的水平（见图1），经济面临着滞胀的危险。最终促使加西在1987年7月宣布实行私人银行国有化。政府认为私人银行国有化不仅能够增加政府对秘鲁12个较大的商业集团的影响力，阻止私人资本通过银行系统外流，更有助于促进信贷民众化和增加投资。

非正统调整战略与金融政策的实施效果最初是非常成功的。仅一年通货膨胀就从1985年的158.3%降到了1986年的63%，实际工资提高了7%，GNP增长率从1985年的2.4%提高到了1986年的9.5%，农场主收入也增加25%，使秘鲁成为当时拉美国家经济增长最快的国家。

但从1987年开始，非正统经济政策走向了危机。1987年通货膨胀重新反弹到114.5%，1998年通胀率更是达到1722.3%。令人绝望的经济形势迫使政府实施更新的经济计划调整，施行货币贬值，上调公共部门服务价格等，但都未成功。加西亚政府执政结束时，通胀率达到了2775.6%，最低工资的购买力降低了49%。[①]

六 新自由主义改革(1990—2003)

1990年，藤森（Fujimori）担任秘鲁总统。面对加西亚政府留下的严峻经济形势，藤森政府实施了一系列新自由主义的改革措施。在金融自由化方面，其改革措施主要包括以下四点。

一是放松管制。允许金融机构以外国货币创建账户与进行信贷、放开对资本账户的管制（因潜在的资本流出，最初并没有放开对所有资本账户的管制）和对最高贷款利率不再进行调整。

二是调整《银行部门法》。藤森政府分别在1991年、1996年和1998年对《银行部门法》进行了三次大的调整，基本上废弃了1931年《银行法》。其中，1991年颁布的《金融与保险机构法》出台多项旨在鼓励商业银行从事更多经营活动并强化对其监督的措施，以此促进商业银行向全能银行的转变，增强金融部门的竞争力、公信力与偿付能力；1996年颁布的《银行部门法》，在强调按《巴塞尔协议》框架进一步强化金融监管的同时，鼓励商业银行积极开展保理、期货和衍生工具等金融产品的创新。

[①] Wise, Carol, and Manuel Pastor. "Peruvian Economic Policy in the 1980s: From Orthodoxy to Heterodoxy and Back." Latin American Research Review 27 (2): 83 – 118。

三是实施国有银行私有化,鼓励外国资本投资金融业。与加西亚政府相反,藤森推行国有银行私有化,鼓励外资投资金融业政策。这一政策影响巨大,至今秘鲁几乎所有商业银行都是私人银行,跨国银行在秘鲁金融业中占据着非常重要的地位。

秘鲁的跨国银行大多是在20世纪90年代藤森政府实行金融自由化政策时期进入秘鲁的。在1988—1998年的10年间,投入秘鲁银行部门的国外直接投资占国外直接投资总额的比重从最初的10%到1998年时几乎占到了90%(见图4)。当前秘鲁六家跨国银行,即西班牙对外银行、加拿大丰业秘鲁银行(Scotiabank Peru)、金融银行(Banco Financiero)、泛美金融银行(Banco Interamericano de Finanzas)、花旗秘鲁银行(Citibank Peru)和汇丰秘鲁银行(HSBC Bank Peru),总计吸收了秘鲁存款的50%。跨国银行有助于提升秘鲁银行系统整体效率,但也对秘鲁政府经济掌控能力造成冲击。[1]

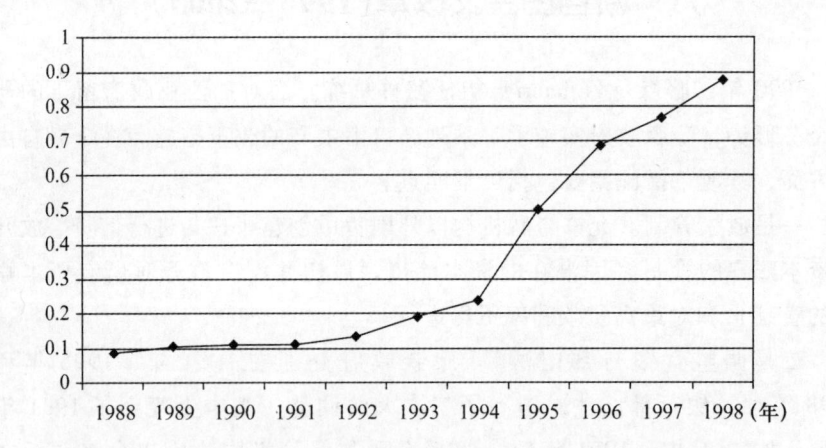

图4 投入秘鲁银行部门的国外直接投资占国外直接投资总额的比重

资料来源:Jorge Eduardo Yi. "Multinational Banking in Peru"。

四是互补性改革。秘鲁金融业的改革与发展不单单来自于金融部门本身,也与其他部门的改革密切相关。其中劳动力市场解雇与养老保险制度

---

[1] Jorge Eduardo Yi. "Multinational Banking in Peru". http://lanic.utexas.edu/project/etext/llilas/ilassa/2008/yi.pdf.

改革所要求的"强制性储蓄",就成为秘鲁银行存款的重要来源。[1]

七 普惠金融的发展(2003 年至今)

普惠金融(Inclusive Finance,也译为"包容性金融")是在 2005 年国际小额信贷年上提出的概念,后被联合国和世界银行广泛推广,主要是指小额信贷、微型金融的新发展。基本含义是以可负担的成本将金融服务扩展至所有社会成员,特别是欠发达地区和社会低收入人群,向其提供价格合理、方便快捷的金融服务,以不断提高金融服务的可获得性与全覆盖性。普惠金融的三个特征是:公平性,即每一个人,无论是穷人还是富人,都平等地享有金融服务的权利,以均等的金融可获得性参与社会经济活动;包容性,即将被传统金融排斥在外的社会群体纳入金融服务之列;创新性,即将金融服务扩展到所有社会成员,特别是弱势群体,需要创新金融体系,开发适应普惠金融发展需要的金融机构、金融产品等。普惠金融不仅有助于降低贫困,也有助于金融机构的可持续发展。

目前秘鲁是拉丁美洲国家和世界上成功发展普惠金融的国家之一。直到 20 世纪 80 年代后期,秘鲁的金融深化都是较低的,正规金融机构主要面向大企业开展经营,只有较小比例的人口能够享受到正规金融服务。20 世纪 80 年代早期,秘鲁开始创建城市银行向农村没有享受正规金融服务的人群提供金融服务。其中,最成功的是秘鲁与拉丁美洲微型金融机构(Peruvian and Latin American microfinance institutions)。通过发展非银行微型金融机构,秘鲁成功地将普惠金融覆盖到了全国的大部分人群。在这一过程中,专门从事普惠金融业务的非银行微型金融机构得到快速发展,成为秘鲁金融体系重要组成部分。2013 年 6 月,秘鲁非银行微型金融机构发展到 32 家,资产占秘鲁全部金融资产的 6.3%,贷款占 7.9%,存款占 7.1%,成为秘鲁最大的金融机构之一(见表 3)。

---

[1] Patricia Ledesma Liébana (2001). The Peruvian Experience with Financial Liberalization, 1990–1999. http://lasa.international.pitt.edu/Lasa2001/LedesmaLiebanaPatricia.pdf.

表 3　　　　秘鲁的金融体系（时间：2013 年 6 月）　　　数量单位：百万索尔

金融机构	数量	资产 数量	%	贷款 数量	%	存款 数量	%
银行	16	248,491	81.7	155,234	85.1	155,723	80.3
财务公司	11	11,078	3.6	8,753	4.8	4,613	2.4
非银行微型金融机构	32	19,079	6.3	14,382	7.9	13,796	7.1
其中：市区机构	13	15,684	5.2	11,806	6.5	12,157	6.3
农村信储蓄与信贷机构	9	2,160	0.7	1,509	0.8	1,639	0.8
小微企业发展实体	10	1,236	0.4	1,067	0.6		
租赁公司	2	558	0.2	437	0.2		
国民银行	1	24,306	8.0	3,114	1.7	19,743	10.2
农业银行	1	619	0.2	528	0.3		
总计		304,131	100	182,447	100	193,874	100

资料来源：Superintendencia de Banca Segurosy AFP – SBS。

秘鲁独立以来，历经鸟粪繁荣、太平洋战争与战后重建、萧条复苏与扩张、军政府执政、稳定与结构性调整、新自由主义的改革等重要历史时期，秘鲁的金融业从创建、完善体系，再到普惠深化金融，经历了纯粹的自由银行制度、国有化与外资限制、正统向非正统的转变以及自由化改革等体制变革，其历史发展与当代转轨呈现了非常明显的摇摆与不连贯性。其中的原因固然有外部因素的冲击，根本而言，秘鲁社会经济发展的自身特性与其所实施的政策战略是这一轨迹形成的关键。秘鲁金融与银行业的发展，反映了该国金融与实体经济的高度粘连及深层互动，同时，政治变动对该国宏观经济政策的影响也深刻地左右着金融及银行业的发展。当前，普惠金融深化将克服金融与银行业的摇摆性与不连贯性，另或言之，普惠金融深化将秘鲁的金融与银行业带入了社会深层领域，或是繁荣，抑或崩溃，国际银行位居顶层，中间是秘鲁的各种金融银行业，而底层的普惠金融正在改变着秘鲁金融业的基因。

截至 2014 年底，中国和秘鲁的贸易额为 143.2 亿美元，中国在秘鲁的投资额达到了 142.4 亿美元，中国已成为秘鲁第一大贸易伙伴、出口目的国、进口来源国，以及重要投资来源国。现在包括特罗莫克（Toromocho）铜矿和拉斯邦巴斯（Las Bambas）铜矿在内的秘鲁新建矿产项目三分之一的投资来自中国。双方经贸往来与投资的日益密切和规模扩大，中资银行以及中秘金融机构间的合作在其中发挥着重要作用。目前中国在秘鲁的金融组织有国家开发银行工作组、中国银行秘鲁代表处、中国工商银行秘鲁公司和中国银联秘鲁代表处。我国的其他银行与金融机构也与秘鲁的各银行开展了多种形式的合作。两国在资源深加工、加工制造业、产能合作、交通运输和电信等基础设施建设、农林渔业以及货币金融等方面拥有巨大的合作潜力，加深对秘鲁金融业与银行的了解，促进与秘鲁金融及银行的融合，将是促进中国企业"走出去"和防范海外投资风险的有力保障，两种不同的银行文化如何沟通与合作也将是一个让人十分感兴趣的话题。

Peru's Financial Industry and Economic Development：History and Contemporary Transition

Abstract：Since independence, Peru has experienced so many important historical events, such as guano boom, the Pacific War and post-war reconstruction, depression recovery and expansion, the military government ruling, stability and structural adjustment, Neo liberalism reform, etc. Peru's financial industry also has experienced from the creation, improve the system, and then to the inclusive deepening of financial, such as the pure free banking system, nationalization and foreign investment restrictions, orthodox to non-orthodox transformation as well as the liberalization reform. Both its historical development and contemporary transition present an obvious vacillation and incoherence, the causes of which include external factors impact. In a word, Peru's characteristics of social & economic development and its implementer policy strategy are the keystone of the bank formation.

Key words: Peru; Financial Industry; Economic Development; History; Modern Transformation.

文化差异对中拉贸易影响的实证研究

曲如晓　杨　修[*]

内容提要　由于历史文化背景的不同，中国与拉丁美洲国家间文化呈现较大差异。那么，中国与拉丁美洲国家间文化差异是否影响双边贸易的发展呢？本文基于 1992—2013 年中国与拉丁美洲国家的产品贸易数据，以文化差异为视角，对中国与拉丁美洲国家间贸易发展进行了实证研究。研究发现：中国与拉丁美洲国家间文化差异增加，将促进中国对拉丁美洲国家的产品出口。在不同文化维度方面，个人主义维度差异和权力维度差异在中国对拉丁美洲国家出口中起到了推动作用。最后，由于文化差异与贸易间可能存在的非线性关系，文化差异对中国向拉丁美洲国家出口的影响呈现为倒 U 型，即当文化距离小于 3.098 时，文化差异将促进中国对拉丁美洲国家的产品出口。当文化距离大于 3.098 时，文化差异将阻碍中国对拉丁美洲国家的产品出口。

关键词　文化差异　中拉贸易　文化距离

一　问题的提出

拉丁美洲是中国重要的经贸合作地区之一，是中国融入国际社会、开展全球经贸合作的重要舞台。自 1960 年 9 月 28 日，中国与古巴建立外交关

---

[*] 曲如晓，北京师范大学经济与工商管理学院教授，博士生导师；杨修，北京师范大学经济与工商管理学院博士研究生。

系起，中国与拉丁美洲国家间的贸易取得了显著增长。根据联合国商品贸易数据库（UN Comtrade）的统计，2001年中国与拉丁美洲国家间产品贸易水平为147.37亿美元，而2014年中国与拉丁美洲国家间产品贸易水平已达到2606.96亿美元，增长了17倍之多。尽管如此，随着中拉经贸的迅速发展与不断深入，中国与拉丁美洲国家间贸易摩擦也变得日益频繁。特别地，以巴西、墨西哥和智利为主的拉丁美洲国家对中国出口产品发起的反倾销案件日益增多，反倾销力度不断加大。中国与拉丁美洲国家间贸易摩擦的增多，看似是一种不同国家间的经济利益矛盾，实则反映了中国与拉丁美洲国家间相互对立和相互排斥的文化冲突。

中国是世界四大文明古国之一，受到传统的儒家和道家文化的影响，中国文化表现出较强的包容性。而拉丁美洲拥有玛雅、阿兹特克和印卡三大古文明，受到比利亚天主教文化和新教徒文化的影响，拉丁美洲文化更具有开放性和独创性。① 同时，受到天主教伦理道德的影响，拉丁美洲人安于现状、顺从贫穷、缺少时间观念，劳作不被认为是一种积极的价值观。② 上述文化价值观均与中国传统文化形成了强烈反差。不同的历史和文化背景使中国与拉丁美洲文化存在着巨大差异。

近些年，随着全球经济一体化的深入与信息化步伐的加快，文化在全球经贸中的作用越来越突出。国家间的贸易往来不仅取决于贸易商已有的经验、交易知识和市场环境，同时也受到不同民族和国家间文化习惯、文化背景和文化价值观等因素的影响。因而，文化差异在全球经贸中的作用得到了越来越多学者的关注。早期文献中对于影响国家间贸易往来的文化差异，主要采用具体的代理指标来衡量。梅力兹（Melitz, 2008）研究了国家间语言距离对贸易的影响，认为语言交流和翻译网络将会促进国家间贸易往来。基索等（Guiso et. al, 2005）采用双边信任水平衡量了国家间文化差异，认为较低的信用水平将会阻碍国家间贸易水平。威戈纳（Wagner, 2002）研究了移民变量对国家间贸易的影响，认为移民数量的增加会缩小国家间文化差异，因而推动国家间贸易的往来。蒂西堤尔等（Disidier et. al, 2010）采用垄断竞争贸易模型，考察了共同语言、殖民关系和宗教

---

① 徐世澄：《中拉文化的特点、历史联系和相互影响》，《拉丁美洲研究》2006年第5期，第49页。

② 全毅、魏然：《文化因素与经济发展：来自东亚和拉美的实证分析》，《福建论坛（人文社会科学版）》2010年第4期，第30页。

信仰等因素对电影进口比率的影响，结果发现：国家间文化差异越大，对电影进口的抑制作用就越显著。然而，上述研究均采用某一单一指标或设定虚拟变量方式来衡量文化差异，并未对国家间文化差异给予全面、准确的测度。

为此，近些年部分学者通过构造国家间文化距离来反映国家间的文化差异，主要由以下三种方式：第一，基于霍夫斯泰德（Hofsted）所提出的权力、个人与集体主义、男性气质、长期取向等六个文化维度所构造的文化距离。怀特和泰德斯（White & Tadasse，2008）基于英格丽赫特和贝克（Inglehart & Baker，2002）的理论，认为文化距离对国家间贸易具有抑制作用。刘杨、曲如晓等（2013）认为在考虑了内生性问题的情况下，文化距离的增加将阻碍国家间文化产品贸易的往来。第二，基于全球价值观（WVS）和欧洲价值观（EVS）数据库所构建的文化距离。怀特和泰德斯（White & Tadasse，2010）利用上述数据库构建了国家间文化距离，认为国家间文化距离对国家间文化产品贸易发展具有负相关性。许和连和郑川（2014）等学者得出了相同的结果。第三，基于科瓦利等（Cavalli-Sforza et. al，1994）测算的民族间遗传距离构造的文化距离。黄新飞等（2013）基于斯珀拉和威姿格（Spolaore & Wacziarg，2010）构造了中国与主要国家间的遗传距离，结果发现：遗传距离的增加对国家间贸易往来具有阻碍作用。

此外，还有部分学者从消费者倾向于体验多元文化的角度出发，认为文化差异对于国家间贸易发展具有正向促进作用。基索等（Guiso et. al，2005）从企业层面分析了文化差异对贸易的影响，发现文化差异越大，企业间贸易量越多。林达等（Linders et. al，2005）研究了1999年92个国家间文化差异对双边贸易的影响，发现由于厂商更倾向于满足进口国消费者不同的文化需求，为此文化差异对于双边贸易具有促进作用。曲如晓和韩丽丽（2010）研究发现：文化距离的增加将促进中国对主要文化贸易伙伴国的文化产品出口。

在中国与拉丁美洲方面，徐世澄（2006）认为中国与拉丁美洲文化各有各的特点，也有一定的相似处，相互联系与影响。全毅和魏然（2010）研究东亚和拉美文化对经济的影响，认为儒家文化在市场经济条件下更容易吸收先进文化，促进所在国经济发展。而拉丁美洲文化将对其经济产生消极作用。倪建平（2010）认为推动中国文化传播，塑造国家形象，将有助于推动中国与拉丁美洲地区的经贸合作。根据上文分析，我们发现：有关文化差异与中拉贸易的研究主要停留在理论分析层面，很少有学者从定量角度就二者关系进行实证分析。那么，中国与拉丁美洲间的文化差异将如何影响双边贸易发展呢？是促进还是抑制了双边贸易呢？为此，本文将基于1992—2013年中国与20个主要拉丁美洲国家间的面板数据，就"文化差异对中拉贸易的影响"展开实证分析。同时，考虑到文化差异与贸易间可能存在的非线性关系，本文借鉴阚大学和罗良文（2011）、王洪涛（2014）等的研究，在模型中加入文化距离的平方项，进一步考察文化差异对中拉贸易的非线性影响。

二 模型设定与变量选取

1. 修正的双边贸易引力模型：基于文化差异的视角

丁伯根（Tinbergen，1962）最早将引力模型应用到国际贸易研究中，他认为国家间贸易流量与国家间经济规模呈正比，与国家间地理距离呈反比，一般的线性对数形式为：

$$\ln X_{ij} = \alpha_0 + \alpha_1 \ln gdp_i + \alpha_2 \ln gdp_j + \alpha_3 \ln dis_{ij} + \varepsilon_{ij} \quad (1)$$

方程（1）中 X_{ij} 为 i 国对 j 国的出口额，gdp_i 和 gdp_j 为 i 国和 j 国的经济总量，dis_{ij} 为 i 国和 j 国的地理距离，α_0 和 ε_{ij} 为常数项和误差项。本文认为影响双边贸易流量的因素，除了地理距离外，还有衡量国家间文化差异的文化距离。为此，本文将文化距离变量引入方程（1）中。同时，考虑到地理距离和文化距离间可能存在的替代或互补效应，本文将二者交互项加入方程（1）中，具体方程如下：

$$\ln X_{ij} = \alpha_0 + \alpha_1 \ln gdp_i + \alpha_2 \ln gdp_j + \alpha_3 \ln dis_{ij} + \alpha_4 \ln cd_{ij} + \alpha_5 \ln cd_{ij} \times dis_{ij} + \alpha_6 \ln dpgdp_{ij} + f + \varepsilon_{ij} \quad (2)$$

2. 变量说明与统计性描述

（1）出口额（X_{ij}）：本文采用1992—2013年中国对20个主要拉丁美洲国家[①]产品贸易出口额，数据来源于联合国商品贸易数据库（UN

[①] 考虑到文化距离指标选取并不能涵盖所有拉丁美洲国家，故本文选择文化距离所涵盖国家为研究对象，这些国家为阿根廷、巴西、智利、哥伦比亚、哥斯达黎加、多米尼亚、厄瓜多尔、萨尔瓦多、厄地马拉、洪都拉斯、牙买加、墨西哥、巴拿马、秘鲁、苏里南、特立尼达和多巴哥、乌拉圭和委内瑞拉。

COMTRADE)。

（2）文化距离（cd_{ij}）：本文采用霍夫斯泰德（Hofsted）提出的四个指标维度①，包括权力距离、个人主义、男子气概、不确定性与规避，并借鉴库顾特和辛格（Kogut & Singh，1998）研究构造文化距离的复合指数来衡量中国与拉丁美洲国家间文化差异。具体计算方法如下：$cd_{ij} = 1/4 \sum_{k=1}^{4} \frac{(I_{ik} - I_{jk})^2}{V_k}$，其中 I_{ik} 和 I_{jk} 为 i 国和 j 国在第 k 个文化维度上的得分，V_k 为所有样本 k 个维度指标的方差。

（3）经济规模（gdp_i 和 gdp_j）：本文采用各国以当期美元计价的国内生产总值来衡量各国经济规模，数据来源于联合国统计署数据库。

（4）地理距离（dis_{ij}）：本文采用中国与主要拉丁美洲国家首都间距离来衡量贸易过程中的地理距离，数据来源于 CEPII BACI 国际贸易数据库。

（5）控制变量：一方面，根据需求重叠理论，国家间经济发展水平越相似，产品需求重叠程度越高，从而促进国家间相似产品出口。为此，本文引入反映国家间收入水平差异的变量 $\ln dpgdp_{ij}$，即国家间人均收入水平之差的对数，来对方程（2）回归加以控制。另一方面，考虑到面板数据中不同个体间相关性可能对回归结果的稳健性产生影响。为此，本文将加入国家个体效应来对方程（2）加以控制。

此外，所有变量的统计性描述如表 1 所示。

表 1　　　　　　　　　　变量的统计性描述

变量	观测值	均值	标准差	最小值	最大值
$\ln X_{ij}$	396	19.521	2.015	14.864	24.303
$\ln dis_{ij}$	396	9.621	0.133	9.430	9.867
$\ln cd_{ij}$	396	0.642	0.627	-0.785	1.681
$\ln gdp_i$	396	28.285	0.889	26.937	29.848
$\ln gdp_j$	396	24.436	1.678	20.478	28.537
$\ln dpgdp$	396	7.652	1.022	3.204	9.701

---

① 之所以选择四个维度而非六个维度是因为样本国家中有很多国家的得分仅有以上四个维度。

三 实证分析

在本节,首先对方程(2)进行回归,来考察文化差异对中拉贸易的影响。为了保证实证结果的稳健性,分别将商品分为文化产品和非文化产品两类,来进一步检验文化差异对中拉贸易的影响。同时,为了避免解释变量与残差项之间的相关性,本节采用解释变量的滞后一期进行检验。考虑到文化差异与贸易间的非线性关系,在方程(2)中引入文化距离的平方项来分析文化差异对中拉贸易的非线性影响。最后,本节从四个文化维度将文化距离进行分解,分别考察不同文化维度下文化差异对中拉贸易的影响。

1. 基本回归结果

表2显示了方程(2)的基本回归结果。除了文化距离、经济规模和地理距离外,本节还在模型中加入一系列控制变量,来更准确地检验文化差异对中拉贸易的影响。在方法上,本节首先采用混合OLS对方程(1)进行回归,如回归1所示,文化距离前系数为0.465,且在10%水平下显著,说明文化差异的增加将促进中国对拉丁美洲国家产品出口。考虑到国家间无法观测的异质性可能与因变量产生相关性,从而造成模型估计不一致。为此,本节加入国家个体效应,采用LSDV对方程(2)进行回归。如回归2所示,文化距离前系数为0.477,且在1%水平下显著,较回归1有了显著提高,进一步证明了回归1的结论。

考虑到本节选用的面板数据时间跨度较长,个体扰动项间可能存在组内自相关,故本节对方程(2)进行组内自相关检验。从检验结果来看,wald检验p值为0.000,均拒绝了原假设,说明存在组内一阶自相关。为此,本节将采用考虑组内自相关的FGLS进行估计。首先,本节在方程(2)的基础上加入国家个体效应,如回归3所示,文化距离前系数为0.447,且在1%水平下显著,支持了上文的结论。在回归4中,本节进一步加入国家间收入水平差异变量,结果发现:文化距离前系数为0.427,且在1%水平下显著,依旧支持了上文的结论。同时,考虑到文化距离和地理距离可能存在替代或互补效应。为此,本节将进一步引入文化距离和地理距离之间的交互项,如回归 4 所示,地理距离和文化距离间交互项前系数为 -0.392,且在 1% 水平下显著,明显大于回归 3 中地理距离前系数,小于回归 3 中文化距离前系数,说明地理距离和文化距离之间存在替代效应。

在其他变量方面,地理距离前系数始终在 1% 水平下显著为负,符合模型的理论预期结果。同时,国内和国外经济规模前系数均在 1% 水平下显著为正,符合模型的理论预期。此外,国家间收入水平差异变量前系数为负,但在统计上不显著,与模型理论预期相悖,这可能是由于加入国家个体效应后,解释变量间多重共线性所致。

表 2　　　　　　　　　　基本回归结果

变量	OLS 回归	LSDV 回归	FGLS 回归		
	回归 1	回归 2	回归 3	回归 4	回归 5
$\ln dis_{ij}$	-3.048*** (0.193)	-3.466*** (0.215)	-3.201*** (0.386)	-3.781*** (0.314)	
$\ln cd_{ij}$	0.465* (0.227)	0.477*** (0.030)	0.447*** (0.097)	0.427*** (0.097)	
$\ln gdp_i$	1.023*** (0.097)	1.212*** (0.112)	1.030*** (0.122)	1.017*** (0.123)	1.017*** (0.123)
$\ln gdp_j$	0.802*** (0.089)	0.760*** (0.155)	0.850*** (0.042)	1.087*** (0.157)	1.087*** (0.157)
$\ln dpgdp$				-0.014 (0.032)	-0.014 (0.032)
$\ln dis_{ij} \times cd_{ij}$					-3.292*** (0.274)
国家效应	No	Yes	Yes	Yes	Yes
R^2	0.997	0.996	0.994	0.998	0.998
obs	396	396	396	396	396

注:估计系数下面的圆括号中为标准误差,星号表示显著性水平,即 *:$p<0.10$, **:$p<0.05$, ***:$p<0.01$。

2. 稳健性检验

为了保证估计结果的稳健性，本节从以下两个方面对方程（3）进行检验。

第一，按产品贸易类别进行回归。本节将研究产品贸易进一步划分为文化产品贸易和非文化产品贸易，并分别对其进行回归。之所以这么做是因为：文化产品不仅具有产品的经济属性，而且反映了某个国家或民族的文化习俗、信仰、人文价值观等核心文化价值，是一种社会意识形态的产物。因而，与非文化产品相比，文化产品贸易更容易受到国家间文化差异的影响。为此，本节根据《1994—2003年文化商品和文化服务的国际流动》采用 SITC3 下的中国对主要拉丁美洲国家的核心文化产品出口和普通产品出口，对方程（3）进行检验。

在核心文化产品方面，本节首先采用 LSDV 对方程（3）进行估计。如检验1所示，文化距离前系数为 1.294，且在 1% 水平下显著为正，支持了上文的基本结果。此外，考虑到中国对主要拉丁美洲国家核心文化产品出口中存在较多零贸易和可能存在的杰森（Jensen）不等式，本节在检验2中采用泊松回归对方程（3）进行检验。同时，为了使不同检验方法的系数具有可比性，本节在检验3中报告了泊松回归的边际效应。如检验3所示，文化距离前系数为 0.690，且在 1% 水平下显著。通过比较检验1和检验3结果，本文发现：在采用泊松回归后，文化距离前系数与上文估计结果基本相同，整体上支持了上文的回归结果。在非文化产品方面，文化距离前系数为 0.426，且在 1% 水平下显著，同样支持了上文的回归结果。值得注意的是，与非文化产品贸易相比，核心文化产品贸易中文化距离前系数要显著高于非核心文化产品贸易，说明文化差异对中国向拉丁美洲国家核心文化产品出口方面作用更加显著。

第二，解释变量的滞后一期。由于解释变量的滞后一期与当期值具有高度相关性，本节选用解释变量的滞后一期替代当期值对模型进行回归，从而克服模型中潜在的内生性问题。如检验5所示，文化距离前系数为 0.524，且在 1% 水平下显著，基本支持了上文的回归结果。

表3　　　　　　　　　　　　　　稳健性检验

变量	核心文化产品			非文化产品	滞后一期
	检验1	检验2	检验3	检验4	检验5
$\ln dis_{ij}$	-6.113***	-0.171***	-2.113***	-3.779***	-2.699***
	(0.516)	(0.051)	(0.629)	(0.314)	(0.408)
$\ln cd_{ij}$	1.294***	0.055**	0.690**	0.426***	0.524***
	(0.211)	(0.027)	(0.340)	(0.097)	(0.105)
$\ln gdp_i$	1.015***	0.070***	0.869***	1.017***	1.315***
	(0.207)	(0.015)	(0.192)	(0.123)	(0.151)
$\ln gdp_j$	1.681***	0.078***	0.977***	1.087***	0.398***
	(0.379)	(0.011)	(0.132)	(0.157)	(0.208)
$\ln dpgdp$	-0.001	0.017	0.284	-0.014	-0.074
	(0.109)	(0.170)	(0.210)	(0.033)	(0.039)
国家效应	Yes	No	No	Yes	Yes
wald		27905.91	27905.91		
		[0.000]	[0.000]		
R^2	0.986			0.998	0.998
obs	344	396	396	396	378

注：估计系数下面的圆括号中为标准误差，方括号中为 p 值，星号表示显著性水平，即 * : $p < 0.10$，* * : $p < 0.05$，* * * : $p < 0.01$。

3. 文化差异对中拉贸易的非线性影响

考虑到文化差异与贸易间可能存在的非线性关系，本节借鉴阚大学等 (2011) 和王洪涛 (2014) 研究，将文化距离的平方项加入方程 (3) 中，并采用考虑组内自相关的 FGLS 方法对其进行回归。如回归1所示，文化距离前系数为 0.818，且在 1% 水平下显著，文化距离平方项前系数为 -0.132，且在 1% 水平下显著。

为了进一步分析文化差异与中拉贸易间非线性关系，本节忽略方程 (3) 中其他变量，根据回归1结果将其简化成：$\ln X_{ij} = 0.818 cd_{ij} - 0.132 cd_{ij}^2$，并对上式求一阶导数，结果发现：文化距离对中国向拉美国家出口的影响主要呈现为倒U型，即在文化距离小于 3.098 时，文化距离增加将促进中国对拉美国家的出口；在文化距离大于 3.098 时，文化距离增加将抑制中国对拉美国家的出口，与林达等（Linder et al, 2004）结论相同。

4. 四种文化维度差异对中拉贸易的影响

根据霍夫斯泰德所提出的四个文化维度，本节将国家间文化差异进一步分解为下述四个文化距离：权力维度距离，即反映国家间个体对权力不平等的接受程度差异（回归1）；个人主义维度距离，即反映国家间个体对个体主义取向程度差异（回归2）；男子气概维度差异，即反映国家间男性对社会影响程度差异（回归3）；不确定性和规避维度差异，即反映国家间个体对不确定情况的接受程度差异（回归4），并继续采用考虑组内自相关的 FGLS 方法对方程（3）进行估计。从回归 2—5 结果来看，权力维度距离和个人主义维度距离前系数分别为 0.379 和 0.187，且均在 1% 水平显著。然而，男子气概维度距离、不确定性与规避维度距离前系数为 0.261 和 -0.017，且统计上不显著。上述估计结果说明：不同文化维度对中国向拉丁美洲国家出口的作用截然不同。具体而言，权力维度和个人主义维度上差异越大将越能促进中国对拉丁美洲国家的出口，而男子气概维度差异和不确定性与规避维度差异并未产生显著影响。

表 4　　　　　　　　非线性关系与文化距离分解检验

变量	非线性关系 回归 1	四种文化维度 回归 2	回归 3	回归 4	回归 5
$\ln dis_{ij}$	-3.855 *** (0.317)	-3.825 *** (0.319)	-3.887 *** (0.354)	-3.826 *** (0.296)	-3.769 *** (0.303)
$\ln cd_{ij}$	0.818 *** (0.172)	0.187 *** (0.041)	0.379 *** (0.171)	0.261 (0.315)	-0.017 (0.191)
$\ln gdp_i$	1.017 *** (0.122)	1.031 *** (0.125)	1.031 *** (0.125)	1.017 *** (0.122)	1.017 *** (0.123)
$\ln gdp_j$	1.087 *** (0.157)	1.081 *** (0.161)	1.081 *** (0.161)	1.087 *** (0.157)	1.087 *** (0.157)
$\ln dpgdp$	-0.014 (0.032)	-0.002 (0.037)	-0.002 (0.037)	-0.014 (0.032)	-0.014 (0.032)
cd_{ij}^2	-0.132 *** (0.030)				

续表

变量	非线性关系	四种文化维度			
	回归1	回归2	回归3	回归4	回归5
国家效应	Yes	Yes	Yes	Yes	Yes
R^2	0.998	0.968	0.998	0.998	0.998
obs	396	374	396	396	396

注：估计系数下面的圆括号中为标准误差，方括号中为 p 值，星号表示显著性水平，即 * ：$p<0.10$，* * ：$p<0.05$，* * * ：$p<0.01$。

5. 实证结果评价

根据上文的实证结果，本节发现：整体来讲，中国与拉丁美洲国家间文化差异越大，中国对拉丁美洲国家的出口越多。这说明：由于中国与拉丁美洲国家间的文化差异，产品的设计、销售和用途等将受到进口国文化偏好的影响。为此，中国出口商将根据进口国居民的文化偏好，生产出符合进口国文化需求的产品，从而获得文化差异所带来的差异化产品优势，即文化差异的"外来优势"，促进中国对拉丁美洲国家的出口。

同时，考虑到文化差异与贸易间的非线性关系，文化差异对中国向拉丁美洲国家出口的影响呈现为倒 U 型，即当中拉文化距离小于 3.098 时，文化差异将促进中国对拉丁美洲国家的出口。当中拉文化距离大于 3.098 时，文化差异将阻碍中国对拉丁美洲国家的出口。这说明：当中国与拉丁美洲国家文化差异不大时，文化差异将使中国出口企业获得文化差异的"外来优势"，从而促进中国对拉丁美洲的出口。但当文化差异较大时，文化差异将增加中国与拉丁美洲国家间沟通与协调等信息成本，从而阻碍中国对拉丁美洲的出口。

四 结论与建议

本章基于扩展的贸易引力模型，以 1992—2013 年中国与主要 20 个拉丁美洲国家的面板数据为基础，以文化差异为视角，对中国与拉丁美洲国家间产品贸易发展进行了实证分析。结果发现：中国与拉丁美洲国家间文化差异越大，中国对拉丁美洲国家的出口越多。在具体产品方面，中国对拉丁美洲国家的核心文化产品出口受到文化差异的影响更敏感。在四种文化维度方面，权力维度差异和个人主义维度差异在中国对拉丁美洲出口中起到了重要的推动作用，而男子气概维度差异和不确定性与规避维度差异并未对其产生显著影响。最后，考虑到文化差异与贸易间的非线性关系，本文将文化距离的平方项引入计量方程，结果发现：文化差异对中国向拉丁美洲国家出口的影响呈现为倒 U 型，即当文化距离小于 3.098 时，文化差异将促进中国对拉丁美洲的出口，但当文化距离大于 3.098 时，文化差异将阻碍中国对拉丁美洲的出口。

结合目前中国与拉丁美洲国家的贸易现状，上述结论对中拉贸易发展具有重大启示：第一，扩大同拉丁美洲国家间的文化交流，加深相互了解与沟通。文化交流是促进双边贸易发展的有效途径。未来中国应加强与拉丁美洲国家间的文化交流，树立正面的国家形象，化解文化分歧，增进双方对各自生活习俗、文化价值观等方面的深入了解，促进多元文化的和谐发展，实现双方在政治、经济和文化等多领域的共赢局面。第二，加强本国企业的产品创新性，满足国外文化需求。中国与拉丁美洲国家间文化差异使得拉丁美洲国家消费者对中国出口产品需求具有多样化特征。如何根据消费者多样化文化偏好，生产出符合拉丁美洲国家消费者需求的产品，成为未来推动中拉贸易发展的关键。创新是企业保持竞争力的关键，是满足市场多样化需求的核心要素之一。因此，未来中国企业应注重对进口国消费者需求的捕捉，加大产品生产中的技术投入，提升产品的创新性，来满足拉丁美洲国家消费者的多样化文化需求，获得文化差异的"外来优势"。

参考文献：

Tinbergen J (ed). *The World Economy Suggestions for An Economic Policy*. New York Twentieth Century Fund, 1962.

Tadesse B. and White R. *Does Cultural Distance Hinder Trade in Goods?*, Open Economies Review, 2010, 21 (2), pp. 237 – 261.

Tadesse B. and White R. *Do Immigrants Counter the Effect of Cultural Distance on Trade? Evidence from US State-level Exports*, Journal of Socio-Economics, 2008, 37, pp. 2304 – 2318.

DisidierA. C. and Mayer T. *Bilateral Trade of Cultural Goods*, Review of World Economic, 2010, 145, pp. 575 – 595.

Inglehart, R. and Baker, W. E. *Modernization, Cultural Change and the Persistence of Traditional Values*, American Sociological Review, 2000, 65, pp. 19 – 51.

Cavalli-Sforza L., Menozzi A. and Piazza (ed). The Histroy and Geography of Human Genes. Princeton University Press, 1994.

Spolaore Enrico and RomainWacziarg. *The Diffusion of Development*, Quarterly Journal of Economics, 2009, 124 (2), pp. 469 – 529.

Guiso L., Sapienza, P. and Zingales L. *Cultural Biases in Economic Exchange*, Quarterly Journal of Economics, 2009, 124 (3), pp. 1095 – 1131.

Melitz J. *Language and Foreign Trade*, European Economic Review, 2008, 52 (4), pp. 667 – 699.

Beugelsdijk, De Groot, Linders and Slangen. *Cultural Distance, Institutional Distance and International Trade*, Paper provided by European Regional Science Association in its series ERSA conference papers with number ersa, 2004, p. 265.

刘杨、曲如晓、曾燕萍：《哪些关键因素影响了文化产品贸易——基于OECD国家的经验证据》，《国际贸易问题》2013年第11期，第72页。

曲如晓、韩丽丽：《中国文化商品贸易影响因素的实证研究》，《中国软科学》2010年第11期，第19页。

黄新飞、翟爱梅、李腾：《双边贸易距离有多远：一个文化异质性的思考》，《国际贸易问题》2013年第9期，第28页。

阚大学、罗良文：《文化差异与我国对外贸易流量的实证研究》，《中央财经大学学报》2011年第7期，第51页。

王洪涛：《文化差异是影响中国文化创意产品出口的阻碍因素吗》，《国际经贸探索》2014年第10期，第51页。

全毅、魏然：《文化因素与经济发展：来自东亚和拉美的实证分析》，《福建论坛人文社会科学版》2010年第4期，第30页。

徐世澄：《中拉文化的特点、历史联系和相互影响》，《拉丁美洲研究》2006年第5期，第49页。

倪建平：《国家形象与中国同拉美的经济合作：文化传播视角》，《拉丁美洲研究》2010年第3期，第3页。

Research on the Impact of Cultural Biases on the Trade between China and Latin America

Abstract: The different history makes the distinct culture between China and Latin America. Therefore, do culture biases affect the bilateral trade? Based on the panel data of the trade between China and Latin America from 1992 to 2013, we study the impact of cultural biases on the trade between China and Latin America. The results show that the cultural biases enhance the bilateral trade. Besides, the cultural biases in terms of individualism and power distance affect the bilateral trade as well. Finally, due to the non-linear relationship between trade and cultural biases, we find that cultural biases enhance the bilateral trade when it is below 3.098 but the cultural biases hinder the bilateral trade when it exceeds 3.098.

Key words: cultural biases; trade between China and Latin America; cultural distance

阿根廷庇隆政府的农业剥夺政策及其影响、启示

王慧芝[*]

内容提要 阿根廷农业利益集团与工业利益集团的长期对立促使与工人联盟的庇隆政府采取了"反农业"的工业化战略。庇隆执政初期通过降低农产品价格、增加农业生产成本、促使农业劳动力转向工业领域及不利于获取农业所需器械的进口许可证等政策对农业进行了全面剥夺,最终不仅导致阿根廷传统支柱产业——农业的衰落,而且一定程度上也造成了工业化进程的停滞,最终导致阿根廷整个经济形势日趋恶化。由此可知,广大发展中国家在追赶发达国家的过程中一定要正确处理工农业两部门之间的关系,且不能放弃自身的比较优势。

关键词 庇隆 农业政策 阿根廷贸易促进会 经济恶化

阿根廷一度有世界粮仓和肉库的美誉,农牧业在该国经济发展中的重要性不言而喻。二战期间,阿根廷利用其中立国的有利地位继续推进农牧业出口经济的发展,积累了大量黄金和外汇储备,为战后庇隆政府的政治、经济及社会改革提供了充足的财政基础。但是,庇隆并没有运用好这一有利条件。1946年庇隆上台后,致力于推进进口替代工业化的深入发展,而对作为阿根廷历史上经济增长发动机的农业采取剥夺政策。然而,

---

[*] 王慧芝,中国国际问题研究院助理研究员。

庇隆政府通过剥夺农业补贴工业发展的政策不仅未能促进工业化进程的顺利进行，而且严重破坏了阿根廷农业的发展潜力。所有发展中国家都面临着推动工业化进程、尽快实现现代化的历史任务，那么在此过程中应该如何处理工农业两部门的关系？本文拟对庇隆政府的农业剥夺政策及影响进行分析，并对从中得出的启示进行简要论述。

一 庇隆政府的"反农业"工业化战略的确定

1880—1916 年长达 35 年的经济发展黄金期确定了农牧业出口经济在阿根廷的主导地位。然而 20 世纪以来，在一战、大萧条及二战的连续冲击下，阿根廷人依靠农牧产品出口永葆繁荣的美梦破灭，与此同时，外部危机所导致的战时紧缺、国际贸易被打断及无法进口制成品等问题也使阿根廷人逐渐达成了推动工业发展，实现自给自足的共识。

到庇隆上台前，关于阿根廷将采取何种工业化发展模式，大致有以下三种观点：第一种是保守派政府提出的优先发展所谓的"自然工业"，即那些加工阿根廷能够低成本生产的农业原材料的工业；第二种是阿根廷工业联盟提出的选择那些生产效率高、成本低、产品在全世界范围内都有竞争性的工业部门重点发展；第三种观点是由秉承阿根廷著名经济学家亚历杭德罗·本赫（Alejandro Bunge）学术思想的所谓"《经济评论》派"提出的，该派学者受李斯特经济民族主义和保护主义思想的影响，反对自由资本主义制度，强调社会政策与经济政策的统一，提出应该实行有利于工人阶级的发展政策。因此，他们认为任何以土地扩张为基础的发展模式都是过时的，要想在与英国等传统贸易伙伴的关系中处于平等地位，就必须实行深刻、激进的工业化，即采用进口替代工业化发展战略。这一派学者提出优先发展半自给自足的工业和重工业，他们选择工业部门的标准不是效率而是在国内市场的重要性。[①] 显然，第三种思路与前两种思路的最大区别在于对农业的态度上。前两种思路所提倡的优先发展的工业部门主要是从比较优势的角度出发确定的，并未将工业和农业看作两个对立矛盾的部门；但是第三种思路却明确提出"任何以土地扩张为基础的发展模式都是过时的"，提倡进行全面、极端的工业化，表现出鲜明的反农业

[①] 董国辉：《阿根廷进口替代工业化战略确立的历史进程》，《南开学报》2013 年第 3 期。

色彩。

事实上，对于经济实力有限的阿根廷来说，前两种观点所提倡的"渐进工业化"战略是最符合当时阿根廷的经济现实的，但是支持激进工业化战略的工业利益集团在新生的庇隆政府中占据了主导地位。阿根廷的农业利益集团向来是自由贸易理念的坚定支持者，但是后起的工业利益集团则一向是经济民族主义的追随者，这二者之间的冲突则集中表现为农业部门与工业部门之间的绝对对立。与工人结盟的庇隆政府的上台标志着工业利益集团在斗争中占了上风，与前两种渐进工业化的观点相比，通过对农业部门进行剥夺支持工业发展自然更符合新生政权的阶级利益。胡安·德·欧尼斯（Juan de Onis）在《阿根廷之谜：农业或工业？》一文中对此有精辟的总结：农业利益集团与工业利益集团之间的斗争，开始于自由贸易者与经济民族主义者之间的争论，当产业工人通过工会组织起来及政府站在新的工业阶级一边时，就发展为内部的政治斗争①。

另外，庇隆本人对阿根廷农业发展能力的过度自信也为其之后的农业剥夺政策埋下了伏笔。在庇隆看来，阿根廷以前是、现在是而且将永远是一个农业国，"她的产出不仅能够供养自己的人民，而且还有大量的剩余用来出口"。因此，阿根廷的农业不需要任何支持，但是相对处于弱势的工业活动却需要国家的大力支持②。在1946年发布的五年计划中，庇隆政府对工业部门的计划支出为66.627亿比索，而拨给农业的支出则只有100万比索。庇隆政府的重工轻农倾向非常明显。

因此，1946年上台后，与工人结盟的庇隆政府坚定地站在了经济民族主义一边，以经济独立为口号，大力推动进口替代工业化战略的深入发展，而对农业进行剥夺的政策也就此确定。

二　庇隆政府农业剥夺政策的具体表现

1946年庇隆上台后，工业开始成为阿根廷经济发展的核心，农业的重要性则迅速下降，实际上沦为了工业发展所需的便宜的食物、原材料、

---

① Juan de Onis, *Argentine Puzzle: Agriculture or Industry?* New York Times, 1977-8-1.
② Ernest J. Wilkins, *The Industrial Aspects of Argentina's Five-Year Plan Why it Did Not Succeed*, Ph. D. dissertation, Stanford University, 1953, p. 62.

劳动力及大量资金的主要提供者。庇隆政府在执政的前几年中对农业部门进行了全方位的剥夺。

1946年5月，庇隆政府成立了"阿根廷贸易促进会"（Instituto Argentino para Promocion de Intercambio，一般称作 IAPI）。表面上看，IAPI的建立主要是为了适应二战后国际经济局势的变化。1947年3月29日，庇隆在解释成立 IAPI 的原因时就说，"为了应对战后同盟国形成的买方垄断[①]，我们有必要成立卖方垄断机构"[②]。但实际上，IAPI 在阿根廷国内却成为政府对农业进行剥夺的主要工具之一。作为控制国家对外贸易的一个政府机构，IAPI 负责阿根廷国内所有谷物的购买及向世界其他地区的出售。二战结束后初期，因战时受到影响的多数国家对农产品的需求上升，阿根廷得以以高价在国际市场上出售本国农牧产品，从而保证了战后阿根廷出口经济的繁荣。不过，阿根廷传统的农业利益集团却并未因此受益，因为当时阿根廷农产品的出口已经完全被 IAPI 垄断。在庇隆执政的前五年中，IAPI 将从国内农业生产者手中购买粮食的价格定得非常低。据统计，1946—1947年，阿根廷粮食的官方购买价格不仅低于当年的国内市场价，而且还不到国际市场上同类农产品价格的一半。1948年全球范围的粮食短缺达到顶峰，但在1947—1948年，IAPI 付给国内农业生产者的粮食购买价格最多涨了3比索，亚麻籽和大麦的购买价则根本没变[③]。庇隆政府的农产品抑价政策导致农业生产者收入降低。1949年阿根廷每公顷小麦的收入比前一年下降27%，1950年又比1949年下降14%，1949年畜牧业生产者的收入也比前一年下降了14%[④]。这极大地打击了阿根廷农业生产者的生产积极性，扼杀了阿根廷农业发展的内在动力。

---

① 为了防止二战后由于粮食短缺出现的竞争性购买现象，在英美两国政府的主导下建立了"联合食品委员会"（Combined Food Board），共有21个国家参与。该机构负责对国际市场上盟国的粮食供应进行计划和协调，一定程度上构成了国际粮食市场的买家垄断。在此背景下，庇隆政府通过建立 IAPI 将阿根廷国内生产的所有粮食集中在政府手中，从而提高其在国际市场上讨价还价的能力，以维护阿根廷自身利益。

② John Maxim Frikart, *Effects of the Regime on the Argentine Economy*, Ph. D. dissertation, The University of Colorado, 1959, p. 85.

③ Harry Raymond Woltman, *The Decline of Argentina's Agricultural trade: Problems and Policies, 1929 - 1954*, Ph. D. dissertation, Stanford University, 1959, p. 208.

④ 陈舜英：《庇隆政府经济政策简评》，《拉丁美洲丛刊》1982年第5期。

1946—1949 年，阿根廷农牧业总产量下降了 17 个百分点[①]。

IAPI 在国内以低价从农业生产者手中直接购买粮食，然后在国际市场上高价卖出，通过巨大的差额赚取了高额的利润。但是这些利润并未用来进一步促进农业发展，而是大多流入了政府认为应该优先发展的工业部门中，主要用于购买工业化进程所需的原材料、设备及燃料等，农业现代化则几乎完全被忽视。为了保护国内工业的发展，庇隆政府实行了进口许可证制度，这使得农业发展所需的化肥、杀虫剂及农业机械等的进口非常困难。以拖拉机为例，1939—1940 年，阿根廷农业部门在使用中的拖拉机为 23500 辆，而到 1947—1948 年，这一数量则降到了 18800 辆。不仅如此，农业机械的使用费也非常高，1948 年，一辆 30 马力的拖拉机的使用费相当于 193 吨小麦的价值，但是 1937 年仅为 67 吨，1933 年为 102 吨[②]。此外，庇隆政府的劳工政策也进一步加剧了农业部门的困难。1943 年以来，在庇隆的努力下，阿根廷政府多次颁布法令要求提高工人的工资，并改善工人的工作和生活环境。佃户及农业工人也因此获益。但该政策进一步加重了大土地主的财政负担，一定程度上加快了他们将资金从农业转移到工商业的步伐。而且，虽然农业工人的处境在庇隆任内有所改善，但是工业部门的吸引力更大，怀着对高工资及舒适的工作和生活环境的向往，大批农业劳动力转移到城市工业部门，造成了农业部门劳动力短缺的现象，进一步加剧了阿根廷农业发展的困难。

庇隆政府一方面通过农产品抑价政策降低农业生产者的收入，另一方面又通过改善农业工人处境的方式增加了农业生产的成本。在其工业化政策吸引大批农业部门从业者转移到工业部门的同时，却又不大力提高农业机械化水平，农业劳动力短缺得不到生产效率的弥补。在以上几项措施的共同作用下，阿根廷农业发展的潜力遭到严重剥夺，同时也失去了带动阿根廷经济发展的能力。

[①] James P. Brennan and Marcelo Rougier, *The Politics of National Capitalism: Peronism and the Argentine Bourgeoisie, 1946 – 1976*, University Park: The Pennsylvania State University Press, 2009, p. 46.

[②] United Nations: *Economic Commission for Latin America*, Economic Survey of Latin America 1949, New York, 1951, p. 123.

三 庇隆政府的农业剥夺政策的影响

庇隆通过牺牲农业部门利益发展工业的政策，不仅削弱了阿根廷原有的农产品出口优势，而且也使工业发展失去了赖以持续的基础和支柱，最终造成整个国民经济恶化的严重后果。

首先，庇隆的农业剥夺政策导致了阿根廷农业的进一步衰落。自20世纪30年代起，阿根廷的农牧产品出口经济开始进入衰落期。在整个30年代，农业扩张基本停止，不过，二战期间及战后初期由于外部经济形势的好转，阿根廷农牧业出口经济开始逐渐恢复。但是，这一趋势并未持续下去。1946年庇隆上台后，不仅未采取措施促进农业的进一步恢复，反而开始对阿根廷农业部门进行全面剥夺，以补贴工业的发展。这一政策严重打击了阿根廷农牧业主的生产积极性，他们开始通过减少生产表达不满，这使得刚刚有所恢复的农业再次陷入衰落。1934—1938年，阿根廷的小麦、玉米和亚麻籽的种植面积为1700万公顷，而1944—1946年，这一数字下降到1200万公顷，之后又降到900万—1000万公顷左右[1]。在粮食种植面积减少的情况下，农业生产机械化水平也未得到提高，因此，农产品产量也随之下降。1948年，阿根廷牛肉产量下降了3.2%；农作物产量下降4.2%。到1950年，整个农业生产值比1949年下降了8.8%[2]。再加上1950—1951年突发的干旱的影响，阿根廷忽然发现自己处在了一个非常尴尬的境地，这个曾经的农牧产品出口大国现在不得不从巴西进口小麦，还设立了"无肉日"，并且只能靠黑面包度日[3]。虽然1949年后，庇隆开始将政策重点转向支持农业发展，不仅将信贷重点转向农业，而且IAPI开始退出对市场某些产品的干涉，并提高付给农业生产者的价格，转而成为鼓励农牧业出口的主要政策工具，但是农业的恢复需要时间。

其次，由于庇隆对农业的剥夺破坏了阿根廷工业发展的基础，一定程度上导致阿根廷工业发展的停滞。庇隆本意是想通过对农业的剥夺补贴工

---

[1] Harry Raymond Woltman, *The Decline of Argentina's Agricultural Trade: Problems and Policies, 1929–1954*, Ph. D. dissertation, Stanford University, 1959, p. 216.

[2] 陈舜英：《庇隆政府经济政策简评》，《拉丁美洲丛刊》1982年第5期。

[3] John Maxim Frikart, *Effects of the Regime on the Argentine Economy*, Ph. D. dissertation, The university of Colorado, 1959, p. 4.

业发展,但却没有意识到实现工业化的基础是繁荣的农业。阿根廷只有农业出口能够赚取外汇,这是购买某些工业发展所需的原材料的唯一资金来源。庇隆执政初期对农业的剥夺确实推动了阿根廷工业的短暂繁荣。1945—1946年间,阿根廷工业总产值增长了12%,1946—1947年间也增长了14%,但这主要得益于战后初期工业发展所需的进口燃料、原材料及资本设备的可获取[1]。随着农业出口创汇能力的减弱,阿根廷工业发展的颓势开始显现。在庇隆的农业剥夺政策的影响下,阿根廷农牧产品产量开始大幅下降,再加上庇隆政府实行的有利于工人阶级的收入再分配政策扩大了内需,为了满足广大工人阶级的消费需求,庇隆政府将更多食物分配给国内市场,最终导致阿根廷农牧产品出口收益的大幅下降。到1952年,阿根廷出口收益已经从战前占GDP的20%下降到10%,达到阿根廷历史上的最低点[2]。外汇的减少严重阻碍了以进口原材料、国外机器和设备及燃料为基础的工业部门的发展。1948年,阿根廷工业总产值只增长了2%,在之后的1947—1949年间则一直处于波动状态[3]。到1951年第一个五年计划结束时,庇隆政府的工业化计划结果基本确定,除了轻工业及非耐用消费品以外,庇隆政府开发本国燃料动力资源及建立重工业基础的目标则未能达成。虽然庇隆政府的工业发展计划本就太过雄心勃勃,具有明显的理想主义色彩,但是农业衰落所导致的外汇短缺则相当于抽去了工业发展所需的大量资金基础,从而导致了1949年后阿根廷工业发展的停滞。

最后,庇隆执政初期实行的农业剥夺政策不仅导致了农业的衰落及工业发展的停滞,而且进一步加剧了自1949年开始的阿根廷经济形势的恶化。引发1949年经济危机的因素很多,除了外部经济形势的变化外,庇隆执政初期实行的包括农业剥夺在内的一系列政策无疑降低了阿根廷应对危机的能力,从而进一步加剧了此次危机对阿根廷的冲击。庇隆的农业剥夺政策很大程度上导致了阿根廷获取外汇的减少,但是庇隆推动的声势浩

---

[1] Harry Raymond Woltman, *The Decline of Argentina's Agricultural Trade: Problems and Policies, 1929 – 1954*, Ph. D. dissertation, Stanford University, 1959, p. 219.

[2] Guido Di Tella and Carlos Rodriguez Braun, *Argentina, 1946 – 1983: The Economic Ministers Speak*, New York: St. Martin's Press, 1990, p. 4.

[3] Harry Raymond Woltman, *The Decline of Argentina's Agricultural Trade: Problems and Policies, 1929 – 1954*, Ph. D. dissertation, Stanford University, 1959, p. 219.

大的工业化进程并不会因此主动减少对国外机器设备及原料的进口,这一定程度上导致了阿根廷贸易赤字的不断攀升。1926—1945 年间,阿根廷的贸易差额只有两年是逆差——1930 年和 1938 年,共 3.75 亿比索。但是在 1945—1952 年间,则只有一年实现贸易顺差,其余四年逆差共计 42.25 亿比索,将近 8.5 亿美元[①]。经济形势的恶化虽然并非庇隆政府被推翻的主要因素,但其无疑降低了庇隆政府的吸引力,削弱了庇隆政府对抗反对派的实力。

四 庇隆农业剥夺政策失败的启示

为了促进工业的快速发展,尽快实现经济独立,庇隆上任后开始采取剥夺农业补贴工业发展的政策。不过,该政策并未带动阿根廷工业的快速发展,反而导致了阿根廷工业化进程的停滞。我们可以从中得到以下两点启示。

首先,广大发展中国家在推动工业发展、实现现代化的进程中一定要充分重视农业的基础性地位,正确处理工农业两部门之间的关系。庇隆工业化政策失败的主要原因在于庇隆政府对工农业两部门关系的认识不够准确。事实上,国民经济各部门都是相互依存、互相影响的,用牺牲一个经济部门的利益来发展另一个经济部门的做法,必然既削弱原有的相对优势部门,又使需要优先发展的部门失去支持[②]。庇隆政府的农业剥夺政策带来的严重后果对于包括我国在内的所有发展中国家在工业化进程中处理工农业关系提供了值得汲取的教训。

其次,发展中国家在追赶发达国家的过程中一定不能放弃自身的比较优势。众所周知,阿根廷的比较优势是农业,农业发展的好坏直接关系到该国经济发展的全局。庇隆将工业化作为其经济发展战略的核心大力推动,而对阿根廷具有比较优势的农业却采取了全面剥夺的政策,当阿根廷农业的比较优势消失殆尽之后,庇隆政府经济发展战略失败的迹象也愈发明显,最终一定程度上导致阿根廷成为经济发展失败国家的典范。与之相

---

① Harry Raymond Woltman, *The Decline of Argentina's Agricultural Trade: Problems and Policies, 1929 - 1954*, Ph. D. dissertation, Stanford University, 1959, p. 260.
② 徐文渊:《战后阿根廷两种经济发展战略刍议》,《拉丁美洲丛刊》1985 年第 5 期。

反,澳大利亚、新西兰两国却利用自己的农牧业比较优势,最终成功跻身发达国家之列。这一鲜明对比充分说明了在经济发展过程中利用自身比较优势的重要性。

总之,所有发展中国家都有尽快实现工业化的愿望,但美好愿望的实现还有赖于对现实情况客观、准确的认识。只有在符合经济发展规律和本国国情、正确处理各种经济要素关系的基础上制定的经济发展战略,才有可能实现既定目标,取得成功。

Peron's policy of agriculture deprivation: its effect and revelation

Abstract: Under the influence of the long—term opposition between Argentine agricultural interests and industrial interests, the Peron administration, which allied with the industrial group, chose the anti—agricultural industrial strategy in the end. In his initial stage, Peron took a series of measures such as reducing the agricultural production cost, promoting the transfer of agricultural labor force to industrial sector, issuing the import licenses which didn't favor agriculture and so on. As a result, Peron's policy of agricultural deprivation not only led to the decline of Argentine agriculture, but also the stagnation of Argentine industrial process to some extent, and finally the increasingly worsening of Argentine economic. The lessons for us is that the developing countries must handle the relation between agricultural sector and industrial sector correctly, and never give up their own comparative advantages in the process of catching up the developed countries.

Key Words: Peron; Agricultural policy; IAPI; the worsening economic.

政治篇

拉美左翼执政模式的困境及地区外交新态

王友明[*]

内容提要 近年来，拉美主要左翼国家的政局呈现复杂局面，政治动荡、经济颓势与社会运动合并发酵，内在发展结构性矛盾与外在干扰性因素相互交织。多重高压之下，一些左翼执政党打出变革旗号，力图破解困境，挽回政府信誉，巩固执政根基。从变革的规模和力度来看，无论是温和左翼的巴西还是激进左翼的委内瑞拉等国的改革，均属"修补"性范畴，整体上改革力度不大，短期内难收实效。拉美地区外交格局出现新变化，其国际地位和影响力提升，全球战略权重进一步增加。世界主要大国调整战略部署，均加大对拉美的投入和关注，地区国家顺势在大国博弈中拓展自身发展空间。

关键词 拉美 左翼 执政模式 结构性冲突

近年来，拉美左翼执政行至"深水区"，主要左翼国家的政局呈现复杂局面：政治动荡、经济颓势与社会运动合并发酵，内在发展结构性矛盾与外在干扰性因素相互交织。为应对挑战，执政党打出变革旗号，以图重拾民意，再展辉煌。与此同时，全球主要大国加大对拉美的投入，地区国家顺势在大国博弈中拓展自身发展空间。

---

[*] 王友明，中国国际问题研究院发展中国家研究所所长。

一 主要左翼国家的内在结构性冲突频发

拉美左翼主控地区政局的态势虽然没有发生变化，但其执政理念的弊端所激发的结构性矛盾日渐显现，引发外界对左翼执政模式的思考与争论。

(一) 委内瑞拉朝野抗衡张力不减，左翼执政颓势加重

作为激进左翼的代表性国家，委内瑞拉当局近年来遭遇较为严重的执政危机，爆发了"后查韦斯时代"最为激烈的政治动荡，街头冲突呈现"时间长、规模大、伤亡多、对立双方互不示弱"的特点。虽经多方调停，局势暂趋稳定，但朝野并未达成共识，双方治国理念相距甚远。反对党联盟并未善罢甘休，欲借助外部势力，集聚力量，伺机与当局再度对决。

委内瑞拉之所以频发大规模动荡，其内在因素是左翼执政模式的缺陷。左翼的"倾向政策"固然能缩小社会差距、赢得中下层民众的选票，但这一政策过分依靠能源出口。这种单一经济结构易受外部经济环境影响，一旦大宗商品需求或价格下降，其财政收入便会捉襟见肘，"石油收入换选票"的施政模式就会难以为继。当前，国际油价持续走低，委内瑞拉的单一经济结构走向危机，国际货币基金组织预计，2015年，委内瑞拉的经济较上年将衰退7%，通胀率超过100%。"倾向政策"举步维艰，商品短缺、物价飞涨、失业率飙升、治安恶化等因素多头并发。查韦斯在世时尚能凭其个人魅力、魄力和胆识，勉强"摁住"急于翻天的反对派势力。查韦斯去世后，马杜罗摆平各路挑战势力的能力尚存疑，社会矛盾在经济恶化的溢出效应中爆发，各种反对势力欲乘新政权立足未稳之际，实现政权更迭。

委内瑞拉政局动荡的最大外在因素是美国。美国综合运用资金支持、人员培训、舆论造势等手段全力扶持委内瑞拉反对派，蓄意改变委内瑞拉作为"拉美左翼领头羊"的地位。美国众议院以委内瑞拉政府"镇压和平示威、严重侵犯人权"为由，表决通过对委内瑞拉的制裁法案。美国意在委内瑞拉复制中东版的"颜色革命"，此举被马杜罗指责为"美国极右势力针对拉美左翼国家密谋发动的'秃鹫计划'，是一场精心策划的

'柔性政变'"。

尽管内外因素齐压委内瑞拉的左翼政权,国家面临政治分裂状态,但动荡暂不足以改变其政治力量格局,该国左翼控权的局面一时难以改变。一是占委内瑞拉社会主体力量的中下层民众仍是左翼政权的重要支撑。左翼党内尚能保持团结,依然掌控军队、警察、法院等国家机器,中产阶级、高校学生无力聚集足够力量推翻现政权。二是"美洲玻利瓦尔联盟"国家抱团支持委内瑞拉,联盟国家均受益于委内瑞拉的石油援助政策,与其形成"一荣俱荣、一损俱损"的命运共同体,在联盟"领头羊"遭遇执政危机之际,联盟国家均在第一时间给予马杜罗政府坚定支持,助其粉碎反对派与美国联手变局的图谋,左翼联动互保犹如为委内瑞拉当局构筑一道抗压拒变的外围屏障。

(二) 巴西左翼虽然涉险过关,但挑战更加严峻

尽管罗塞夫在总统大选中险胜对手获得连任,但过半民众不满其执政表现,尤其抱怨其治下的糟糕经济表现。世界银行将巴西 2015 年的经济增长预期下调至 -1.3%,为 1990 年来最低。巴西央行也预测,2015 年,巴西经济将衰退 1.97%,通胀率达 9.32%。国际评级机构穆迪也将巴西的投资级别下调至最低级 Baa3。更糟糕的是,巴西石油贪腐搅动政坛,反对派有意放大效应,炒作当局反贪不力且高层涉贪。经济疲软与贪腐效应叠加,巴西国内不时爆发大规模反政府示威游行,总统罗塞夫的支持率跌至新低,只有 13%。反对派力图借机挑动民众示威游行,反对劳工党政府的财税调整等经济改革政策,意在提前结束罗塞夫的第二任期,更意在阻止人气颇旺的前总统卢拉东山再起。

经济不振、官员贪腐、公共服务低劣仅为社会动荡的表象因素,其背后蕴含着更为复杂的政治生态的嬗变。巴西政治力量对比既有社会结构上的工商阶层与中下阶层之间的"贫富对决",也有地域上的富裕区和欠发达区之间的"南北抗衡",更有占据社会主体的"中产阶层"之间的分化与组合。巴西权力治理改革滞后,未能充分反映这种政治力量对比碎片化的趋势,也没有反映出中产阶层应有的话语权和代表性。因此,在政治动荡中,中产阶层成为社会运动的主角之一。

从规模与烈度上看,巴西的游行示威活动较之 2014 年略有下降,但其广度和频度有所扩大和增加,示威者的诉求呈现多样性,示威方式仍是

街头自发、行业罢工、反对派发动等形式相结合，推特和脸谱等现代传媒成为社会运动的新型组织动员工具。巴西示威活动频仍表明，其经济社会发展已进入矛盾易发期和高发期，社会运动已经成为常态。巴西在经历粗放式经济高速增长后，未能及时转变经济结构，产业升级缓慢，技术创新滞后，投资长期不足，政治制度革新不能适应中产阶级占据社会主体的现实，导致巴西难以成为拉美国家中率先走出"中等收入陷阱"的典范。

因而，罗塞夫亟须力推新政，全面调整巴西的经济社会发展结构，以适应社会结构的变化，满足中产阶层的政治诉求、经济利益和社会保障，更需调整经济政策，扩大投资，以投资为导向推动经济转型，提振市场信心，优化产业结构，提高创新能力。巴西民众也期盼罗塞夫总统在新任期有所作为，惩治腐败，加大改革力度，带领巴西走出经济低谷，全方位地向"全球大国"迈进。

（三）阿根廷经济持续疲软，左翼政党竭力保位

近年来，阿根廷的多项经济指标跌落明显，营商环境5年来跌至最差。其中，吸收外资下降尤为突出，同比大幅下降20%。此外，阿根廷经济面临诸多不利因素，如债务高压，通胀高企，企业并购意愿不足，能源矿产行业和基础设施投资不足等。多家国际金融组织均不看好阿根廷的经济增长前景，认为其经济面临较大风险。

令左翼当局稍作欣慰的是：目前，阿根廷的消费者和投资者信心回暖，经济活动指数逐步回升，为此，世行将阿根廷全年经济增长预期从-0.5%上调至1.1%。虽如此，业界普遍对阿根廷经济增长势头持谨慎乐观态度。如拉美经委会近日发布报告称，2015年，阿根廷的经济增长率仅为0.7%。

伴随经济颓势而发的是社会动荡不安，阿根廷屡次发生全国性示威罢工，增加工资、控制通胀、改善治安、惩治腐败已经成为示威者的固化要求。在经济形势恶化、财政赤字扩大、失业率攀升等不利因素叠加下，政府难以充分满足示威者的要求，民众对当局的执政能力诟病日增。总统克里斯蒂娜的民意下滑，社会运动将伴随其走完执政生涯。这表明克里斯蒂娜继承的"基什内尔主义"与现实部分脱节，中央干预经济的发展模式难以解决阿根廷经济社会的深层次矛盾。2015年总统大选在即，左翼竞选人推出诸多改革承诺，力图保位。从目前的民调来看，执政联盟候选人

的支持率小幅领先，但尚未赢得过半民众的支持。

（四）地区一体化难聚合力，内耗初现

拉美的区域和次区域一体化均取得一定进展，但是区域组织之间的龃龉渐生。由于意识形态和发展模式等差异，激进左翼和温左翼推行不同模式的一体化。"美洲玻利瓦尔联盟"与"南方共同市场"（南共市）的组织理念和运行方式存在诸多不同。"南共市"不但内部因大小国家利益失衡而时有纠葛，而且与新兴组织"太平洋联盟"之间分歧不断。"太平洋联盟"推行市场开放，风头正劲。2014年，成员国墨西哥、哥伦比亚、智利、秘鲁的经济增长均有不俗表现，穆迪公司报告称，四国经济增长分别达到2.2%、4.7%、2%和4.1%。但是，该联盟常遭到激进左翼主导的"美洲玻利瓦尔联盟"的诟病，称其受美国指使，破坏地区团结。地区一体化呈现各自为政和利益纷争的内斗化态势。在地区经济持续疲软的情形下，内斗不利于地区国家抱团取暖，合作脱困。为此，"南共市"与"太平洋联盟"开始加强对话，希望在保持各自特色的基础上，开展合作，增强拉美的整体竞争力。

上述左翼、中左翼国家无论经济发展优劣，均发生大规模社会运动，这表明在社会矛盾积重难返和外部环境存在诸多不利因素的情形下，左翼必须及时革新执政理念，加快经济发展模式转型，加强创新能力建设，完善国家治理能力体系，早日迈出经济和社会矛盾交织的"中等收入陷阱"。

二　左翼变革以图自强

多重高压之下，一些左翼政党被迫采取变革措施，力图破解困境，挽回政府信誉，巩固执政根基。

（一）左翼推行程度不等的改革

巴西总统罗塞夫胜选后表示，改革势在必行，新政首要是推进政治改革，同时加大经济改革。具体是：政治上，重视民众诉求，改善政府治理结构，惩治贪腐，出台"巴西无官僚主义"规划，树立高效、透明、现代政府的新形象；经济上，推行紧缩政策，削减财政开支，减少社会福

利；加强与工商界人士沟通，建立一支市场经验丰富的经济团队，推进经济改革，带领巴西进入一个发展"新周期"。近日，巴西参议院推出"应对危机一揽子改革计划"，对此，罗塞夫表示欢迎，并责成其经济团队加以研究和落实。外界评论称，罗塞夫竟然接受党外人士提出的改革方案，从某种意义上反衬了现政府面临困境的严重性。

古巴改革悄然发力，更新发展模式的主动性增强。古巴重点建设马列尔港经济特区，将其视为古巴经济腾飞的基石。外贸外资高官频频出访，推介马列尔港特区。其中，古巴外贸外资副部长55年来首次访问韩国尤为显眼；古巴通过新外国投资法，向外资提供更多优惠政策和法律保障，新法被外界誉为"推动古巴经济发展的新引擎"；古巴加大对外招商力度，同俄罗斯、墨西哥等国签署多项合作协议；出台推动国企改革的新举措，允许部分国企将收益和职工工资挂钩，以增强国企效率和竞争力；宣布与欧盟进行恢复关系正常化谈判，古欧关系进入"特别合作协议谈判阶段"。种种迹象表明，古巴正打开尘封已久的改革大门，力图在社会主义更新事业中，协调改革力度和民众承受度之间的平衡，探寻实现政权稳定、经济发展和社会进步的古巴发展新模式。

古巴改革是由内外多重因素所致，既有中国、越南等社会主义国家改革成功的示范效应因素，也有美国多年打压古巴的外力倒逼因素，更有古巴未雨绸缪地应对查韦斯去世后拉美左翼执政党挑战日增的压力因素。但是，古巴改革提速的最根本因素是古巴经济社会等内部结构因素。古巴高层意识到，既有执政模式已将古巴逼至"越走越窄"的境地，唯有进一步解放思想，才能与时代接轨，唯有顺势而动，才能实现"自保、自救、自强"。

秘鲁实施一揽子经济改革措施，涉及税收、投资环境等诸多领域，旨在促进企业投资意愿，以投资拉动经济增长。委内瑞拉马杜罗政府制定"经济反击战"计划，改组内阁，建立特别委员会，削减财政整体预算；推出一批经济改革措施，号称"对经济、社会、知识、国家政策和地区发展"五大领域进行"革命"。

（二）改革力度不大，短期内难收实效

从变革的规模和力度来看，无论是温和左翼的巴西还是激进左翼的委内瑞拉等国的改革，均属"修补"性范畴，都是应对紧张局势或政治选

举的权宜之计,变革并未触及矛盾的根本和实质,即"政府和市场"的关系并未理顺,左翼追求的社会公正和右翼主张的市场竞争并没有在相关国家的经济社会发展战略中得到很好的融合。在"选票政治"的牵扯下,左翼政党很难进行大刀阔斧式改革,更不可能深度调整经济和产业结构,遑论进行政治体制改革和创新能力建设。在全球经济艰难复苏之际,在美国取消"量宽"政策的背景下,势必导致拉美相关国家资金外流、货币贬值。当前,大宗商品价格下跌更让依赖资源出口的拉美相关国家的经济雪上加霜,因此,拉美左翼国家短期内经济大幅回暖无望,社会潜在矛盾日渐浮现,个别激进左翼国家的执政变局风险增大。以巴西为例,民众对罗塞夫的改革表示失望,其支持率已跌至10%以下,"罗塞夫下台"、"弹劾罗塞夫"的呼声日渐高涨。

三 地区外交格局新变化

拉美国家对外关系多元而活跃,国际地位和影响力提升,全球战略权重进一步增加。世界主要大国调整战略部署,均加大了对拉美的投入和关注。

(一)美俄在拉美的博弈加剧

美国有意重塑在"后院"的影响,高调宣布调整对拉政策,高官屡次访问拉美国家。美国宣布"门罗主义"结束后,美国与南美国家的关系略有好转,但地区国家对美国关系依然呈现"亲近、疏离、防范"等多重、复杂态势。一些国家与美国关系一度呈现紧张状态。

美古关系发生重大转圜。双方重开大使馆,开启两国关系正常化进程的第一步。古美复交带来连锁效应,法国总统奥朗德首次访问古巴,古巴外长对欧洲多国实现"破冰之旅";日本外相60年来首次访问古巴;美国与委内瑞拉低调接触,两国高层已多次对对话,意欲恢复大使级外交关系;巴西总统罗塞夫访问美国,该访因"棱镜门事件"推迟近两年,巴美关系有所缓解。

古美虽复交,但美古关系的根本改善并非一片坦途,美国国内保守主义者仍将"促动古巴民主改革"、"改善人权和转变价值观"设为改善双边关系的先决条件,力图在国会程序上阻扰美古关系完全正常化进程。总之，在左翼继续掌控政权的前提下，美拉双方囿于政治意识形态差异、世界秩序观差异以及地缘利益因素等差异，美拉之间难以形成真正意义上的平等合作的关系，双方的控制与反控制的博弈进程仍将持续下去。

与此同时，俄罗斯与拉美国家越走越近，尤其是与左翼当政国家的互动力度加大。当前，美俄较量加剧，彼此瞄向对方的地缘政治空间，设法切入并竭力破坏对方的战略屏障。在此背景下，俄罗斯加大对拉美的战略部署力度。俄罗斯防长绍伊古表示，俄罗斯将加大在拉美的军事存在。近年来，俄罗斯的一系列动作也表明其所言不虚：俄罗斯与古巴就简化军舰入港手续，以及建立军舰给养基地进行谈判；俄远程轰炸机巡航加勒比海和墨西哥湾；俄情报收集军舰"维克托·列昂诺夫"号停靠哈瓦那港口。上述举动引起美国的高度警觉，被美国媒体解读为"俄罗斯重返拉美"。此外，俄罗斯总统普京访问古巴、巴西、阿根廷等国时，宣布免除古巴在苏联时期90%的债务，与古巴加强经贸、能源、交通等领域的合作；与阿根廷签署核能合作协议，重申彼此支持在核心利益上的立场。俄罗斯寻求在阿根廷建立海军补给据点，此举被西方媒体大肆炒作，称俄意欲在拉美建立永久军事基地，如若建成，犹如在美后院"打楔子"。普京访问拉美时，临时改变行程，首次访问"美洲玻利瓦尔联盟"重要成员国——尼加拉瓜，而后者常被认为是反美先锋之一。此外，俄罗斯向委内瑞拉提供20亿美元融资，支持该国能源、电力、交通建设。普京所访国家均为左翼国家，且多为与美国作对的激进左翼国家，俄罗斯的用意不言自明。

简言之，俄罗斯与拉左翼反美国家的走近，其实质是对美国"遏俄、压俄"的战略进行反击，剑指美国的地缘战略大后方，反制美国利用"乌克兰危机"打压俄罗斯的遏制战略。俄拉互动、互助，使美国如芒在背，对美国地缘战略和全球战略构成一定冲击和影响。

（二）日本欲与中国在拉美争夺影响力

2014年日本首相安倍访问拉美多国，2015年日本外相岸田文雄首次访古巴，日本高层与拉美频繁互动引起国际社会的关注。舆论普遍认为，日本青睐拉美意在"一箭多雕"。一是为资源而去，确保拉美对于日本"资源仓库"的战略意义。二是为寻求商机而去。在"安倍经济学"并不奏效的情况下，安倍不远万里在拉美开拓市场，为日本经济脱困寻找出路。尤其是在美古关系转圜的背景下，日本要捷足先登，抢夺古巴商机。

三是为"入常"构建人脉。日本孜孜追求"入常",屡败屡战。拉美拥有33个成员国,日本不敢忽视这个"大票仓"。四是推介"积极的和平主义"。安倍频频出访,进行"俯瞰地球仪外交",宣介其外交新理念,为日本占据道义制高点摇旗呐喊。

然而,在种种意图中,外界议论和猜测最多的是,安倍意在与中国争夺在拉美的影响力。面对在拉美日益增多的"中国因素",日本不甘示弱,综合运用政治、经济、外交等手段,全方位地在拉美增添"日本因素",设法在拉美经济社会发展进程中打上"日本烙印",力图与中国一较高下。然而,安倍不会如愿。中拉关系快速发展,双边关系与多边关系"两轮驱动",中国与多个拉美国家双边关系升级为"全面战略伙伴关系",双边合作展现"全面开花"的大合作态势。在整体合作上,"中拉论坛"的成立更是意义非凡。它为中拉新增了高水平合作与对话平台,为打造中拉关系"升级版"提供了得力抓手,中拉合作形成"多边推动双边、双边促动多边"的互动架构,中拉关系迎来新一轮大有可为的战略机遇期。对于安倍有意与中国在拉美争夺影响力,中国政府表示,无意与任何国家在任何地区展开争夺,始终强调合作共赢的方针政策,中国欢迎他国在拉美开展有益于拉美、多方共赢的合作。

四 结语

拉美经委会新近发布的报告预计,2015年,拉美全年经济增长仅为0.5%,其中南美地区经济更是负增长(-0.4%)。这些数字远低于此前的乐观预测,加重了国际社会对拉美经济复苏前景的担忧。拉美左翼遭遇执政困境并非一日之寒。它既源于其内部结构性矛盾的演变,也与地缘政治因素变化和全球经济深度调整息息相关。虽然左翼控局面临的挑战日增,但其执政的合理性和合法性因素尚存。面对新态势,左翼需要认清困境的根源和实质,以变求通,以新求强。唯此才能团结脱困,夯实执政根基,继续占据未来拉美的地缘版图。

21世纪以来拉美地区的
"新社会主义"运动

靳呈伟[*]

内容提要 21世纪以来的拉美"新社会主义"运动是多种因素综合作用的产物。拉美"新社会主义"运动存在广泛的多样性。委内瑞拉"21世纪社会主义"代表了一种类型,巴西"劳工社会主义"代表了一种类型,还存在"广泛的中间类型"。拉美"新社会主义"运动正处于探索进程中,既面临各种挑战,也有一定的有利条件,尽管多方对其稳定性与可持续存疑,但其前景可期。

关键词 新社会主义 21世纪社会主义 劳工社会主义

由于各种因素,拉美大陆思潮众多。其中,社会主义是基本政治思潮之一。拉美地区是继西欧之后,较早出现共产主义运动的地区。可以说,拉美社会主义思潮源远流长,相应社会主义实践丰富多彩。

在当今的拉美,社会主义也颇为流行,并展现出强大的生命力。一方面,古巴共产党领导古巴人民克服重重困难,在建设有古巴特色的社会主义道路上不断前行;巴西等国的共产党也通过参政等形式发挥着对国家政治生活的影响。另一方面,自20世纪90年代后期始,拉美社会主义有了新发展,兴起一股不同于传统社会主义(也有政治家或学者以"20世纪

---

[*] 靳呈伟,中央编译局副研究员,博士。

社会主义"相称）的新社会主义思潮，以其为指导的社会主义运动也红红火火。其中，委内瑞拉的"21世纪社会主义"、厄瓜多尔的"21世纪社会主义"、玻利维亚的"社群社会主义"和巴西的"劳工社会主义"颇具代表性，也广受各界关注。

对拉美地区新兴起的社会主义运动进行研究，具有重要理论与现实意义。本文在明确拉美"新社会主义"兴起背景的基础上，重点梳理了委内瑞拉"21世纪社会主义"和巴西"劳工社会主义"的观点主张、政策实践、面临的挑战及各界的相关认识，归纳了拉美"新社会主义"运动的特征，并形成相关认识。

一 拉美地区"新社会主义"运动兴起的背景

拉美地区兴起"新社会主义"运动，绝非偶然，其有着复杂的背景条件。

（一）苏东剧变在极大冲击拉美地区社会主义运动的同时，也为"新社会主义"运动的兴起准备了条件

苏东剧变、冷战结束对拉美社会主义运动产生巨大影响，使其面临空前的复杂局面，遭遇前所未有的挑战；同时，也为拉美社会主义运动实现新发展提供了特定机遇。

20世纪80年代末90年代初的苏东剧变，是世界社会主义运动在发展过程中遇到的巨大挫折。苏东剧变严重冲击了拉美地区的社会主义运动。拉美地区的多数共产党是在第三国际和苏共的帮助下建立和发展起来的，而且一直与苏共保持密切联系，不仅接受苏共的理论、政策指导，还接受其物质方面的援助，对苏共有着程度很深的依赖。苏联解体导致拉美地区的共产党失去理论上、精神上的支撑和经济上的支持，使其陷入空前困境。

"长远观点看，拉美左派可以从欧洲社会主义的失败以及他们与前社会主义世界关系的断裂中得到益处"，"从冷战以来，拉美左派第一次在一种新的条件下面对夺取政权的可能性"，"在一个四分之三的人口是穷人并且在过去的10年中（指80年代）更加贫困的大陆上，左派终于可以以自己的语言，按自己的纲领（民主、主权、经济增长、社会正义）

代表本大陆那些被排斥在经济繁荣之外的拉美大多数民众的利益而去竞争"。① 苏共的垮台让拉美共产党失去了支持与靠山，迫使力图克服苏东剧变冲击并继续坚持社会主义道路的共产党不断增强自身的独立性。另外，苏东剧变也为其他拉美左派探讨不同于苏联代表的社会主义提供了空间。传统社会主义的挫折以及左派获得的空间，为拉美"新社会主义"运动的兴起准备了时代条件。

（二）拉美国家遭遇的经济危机要求相应解决方案，为探索超越资本主义的道路提供了需求

20世纪80年代，许多拉美国家遭遇严重债务危机；1994年，墨西哥发生金融危机，此次危机先波及阿根廷、巴西等国，进而影响全球。2008年爆发的美国次贷危机随后发展成世界金融危机，也波及拉美国家。这些危机重创了拉美国家，其影响涉及政治、经济、社会、思想文化等各个领域。

通过对资本主义的考察，马克思指出："一切现实的危机的最终原因，总是群众的贫穷和他们的消费受到限制，而与此相对比的是，资本主义生产竭力发展生产力，好像只有社会的绝对的消费力才是生产力发展的界限。"② 生产社会化与生产资料私人占有的基本矛盾决定了资本主义经济危机的不可避免性。而经济危机，马克思认为，是发生社会革命的历史条件，社会革命是资本主义经济危机的后果和产物。历史上，资本主义经济危机往往成为工人运动发展、社会革命、社会主义力量壮大的条件，验证了马克思观点的有效性。同时，"以电子信息为先导的第三次科技革命，已经使世界资本主义发展到了一个新阶段。在这个新阶段，传统的战争与革命难以发生"③ 的观点也有其道理。

且不论经济危机是否会引发社会革命，它肯定会对资本主义体制产生重大影响，要求寻找解决危机的方案，进而催化摸索超越资本主义道路的需求，也为相应摸索提供了空间。拉美"新社会主义"运动顺应超越资本主义的需求而生，是替代资本主义尝试的重要组成部分。从这种意义上

---

① 豪尔赫·卡斯塔澳达：《共产主义的衰落和拉美左派》，《共产主义问题》，1992，1—4月号。
② 《马克思恩格斯文集》第7卷，人民出版社2009年版，第548页。
③ 高放：《从世界经济危机看社会主义前景》，《科学社会主义》2009年第3期。

讲，20年代80年代以来重创拉美国家的多次危机，也为拉美"新社会主义"运动的兴起准备了条件。

（三）新自由主义在拉美的实施及其消极影响，激发了反新自由主义或替代新自由主义的思潮与运动

20世纪80年代，以债务危机为核心的经济危机让拉美各国放弃了始自60年代对进口替代型模式进行修改的努力，开始寻找新的发展模式，结果拉美成为新自由主义的试验场。拉美新自由主义的主要内容在于奉行自由市场经济、重视出口导向，这促成了拉美各国由国家主导型经济向自由市场经济的转变，由进口替代向出口导向的转变。遗憾的是，新自由主义在拉美的效果并不太理想，不仅没有改变一些国家的落后状态，还使阿根廷等原来相对富裕国家的经济出现倒退，自20世纪90年代中期拉美主要国家相继爆发金融危机起，整个地区的经济更是陷入持续低迷。新自由主义带来的经济萎靡、贫富差距增大、普通民众生活水平下降、社会保障水平降低等事实，为拉美左翼的崛起提供了现实背景。"新自由主义是野蛮的、非人道的，如果不摆脱它，只有死路一条"，作为对新自由主义发展模式的一种"反动"或回应，尤其是进入21世纪以来，拉美兴起反对或致力于替代新自由主义的思潮与运动。

有学者认为，被称为自1929年"大萧条"以来最为严重的2008年经济危机宣告了"华盛顿共识"即新自由主义模式的破产；而2008年11月在巴西圣保罗召开的世界共产党和工人党第十次国际会议也就经济危机的问题达成基本共识，认为经济危机是资本主义发展的必然现象，近年来新自由主义的经济政策加剧了资本主义经济危机爆发的可能性，当前的经济危机表明了新自由主义政策的彻底失败与溃退。这为拉美左翼的发展提供了契机，为拉美"新社会主义"运动的兴起准备了条件。

（四）第三波民主化浪潮以来，拉美地区实现了民主转型，且很多国家的民主得到巩固，为左翼发展提供了舞台和较为宽松的政治氛围

20世纪70年代末和80年代，民主化浪潮席卷拉美，军政权纷纷还政于民，许多拉美国家实现民主转型。经过几十年的发展，许多拉美国家的民主得到巩固。民主转型为拉美左翼的发展提供了宽松的政治氛围，为其在政治生活中发挥作用提供了舞台。而左翼也成为拉美国家政治生活的有机组成部分,甚至有学者将激进左翼政党视为拉美民主制度的一个制度化特征①。例如,许多拉美国家的共产党获得合法身份,许多左翼力量通过选举上台执政,等等。这为拉美"新社会主义"运动的兴起提供了政治条件。

拉美"新社会主义"运动兴起的背景条件还有很多,如全球化的影响、拉美地区独特的政治传统与政治文化等。不再一一详述。

二 拉美地区"新社会主义"运动的主要代表

委内瑞拉的"21世纪社会主义"和巴西的"劳工社会主义"分别是拉美激进左翼和温和左翼的代表,在拉美"新社会主义"运动中最具代表性。

(一) 委内瑞拉"21世纪社会主义"

1. 委内瑞拉"21世纪社会主义"的提出

"21世纪社会主义"首先由委内瑞拉前总统查韦斯提出并倡导。"21世纪社会主义"的提出经历了一个过程。自1999年就任总统后,查韦斯开始尝试对既有的委内瑞拉政治经济发展模式进行变革,力图建立一种更为注重公平、公正的经济社会制度,推动委内瑞拉走上一条符合本国国情的发展道路。经过不断摸索,"21世纪社会主义"逐步成型。2005年1月,在巴西阿雷格里港举行的第五届"世界社会论坛"上,查韦斯指出,"我日益坚信的是我们需要越来越少的资本主义,越来越多的社会主义……资本主义不会从内部超越自己。资本主义需要通过社会主义道路来实现超越。超越资本主义模式的道路在于真正的社会主义、平等和正义。"开始使用"真正的社会主义"。2005年2月,在加拉加斯举行的第四届社会债务峰会上批评"资本主义模式"时,查韦斯首次明确提出"21世纪社会主义"的概念。届时,查韦斯指出,"革命应该是社会主义性质的","应该看看走哪条道路合适,应该创新社会主义","这一社

---

① [美]卢莎·布兰科、罗宾·格里尔著:《拉美左翼缘何兴起》,德克编译,《国外理论动态》2014年第5期。

主义应该是 21 世纪社会主义","使之适应 21 世纪的情况"。2005 年 5 月,在加拉加斯庆祝"五一"国际劳动节的集会上,查韦斯强调,"要在资本主义的范围内达到我们的目标是不可能的,要找到一条中间道路也是不可能的。我现在请求全体委内瑞拉人民在新世纪走社会主义道路。我们必须为 21 世纪建立新的社会主义。"2005 年 8 月,在接受智利《终点》杂志社采访时,查韦斯指出,"我深信,社会主义才是出路,我在阿雷格里港是这么说的,在全国代表大会也是这么说的……我认为,应该是新的社会主义,提出符合刚刚开始的新纪元的新主张。因此,作为一个计划,我把它称为'21 世纪社会主义'。"至此,"21 世纪社会主义"成为一个相对固定并经常使用的概念。

2. 委内瑞拉"21 世纪社会主义"的观点与主张

虽然"21 世纪社会主义"并未形成相对系统完善的理论体系,但却有其核心观点与主张。

其一,只有社会主义才能谱写人类历史的新篇章。查韦斯指出,"只有社会主义才能挽救人类,我们正在建设我们的社会主义,书写历史的新篇章,过去邪恶的资本主义模式为少数人创造财富,给大多数人带来贫困,实现正义和和平的唯一方式是社会主义道路,只有社会主义才能使人类摆脱贫困、饥饿和破坏。"

其二,"21 世纪社会主义"是摆脱以新自由主义为代表的资本主义模式的唯一道路。"我国人民和人类要摆脱新自由主义的道路,唯一的解决办法就是走向社会主义"。

其三,将玻利瓦尔革命引向社会主义是一项历史使命。"把玻利瓦尔革命引向社会主义、以一种新的社会主义为社会主义探索作出贡献是我们的历史使命。"

其四,"21 世纪社会主义"是一种人道主义的新型社会主义。"这是一种新型的社会主义,人道主义的社会主义,把人而不是机器或国家放在首位。"

其五,"21 世纪社会主义"是有委内瑞拉特色的社会主义。查韦斯曾多次重申,"'21 世纪社会主义'不是苏联式的社会主义,也不会是追随古巴的模式,而是崭新的、委内瑞拉特色的社会主义。""我们的社会主义是原生的社会主义,是印第安人的、基督教徒的和玻利瓦尔的社会主义。"

其六，"21世纪社会主义"强调公平正义、平等、团结。21世纪社会主义是"一种面向21世纪的社会主义，以团结、友爱、公平正义、自由和平等为基础"。

其七，"21世纪社会主义"强调践行。"社会主义不会从天而降。我们要了解社会主义，致力于实现社会主义，使社会主义思想扎根并为之努力工作。社会主义建立在实践基础上。"

3. 委内瑞拉"21世纪社会主义"的政策与实践

为推进"21世纪社会主义"建设，委内瑞拉开启了将有关思想具体化并付诸实施的进程。委内瑞拉建设"21世纪社会主义"的实践主要如下。

第一，政治领域，建立人民政权，"实行主人翁的、革命的、社会主义的民主"，保障人民权利。

其一，修改宪法，允许总统无限期连选。这项措施加强了总统的权力、巩固了总统的权威，为查韦斯长期推进其社会主义构想提供了保障。

其二，组建期望其充当"21世纪社会主义"建设领导者的委内瑞拉统一社会主义党（PSUV）。统一社会主义党的建立，使"21世纪社会主义"有了政治基础。

其三，通过各种方式鼓励民众政治参与，大力发展参与式民主。查韦斯要求"必须用各种方式保证人民说话的权利"。他认为，"人民的真正意愿无法由产生于资本主义社会的代议制民主完全代表，当前委内瑞拉国家所面临的重重危机也无法依靠它得到解决。'参与式民主'将是'21世纪社会主义'民主的重要内容，国家政治机制必须是人民的、民主的、公正的，只有这种国家机制才能充分调动广大民众参与政治的热情，才能使群众更加积极主动地参与社会主义建设事业。"马杜罗也指出，"民主只有满足人民的需求才有意义"。

在国家层面，实现参与式民主的机制有：在国家权力体系中增加了选举权和道德权，实现了由三权分立制衡向五权分立制衡的转变；废除西式参众两院制国会，将国民代表大会作为国家最高权力机关；民间社会团体有对国家权力机构（包括最高法院、国家选举委员会、共和国精神委员会等权力部门）候选人的提名权。

在基层，实现参与式民主的机构为基层群众自治组织——社区委员会。查韦斯将社区委员会视作新的社会主义国家的"细胞"，认为社区委员会代表了"21世纪社会主义"建设进程的一种基本方式,期望借助社区委员会"打碎资产阶级国家机器",建立以人民权力和工人阶级运动为基础的新国家结构,打造行政、立法、司法、选举权和公民权之外的"第六权力"——人民权力。社区委员会承担涉及地方事务(包括健康、教育、经济、安全及其他事务)的"共同责任"。2001年,查韦斯政府启动组建社区委员会的进程,在全国大约建立了16000多个社区委员会,为民众政治参与提供了平台。2007年,在政府注册登记的社区委员会多达20000个。① 2014年,社区委员会的数量已达40000个。② 社区委员会在城市以200—400个家庭为基础,在农村以20—50户家庭为基础,③ 选举产生。社区委员会在其社区实行直接民主,分配财富,创建当地法规条例。2009年,委内瑞拉政府还倡导建设囊括不同社区委员会的公社。尽管相应决策仍由社区委员会制定,公社能发展具有较大影响的中长期项目。截至2013年,建设的公社已超过200个。④

参与式民主还有其他表现形式。例如,广大民众对各种"使命"(即社会项目、计划)的参与。委内瑞拉的各种"使命"往往由健康委员会、土地委员会、教育委员会等各种委员会管理,而这些委员会的成员通常来自社区。

第二,经济领域,进行社会主义经济改造,在能源、电力、电信等关键行业推行国有化,大力发展集体所有制和人民经济,构建由政府、私人和社会三部分组成的"经济体制"。

查韦斯强调社会主义经济改造的重要性。在2006年12月的一次讲话中,他指出,"马克思和恩格斯在《共产党宣言》中论述的是科学社会主义,他们强调进行社会主义经济改造的极端重要性。如果我们要建设真正

---

① Ellner, *Rethinking Venezuelan Politics: Class, Conflict, and the Chavez Phenomenon*, Boulder, Colo.: Lynne Rienner, 2010. p. 203.

② Peter Bohmer, "What Is Going on in Venezuela?", March 17, 2014. 有的估计社区委员会约为44000。详见 Federico Fuentes, *Venezuela's 21st Century Socialism: Neo-Developmentalism or Radical Alternative?* 有的认为2013年社区委员会即达44000。详见 Dario Azzellini, *The Communal State: Communal Councils, Communes, and Workplace Democracy*, NACLA, June 30, 2013。

③ 也有少数认为,社区委员会在城市以150—400个家庭为基础,在农村最少20户,在土著地区至少10户。见 Dario Azzellini, *The Communal State: Communal Councils, Communes, and Workplace Democracy*, NACLA, June 30, 2013。

④ Federico Fuentes, *Venezuela's 21st Century Socialism: Neo-Developmentalism or Radical Alternative?*

的社会主义,那么国民经济就应该社会主义化,我们要创造新的发展生产模式,这才是当前我们最关心的事。但这条道路我们现在还在艰苦探索,最终,社会主义的实质就是消灭生产资料的私有制,以生产资料的集体管理来替代之,以使生产符合人们、社会的需要和保护生态环境的要求"。

社会主义改造首先是将关系国民经济命脉的产业(或者说牵涉公共利益、具有战略价值的行业)国有化,实现国有经济对石油、金融、天然气、电力、电信等企业的控制力。通过向被国有化的国内和国际私人资本提供赔偿的做法,查韦斯政府推行了关键行业的国有化。例如,查韦斯利用总统法令将为美国埃克森美孚、雪佛龙和康菲公司、法国道达尔菲纳埃尔夫公司、英国石油公司和挪威国家石油公司部分拥有的石油公司国有化;查韦斯还将钢铁生产商奥里诺科、电信巨人委内瑞拉电信公司及美国爱伊斯公司和普氏能源公司部分拥有的能源公司收归国有。[1] 通过对上千公司的国有化,委内瑞拉政府实现了对所有经济战略部门的控制。在关键行业国有化私人资本的同时,查韦斯政府也建立了新的国有企业,这些企业分布在电信、航空、石油化工等领域。对石油领域的控制,为委内瑞拉"21世纪社会主义"建设提供了经济基础与资金支持。

除了建立国有企业,查韦斯还倡导建立合作社。他认为,合作社不仅是一种有利于提高生产力的生产组织,也是能够动员劳动者参与国家政治民主生活的有效方式,有助于实现新的经济和社会平衡。2001年,委内瑞拉颁布了关于合作社的法律。政府通过提供信贷、优先购买合作社产品以及提供培训项目等方式积极支持在各个部门中建立合作组织。在各项有利条件尤其是政府的扶持下,合作社如雨后春笋般涌现在委内瑞拉全国各地。初步估计,1998年合作社的总量为800家,2005年为10多万家,2006年为18万家,发展迅速。截至2006年,合作社即已覆盖了150多万人,占委内瑞拉成年人总数的10%。[2]

社会主义改造还涉及土地,查韦斯政府没收和有偿征用大庄园主的土地,并将其分给失去土地的农民,以期实现劳动人民耕者有其田。例如,2007年3月,查韦斯没收了一些大庄园主荒废的土地,并将这些私有土

---

[1] Sebastian Edwards, *On Populism, Old and New. Left Behind: Latin America and the False Promises of Populism*, University of Chicago Press, 2010.

[2] SUNACOOP (National Superintendency of Cooperatives), www.sunacoop.gob.ve.

地改造为集体所有制。

第三，社会领域，发展社会公共事业①，缩小贫富差距，促进社会公平。

其一，通过各种"使命"保护低收入阶层和边缘人群的权益，推动"长期以来游离于主流社会边缘的群众融入国家各种社会生活中来"。政府为中下阶层开发经济适用房，举办向贫困群体提供特价食品的梅卡尔食品商店，免费向社会弱势群体提供医疗服务，扫除文盲，提供就业培训等。例如，委内瑞拉政府最大的社会项目之一"住房使命"，力图到2019年，建设300万套住房，为收入在最低工资水平以下的委内瑞拉人提供免费住房，低收入家庭会获得政府的补贴。2011—2012年间，建成的住房达35万余套。

其二，实施新的保障制度，为所有公民提供非歧视性的终身保障。

其三，实施"全国健康计划"，提高医疗卫生水平。在实施"全国健康计划Ⅰ"的过程中，委内瑞拉政府在贫困和边远的土著居民区建立了1000多个人民卫生服务机构，深入基层贫困地区的医生多达20000名（其中包括13000多名古巴健康专业人员）。在实施"全国健康计划Ⅱ"的过程中，委内瑞拉政府成立了数百个"医疗诊疗中心"，这些诊疗中心都能提供完整的医疗服务。

第四，教育文化领域，开展社会主义教育运动，推动人民实现价值观的转变；推动教育改革，用教育提高民众的参与水平和责任感，通过教育和民众的主动性重组国家；② 打造新文化。

其一，查韦斯呼吁通过教育"播种"社会主义的、真正民主的和尊重人民的价值观。

开展社会主义道德教育。查韦斯视社会主义道德教育为开展社会主义教育的先导。因此，2007年，查韦斯政府启动"道德与启蒙"计划，培训推广社会主义价值观的人员。

在学校开展"玻利瓦尔教育课程"，旨在向大、中、小学学生传播真正的"社会主义理念"。

---

① 据统计，1999—2010年间，委内瑞拉62%的公共部门收入用于社会支出。
② 参见彼得·麦克拉伦、迈克·科尔《紧缩（水深火热的）资本主义：能从委内瑞拉社会主义学到什么》，http://truth-out.org/。

要求政府工作人员和企业职工等加强马克思主义理论学习。2007 年 4 月，查韦斯下令要求政府部门的工作人员，在军队、学校、国有企业和私人企业中的雇员，学习马列主义理论，且每周学习时间不得少于 4 小时。

加强管控广播电台等媒体。为了在全国范围内宣传社会主义价值观，查韦斯采取了一些措施，例如，关闭传播腐朽价值观的加拉加斯广播电台，在全国范围内开播委内瑞拉社会主义电视台，号召人民群众学习马克思主义。

其二，查韦斯重视教育改革，推动其朝着"社区背景下内生型社会主义发展的一种有机形式"的方向发展。

针对不同层级的学校，实施相应计划。例如，开展鲁滨逊计划（Misión Robinson）以提高识字率，用鲁滨逊计划 II 来提高基础教育的覆盖范围和质量，雷巴斯计划（Misión Ribas）面向中学生及失学儿童，苏克雷计划（Misión Sucre）则关注高等教育。

构建玻利瓦尔大学体系，将高等教育从城市中心分散出来，将大学置于基层，创建"大学村"，帮助农村社区，将学生计划与当地社区关联在一起。建立为大学毕业生提供就业的框架，将他们安置到全国各地，参与当地建设。此外，还为穷人提供免费高等教育。

其三，反对"消极"文化，构建新文化。

针对暴力犯罪、社会不安定等问题，马杜罗指出，委内瑞拉应该为社区、家庭营造和平的氛围，这样的氛围需要克服一些媒体倡导的贪婪、拜金等消极价值，倡导尊重生命、协作等价值，而这些价值以一种新文化为基础。为建立新文化，他倡导打造一种工作文化，以克服消费主义文化，为"21 世纪社会主义"提供坚实基础；他还呼吁委内瑞拉民众尤其是青年人挑战和驳斥暴力文化、毒品文化、个人主义文化、仇恨和贪婪文化。[1]

第五，国际领域，奉行"合作主义"，打造同盟。

有学者认为，委内瑞拉教育的国际化不以市场为基础，而以合作主义的逻辑、文化和交换、反霸权的地区整合倡议为基础，用"合作优势"

---

[1] Ryan Mallett-Outtrim, "A Solid Foundation for Socialism of the 21st Century: Venezuela's Maduro Restructures Several Government Ministries and Institutions", Venezuelanalysis.com, January, 16, 2014.

替代新自由主义的"比较优势"。①

其一,发展与第三世界国家尤其是拉美国家的合作。例如,委内瑞拉与古巴等国有互助合作协议,委内瑞拉向古巴提供石油等援助,古巴向委内瑞拉提供医疗卫生服务。

其二,积极发起、参与地区组织和国际组织,借助各种国际平台。

其三,推动拉美一体化。"21世纪社会主义"赞同拉美一体化,以整合拉美各国的政治与经济。查韦斯为推动拉美一体化奔走呼吁,付出许多努力。例如,2005年6月,在第二届南方首脑会议上,查韦斯发起组建南方银行的倡议。期望通过建立南方银行,使南美洲国家摆脱国际货币基金组织和世界银行的束缚,实现金融独立。2001年12月,在加勒比国家联盟第三届首脑会议上,查韦斯提出建立玻利瓦尔替代计划,以加强拉美各国间的经贸合作与一体化进程,替代美国倡导的美洲自由贸易区。玻利瓦尔替代计划后来发展成为美洲玻利瓦尔联盟。在众多拉美地区组织中,美洲玻利瓦尔联盟是与"21世纪社会主义"最为相关的。

4. 委内瑞拉"21世纪社会主义"面临的挑战及其前景

委内瑞拉的"21世纪社会主义"探索面临诸多内忧外患,这些挑战及相应应对,影响到"21世纪社会主义"的发展前景。

其一,如何化解查韦斯逝世造成的巨大冲击。由于多种因素,查韦斯本人而非一个有战斗力的政治组织成为委内瑞拉"21世纪社会主义"的绝对领导核心。"21世纪社会主义"的建设在很大程度上依赖查韦斯的个人魅力与领导。查韦斯因病逝世,给"21世纪社会主义"带来巨创。"21世纪社会主义"会否因查韦斯的逝世出现变数,尚需观察。可以肯定的是,克服查韦斯逝世带来的消极影响是其后继者面临的巨大课题,需要付出巨大努力。另外,有观察家指出,委内瑞拉民众现在需要能完成决策、能规划并引导新的进程的领导人。这是玻利瓦尔革命新阶段领导人的任务。②

其二,如何发展完善"21世纪社会主义"理论体系。长期以来,"21

---

① 彼得·麦克拉伦、迈克·科尔:《紧缩(水深火热的)资本主义:能从委内瑞拉社会主义学到什么》,http://truth-out.org/。

② Ewan Robertson, "Planned Reforms May Determine Survival of Venezuela's Bolivarian Project", venezuelanalysis.con, August 5, 2014。

世纪社会主义"存在概念不清、理论体系不完备等问题,影响了其吸引力与凝聚力。未形成关于"21世纪社会主义"的清晰界定,一方面为其提供了灵活性,使其追随者根据自身利益为其下定义提供了空间;另一方面也使其具有极大局限性,容易让人心存疑惑甚或无所适从,从而丧失了应有的吸引力,难以赢得坚定的信奉者与稳定的受众。"21世纪社会主义"需要新的理论发展。有委内瑞拉学者认为,查韦斯是不断创造思想的"发动机",查韦斯逝世后,需要凝聚集体智慧推动理论发展。[1]

其三,如何协调好"21世纪社会主义"建设过程中的中央与地方、政府与社会等之间的关系。"21世纪社会主义"的倡导者和支持者均希望实现"同时来自上层与下层的彻底改变"。但在改革过程中,上层与下层的关系异常复杂,往往难以协调,导致他们之间关系紧张。"激进主义经常成为委内瑞拉领导人的一种政治负担","查韦斯依赖于激进部分的支持,但他们彼此并不真正信任对方……如果查韦斯试图破坏激进部分,也将会毁掉自己的根基"。[2] "那些被公社委员会和工人自我管理的工作场所授权的查韦斯的社区支持者们,最终与试图执行上峰(他们接受来自查韦斯的指令)指令的政府官员之间出现尖锐的矛盾冲突"[3]。民众理解、接受、支持并践行"21世纪社会主义"是其能走得更为长远的力量源泉。如果破解不了上层与下层的关系难题,会从根本上影响"21世纪社会主义"的命运。

其四,如何面对"21世纪社会主义"建设过程中新出现的特权阶层。有学者认为,在"21世纪社会主义"建设过程中,委内瑞拉出现了一个新特权阶层——玻利瓦尔资产阶级(Bolibourgeoisie)。即那些利用"21世纪社会主义"的国有化政策,征收额外收费的政府官僚、黑市活跃分子、石油买卖中间人、洗钱分子及毒品走私组织等。新特权阶层业已成为当权派的一部分,它以革命的名义积累了巨额财富,对"21世纪社会主义"建设的破坏巨大且有发展成最大阻碍的趋势。

---

[1] Ewan Robertson, "Venezuelan Leftists Meet to Discuss Future Directions in Political Ideology and Eco-Socialism", venezuelanalysis.com, May 12, 2014.

[2] Israel E, "Venezuelan Barrio Takes Socialism Beyond Chavez", July 6, 2010. http://venezuelanalysis.com/analysis/5474.

[3] Wilpert G, "An Assessment of Venezuela's Bolivarian Revolution at Twelve Years. February 2011", http://venezuelanalysis.com/analysis/5971.

其五，如何面对腐败的侵蚀。有媒体认为，腐败是"21世纪社会主义"实践的最大敌人之一。

其六，如何求同存异，巩固左翼阵营的团结。左翼阵营的不同政见者认为，给批评者留下的空间在不断缩小，统一社会主义党内和政府内部的辩论也不断减少。这引发了不同政见者的不满，进而影响了左翼阵营的团结。

其七，如何降低对石油美元的依赖。查韦斯政府不仅将石油用于各种社会计划，也用于资助其他国家，还将其用于很多方面。可以说，石油美元给"21世纪社会主义"建设提供了资金支持。"21世纪社会主义"对石油美元的依赖相当大。石油市场一旦有风吹草动，"21世纪社会主义"可能就会伤风感冒。如何减弱对石油美元的依赖，夯实支撑"21世纪社会主义"建设的经济基础，是需要破解的一大难题。[①]

其八，如何克服当前的经济困难。当前，委内瑞拉面临其最严重的经济危机之———委内瑞拉官方多次宣布货币贬值，通胀达56%。对进口的依赖日甚，用来兑换的美元短缺，导致基本生活物质匮乏，等等。这些都削弱着马杜罗政府的威信与合法性。

其九，如何应对民众日益增长的不满情绪。由于物质匮乏、通货膨胀、高水平的暴力犯罪等因素，委内瑞拉民众对马杜罗政府的不满情绪日益增长。这在很大程度上影响到"21世纪社会主义"建设的命运。因为查韦斯逝世后，"21世纪社会主义"建设得以继续，与民众对"21世纪社会主义"的理解与支持密不可分。

其十，如何化解国内外反对派乃至敌人的威胁。一直以来，"21世纪社会主义"建设就遇到各种反对，尤其是新自由主义及其支持者的激烈反对。查韦斯时期，国内外的各种反对即层出不穷。例如，2002年，出现了一次力图使查韦斯下台的政变，尽管这次政变未遂。2002年12月至2003年2月，由反对派和商人发起了长达3个月的罢工。当前，除了经济危机，委内瑞拉还面临安全危机等其他危机。例如，2013年委内瑞拉有24000多起凶杀，是当年世界上凶杀率最高的纪录之一；2014年春天，委内瑞拉出现了暴乱，暴力对抗不断，导致伤亡，等等。

---

① 关于石油美元对"21世纪社会主义"建设的影响，可参见［美］卢莎·布兰科、罗宾·格里尔著，德克译《拉美左翼缘何兴起》，《国外理论动态》2014年第5期。

5. 各界对委内瑞拉"21世纪社会主义"的认识

各界对"21世纪社会主义"的认识不同,大致而言,主要有以下几种。

其一,混合体说。该说认为"21世纪社会主义"既不是共产主义,也不是资本主义,而是一种混合体。持混合体说的人士相当多。他们都认为"21世纪社会主义"是多种思想的混合体。不过对此混合体性质及"构成成分"认识却存在差异。关于性质,有的认为它是社会主义思想的混合,有的则认为它是一种"民族主义与反资本主义的杂乱形式"。构成成分包括玻利瓦尔的民族主义、20世纪的马克思主义、拉美的民粹主义、民主社会主义、合作社会主义、自治社会主义等,不一而足。

其二,社会民主主义说。以著名批判教育论学家美国加州大学洛杉矶分校荣休教授彼得·麦克拉伦为代表的一些专家认为,委内瑞拉"21世纪社会主义"是典型的社会民主主义,其相应改革类似于二战后英国工党的政策与实践。

其三,新社会运动说。徐世澄研究员认为"21世纪社会主义"是一种新社会运动,是用"另一个世界""替代资本主义"的社会思潮的反映。

其四,发展理念说。有的认为,查韦斯的"21世纪社会主义"思想产生于拉美地区寻求新社会发展模式的过程中,是一种针对委内瑞拉国家发展现状的新理论,是用社会主义的发展理念取代新自由资本主义的发展模式。

其五,新民粹主义说。有的认为查韦斯是新民粹主义领导人的教科书式的典范,将他视为新民粹主义的象征。查韦斯依靠广泛的特别权力去推进其民粹主义计划,其政策代表了一种对市场导向和现代性的挑战,体现了几乎所有民粹主义因素。

(二) 巴西劳工党的"劳工社会主义"[①]

1. "劳工社会主义"的提出

"劳工社会主义"的提出经历了一个过程。成立伊始,劳工党并不

[①] 有的学者称之为"民主的可持续的社会主义"。

清楚要实现何种社会主义。劳工党成立后不久,卢拉在接受采访时的话——"劳工党的方向是社会主义,但究竟是何种社会主义,说实话,我不清楚"——是对此的鲜明写照。1990 年,劳工党第七次全国代表会议通过的《劳工社会主义》,首次明确了"劳工社会主义"的概念。随着将"劳工社会主义"确立为党的指导思想,劳工党的相关认识不断丰富完善。

2. "劳工社会主义"的观点主张

其一,反对资本主义,超越资本主义。劳工党三大关于"劳工社会主义"的决议指出,对民主的承诺使其成为反资本主义者,其民主斗争是反资本主义的选择。对资本主义的反对,不仅反对经济剥削和一切压迫,还反对一切歧视(如种族歧视、性别歧视、宗教歧视和意识形态歧视等)。为实现建立超越资本主义秩序新社会的理想,建立一个主权和民主国家是建立社会主义的组成部分。

其二,替代新自由主义。"华盛顿共识"对拉美国家影响巨大。新自由主义在当今拉美仍占主导地位。拉美的新自由主义改革不仅未克服拉美国家宏观经济失衡的问题,反而使宏观经济形势恶化,使贫困和社会排斥增加。要通过具体替代方案克服新自由主义的影响。

其三,"劳工社会主义"没有单一的哲学模式和政治模式,它是一个理论建设和政治建设的过程。"劳工社会主义"包括广泛的多元思想。

其四,"劳工社会主义"是彻底的民主主义,要求将民主扩大到所有人,让经济、政治和社会权利相结合。民主是实现人民主权意愿的工具与目标。

其五,建立新的经济形式。发挥国家在民主计划经济中的作用,各种经济成分(国有制、私有制等)共存,协调经济增长与收入分配。关注劳动关系。应当减少日工作时间,实现充分就业。自然资源集体民主所有,不能私有化。保护生态。

其六,本国建设与国际主义相结合。彻底改革国际关系。建立多边和多极世界,减少经济和社会发展不平衡。建立没有饥饿、疾病,对所有人而言,都有希望和前景的世界。实现拉美大陆团结,不屈从于霸权主义。

3. "劳工社会主义"的政策实践

第一,政治领域,以自身民主建设带动国家民主建设,鼓励更多民众参与政治。

巴西劳工党将自身定位为"具有广泛基础的、开放的和民主的政党"。一方面，劳工党以民主、开放的原则指导自身建设，通过两阶段代表会议制和核心小组制度推进党内民主建设。另一方面，在加强自身党内民主建设的同时，劳工党也注意以党内民主推动国家民主建设，鼓励民众参与国家政治生活。主要表现为要求具有公职身份的党员尤其是议员加强与民众的沟通，听取民众意见，汇集民众利益诉求，充分发挥"连接桥梁"即利益整合的功能作用，以有助于党的决策能更多反映民众利益。

第二，经济领域，推行将市场与社会计划相结合的政策，奉行以推动社会发展为核心的发展模式。

其一，通过降低利率、税制改革、加强基础建设、增加出口等举措刺激经济增长。

其二，通过财富分配、加大社会投入，大力解决就业、治安及贫富差距等各类社会问题，稳定局面。

第三，社会领域，实施各种计划（Bolsas），为贫困家庭提供帮助，以扩大就业为主减少贫困，消除不平等，促进社会公正。

其一，以资金转移减少贫困的社会计划。例如，2003年，卢拉政府推出"家庭补助计划"（the Bolsa Família），"家庭救助计划"规定，人均月收入不足50雷亚尔的家庭，每月可得到95雷亚尔的生活补贴；人均月收入在50—100雷亚尔的，每月可得45雷亚尔的补贴。贫困家庭要得到政府补贴，需作出一定的保证，如不让孩子辍学、按时注射疫苗等。如此，既改善了贫困家庭的生活状况，又督促贫困家庭的孩子上学，也能改善贫困家庭的健康状况，可谓一举数得。

其二，以提高就业减少贫困的社会计划。例如，2003年巴西劳工党政府推行旨在帮助青年人早日就业的"第一次就业计划"，政府从多个方面给16—24岁的青年以就业支持：给自己创业的提供低息贷款，给吸纳青年就业的企业补贴，对企业的青年人进行免费技能培训等。在第一年，"第一次就业计划"就惠及25万青年，成效较为显著。

其三，以教育减少贫困的计划。2001年起，巴西开始实施"奖学金计划"，目标是使6—15岁的青少年入学率达85%。根据该计划，人均收入较低的贫困家庭，每月可得到15雷亚尔的奖学金。2003年，巴西又在全国范围内实施了成人扫盲计划，提高成年人的知识水平。

第四，国际领域，积极构筑、利用多种平台，通过多种途径发出自己的声音，提高自身形象，扩大自身影响，参与规则制定，谋求构建国际经济新秩序。

其一，以加强南共市建设为核心，推进地区一体化。劳工党执政以来，非常重视推进地区一体化建设，实施了包括加强南共市建设、巩固与南美国家的合作、拓宽南美地区一体化、实现南共市和安第斯共同体自由贸易等内容的地区战略。

其二，发起、创办各种平台。例如，1991年创办"圣保罗论坛"，2001年发起"世界社会论坛"。圣保罗论坛和世界社会论坛都是拉美地区乃至世界范围内颇具影响力的左派进步运动和非政府组织的论坛，均反全球化，反新自由主义，倡导合法斗争，替代现行不合理的国际政治经济秩序，争取民主未来和全球善治。

4. "劳工社会主义"的挑战与前景

第一，"劳工社会主义"的组织载体劳工党面临诸多问题。其一，劳工党的转型或发展问题。在"向何处去"的问题上不明确，在一定意义上给劳工党的发展带来消极影响。其二，党内民主制度问题。核心小组制度异化。其三，党内派别问题。党内派别分歧使劳工党面临分裂的危险。其四，党的领导人问题。缺乏新的魅力型人物在一定程度上制约着党的表现。其五，党的经费问题。在筹措经费方面，劳工党尚未找到有效的合法途径，难以避免政治交易的影响。其六，党内腐败问题。党内腐败腐蚀了党的肌体，破坏了党的形象，损害了党的威信。

第二，巴西国内政治环境也提出诸多挑战。其一，如何处理与其他政党尤其是执政联盟内部各党派之间的关系具有重要影响。其二，弱制度化的政党制度环境下的选举具有不稳定性。其三，国内反对势力的威胁。

第三，罗塞夫赢得了2014年大选，为"劳工社会主义"建设的持续赢得了机会。但罗塞夫的新任期面临诸多挑战，其应对及表现也影响到"劳工社会主义"的发展。

5. 各界对"劳工社会主义"的认识

对"劳工社会主义"的认识主要分为两类。一类认为，"劳工社会主义"属于民主社会主义，是民主社会主义在拉美和巴西的变种。另一类则认为，"劳工社会主义"是正在探索中的尚不完备的具有巴西特色的社会主义，但不是科学社会主义。

三 拉美地区"新社会主义"运动的主要特征

结合上文拉美地区"新社会主义"运动兴起的背景，可以归纳出拉美"新社会主义"运动的部分特征。

拉美"新社会主义"运动是对拉美新自由主义发展模式的一种"反动"。作为新自由主义的一大试验田，拉美地区的多数国家受新自由主义的"荼毒"颇广、颇深。在绝大多数拉美国家，新自由主义不仅未取得预期效果，还带来很多消极影响。在失望之余，拉美人民开始寻找替代，"新社会主义"运动即是寻找新自由主义替代的过程中产生的，是对新自由主义的一种"反动"。

拉美"新社会主义"运动致力于替代或超越资本主义。无论是顺应解决经济危机的呼求，还是寻找对新自由主义的替代，拉美的"新社会主义"运动以替代或超越资本主义为目标。

拉美"新社会主义"运动认同并实践通过选举掌握国家政权。拉美"新社会主义"运动是在拉美民主转型的背景条件下兴起的，是民主转型的受益者。因而认同通过选举上台执政，而且也是如此操作的。

拉美"新社会主义"运动不同于传统社会主义。拉美"新社会主义"究竟是何种性质，算不算社会主义？关于此问题存有争议。有的认为它是社会主义，有的认为不是，有的认为其性质有待进一步观察方可确定。出现分歧的原因主要在于其各自对"社会主义"的理解不同。从狭义上理解和使用"社会主义"，会得出拉美"新社会主义"不是社会主义的结论。从广义上理解和使用，则会得出不同结论。可以说，拉美"新社会主义"虽然不是科学社会主义，但是具有社会主义性质的探索，是不同于传统社会主义的社会主义尝试。

根据委内瑞拉的"21世纪社会主义"和巴西的"劳工社会主义"的观点主张、政策实践，也可以归纳出拉美"新社会主义"运动的部分特征。

拉美"新社会主义"运动处于探索过程中，尚未建立完备的理论体系。一方面，拉美"新社会主义"认为社会主义不是僵化的，而是一个"理论建设的进程"。它们强调社会主义建设的动态性。另一方面，由于多种原因，今日的拉美"新社会主义"依然没有建立起较为完备的理论体系。

拉美"新社会主义"运动重视实践。虽然未建立完备的理论体系，拉美"新社会主义"却开展了轰轰烈烈的社会主义建设实践。

拉美"新社会主义"运动具有鲜明的本土特色。拉美"新社会主义"非常重视与本国的实际相结合，均致力于建设本土化的或有本国特色的社会主义。

拉美"新社会主义"运动具有相当的包容性。一方面，拉美"新社会主义"认为社会主义不是单一的模式，应涵盖广泛的左翼思想。另一方面，当今的拉美"新社会主义"是在广泛吸收借鉴多种思想成分的基础上产生的。因而具有相当的包容性。

拉美"新社会主义"重视国际合作。拉美"新社会主义"重视本国社会主义建设与国际主义的结合。一方面，尤为重视同左翼的合作，以期同气相求，同声相应。另一方面，致力于拉美一体化，整合拉美各国尤其是左翼执政国家的资源与力量，以推动国际政治经济新秩序。

四 结语

拉美地区"新社会主义"运动的兴起有着复杂的背景条件，21世纪以来的拉美"新社会主义"运动是多种因素综合作用的产物。

拉美地区的"新社会主义"运动反映出社会主义对追求社会进步的人们的吸引力和生命力，表明21世纪以来世界社会主义运动在多样性中不断发展。

拉美"新社会主义"运动乃至拉美左翼社会运动存在广泛的多样性。委内瑞拉的"21世纪社会主义"、厄瓜多尔的"21世纪社会主义"、玻利维亚的"社群社会主义"、巴西的"劳工社会主义"等都有各自特色。大致而言，委内瑞拉"21世纪社会主义"代表了一种类型，巴西"劳工社会主义"代表了一种类型，还存在"广泛的中间类型"。

各界对拉美"新社会主义"运动的认识存在差异，褒贬不一。有的认为其是一种新的探索，有的则批评其为"威权主义的门面"（façade）。

拉美"新社会主义"运动处于探索进程中，既面临各种挑战，也有一定的有利条件，尽管多方对其稳定性与可持续性存疑，但其前景可期。

革命制度党与墨西哥的政治稳定
（1929—1968）

王文仙[*]

内容提要 为了保护政治权力，墨西哥革命胜利派1929年成立了国民革命党，1938年改组为墨西哥国民党，1946年改组为革命制度党。政党服务于总统，2000年之前的墨西哥总统均来自革命制度党。20世纪五六十年代，当大部分拉美国家处于军人干政的动荡局势时，墨西哥的文人执政维持了政治基本稳定。这一方面归因于墨西哥灵活的威权主义政治体制，既有拉拢收买，又有政治镇压；既有非连选连任的总统任职制，又有巩固统治基础的职团主义结构，而且军队的去政治化排除了军人干政的可能性。另一方面，政治稳定为经济发展创造了和平的环境，实施进口替代工业化战略，经济取得重要增长，这有利于政治稳定。

关键词 墨西哥革命制度党　灵活的威权主义体制　政治稳定

19世纪初墨西哥摆脱西班牙的殖民统治获得政治独立以来，经历了两个较长期的政治稳定阶段：一是19世纪70年代后半期到20世纪初波菲利奥·迪亚斯统治时期；二是1910年墨西哥革命、20年代的内战和30年代的动荡之后，墨西哥革命制度党（Partido Revolucionario Institucional，PRI）执政时期，主要体现在20世纪五六十年代以来的政局稳定。这种

---

[*] 王文仙，中国社科院世界历史研究所副研究员。

局面不仅与墨西哥独立后半个世纪的社会混乱形成反差,而且与同时期大部分拉美国家的政治动荡形成鲜明对比,曾一度被广泛赞誉。2000年7月墨西哥总统大选,反对党国家行动党(Partido Acción Nacional,PAN)候选人比森特·福克斯(Vicente Fox)赢得42.5%的选票,成功当选为墨西哥第72届总统,结束了官方党革命制度党长达71年的执政历史,吸引了世人的目光。

国内学术界对墨西哥革命制度党的研究颇多[1],2000年之前关注墨西哥政治体制的性质,2000年以来的研究成果侧重于剖析革命制度党的下台原因[2],大多从政党制度建设、执政合法性等政治学角度加以分析。国外学者的研究成果(以英语和西班牙语研究成果为主)更是不计其数,成为墨西哥政治研究的主要关注点,研究角度各不相同。既有对革命制度党本身的研究,也有与其他国家政党的对比研究。以2000年的研究成果为界,之前的研究大多侧重于墨西哥的政体性质及墨西哥政治稳定的原因;之后的研究侧重于墨西哥的政治转型及民主化。

本文在吸收前人研究成果基础上主要探讨1929—1968年革命制度党执政期间如何实现墨西哥的政治基本稳定的。力图以该政党自身演变为切入点,将其置于全球背景之下,依托历史维度的纵向线索,分析政治、经济、社会发展变化对政党演变的影响,探讨革命制度党成功执政的主要因素,希望从中得到某些启示。

---

[1] 以中国知网为例,以"墨西哥革命制度党"为主题词进行检索,相关论文达几十篇,2000年以来的研究成果居多。代表性著作:曾昭耀:《政治稳定与现代化——墨西哥政治模式的历史考察》,东方出版社1996年版;徐世澄:《墨西哥革命制度党的兴衰》,世界知识出版社2009年版。此外,墨西哥革命制度党也成为十余篇博硕士学位论文的研究对象,笔者的研究专业以政治学理论为主。例如郑振成:《新自由主义改革与民众主义执政党——论墨西哥革命制度党下台的社会基础根源》,博士学位论文,中国社会科学院研究生院,2002年;王海燕:《墨西哥革命制度党丧失执政地位的原因与思考》,硕士学位论文,中共中央党校,2004年;陈启迪:《墨西哥革命制度党执政合法性基础研究》,硕士学位论文,华东师范大学,2009年;王力勇:《墨西哥革命制度党垮台的原因论析——从组织功能变迁的角度》,硕士学位论文,上海交通大学,2011年;郑荃文:《墨西哥现代化进程中的政党制度和政治稳定》,硕士学位论文,外交学院,2013年;马婷:《墨西哥革命制度党职团结构的变迁及影响》,硕士学位论文,中共中央党校,2014年。

[2] 研究综述文章可参见王锐《近年来学术界对墨西哥革命制度党研究述评》,《乐山师范学院学报》2007年第3期,第111—114页。

一 革命制度党的前身国民革命党的成立

1821年墨西哥摆脱西班牙三百年的殖民统治,获得政治独立,但是没有带来和平的政治秩序。在之后长达半个多世纪的时期里,墨西哥陷入政治混乱的泥潭无法自拔。同时,雪上加霜,更不幸成为外国干预的对象,尤其是在1846—1848年墨美战争中墨西哥的惨败导致其丧失55%的领土。1876年波菲利奥·迪亚斯当选为总统,随后在1884—1911年连续执政二十多年,墨西哥出现经济繁荣及社会和平景象,结束了长期动荡的局面。但是由于政治独裁、经济发展不平衡以及社会不平等现象严重,1910年革命爆发,这意味着墨西哥再次面临严重的政治危机。1911年迪亚斯总统的辞职没有平息政治动乱,接踵而来的是内乱,不同政治派别的强权人物为了不同的政治追求纷纷登台。尽管颁布了《1917年墨西哥宪法》,但无法落实到位,社会依然不能平静。

1. 国民革命党成立之政治背景

1929年3月1日,国民革命党(Partido Nacional Revolucionario, PNR)第一届全国代表大会在克雷塔罗市(Querétaro)召开。这就是今天墨西哥革命制度党(PRI)最早的前身。此后经过两次改组,1938年改组为墨西哥革命党(Partido de la Revolución Mexicana, PRM),1946年改组为墨西哥革命制度党,一直沿用至今。这个政党持续执政71年,直到2000年在总统大选中落败,反对党国家行动党候选人竞选成功。

为什么要成立全国统一的政党?可以追溯到1892年,当时作为"科学派"代表人物之一的胡斯托·谢拉(Justo Sierra)建议总统迪亚斯将自由同盟(Unión Liberal)转变为一个官方党①,未果。1919年奥夫雷贡竞选总统时承诺,把所有政党团结在一个政党名下,取代长期存在的考迪罗主义。而1929年国民革命党的成立有其深刻的政治变迁背景。

20世纪20年代初期,墨西哥的政治权力移交仍然不能以和平方式实现。1920年5月21日,卡兰萨总统被暗杀。经过一番讨论,5月24日国会确定德拉韦尔塔(Adolfo de la Huerta)为临时总统。虽然其短暂任期内存在诸多问题,但是临时总统为墨西哥政治重新逐渐走向稳定奠定基础。

---

① 参见徐世澄《墨西哥革命制度党的兴衰》,世界知识出版社2009年版,第3页。

同年 9 月 5 日,奥夫雷贡(Alvaro Obregón)以绝对性胜利赢得总统大选,得票 110 万张。[①] 11 月 30 日就职,任期 4 年,以 4 个支柱为权力基础:国会、军队、农民和工人组织,还有地方强人。

1924 年 11 月 30 日,奥夫雷贡选定的总统接班人卡列斯(Plutarco Elías Calles)宣誓就职,任期到 1928 年。这是自 1884 年以来,墨西哥总统权力由通过选举的总统和平移交到另一个通过选举产生的总统,同时也得到了美国政府的外交承认,墨西哥的政治趋于稳定。但是,奥夫雷贡的政治野心并没有随着卸任而结束,他继续从幕后间接影响国家的政治局面,并蓄意谋求在卡列斯任期结束后进行第二次竞选总统。这显然不符合宪法"不能连选连任"的规定,但奥夫雷贡诡辩提出,宪法禁止的是立即连任,而不是间隔连任。在主要竞选对手无故被杀害的情况下,奥夫雷贡于 1928 年 7 月赢得总统大选。这个事实让墨西哥人意识到,奥夫雷贡任总统不是解决问题的办法,恰恰是问题的一部分。

但是,政治局势没有按照人们预期的发展。1928 年 7 月 17 日,在竞选成功后的第十天,奥夫雷贡被一名狂热的天主教分子杀害。案情扑朔迷离,引起人们众多猜疑。有些人怀疑与卡列斯有关,因为他将从奥夫雷贡被害事件中受益。不过,卡列斯总统认为,这主要是天主教激进分子报复政府对教会运动的镇压行为。墨西哥政局面临新的政治环境:(1)墨西哥 1917 年宪法已经取消了副总统职位,没有副总统可以直接接任总统职位;(2)奥夫雷贡分子可能要发起暴动;(3)1926 年爆发的教会斗争(Cristero War)还没有平息,而奥夫雷贡之死也打断了美国派遣的莫罗(Morrow)进行的协调行动,教会动乱继续威胁到国家的安宁。这就是国民革命党成立之前墨西哥面临的政治局势。

2. 国民革命党的成立

卡列斯总统灵活处理了奥夫雷贡事件,采取了相应措施。1928 年 9 月 1 日发表最后一个年度咨文,表明,他绝对不会再次就任总统。并指出,墨西哥已经从"一个人的国家"过渡到"制度和法律的国家"。[②] 其次,号召成立一个全国性政党,把所有的革命政党联合起来,这样可以和

[①] Jürgen Buchenau, *The Last Caudillo Alvaro Obregón and the Mexican Revolution*, Malden, MA: Wiley—Blackwell, 2011, p.109.

[②] Jürgen Buchenau, *Plutarco Elías Calles and the Mexican Revolution*, Lanham, Md.: Rowman & Littlefield, 2007, p.150.

平解决各种政治争端，而不是采取军事冲突的方式。12月2日，墨西哥主要报纸发表消息，声明国民革命党已经形成，号召忠诚于革命的人加入新政党。

为了筹备第一届代表大会，专门成立了组织委员会，卡列斯担任主席。委员们到全国各地巡游，要求各地政党加入新政党，并派代表参加会议。这个过程也表明国民革命党"由上到下"的特点。为了增加吸引力，组织委员会草拟了成立宣言，指出，"国民革命党是政治工具"，"将努力改善普通大众的生活条件，贯彻落实宪法123条和第27条，工人和农民阶级是墨西哥社会最重要的组成部分"[1]。

1929年3月1日代表大会在墨西哥城附近的克雷塔罗市顺利召开。卡列斯最信任的同僚、科阿韦拉（Coahuila）州长曼努埃尔·佩雷斯·特雷维尼（Manuel Pérez Treviño）当选为主席，书记由另一个卡列斯主义者路易斯·莱昂（Luis León）担任。莱昂送给卡列斯由国家革命党签发的第一个成员证。大会还推选出帕斯夸尔·奥尔蒂斯·鲁维奥（Pascual Ortiz Rubio）为下届总统候选人。克雷塔罗代表大会标志着卡列斯构建新政治体制战略的成功，在这个体制中他享有重要的幕后权力。

国民革命党最初是由亲卡列斯统治精英控制和管理的政党，监督地方强人潜在的政治野心。实际上，卡列斯最初设想把新政党作为一个与行政机构分开的平行权力结构，利用政党，卡列斯可以削弱总统的权威。1929—1935年，墨西哥实际处于"最高领袖统治"（Maximato）时期[2]，该时期独特之处在于总统、最高领袖、立法机关、国民革命党四方之间复杂的关系。国民革命党构成共享政府体系的一部分，其中总统和最高领袖竞争权力。

后来，卡列斯对国民革命党进行改革，加强对政党的领导，使之更容易操控。1933年3月，国会修改宪法，禁止联邦和州级官员连任，防止国会席位变成强权人物的闲职。考虑到组成国民革命党的成员政党有可能威胁到新政党的统一，卡列斯提议将这些政党组织解散。同年12月，国

---

[1] Jürgen Buchenau, *Plutarco Elías Calles and the Mexican Revolution*, Lanham, Md.: Rowman & Littlefield, 2007, p. 150.

[2] "最高领袖统治"时期有三位总统在卡列斯影响之下行使总统权力：E. M. 希尔（Emilio Portes Gil, 1928年12月1日到1930年3月1日）、P. O. 鲁维奥（Pascual Ortiz Rubio, 1930年3月到1932年9月）和 A. L. 罗德里格斯（Abelardo L. Rodríguez, 1932年到1934年）。

民革命党在克雷塔罗召开的第二届代表大会上批准了卡列斯的提议。这次大会的重要任务是推选卡德纳斯（Lázaro Cárdenas del Río）为1934年7月总统竞选候选人，虽然大部分人倾向于推举曼努埃尔·佩雷斯·特雷维尼。但卡列斯支持卡德纳斯，认为自己还可以在幕后发挥重要作用。这也表明，国民革命党的主要任务是挑选总统候选人，按照卡列斯的意愿进行权力移交。

二 从墨西哥革命党到革命制度党

从1937年开始，卡德纳斯总统把国民革命党改组为墨西哥革命党，改变以地方党派为基础的组织形式，在中央设立工人、农民、军人和人民4个部，吸收工会、农民协会和军人团体为党的组成部分。政党名称的改变只是一个方面，主要反映了组织结构、政策重点以及政治背景的不同。

1. 从国民革命党到墨西哥革命党

1934年卡德纳斯当选为总统时，墨西哥的国内形势不太乐观。对大多数墨西哥人来说，社会远远不是他们想象的样子：（1）"最高领袖统治"时期墨西哥面临经济危机和社会发展停滞；（2）政府往往口头上应付工人和农民的要求；（3）土地改革节奏缓慢；（4）国民革命党和它统治的国家，看起来更像将军和职业官僚的俱乐部，他们垄断权力，而将工人和农民排斥在外。由于国民革命党不能履行当初经济增长和社会公正的远大承诺，卡列斯遭到越来越多的人批判。

卡德纳斯曾是米却肯（Michoacán）州长，也是卡列斯的追随者，他不希望自己被卡列斯摆布。卡德纳斯拥有"政治天赋"，在与卡列斯周旋过程中不断壮大自己的政治影响，打击并拉拢卡列斯分子。时机成熟后，1936年4月，下令将卡列斯驱逐国外，结束了"最高领袖统治"和强人政权时期，这让1911年以来的武装革命和反叛成为历史。这意味着政治权力不是属于一个人，而是属于总统职位，这是革命后制度化进程的重要一步。卡德纳斯的成功是因为得到了两种力量的支持：一种来自新的以大众为基础的农民和工人组织的领袖；另一种来自"最高领袖"时期不受卡列斯欢迎的政治人物，因为他们渴望在后卡列斯时代的墨西哥发挥作用。这也让卡德纳斯意识到广泛基础联盟的重要性。

卡德纳斯上任后执行六年计划，该计划由 1933 年 12 月国民革命党的激进派制定，出发点是把革命的社会改革原则与巩固国家的目标相结合，积极有效地干预社会生活[①]。该计划把工人和农民大众视为促进社会变革的基本要素。以这个计划为基础，卡德纳斯在农业、工业、教育以及政治方面推动了一系列转型措施进行结构改革，并获得广泛支持，赢得亲民美誉。

卡德纳斯主张国家调节的资本主义发展，支持强大的国家，相信只有国家才能消除阶级冲突，实现共同利益；明确国家是服务于革命目标的国家。与卡列斯不同，他主张进行土地改革，通过《没收法》，把土地分配给农民，发展农村村社。在六年任期内，他分配的土地达 4900 万英亩，是前几任总统分配土地总和的四倍之多[②]。其实，奥夫雷贡执政也曾经分配过土地，但是数量很少，不过他承认农村穷人的支持是唯一重要的社会基础[③]。1938 年成立"全国农民协会"（Confederación Nacional Campesina, CNC）把 300 万农民、酋长、有组织的农村工人、小农联合在一起。虽然这个机构把农民和农村工人团结起来，而 CNC 是政府成立的，因此 CNC 从上而下，形成对国家的依赖。

为了争取工人的支持，卡德纳斯组建工会组织，号召将农民和工人动员组织起来满足他们的要求，换取工人和农民对政府改革的支持。为了争取提高工资和改善工作条件，同意工人罢工的请求；在工人与雇主发生纠纷时，维护工人的利益。1936 年 2 月，"墨西哥劳工协会"成立（Confederación de Trabajadores de México, CTM）。1937 年，其成员发展到 100 万人左右。

1935—1938 年，卡德纳斯政府的改革取得突出成就。第一，土地改革已经改变了农村的面貌，削弱了大庄园的地产；第二，在工人管理方面，工人已经赢得组织权力，在新的 CTM 下实现劳工团结，尽管比较脆弱；第三，没收石油公司，重申了墨西哥的主权。不过，这也是一个局

[①] Soledad Loaeza, "El Papel Político de las Clases Medias en el México Contemporáneo", en Revista Mexicana de Sociología, Vol. 45, No. 2 (Apr.-Jun., 1983), p. 431, http://www.jstor.org/stable/3540255。

[②] Jürgen Buchenau, *Plutarco Elías Calles and the Mexican Revolution*, Lanham, Md.: Rowman & Littlefield, 2007, p. 182.

[③] Jürgen Buchenau, *The Last Caudillo Alvaro Obregón and the Mexican Revolution*, Malden, MA: Wiley-Blackwell, 2011, p. 106.

势紧张的时期,由于政府的改革措施触及某些利益集团,保守派和右翼集团也开始动员起来。面对这些压力,卡德纳斯政府从积极推动改革转向限制性改革,力求保护已有成就。同时,国际局势的变化,即欧洲战争即将爆发,也产生了一定影响,导致改革节奏放慢。卡德纳斯也注意加强和进一步团结革命中的进步因素,把他们联合起来,共同对抗保守派力量和反动集团。

1938年,将墨西哥国民党改组为墨西哥革命党(PRM)。PRM包含四个部门:(1)工人部,主要是联合CTM和其他工会;(2)农民部,主要是CNC;(3)人民部,包括学生、教师、政府公务员等;(4)军部,由不同军区的代表组成。这种结构为政党成员提供制度通道,方便他们表达利益诉求。同时,也便于政党和国家密切监控这些成员。虽然一些人反对这种变动,因为担心会丧失组织的自主性并过度依赖政府。但是,鉴于卡德纳斯政府的进步改革以及面临的国内外严峻形势,大部分人被说服。卡德纳斯顺利把工人纳入国家体制,也主要得益于鲁维奥总统1931年8月28日通过的《联邦劳动法》(*Ley Federal del Trabajo*),该法律扩大了工会的范围,迫使中等规模的公司成立工会(虽然不能实现大部分承诺)。这种因职位划分成不同部门且垂直管理的方式是墨西哥政治体制职团主义(corporativismo)的最初形式,最早起源于殖民地时期西班牙殖民者对西班牙人和印第安人"分而治之"的管理模式。[①]

革命后的墨西哥政府解决了总统继位问题(虽然也有舞弊行为),卡德纳斯将卡列斯驱逐出境,则进一步巩固了总统权力。墨西哥革命党的成立,扩大了职团主义范围,完善了卡列斯业已明确的集权化进程,继续将总统制度化推向顶峰,这些重要历史事件意味着自墨西哥革命以来的政治过渡已经开始了。

2. 从墨西哥革命党到革命制度党

1940年7月卡马乔被选举为总统,获得成功的主要原因之一是得到当时总统卡德纳斯的支持。这次选举事件充分烘托了墨西哥国内明显的政治分歧氛围和复杂的国际环境。这是因为,从1939年以来,世界局势发

[①] 关于墨西哥职团主义起源的具体分析详见Marialba Pastor, *Cuerpos Sociales, Cuerpos Sacrificiales*, México, FFyL-UNAM/FCE, 2004。该书是分析职团主义结构的主要著作,但是主要基于社会方面的分析。

生动荡。希特勒侵占波兰，第二次世界大战爆发；国内方面，由于西班牙内战，一群被驱逐的西班牙人（反法西斯主义者）来到墨西哥；重要的是，1939 年 9 月，墨西哥主要的反对党国家行动党（PAN）宣告成立。卡德纳斯出于国家安全和维护国内稳定的考虑，选择支持温和派、当时的国防部部长卡马乔将军为下届总统选举提名的政党候选人，放弃了他的亲密伙伴激进派穆希卡（Francisco Múgica）将军。但是，阿曼萨（Juan Andrew Almazan）不满选举结果，起诉选举过程存在舞弊行为，宣称自己才是总统，并试图从古巴、美国组织一支反叛力量，被政府挫败。这次反叛活动再次说明军队对墨西哥政治稳定的潜在的威胁。

为了缓和严峻形势，卡马乔上台后采取一系列改革措施，放弃卡德纳斯提出的"阶级合作"口号，代之以"民族国家"；改组墨西哥革命党，等等。其实，从严格意义而言，国民革命党真正的转型开始于 1938 年，在 1946 年结束。1940 年正式取消了军人部，彻底取消了军人的职团地位，完成了军人的"去政治化"任务，目的在于限制军队的作用，尤其是政治作用。1943 年国家人民协会（Confederación Nacional de Organizaciones Populares, CNOP）成立后，军人加入其中。卡马乔任期内，军队参与政治事务的机会大幅减少，这也恰逢以大量文人为基础的政治阶级的兴起。

作为官方党，墨西哥革命党的主要任务之一是推荐下届总统候选人。1944 年，有 9 个候选人，其中文职 5 个，军人出身的 4 个，还有 1 个是现任总统的哥哥、普埃布拉州长卡马乔（Maximino Ávila Camacho）[①]。1946 年，只剩下了 4 个。为了保证 1946 年 7 月总统选举的顺利进行，鉴于国内外综合因素，1946 年 1 月，卡马乔将墨西哥革命党重组，命名为"革命制度党"（PRI），规定由三个部组成：工人部、农民部和人民部。CNOP 的成员主要来自城市及服务业部门，如学生、商人、专业人士、公务员、军队等，他们在政党内部力量强大，尤其在支持总统候选人阿莱曼竞选中发挥重要作用，从而真正起到政治作用。7 月，阿莱曼竞选总统成功。

[①] 关于 Maximino Ávila Camacho 的生平参见 Alejandro Quintana, *Maximino Ávila Camacho and the One-party State: The Taming of Caudillismo and Caciquismo in Post-revolutionary Mexico*, Lanham, Md.: Lexington Books, 2010。

卡马乔是墨西哥历史上最后一位军人总统，他把权力移交给了文职官员，也意味着墨西哥向文人政府的过渡，1946 年的总统选举非常重要。由于政府内部不同利益集团和政治力量之间的冲突，这个过渡过程充满波折。有学者评价卡马乔是"被平民化的民兵，而不是民兵考迪罗"①，他结束了 20 世纪 40 年代初国内的对抗局面，开启了从迪亚斯统治以来新的政治稳定阶段。

三 革命制度党统治下的和平(1946—1968)

1946—1968 年，墨西哥政治基本稳定，其威权主义②政治体制被称为"完美独裁"③（Dictadura Perfecta）（尽管后来认识到革命制度党的统治并不是那么"完美"④）；同时，墨西哥的经济也取得重要增长，尤其是二战后。这种局面被称为"墨西哥奇迹"。也有学者将这段时期称为墨西哥的"黄金时代"⑤（época de oro），这与当时政治动荡的其他拉美国家形成鲜明对比。这种和平局面是革命制度党执政期间实现的，总统均来自革命制度党，没有被打断过，有的学者将之称为"革命制度党统治下的和平"（Pax PRIísta），可以与"迪亚斯统治下的和平"（Pax Porfirista）相提并论。墨西哥如何实现这种和平，如何维持长期的政治基本稳定，成为学界研究的重点和热点。政治稳定也与经济增长密切相关。

---

① José Francisco Mejìa Flores，"Manuel Ávila Camacho，Último Presidente Militar del Siglo XX Mexicano"，http：//www.google.com.

② 20 世纪 60 年代中期，社会学家胡安·林茨界定了政治"威权主义"的概念："是政治多元主义受到一定限制、不对人民负责的政治制度，它没有详尽和指导性的意识形态（但有别具一格的思想），没有严密和广泛的政治动员（在发展的某些阶段例外）。领袖（偶尔是小集团）在形式上含糊不清但实际上非常可预见的界限内行使着权力。"参见 [美] 彼得·H. 史密斯著《论拉美的民主》，谭道明译，译林出版社 2013 年版，第 13 页。

③ 1990 年秘鲁小说家略萨（Mario Vargas Llosa）与诺贝尔文学奖获得者墨西哥作家帕斯（Octavio Paz）争论时，将墨西哥的政治体制描述为"完美独裁"。他指的是，革命制度党 60 多年的统治几乎涉及国家生活的方方面面。参见 George W. Grayson，Joseph L. Klesner，Steven T. Wuhs and Francisco E. González，"Evolution of Mexico and Other Single-Party States"，in *International Studies Review*，Vol. 9，No. 2，Summer 2007，p. 324. http：//www.jstor.org/stable/4621828。

④ Emilio E. Herrero，*Latinoamérica：El Continente Desorientado y con Dificultades de Aprendizaje*，Alexandria Library，Miami，2010，p. 258.

⑤ 参见 Paul Gillingham and Benjamin T. Smith，editors.，*Dictablanda：Politics，Work and Culture in Mexico；1938-1968*，Duke University Press，2014，p. 4.

1. 墨西哥经济奇迹

1940—1970 年墨西哥的经济年增长率达 6%，超过当时的拉美其他国家。工业年增长率是 8%，1940 年占 GDP 的 25%，1970 年达到 34%；农业出口部门的发展，1935 年至 20 世纪 60 年代中期年增长率是 6%。[1] 墨西哥从一个以农业为主的国家过渡到以城市为主的半工业国家，中产阶层成长起来。墨西哥经济奇迹始于卡马乔总统执政结束时，此后经历了四届总统：阿莱曼（1946—1952）、科蒂内斯（1952—1958）、洛佩斯（1958—1964）、奥尔达斯（1964—1970）。

经济增长的主要推动力是实施了进口替代工业化战略，目的是减少对进口产品的依赖，面向国内市场，推动国内工业的发展，施以关税保护措施。经历了两个阶段：第一个阶段是 1940—1956 年外向增长阶段，主要是以出口为主，墨西哥完全进入世界经济，是"没有发展的增长"，经济发展十分不稳定；第二个阶段是 1956—1970 年的内向增长阶段，通过"进口替代工业化战略"，生产消费品。

经济增长的另一个保障是国家对经济的干预。进口替代工业化战略是由国家引导的，国家干预经济的发展，控制自然资源进行分配，投资基础设施建设，像公路、铁路、机场及港口。这段时期经济的增长固然与政府强调增长和发展有关，但是也离不开革命后初期几届总统在国家建设和经济发展所做的努力，因为革命后政府的目标是巩固国家政权，维护民族独立和发展经济。卡列斯总统投资基础设施建设，寄希望于发展出口经济推动工业生产，因为他已经意识到国家应该减少对进口制成品的依赖。1925年成立墨西哥银行。邀请外国公司在墨西哥建立工厂，提供税收和其他方面的鼓励。这些都是国家对经济的重要干预措施。还有，1940 年，墨西哥政府控制了铁路和石油工业，收购外国利益集团控制的公共交通、通讯和电力。

虽然取得了重要的经济增长，但是这种经济发展模式存在缺陷：第一，农业发展不平衡。墨西哥北部出口商品农业发展势头良好，依托政府的投资，修建大型灌溉系统，但是忽略了中部和南部地区的小农和村社，导致粮食不能自给自足，农业生产不能满足基本需求，这使得大量农村人

---

[1] Nora Hamilton, *Mexico: Political, Social and Economic Evolution*, New York, Oxford, Oxford University Press, 2011, p. 76.

口流向墨西哥城或者美国。第二，墨西哥的大部分贸易面向美国，结果越来越依赖美国。第三，墨西哥城市化问题。第四，经济不平等现象日益突出。经济增长只能让一部分人受益，大部分人享受不到。

2. 灵活的威权主义体制

革命后墨西哥历届政府追求政治稳定，而不是政治自由和政治平等。1929年国民革命党的成立的原因之一是卡列斯要把政治体制制度化，另外一个原因是他想永久拥有政治权力。卡德纳斯将政党改组，进一步加强了总统权力，国家与劳工建立了职团主义结构体系，通过加强对民众的控制，维持政党乃至国家的稳定。1946年革命制度党的成立，将政治制度化推向新阶段。从理论角度而言，官方党的基本职团形式不但能够确保所有社会阶层的利益被正式代表，而且这个体制是灵活的，可以根据环境的变化作出相应的调整，但也是一把"双刃剑"①。

（1）总统制

总统选举是墨西哥政治生活的重要事件。从1934年开始，每六年选举一次。总统选举的候选人一般都由现任总统制定，可以称为"伟大的手指"（gran dedo），充分保证候选人来自墨西哥革命制度党，保证了权力交接的平稳过渡。例如，1934年、1940年、1946年、1952年、1958年和1964年革命制度党总统候选人在选举中得票比例分别是98.19%、93.89%、77.90%、74.31%、90.43%和88.81%②，都超过了登记选票的三分之二以上。不过，总统选举过程也存在五花八门的舞弊行为，保证了革命制度党连续选举的胜利。这也说明，"革命制度党已经是国家的工具，一个选举机器，推动整个政治从属于已经建立的权力，只能对政府表达意见"③。

总统"不能连选连任"原则对维持权力稳定十分重要。1926年11月19日，国会通过法律，规定总统不能连任，而且将任期从四年延长至六

---

① Ryan M. Alexander, *Fortunate Sons of the Mexican Revolution: Miguel Alemán and His Generation, 1920 – 1952.*

② 数据来自曾昭耀《政治稳定与现代化——墨西哥政治模式的历史考察》，东方出版社1996年版，第69页小注①。

③ Jorge Alcocer V., "La tercera refundación del PRI", en *Revista Mexicana de Sociología*, Vol. 55, No. 2, Apr.-Jun. 1993, p. 122. http://www.jstor.org/stable/3541105.

年①。每届总统只能任期六年，没有下一次机会，这就排除了独裁的可能性，保证了权力的和平移交。同时，新政府成立后要组建政府机构，有的官员可以继续留任，有的则被淘汰，这一方面限制了某些人的政治野心，另一方面也给其他人提供政治职位上升的机会。有的学者指出，"六年后不能连任"规则产生了"软独裁"②（blandadura），而不是冗长的专制。

此外，墨西哥的政治体制高度集权化，权威集中在联邦行政机关，立法机关作为"橡皮章"同意总统的倡议，而且司法机关权力弱小。在总统六年期间，总统行使超常权力③。总统在挑选自己的继承人时，一般来说要与政党或者政府的关键人物进行协商；有时也与其他社会集团有影响力的人物进行商谈。此外，总统常常在议会成员、州长和市长选举时参与意见。

（2）职团主义结构

1946 年革命制度党成立时把职团部门缩减为三个部门：工人部、农民部和人民部。这种垂直管理方式加强了对组成部门的控制，同时得到了他们的支持。这种职团结构渗透到全国大部分人口所在地区。职团主义结构是社会组织和国家之间关系的体现，是一种"利益代表制，与政治体制的不同社会阶层相适应，本质上是允许做决策及协调管理的政府机构与社会不同部门建立联系的"④。有学者指出，"墨西哥政体和不同群体之间的关系的特征是不同形式的镇压、拉拢、伙伴关系以及调整适应，这是政体维持政治稳定的方式的本质"⑤。

为了得到工会领袖对政党候选人和政府的支持，政党为他们提供某些政治利益和保护，比如参加政治集会等。控制这三个部通常使用的手段

---

① Jürgen Buchenau, *Plutarco Elías Calles and the Mexican Revolution*, Lanham, Md.: Rowman & Littlefield, 2007, p. 139.

② 也有学者使用 Dictablanda 或者 Soft-Dictatorship、Soft Authoritarianism.

③ 更多了解可以参阅 Cia Editorial Impresora y Distribuidora editado, *El Presidencialismo Mexicano*, México: PAC & Editores, A en P., 1983.

④ Rogelio Hernández Rodríguez, "La difícil transición política en México", en *Mexican Studies/Estudios Mexicanos*, Vol. 8, No. 2, Summer 1992, p. 238. http://www.jstor.org/stable/1051857.

⑤ Daniel Levy and Gabriel Székely, *Mexico: Paradoxes of Stability and Change*, Boulder: Westview Press, 1987, p. 109.

有:"封官许愿、调拨资金、分而治之和最后裁决"①。在总统选举时,如果遭遇到不满,往往进行威胁恐吓,这种现象在偏僻的农村地区比较普遍。

(3) 军队的去政治化

19世纪的墨西哥深受军人参政的痛苦,政权更迭频繁。1910年革命后,战争年代保留下来的军队比较多,成为政治稳定的潜在隐患,因为不排除有些人通过军事政变的方式成为总统的可能性。革命后政府主张将军队职业化。奥夫雷贡曾经下令减少军队开支。卡列斯在这方面走得更远,1925年军队开支只占25%②,寄希望于为政府财政奠定基础,也有助于提高政治稳定性。

1926年,颁布了一系列法律条文规范军队行为。一是新组织法,主要是补充迪亚斯统治时期颁布的旧法律,明确军队的作用是保卫国家、捍卫宪法和维持公共秩序;二是废除升职法,至少从理论上结束了非常规的升职,不能再像战争年代那样因为战功成为将军,要经过专业训练和遵守晋升军衔的规定;三是纪律法,严厉惩罚军队的腐败行为;四是退休和养老法,规定奖惩制度和职业军官及战时的法定退休年龄。

卡德纳斯总统继续改造军队,把军队纳入政党的职团部门,利用其他三个部门来平衡制约军队,减少军队的政治影响。卡马乔总统进一步限制军队的政治作用,彻底取消军队的职团部门地位。20世纪40年代"军队的职责界定在调解冲突和维护每届政府的合法性"③,这是革命后墨西哥历届政府为了实现巩固国家政权和政治稳定而追求的目标之一。

20世纪六七十年代,其他拉美国家出现军人干政局面,而墨西哥依然维持基本稳定,这与军队服从文人政府有很大关系。而且墨西哥的军队开支很少。例如,卡德纳斯政府时期占19%,卡马乔政府减少到14%,后来,只占政府预算的2%左右④。

---

① 参见徐世澄《墨西哥革命制度党的兴衰》,世界知识出版社2009年版,第48—49页。

② Jürgen Buchenau, *Plutarco Elías Calles and the Mexican Revolution*, Lanham, Md.: Rowman & Littlefield, 2007, p. 120.

③ Luis Javier Garrido, *El Partido de la Revolución Institucionalizada*: *La formación del Nuevo Estado en México* (*1928 - 1945*), México City: Siglo XXI Editores, 1982, p. 306.

④ Nora Hamilton, *Mexico*: *Political*, *Social and Economic Evolution*, New York, Oxford, Oxford University Press, 2011, p. 67.

(4) 政治体制的灵活性

墨西哥政治体制是威权主义的,也具有灵活性。革命制度党本身容纳各种意识形态和观点,既有改革者,也有政客。允许反对党存在,甚至还可以提名总统候选人,虽然成功率极低。像国家行动党和墨西哥共产党,都处于政治边缘位置。大部分政党即使成为合法的反对党,无法与革命制度党相匹敌。

拉拢收买反对派也是一贯做法。贿赂反对派主要领导人,努力把其纳入革命制度党之内,满足部分需求;政府实施一些社会改革措施,解决部分社会问题,实用主义是主要的指导方针。例如,如果发生民众运动或者抗议活动,这可能导致政府执行相对进步的方针,埃切维利亚政府就是最好的例子。

历届政府还进行相应的选举改革,力图扩大政治民主,给予反对党一定的空间,实质是为了巩固革命制度党的权力。卡马乔总统1946年1月颁布新选举法;1954年科蒂内斯总统颁布新法令,提高了政党登记所需的党员人数,另外,首次规定妇女享有选举权和被选举权。1963年6月,洛佩斯总统改革选举制度。尽管如此,对墨西哥人来说,墨西哥的政治选举程序也不能说明公民可以自由参与,而是政府对民众实施政治控制以及可以操纵选票的一种反映[1]。

(5) 政治镇压

虽然墨西哥的政治基本保持稳定,但墨西哥社会并不是铁板一块,也有反对意见,只不过缓解异议时比较灵活和注意政治技巧。

对那些既不能威胁也不能拉拢收买,政府往往进行残酷的镇压。"镇压没有扩大化,而是有所选择且卓有成效,有力遏制了公然的反抗"[2]。这种政治镇压也是墨西哥政府维持合法性的一种方式,尤其是卡德纳斯后时期和冷战时期[3]。例如,20世纪50年代晚期铁路工人为了提高工资,开展一系列罢工时,其主要领导人被捕入狱。在地方层面,保护公民

---

[1] María Marcia Smith de Durand, "Subdesarrollo y Control Político en México", en *Revista Mexicana de Sociología*, Vol. 37, No. 3, Jul. -Sep. 1975, p. 713. http://www.jstor.org/stable/3539739.

[2] [美] 彼得·H. 史密斯著:《论拉美的民主》,谭道明译,译林出版社2013年版,第72页。

[3] 具体分析参见 Thomas Rath, *Myth of Demilitarization in Postrevolutionary*, Mexico, 1920 - 1960, The University of North Carolina Press, 2013.

权利的法律得不到应有的重视,尤其是贫困的农村地区,州长、政党领导人以及警察往往可以逍遥法外,因为暗杀事件不给予报道。墨西哥的"完美独裁",像其他地区的威权主义政体一样,最终依赖于镇压工具。

20世纪60年代和70年代,军队的管理和与社会的关系发生了变化。墨西哥是文人执政,军队的主要功能是保护国家安全,镇压工人暴动、农民起义、学生罢工以及其他政府声称威胁到国内秩序的社会暴乱行为。政府动用军队镇压地方学生运动,在农村制造流血事件,至少在格雷罗州是这样的。

此外,革命制度党统治下和平的实现,也与国际环境,尤其是美国密切相关。墨西哥与美国在二战期间建立了伙伴关系。战后,由于冷战格局的形成,美国需要墨西哥的反共产主义立场及其威权主义政权体制,不希望墨西哥发生动荡。墨西哥历届总统候选人基本上都符合美国的利益,由此在总统选举和更替方面,美国没有横加干涉,保证了政权移交的顺利。再者,由于墨西哥的经济增长也有利于美国的利益,墨西哥的进口替代工业化战略得到了外资支持。

小 结

1929年国民革命党是在特殊历史背景下成立的,它"是权力集团的产物。既未迎合革命也未产生革命,是革命胜利派创建的。它的产生不是为了赢得权力,而是为了保护权力"[1]。第一届代表大会是"军队将军和地方领袖的大会,为了停止权力争夺而召集在一起来达成协议,目的在于在革命家族内部通过政治协定来分享政治权力"[2]。而这种解决总统权力危机的办法,也为政党在墨西哥政治体制中找到了自己的位置:政党服务于总统。1938年卡德纳斯总统将国民革命党改组为墨西哥国民党,某种程度上适应了当时世界反法西斯主义的国际背景。这次改组将政党以地域为基础转变为以社会功能为基础,将工人和农民纳入

---

[1] Jorge Alcocer V., "La tercera refundación del PRI", en Revista Mexicana de Sociología, Vol. 55, No. 2 (Apr.-Jun., 1993), p. 119. http://www.jstor.org/stable/3541105.

[2] Héctor Aguilar Camín, "PRI:¿El poder para qué?", Nexos, 1 marzo, 2009. http://www.nexos.com.mx/?p=12973.

政治体系，从上而下，创建"大众政党"。卡德纳斯实现了卡列斯的政治理想，不再是连续服务于一个人的政党。1946年革命制度党的成立，一方面是为了适应二战后的冷战格局，另一方面也是保证下届总统选举顺利进行。取消军人部，成立三个职团部门，巩固了墨西哥的政治模式。

从1929年以来，墨西哥的总统权力和平移交，文人执政的局面得以维持，没有出现军事冲突和严重的社会动荡问题。这种政治稳定为经济创造和平的安定环境，并为20世纪40年代和50年代经济高速增长的新时期提供了必要的政治构架。[1] 墨西哥通过实施进口替代工业化战略，经济快速发展，出现了经济奇迹，而同时，经济的同步发展又保证了政治的稳定，二者的关系是相辅相成的。有学者将墨西哥政治体制总结为四个特点："威权主义—拉拢、庇护主义—职团主义、总统制的集权主义、适应性—双面性，适应不同时代的需求。"[2] 这些特点说明了革命制度党从成立后到1970年执政期间能够维持墨西哥的政治基本稳定的原因。

1968年10月2日，墨西哥学生在墨西哥城"三文化广场"举行抗议示威运动，惨遭政府镇压，死伤几百人。这成为墨西哥政治历史的转折点，"标志着墨西哥政局开始由稳定发展走向不稳定发展"[3]。有人指出，"1968年之前只有一个墨西哥，1968年后成为另一个墨西哥，特拉特洛尔科惨案是这两个墨西哥的分水岭"[4]。这场学生运动将墨西哥经济奇迹下的缺少民主、极端贫困以及不平等现象公开化，政府的镇压行动暴露了墨西哥政治稳定下的强制威权主义，侵蚀了墨西哥"完美独裁"的合法性。也表明政权感觉无力面对政治参与的非选举形式。为了维护统治，革命制度党开始了漫长的渐进式政治改革。1980年代以来，在全球化和新自由主义浪潮推动下，拉美国家出现第三波民主

---

[1] 塞缪尔·P.亨廷顿著：《变化社会中的政治秩序》，王冠华、刘为等译，上海人民出版社2008年版，第260页。

[2] Pedro Pérez Herrero and Pedro Carreras López, "La derrota del PRI: Comienza otra revolución", en Política Exterior, Vol. 14, No. 77 (Sep.-Oct., 2000), p. 7. http://www.jstor.org/stable/20644980.

[3] 徐世澄：《墨西哥革命制度党的兴衰》，世界知识出版社2009年版，第22页。

[4] Elena Poniatowska, Massacre in Mexico, translated from the Spanish by Helen R. Lane, Columbia, Mo.: University of Missouri Press, 1975. p. 6.

化，墨西哥政治改革的步伐加快，政治体制从"完美独裁"向不完美民主转型。革命制度党在2000年总统选举中失利，从官方党成为反对党。

墨西哥工会与法团主义:妥协与改变

陈　岚[*]

内容提要 墨西哥的法团结构并没有产生一个有独立代表和运动能力的强公民社会,而是使社团的重要组成之一——工会和工人组织自从成立之日起就严重依赖与政府的政治联系。20世纪80年代的墨西哥债务危机爆发后,工会与政党之间的"蜜月期"结束,革命制度党实施的紧缩政策、国有企业私有化政策等均对劳工利益产生了负面影响,对法团结构形成很大冲击。2000年国家行动党上台后,工会势力进一步被削减。2012年革命制度党夺回政权,走务实主义路线的涅托总统进行一系列改革,并没有恢复工会的地位,曾经是联盟角色的工会仍然面临政党的冰冷的臂膀。工会与政党之间的共识模式逐渐转变为冲突模式。本文从工会的角度关注墨西哥政党—工会的法团政治结构的走向。

关键词 墨西哥工会　法团主义　革命制度党　国家行动党

墨西哥工会从成立到债务危机发生之前,一直是革命制度党执政的重要支柱,它们依赖与政府的政治联盟关系,参与国家政策的制定。国家则通过工会控制工人运动避免冲突和保障政治稳定。这种政治形式被菲利普·施密特定义成"法团主义"[①]。"法团主义"是一个

---

[*] 陈岚,浙江外国语学院拉美研究所助教,上海外国语大学国际关系专业在读博士生。

[①] Philippe C. Schumitter, "Still the Centrury of Corporatism?", *Review of Politics*, Vol. 36, No. 1, 1974.

多义词，20世纪70年代之后，很多学者从不同的角度来界定这个概念。当代法团主义理论研究中的新法团主义流派的代表人物——菲利普·施密特将法团主义定义为：法团主义是一个利益代表体系，在这个利益代表体系中，组成成员形成一些数量有限、唯一性、强制性的非竞争性垄断团体，这些团体具有等级结构、分工明确，被国家承认或授权（若不是由国家建立），国家给予这些团体在其相关领域代表性的垄断地位，作为交换，其领导人的选举及需求的表达，要受到国家的某种控制。菲利普·施密特同时指出，法团主义分为国家法团主义和社会法团主义，墨西哥的政治体制正是典型的国家法团主义。然而，从80年代中期开始，墨西哥政府实行新自由主义改革，大大削减了工会的影响力，切断了有组织的工人运动与政治精英之间的纽带。2000年的选举中，革命制度党失去群众基础而失去执政地位，传统工会也因此面临分崩离析的局面。2000—2011年国家行动党执政期间，政党和工会的联系进一步削弱，2012年革命制度党重新上台，民主化改革进程、能源改革、教育改革等一系列改革再次触动工会的"奶酪"，工会也不再是政党联盟，反对国家改革的罢工和游行频繁发生。这些事实是否表明墨西哥工会将逐渐走向独立，国家法团主义体制正在消失呢？

一　1982年之前：墨西哥工会—政党蜜月期

1910年墨西哥革命之后，1917年5月1日起生效的《墨西哥联邦宪法》第123条规定，国家政府有义务介入雇主和工人之间的劳资纠纷。详细地规定了一系列有利于工会的条款，涉及工人组织运动最重要的组成部分：如成立工会和罢工的权利、最低工资和加班工资、对工时和工作条件的规定、劳资合同、成立三方调解和仲裁中心等。

在宪法以及劳工法的保障下，墨西哥大大小小的工会如雨后春笋般出现。墨西哥工会组织系统十分复杂，具有各种形式和规模。有产业工会，如电信业公会（STRM）、电工工会（SME）和服务业公司工会（FESEBS）等，也有更高一级的组织，相当于"工会的工会"，如墨西哥工人联合会（CTM）等，一些较小工会和行业工会隶属于这些工会。

1918 年墨西哥区域工人联合会（CROM）的成立被认为拉开了墨西哥法团主义的序幕。CROM 成立之初并不隶属于任何政党，但 1919 年 12 月，CROM 工会主席莫洛内斯（Luis N Morones）利用工会组织所集聚的工人，成立墨西哥劳工党（PartidoLaboristaMexicano），来支持阿尔瓦罗·奥布雷贡（Alvaro Obregon）的总统竞选。奥布雷贡则与莫洛内斯签订了一个秘密协定，也是说任何独立的劳工组织只能通过 CROM 来解决劳工问题，CROM 成为当时墨西哥最大的工人组织。奥布雷贡后任普鲁塔尔科·埃利亚斯·卡列斯（Plutarco Elias Calles）参与总统竞选，CROM 继续全力支持，总统上任之后，莫洛内斯成为了工业、贸易和劳工部部长，权力更加显赫。1928 年宪法修改后，奥布雷贡得以再次竞选，并赢得了大选，但是一周之后被谋杀。莫洛内斯被迫辞职。一些工会退出 CROM，1936 年 CROM 正式解散[1]。

CROM 解散之后，墨西哥工人联合会（CTM）于 1936 年成立，CTM 比 CROM 与政府的关系更加直接，CTM 的财政依赖当时的政府（也就是 PRI）拨款，成为在政治影响力上最大的全国性工会[2]。

墨西哥政府对雇主和工人之间的劳资纠纷的介入，不仅限于集体合同的谈判。工会主席由政府任命，而不是工会内部选举产生。政府还为工会领袖提供工会组织以外的政治职位，使原本草根出生的工会领袖有机会跻身国家和政党的精英阶层。而工会领导则动员底层工人，支持政党的选举、政策的实施等。在这个意义上说，墨西哥政府（政党）并不仅仅起到在功能团体之间就其志愿性的安排进行协调的作用，而是通过工会领导控制工人运动。革命制度党统辖工人部、农民部、人民部和军人部，其中每个部都是组织严密的法团组织，是一条自上而下的政治参与渠道，是一个利益集团，使利益冲突在内部消解、矛盾与纷争在内部排除。而总统制正是以这样一个组织严密、纪律严明的政党为基石，并由此获得了超乎宪法的巨大力量[3]。

---

[1] J. López-Islas, "Huelga Electricista del SME 1936", Energía 7 (83), FTE de México, 2007.

[2] Graciela Bensusán & Kevin J. Middlebrook, *Sindicato y Política en México：Cambios, Continuidades y Contradicciones*. México：FLACSO México & UAM-Xochimilco & CLACSO, 2013.

[3] 高新军：《墨西哥革命制度党内规章制度建设情况》，《国外政党规章制度研究课题报告》，2011 年 5 月。

同时，工会更多依赖的是国家的支持，而不是底层工人的支持。事实上，为了能够更加便利地得到国家的一些公共资源，工会往往还会根据国家的需要控制工会的运动。工会与国家在很多利益上相互重叠和交织，在一定意义上说，工会就是执政党的一部分。

当然，在20世纪40年代，一些独立工会也曾为独立进行斗争，工会的斗争精神也有过高潮，但是均以失败告终。最有名的例子便是1948年"墨西哥牛仔事件"。CTM内部的院外五人集团和全国产业工会的激进分子斗争达到白热化程度，三大产业工会——铁路、石油和矿业工会脱离墨西哥工人联合会，于1947年3月成立工人统一工会。结果以铁路工会新任总书记迪亚斯·莱昂对路易斯·戈麦斯的一次欺骗性的控告为借口，政府动用警察，陆续推翻了由激进派领导人领导的铁路（1948年）、石油（1949年）、矿业（1950年）工会，换上保守派领导人，工人统一工会被解散[1]。

"墨西哥牛仔事件"之后，到1958年之前墨西哥几乎没有劳资冲突，直到70年代初期才有一些无关紧要的劳资纠纷[2]。20世纪30年代到70年代，墨西哥经济的高速增长，以及进口替代工业化战略进一步加强了政治精英与工会的联系。国家给予国内企业高额补贴、高关税保护，在工人工资增长的同时，国内公司仍然能高枕无忧地拥有高额利润。经济增长带来了高就业，提高了工人的生活水平，而工人工资的增长，促进了消费，也反过来进一步为企业打开了市场，增加了企业的利润。

这种政党与工会等其他社会团体的控制与合作关系，保证了社会秩序的稳定，保证了经济可预期的发展，保证了民主可控的推进，应该说它是墨西哥革命制度党执政71年的体制支柱。这种形式被诺贝尔文学奖得主略萨称为"完美的独裁"[3]。

---

[1] ［英］莱斯利·贝瑟尔：《剑桥拉丁美洲史（六）》，当代世界出版社2001年版，第347页。

[2] 同上书，第367页。

[3] "México Transitó de la Dictadura Perfecta a la Democracia Imperfecta: Vargas Llosa," http://www.lajornadajalisco.com.mx/2013/12/02/mexico-transito-de-la-dictadura-perfecta-a-la-democracia-imperfecta-vargas-llosa/, 2013/12/2.

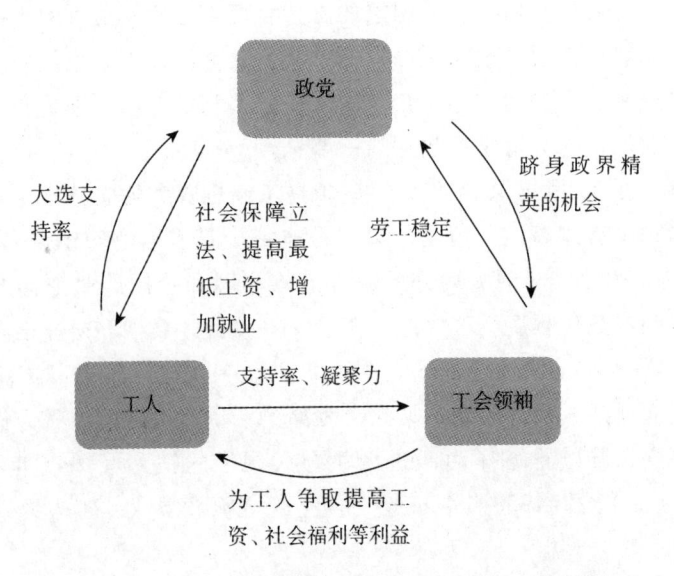

图1：债务危机前，墨西哥法团主义下政党、工会领袖、
工人间的利益交换关系

二　1982—2000 年：墨西哥工会—政党危机期

这种工会与政党之间利益交换的合作模式能够得以实现的经济基础是高速的经济增长。只有高速的经济增长才能确保政府有足够的财政收入用于增加就业机会、提高社会福利开支。1982 年的债务危机成为墨西哥工会—政党联盟黄金期的转折点。

债务危机之后，墨西哥出现较长的滞胀时期。迫于国内经济严峻的形势，当时执政的革命制度党不得不进行改革。德拉马德里总统（1982—1988 年）接受了国际货币基金组织提出的条件，实行了财政紧缩政策，还出台一系列限制工会权利的法规，限制和削弱了诸如集体谈判和集体合同、各种社会福利以及工资增长的权利等工人利益。1982—1988 年，工人的实际最低工资下降了 49.7%。① 之后，萨利纳斯总统（1988—1994

---

① Graciela Bensusán & Kevin J. Middlebrook, *Sindicato y Política en México*: *Cambios, Continuidades y Contradicciones*. México: FLACSO México & UAM-Xochimilco & CLACSO, 2013, p. 44.

年）更是推行了以私有化等措施为主的新自由主义经济政策，改革劳工制度，减少工人的福利和保障。国企工会通常是最有政治影响力、享受最大政策优惠的工人团体。伴随私有化的裁员、工资削减、合同条款修改等大大影响了工会的影响力。赛迪略总统曾表示，他同革命制度党保持"健康的距离"①，这意味着，赛迪略总统与革命制度党的联盟——工会也保持健康距离。

由于工会在政治上的影响力减弱，工会能提供给工人的优惠和利益也相应减少。1992年制造业工厂为工会工人提供的福利（包括医疗、交通、子女上学方面的福利）是未参加工会的工人的143%，但是1999年该利益减少到了26%。② 工人参与工会的意愿下降。1978年参与工会的工人人数为经济人口（14岁以上的人口）的16.3%，但是到1994年，这个数字下降到了10.4%。③

然而在传统的与政党结盟的惯性下，墨西哥最大的工会——工人联合会（CTM）并没有采取保护工人利益的行动。1941—1993年的官方数据表明，在墨西哥罢工的次数和通货膨胀率、经济波动之间并不存在关联，与国家的劳工政策（激进的还是保守的）之间也不存在关联。④ 在2000年的大选中，39.7%的工会工人支持革命制度党候选人拉瓦斯蒂达（Franciso Labastida Ochoa），多于未参加工会的工人的投票数（29.7%）。但是32.4%的工会工人投票给国家行动党候选人福克斯，少于未参加工会的工人的投票数（38.9%）。可见，工会工人的选票对于革命制度党来说仍然至关重要，而国家行动党赢得大选主要靠的是非工会工人的选票。⑤

在这样的背景下，一些工会开始反省与政党的关系。墨西哥工会出现分化。1990年开始，一些独立工会成立，服务业公司工会（FESEBS）于1990年4月成立，但是由于CTM反对，直到1992年9月才得以注册到STPS，成为合法工会。一些原有行业工会，如电信业工会、社会保障工

---

① 徐世澄：《世纪之交墨西哥政党政治制度的变化》，《徐世澄文集》，中国社会科学出版社2013年版。

② Graciela Bensusán & Kevin J. Middlebrook, *Sindicato y Politica en México: Cambios, Continuidades y Contradicciones*, México: FLACSO México & UAM-Xochimilco & CLACSO, 2013, p. 57.

③ Ibid., p. 53.

④ Ibid., p. 59.

⑤ Ibid., p. 76.

会、国立大学教师工会等，1997年11月从墨西哥工人大会（CT）脱离出来，成立新的工会联盟——国家工人联盟（UNT）。这可以说是墨西哥工会历史上的一大转折点。国家工人联盟（UNT）成为第一个不在国家庇护下的工人组织[1]。

三 2000—2012年国家行动党执政下的的工会：妥协还是独立

2000年国家行动党上台之后，面对国内停滞的经济状况和完成竞选时的承诺的压力，福克斯总统的首要措施就是洗牌之前的革命制度党政府的联盟集团。

长期以来，墨西哥工会领导人是统治结构中的一个组成部分，墨西哥工会领导人政治上的重要性的一个标志是在国会中的大量席位。在1937—1970年间，议会中，工会代表议员的人数在变化不等的147人和214人的全部成员中占52人和18人之间上下波动[2]。

但是，1979—2012年，工会代表在议会中的席位大幅减少，从占议会总席数的比例22.8%降到9.2%。1985年，CTM在顶峰时，在议会中的席位高达51个，但是2006年骤减到4个。2000年国家行动党上台，减少的幅度则更大，从1997年28席猛降到12席，被国家行动党砍掉一半还多。而在1952年由政府牵头成立的工人和农民革命联合会（CROC）到2012年在议会中只剩下3个席位。

表1　　　　　工会领袖在墨西哥议会中的席位变化　　　　（单位：个）

年份	1979	1982	1985	1988	1991	1994	1997	2000	2003	2006	2009	2012
墨西哥工人联合会（CTM）	45	50	51	34	36	39	28	12	8	4	8	18

---

[1] Manual Reyna Muñoz, "La Formación de la Unión Nacional de Trabajadores: Una Visión Hemerográfica", http://cdigital.UV.mx.

[2] ［英］莱斯利·贝瑟尔：《剑桥拉丁美洲史（六）》，当代世界出版社2001年版，第359页。

续表

年份	1979	1982	1985	1988	1991	1994	1997	2000	2003	2006	2009	2012
工人和农民革命联合会（CROC）	11	12	11	11	5	5	3	1	2	2	1	3
国家工人联盟（UNT）	-	-	-	-	-	-	-	3	1	3	2	0
其他联合会	4	5	3	5	2	2	3	1	1	1	0	1
国家公务员工会（FSTSE）	9	6	7	4	9	6	6	1	1	1	3	2
全国教育工会（SNTE）	12	15	14	13	12	12	7	10	12	17	18	15
其他行业工会	9	8	10	6	5	1	1	2	4	2	1	4
其他	1	0	0	1	0	0	0	1	2	5	3	3
工会代表总数	91	96	96	74	69	65	48	31	31	35	36	46
工会代表占议员的比例	22.8	24.0	24.0	14.8	13.8	13.0	9.6	6.2	6.2	7.0	7.2	9.2

资料来源：Graciela Bensusán & Kevin J. Middlebrook, *Sindicato y Politica en México: Cambios, Continuidades y Contradicciones*, México: FLACSO México & UAM - Xochimilco & CLACSO, 2013, p. 68.

然而，从表1中可以看出，国家行动党虽然有意削弱工会势力，但是全国教育工会（SNTE）的议席数量趋势却相反。全国教育工会（SNTE）成为释放劳工冲突压力的"排压阀"。1979—2012年一直保持相对稳定。2003—2009年席位甚至多于CTM。墨西哥教育工会是全国最大的工会，甚至是拉美最大的工会，教育工会的投票是政党赢得大选的必要条件，其影响力大到任何政党都不敢拿其开刀的地步。1989年，教育工人大罢工，争取教师权利和工资增长。萨利纳斯总统弹劾了自1974年就在位的工会主席巴里奥斯（Carlos Jonguitud Barrios），取而代之的是埃尔瓦·戈迪略（Elba Esther Gordillo Morales）。2000年革命制度党下台之后，教育工会倒向国家行动党，证据表明，2000年大选时，工会主席埃尔瓦·戈迪略已经私下接触当时的总统候选人福克斯。福克斯总统上台之后，戈迪略继续亲近总统，福克斯则将政府教育福利性项目的资金管理权放到工会。2006 年卡尔德龙以 36.7% 的支持率险胜支持率为 36.1% 的民主革命党，教师工会对其的支持可以说是胜出的关键因素①。教育工会对国家行动党在大选中的支持成为国家行动党选中教育工会成为释放压力的"排压阀"的重要原因。

在卡尔德龙就任期间，多次公开表示支持教育工会。在福克斯和卡尔德龙任期内，教育工会和工会主席埃尔瓦·戈迪略都得到了实质性的优惠。工会成员教师工资在 2000—2006 年大幅提高，埃尔瓦·戈迪略的女婿则在卡尔德龙任期初期被任命为教育部部长。

在国家行动党执政期间，除了教育工会，虽然其他工会影响力减弱，CTM 等工会仍然继续寻求与新的执政党保持良好合作关系。1999—2003 年，墨西哥工会主要面临三个直接关系到工人利益的问题：征收增值税、电力企业私有化和劳工制度改革。革命制度党和民主革命党都反对该议案，然而墨西哥工人联合会（CTM）却支持国家行动党的改革，在私有化、增值税法案和劳工制度改革中都没有发出反对的声音。这表明在墨西哥，政党政权的交替，并不意味着法团主义的消失。在历史的积淀下，工会的法团主义特征具有一定的惯性，即使曾经是反对党的政府提出的新政策意味着工人利益的受损，工会仍然寻求与政府妥协。

这种妥协导致工会失去工人的信任，工会参与率在国家行动党执政时期继续大幅降低。2007—2012 年墨西哥经济活动人口中只有 8.8% 参与工会组织，这意味着自从债务危机爆发以来的 25 年里，工会失去了一半的工会成员。2012 年工会成员只占正规部门就业人口的 13.9%，占墨西哥经济活动总人口的 8.8%②。因此，墨西哥工会的集体谈判权非常有限，工会的工人支持率、凝聚力和声望非常低。

---

① Marion Lloyd, "El Sindicato Nacional de Trabajadores de la Educación: ¿Organización Gremial o Herramienta del Estado?", *La Historia Latinoamericana a Contracorriente*, No. 5, UNAM, 2011, p. 334.

② Encuesta Nacional de Ocupación y Empleo (INEGI), http://www.inegi.org.mx/est/contenidos/Proyectos/encuestas/hogares/regulares/enoe/.

表 2　　　　　墨西哥 2007—2012 年工会参会率　　　　　（单位:%）

年份	2007	2008	2009	2010	2011	2012
参加工会组织的人数占经济人口人数	10.5	10.0	9.6	9.0	9.3	8.8

信息来源：国家就业统计局 Encuesta Nacional de Ocupación y Empleo（INEGI），http：//www.inegi.org.mx/est/contenidos/Proyectos/encuestas/hogares/regulares/enoe/。

四　2012 年以来涅托总统改革：继续触动工会利益

在工会—革命制度党联盟的模式下，工会与政党之间频繁权钱交易，为了各自利益互相勾结包庇。2012 年革命制度党在经过 12 年的改革和调整之后，涅托政府怀着壮志和雄心，立志改革。改革能够成功的关键因素便是处理与既得利益集团——工会的利益。涅托在这一点上采取了强硬的措施。他提出的最重要的两项改革便是教育改革和能源改革，触碰"最烫手的山芋"——石油工会和教育工会权利。虽然自债务危机以来，工会参会率降低，但是在墨西哥石油、矿业领域和教育领域的工会参会率仍然保持较高的参会率，是墨西哥势力最大的工会。这次的改革不仅曝光了工会内部治理腐败问题，更是对政党—工会关系作了反省。

关于能源改革法案，《经济学家》对此形象地描述道："8 月 2 号星期六早上，当里卡多·阿尔达纳（Ricardo Aldana）——一名代表严阵以待的墨西哥石油工会的政治家，在国会众议院演讲的时候，他收到的并不是对手们'酒鬼'哭诉般的攻讦，却是自己党（PRI：制度革命党）内同僚冰冷的肩膀。"[①] 涅托总统的能源改革法案旨在改变墨西哥石油僵化的机制，而这又将影响到石油领域高福利的工会利益。《经济学家》用"同僚冰冷的肩膀"形容此时革命制度党—工会之间的关系，贴切地反映出政党对于工会的疏远。

而在教育改革中，2013 年 2 月，就在涅托宣誓就职后第二个月，便

[①] "Over a barrel of slops，" http：//www.economist.com/blogs/americasview/2014/08/mexicos-oil-workers-union，2014.8.5.

以贪污和挪用工会超过 20 亿墨西哥比索的罪名,批准逮捕了教育工会主席戈迪略①。逮捕教育工会主席之后,2013 年 9 月,涅托总统正式签署对教育系统的改革法案,建立教师教学水平评估体系的《教师职业一般法》,对教师利益形成巨大冲击。教师工会多次罢课示威,甚至攻占选举委员会办公室,封锁机场。

涅托政府的改革仍然面对工会的巨大压力,罢工、游行等对本来社会问题就很严重的墨西哥造成了更大的负面影响。在原有的法团主义体制下,工会是疏通改革压力、平衡各方利益的推手,工会—政党的关系是共识模式。而如今在工会—政党联盟危机的背景下,工会—政党的关系转变成冲突模式,工会反对政党推出的改革方案,涅托政府推进改革进程困难重重。

五 结论:对墨西哥政党—工会的法团结构的几点思考

威亚尔达认为,法团主义在墨西哥并不是一项新的发明,而是具有深刻的历史、文化渊源,是殖民时期长期遗留下来的制度,是深深植根于天主教传统的。② 墨西哥社会结构是通过法团主义和庇护主义的形式建构起来的。法团主义和庇护主义已经成为政治文化的组成部分,属于菲利普·施密特所定义的国家法团主义的范畴。国家法团主义是强制性的、排他主义的,这种法团体制是阻碍墨西哥民主化进程的障碍,而在国家法团主义的庇护下成长起来的工会,暴露了大量弊病。工会产生于民众,却并不反映民众的声音,是不民主的社会团体。工会领袖在国家和政党内部任职,工会主席追求的已经不是工人利益,而是个人的政治权力,政治权利定会带来经济利益,工会领导人腐败的事例举不胜举。

事实上,法团主义也同时存在于民主国家,如瑞典、瑞士、荷兰、挪威和丹麦,它们是菲利普·施密特定义的社会法团主义的典型。在菲利

---

① 戈迪略曾被称为墨西哥最有权势的女性,就任教育工会主席 24 年,曾 3 次担任议员,并在 2002—2005 年担任革命制度党总书记一职。
② 李力东:《政治发展研究的法团主义维度——威亚尔达政治发展理论研究》,浙江大学博士学位论文,2009 年,第 115 页。

普·施密特看来，社会法团主义植根于这样的政治体系：拥有相对自治的、多层次的地方单位，拥有开放的、竞争性的选举过程和政党体系，甚至拥有高度分化但和谐相处的政治亚文化。[①] 在这种政治体制下，社会团体成为传输基层信息的通道，行使协调国家和公民关系的职能，从而将利益代表团体统合进国家的决策体系中是可能的。但是施密特对从国家法团主义向社会法团主义的转变并不乐观。

那么，目前墨西哥政党—工会关系的调整是否意味着墨西哥正在从国家法团主义向社会法团主义转变呢？答案是否定的。

虽然随着政权的更替，墨西哥政党——革命制度党和国家行动党，甚至墨西哥工会组织自身都看到了这种法团结构的弊端，工会与政党的关系面临调整，但是，墨西哥政党政权的交替，并不意味着国家法团主义的消失。除了革命制度党，民主革命党和国家行动党也仍然用国家法团主义这种方式来协调和组织社会团体的利益，似乎反对党都从革命制度党中学到了这种家长式的庇护的关系，建立其自己的法团组织，来获得更多的选票。至于墨西哥工会，虽然有迹象表明一些工会正在寻求独立，但是工会改革进程是迟缓的、被动的。他们仍然依赖政府的资源，在不同执政党中寻找自己的利益点。2012 年革命制度党——曾经的同盟上台，并没有恢复工会的地位。政党—工会的法团主义关系在几十年中都是作为政治民主的替代，并且合法存在。从这个角度上讲，彻底消灭法团主义对于墨西哥政府来说几乎是不可能的。无论是国家行动党还是革命制度党，他们都只是在寻求与工会关系的新平衡点。而在这个过程中，工会对于政党的政策，既有妥协和有改变，但是总体来说，工会的反应是被动的，也许这次危机会引导工会走向一个新的工会模式[②]，但是，对于政党来说，无论是革命制度党还是其他在未来可能成为执政党的政党，政党—工会关系如何改革、牺牲哪个部门的利益、如何权衡既得利益的博弈将会一直持续。墨西哥政党与工会之间的关系变化仍然值得我们继续关注。

---

① Schumitter, "Still the Centrury of Corporatism?" *Review of Politics*, No. 105, 1974.
② Marco Antonio Leyva Piña, Janette GDóngora Soberanes, Javier Rodríguez Lagunas, "El paradójico Sindicato Nacional de Trabajadores de la Educación", *El Cotidiano*, Vol. 20, No. 128, noviembre-diciembre, 2004, p. 54.

社会篇

智利成功跨越"中等收入陷阱"对中国的启示

吴志峰　李亚娟[*]

内容提要　拉美一直以来就是陷入"中等收入陷阱"的重灾区，以陷入的国家之多和陷入的时间之长著名。但是智利却在本国的积极改革中实现了经济的跨越式发展，成功跨越"中等收入陷阱"，进入高收入国家行列。智利在经济上积极改革本国的国企、贸易和金融，在政治上重新定位政府，积极反腐倡廉，在社会福利上推行养老保险私有化，正是这些改革让智利在拉美众多中等收入国家中脱颖而出。而当今中国的改革也进入了深水区，面临很多挑战，因此要积极借鉴智利成功改革的经验，让改革更顺利，更成功。

关键词　中等收入陷阱　智利　改革　自由化　私有化

导　论

一些国家人均收入在达到中等收入阶段后，经济增长就会缓慢甚至停滞，无法顺利进入高收入阶段。世界银行针对这种现象，在《东亚经济发展报告（2007）》中提出了"中等收入陷阱"的概念，即一个经济体迈入中等收入阶段之后，既不能继续，又难以摆脱以往的增长模式，经济出

---

[*] 吴志峰，国家开发银行拉美处处长，博士后；李亚娟，中国社会科学院拉美所硕士生。

现大幅波动甚至基本停滞，陷入增长的困境难以自拔。

由于陷入中等收入的国家居多和滞留的时间之长，拉美地区一直以来都成为"中等收入陷阱"的典型重灾区。在拉美33个国家中有28个属于中等收入经济体，而少数的高收入国家也都集中在加勒比地区的一些岛国。而且，这些国家进入中等收入行列较早。阿根廷早在20世纪60年代初，智利、乌拉圭、墨西哥、巴西等在70年代上半期均已达到中低收入水平。至2014年拉美国家在"中等收入"状态平均滞留40年，其中阿根廷52年，墨西哥40年，巴西39年，哥伦比亚35年。[①]

2011年4月，中国社会科学院拉丁美洲研究所和社会科学文献出版社联合发布了《拉丁美洲和加勒比发展报告（2010—2011）》。该报告指出，在长期深陷"中等收入"泥潭的拉美国家中，智利经过探索和改革，走出了一条极具自己特色的发展道路，即将跨越"中等收入陷阱"，进入高收入国家行列。截至2015年7月1日世界银行的归类，中等偏上收入国家的人均GDP在4126—12735美元，而智利2014年人均GDP为14520美元，智利显然已可以被认为进入高收入国家行列。那么智利这个狭长的国家为何可以在拉美众多国家中脱颖而出，率先走出中等收入陷阱呢，下面笔者就从智利积极改革方面进行分析，并从中得出一些经验，对中国的发展提供一些启示。

一 "中等收入陷阱"的定义与成因

（一）"中等收入陷阱"的定义

"中等收入陷阱"是指当一个国家的人均收入达到中等水平后，由于不能顺利实现经济发展方式的转变，导致经济增长动力不足，最终出现经济停滞的一种状态。这个概念最先由世界银行提出并使用，世界银行《东亚经济发展报告（2007）》提出了"中等收入陷阱"（Middle Income-Trap）的概念，基本含义是指：鲜有中等收入的经济体成功地跻身为高收入国家，这些国家往往陷入了经济增长的停滞期，既无法在工资方面与低收入国家竞争，又无法在尖端技术研制方面与富裕国家竞争。世界银行认为，"中等收入陷阱"是指一国（地区）达到中等收入水平后，很难实现

[①] 根据拉美经委会统计资料计算得来。

向高收入的跨越,因为当经济发展到一定水平时,"它所赖以从低收入经济体成长为中等收入经济体的战略,对于它向高收入经济体攀升是不能够重复使用的",其经济与社会发展"很容易进入停滞徘徊期",在较长时期难以出现质的提升。该行还从世界的经验中得出结论,认为"很多经济体可以很快达到中等收入水平,但却很少能从这种状态中走出来,因为必要的政策改革和制度变迁更为复杂,在技术、政治和社会领域面临的挑战更为严峻"。[①]

国际机构和学界对"中等收入陷阱"有各种不同的定义、解释和说明,既有共识也有分歧。有的学者认为中等收入陷阱的概念有些模糊,而世界银行在提出此概念的时候也使用了"可能"的字眼,应用"中等收入陷阱"这个概念会让人们过分强调人均 GDP,从而忽视了经济增长的质量。有的学者甚至认为"中等收入陷阱"就是一个伪命题,一国的经济发展都会经历这样的过程,这是在为下一阶段的经济增长集聚能量。

有些学者认为"中等收入陷阱"的出现是由于没有及时转化发展方式,致使以前的经济发展模式已经无法适应现在经济增长的需要。这些国家一直在低成本的竞争中,没有通过创新来增加产品的附加值,一旦投入的边际报酬递减,生产要素成本上升,劳动密集型的优势减弱,经济增长就会出现停滞,导致发展出现瓶颈。

而国际上主流的观点认为,"中等收入陷阱"是客观存在的,它涉及经济、政治、社会各个方面,涵盖发展状态的停滞性、经济结构的落后性、发展战略的不适当性、改革措施的不及时性、缩短与发达国家差距的艰难性、社会和政治民主的局限性等基本内容。

(二)"中等收入陷阱"的表现形式

当一个国家进入中等收入行列,无法跨越"中等收入陷阱"时,最突出和最首要的表现就是增长的停滞甚至衰退。以拉美为例,20 世纪 60 年代后期,拉美很多国家通过实行进口替代工业化,经济得到迅速的发展,相继进入中等收入国家行列。然而进口替代工业化带来经济增长的同时,也带来了很多关于制度、增长模式、产业结构等多方面深层次的问

---

① 转引自郑秉文《"中等收入陷阱"与中国的三次历史性跨越——国际经验教训的角度》,《中国人口科学》2011 年第 1 期。

题。这些问题在60年代后期开始逐渐通过经济增长的乏力和衰退表现出来。

平均而言，到1900年前后，拉美人均GDP大约是美国的35%（根据经购买力平价调整的1990年国际价格计算）。这一比例在第二次世界大战后下降至25%，并保持至70年代中期，然后再重新猛降至2000年前后的17%，而从此时起有所回升，2008年升至19%[1]。而成功跨越"中等收入陷阱"的东亚国家经济增长的势头却十分明显。1900—1930年，东亚人均收入平均水平相当于美国的20%，2008年则上升至53%。由此可见，从20世纪70年代末开始，在长达20多年的时间里拉美经济增长不仅与世界发达国家拉开距离，更明显落后于世界经济增长较快的发展中国家。落入"中等收入陷阱"的特征十分明显。

除了经济增长乏力和衰退以外，落入"中等收入陷阱"的国家还表现为经济增长的波动和危机的频发。具体来看，在60年代，拉美地区的人均GDP增长率为2.7%，人均GDP增长率标准差为1.79%；到70年代，拉美地区的人均GDP增长率上升到3.19%，而人均GDP增长率标准差仅为1.33%；但是，进入80年代后，拉美地区的人均GDP增长率急剧下滑到了-0.71%，而人均GDP增长率的标准差却高达2.09%；到了90年代，拉美地区经济增长情况有所好转，其人均GDP增长率上升至1.57%，人均GDP增长率标准差也同时下降到了1.55%；在21世纪最初10年，拉美经济增长继续得以好转，其人均GDP增长率恢复到了2.01%，但经济波动却在加剧，人均GDP增长率标准差高达3.01%，说明进入21世纪后拉美地区经济增长的不稳定性进一步增加[2]。而且，在拉美经济增长波动不断增加的同时，拉美还成为了各种危机频发的地区，80年代普遍发生的债务危机，1994年墨西哥爆发的金融危机，1999年巴西爆发的货币危机，21世纪初，由阿根廷危机引发的金融动荡。

陷入"中等收入陷阱"的国家不仅在经济上有所表现，在政治和社会上也会有许多现象。在政治上，这些国家通常存在民主乱象和腐败严重的现象。在社会上，通常会出现贫困化和收入差距过大的现象。

---

[1] 吴白乙主编：《拉丁美洲和加勒比发展报告（2011—2012年）》，社会科学文献出版社2012年，第59页。

[2] 同上书，第9页。

(三)"中等收入陷阱"的原因

1. 产业结构转变遇到瓶颈

对于一个国家的发展而言,产业结构的转变起到很关键的作用。一个合理和高效的产业结构不仅有利于经济的增长,而且更能带来这种增长的可持续。根据库兹涅茨的产业结构理论,一个国家由落后的农业国向发达的工业国转变需要两个阶段:第一阶段,农业部门的资源向工业和服务业部门转变;第二阶段,农业和工业部门的资源向服务业转变。经过这些转变,一个国家经济也就此发展起来,成为一个各部门生产力水平大致相似,人均收入水平高,出口商品多样和复杂的发达经济体。然而这种看似容易的结构转变却不是每个国家都可以做到的。

一般而言,最初较穷和发展中的经济体各行业的生产率水平较分散。在这些国家,存在着一个很不正规的生存型的农业部门,这个部门的生产率和工资水平都比较低,但是却集中了大量的劳动力。与此同时,还存在一个生产率和工资水平都高出许多的现代化的城市部门,这些部门主要从事工业和服务业,但是只提供了一小部分的就业。所以,一开始经济增长就得益于就业和资本从农业部门向城市部门的转变。发展理论告诉我们,这两个部门的生产率差异越大,这一转移过程就越能够提高整个经济体的总生产率。通常来说,这一生产要素在非正规的农业和工业与服务业的分配过程能够很容易和顺利地实现。这些国家通过这一阶段的发展,从低收入的穷国进入了中等收入国家的行列。

但是,一旦进入中等收入国家行列,此时,劳动力从农业部门向生产率较低,但是高于农业部门的城市部门的转移过程也基本实现。这个时候,要想继续发展,成为发达的经济体。结构转变就需要生产要素向生产率更高的子行业和企业流动,也就是实现制造业的升级来增加产品的附加值。而这一过程就更加复杂和困难。因为这不仅要求相关行业具备快速向各行业世界先进水平靠拢的能力,而且要求这些能够吸收先进技术的部门可以同样好地吸收劳动力和其他生产要素。许多陷入"中等收入陷阱"的国家就是因为无法做到这两个方面,无法实现产业结构的升级,进而以前的经济结构不能适应现在经济发展的需要,增长停滞。

以拉美为例。我们都知道,20世纪30年代的经济大萧条,给拉美的初级产品出口模式带来了很大的冲击,外部的冲击让拉美开始寻求新的发展模式。于是，这个时候，进口替代工业化模式应运而生。本来这个用发展本国工业来替代进口的发展模式是很利于本国民族工业的崛起的，它也确实在40年代和70年代给这些国家带来了增长。但是，拉美在实行这个发展模式时运用的一些产业政策却让这个模式的缺点扩大，进而带来了80年代拉美经济增长的停滞和危机的频发。一方面，本国的工业面对较小的国内市场，过小的需求限制了新兴制造业的产能和就业扩张。另一方面，拉美过度保护的产业政策，也降低了制造业内部对生产多样化和现代化的激励。因此过度封闭的国内市场无法带动一些行业生产率的提高和与世界先进水平的靠拢，这些低端的制造业生产的产品附加值低，在国际上缺乏竞争力。

再者，对拉美而言。农业部门剩余劳动力没有相应地向制造业部门转移而是直接进入了服务业，导致拉美地区非正规就业普遍存在。拉美的结构转变越过了库兹涅茨的第一阶段，直接进入了第二阶段。例如，拉美国家中采矿业的平均劳动生产率最高，但是这个部门的劳动力比重却非常小。生产率高的制造业无法吸收农业部门的剩余劳动力，就业向生产率增长不及工业的服务业转移，这些都限制了经济的总体增长。

2. 收入分配不均，消费不足

我们都知道拉动经济增长的三驾马车：投资、出口和消费。消费在经济增长中有着重要的作用。根据消费倾向的一般规律，随着居民收入的增加，消费倾向会趋于下降，因此当收入分配相对平均或者偏向贫穷人口时，社会的边际消费倾向会增加，更有益于刺激消费，进而带动经济的增长。

从上文的分析中我们知道，在陷入"中等收入陷阱"的国家中，那些生产率较高和工资水平较高的部门无法很好地吸收低生产率部门的剩余劳动力。因此，国民收入更加向那些高生产率的部门集中，那些低效和非正规的就业部门却在集中大量劳动力的同时无法从国民收入中分得合适的分量，第一次收入分配不均，国民收入集中在少数人的手中。而且，由于过剩劳动力的存在，劳动报酬远远低于资本报酬，这样靠出卖自己劳动力生存的广大无产阶级与那些靠资本收益的资本家和靠土地收益的大地主之间的收入差距更会明显加大。

当初次收入分配不均时，我们一般可以通过一些税收和补贴的政策来进行二次分配。但是，那些陷入"中等收入陷阱"的国家的二次分配效果往往不理想，有些甚至加重了这种不平等。以拉美为例，税收本来是调节收入分配不均的很好手段，但是拉美地区的税收起到的作用却没有那么大。一方面，拉美税收结构不合理。一般来说，一个合理的税收结构应该包括直接税和间接税，该结构可以降低效率成本，并促进公平。但是对拉美的大部分国家来说，个人和企业的所得税征收不足，很多税收来自于企业的盈利税和消费税，这样的税收结构对于分配的改善无益。另一方面，由于就业的非正规化严重，对征税的监管不力。而且为了增加税基，加大税收的累进性面临的政治成本和行业压力较大。再者，由于拉美政府普遍的治理水平较差，因此人们的缴税积极性不高。于是，当初次分配和二次分配都无法改变收入差距过大的现象时，这些国家就会因为消费的不足无法拉动内需，经济增长出现瓶颈。

通常来说，一个国家的出口不仅能够直接带动经济的增长，它还可以通过外需和内需的传导机制来间接带动经济。因为出口的增加能够带来国民收入的增加，进而增加消费，最后带来经济的增长。但是当一个国家的收入分配不均时，出口带来的收入增长对内需的刺激效果就有限。而且由于内需的不足，国内消费市场过小，这阻碍了出口产业的升级，限制了出口对经济的增长。因此由于收入分配不公，这种外需增加——国民收入增加——消费增加与内需增加——出口产业升级——外需增加的外需与内需的良性循环就被阻碍，最终阻碍了经济的持续增长。

3. 知识储备不足，创新能力弱，全要素生产率低下

我们都知道经济增长的直接源泉有两个：一个是生产要素积累的增长；另一个就是全要素生产率的提高，一般指生产要素投入和产出的效率。而全要素生产率的提高主要通过两个途径来实现，一个就是合理地配置资源，使经济活动尽可能地达到生产可能性边界；另一个重要途径就是通过技术进步和人力资本存量的提高来扩展生产的可能性边界。

然而，那些陷入"中等收入陷阱"的国家，由于缺乏必要的基础设施的投资与建设，教育水平低下，人力资本不高。而且，由于一些政策和体制上缺陷，创新严重不足。这些都对技术进步形成了严重的阻碍。

以拉美为例。从人力资本存量角度来看，拉美与发达国家存在着很大的差距。就美国而言，早在1960年其15岁以及以上国民的平均受教育程度已经超过8.5年，到2000年达到了12年，这说明美国成年国民基本达到了中等教育的水平。然而，拉美地区成年人到2000年才总体达到初等

教育水平[1]。

而且，教育水平并不是一个通过教育年限就能单独考察的变量，教育质量对教育水平的促进作用尤为重要。对于同样接受相同年份的教育的学生来说，一个接受正统与优质教育的学生与那些接受非正规教育的学生之间的差别是非常巨大的。然而，那些陷入"中等收入陷阱"的国家不仅在教育年限上无法与发达经济体较量，在教育质量上更是令人担忧。根据OECD 国际学生评估项目（PISA）2003 年的评估结果显示，在阅读能力上，巴西和墨西哥分别有 50% 和 52% 的学生存在着阅读困难，而发达国家阅读困难的比例几乎不超过 20%。再者，从学生的数学能力来看，巴西运用数学困难的学生比例将近 80%，就是最好的乌拉圭比例也超过了 50%，相比之下，发达国家的这一水平几乎都低于 30%。[2]

创新除了需要教育做基础之外，科研方面的投入也是十分关键的因素。投入多的国家往往能培养更多高素质的人才，研发出更多的技术用于企业的创新，同时通过正外部性的溢出效应来提升整个国民经济的发展。发达国家一直都很重视科研方面的投入，然而那些陷入"中等收入陷阱"的国家却在这方面逊色很多。早在 1995 年，OECD 国家的研发支出占GDP 的平均比例就高达 2.08%，到了 2003 年，这一比例达到 2.26%。然而，拉美地区的科研支出水平却从 1995 年的 0.59% 降到了 2003 年的 0.57%。[3]

综上所述，教育和科研支出方面的水平低下，导致技术进步不足和人力资本的低下，进而通过全要素生产率的低下表现出来，这也是造成中等收入国家无法持续增长的重要原因。

4. 制度不完善，政府政策不适宜

制度是指个人、企业和政府之间互动，进而产生收入和财富的法律和行政框架。它包括政府决策的科学性、公正性、透明性和可行性，政府运行效率和廉洁反腐建设，政府的治理能力和监管能力，政府的公信力和动员力，等等。制度虽然不能直接促进经济增长，但是良好的制度环境对于

---

[1] 吴白乙主编：《拉丁美洲和加勒比发展报告（2011—2012 年）》，社会科学文献出版社 2012 年，第 27 页。

[2] OECD, PISA database.

[3] IDB, "Education, Science and Technology in Latin American and the Caribbean, A statistical Compendium of Indicators". http://www.iadb.org

一个国家的经济增长至关重要。有高质量的制度作为基础,个人、企业和政府的互动才能有效率,市场才能更良好地运转,政府的政策才能更适应国家的发展。

然而那些深陷中等收入的国家却往往有着很不完善的制度,进而制定一些不适宜的宏观微观经济政策、社会政策和公共政策,进一步阻碍了本国的经济发展。在这些国家,政府的决策缺乏透明性、腐败丛生,政府的很多政策都被一些利益集团绑架、操纵,缺乏连续性,政府的公信力低下。在这样的政府的管理下,很多政策都无法适应经济的发展,起不到政策补充调节市场的作用。例如,商业贷款的可获得性差,贸易障碍繁多混乱,财政支出与收入的管理和通胀管理水平差,分配制度不合理,基础设施水平差,缺乏对知识产权和财产所有权的保护,等等。这些制度层面的不完善,不仅不利于市场的运转,而且更导致了不利的营商环境,无法吸引投资来增进经济。

而且,很多中等收入国家"民众主义"泛滥,公会组织强大。当政府的一些政策触动了一些人的利益,这些强大的组织就会通过游行、罢工等方式来阻止政策的实施,这一方面增加了社会的不稳定性,另一方面这又给政府施加了很大的压力,造成政府改革成本过大。很多政府为了求稳,放弃改革。在这样的民主中,政府的力量很弱小,就算能够制定适宜的政策,也会因为实施过程中的众多阻挠,最后不了了之。

综上,制度作为一种非物质的生产要素对经济的增长有着很关键的影响。制度完善,政府高效,民主健全,政策正确,在这样的环境中,市场这个"看不见的手"才能更好地发挥资源配置的作用,而且在市场失灵的时候,高效的政府又会通过一系列的政策补充市场,最终达到市场与政府的高效统一。

二 智利成功跨越"中等收入陷阱"与本国的积极改革密不可分

(一)智利跨越"中等收入陷阱"的表现

智利共和国位于南美洲安第斯山脉以西,面临太平洋,全境地形狭长。智利的领土面积为 756626 平方公里,约占拉丁美洲总面积的 3.6%。这个国家拥有丰富的矿产资源,特别是硝石和铜矿。智利自 1818 年摆脱西班牙的殖民统治，建立独立的共和国以后，通过自己不断的摸索，找出了一条适合本国的经济发展模式，在拉美各国的发展中独树一帜。

2010 年对智利来说是一个特殊的年份，2 月底的 8.3 级特大地震让这个美丽的国度满目疮痍，然而这个坚强的国家并没有因此倒下，经济依然保持高速发展，其 2010 年的 GDP 增长率提高到 5.3%，再一次创造了"智利奇迹"。而且智利不仅从地震中快速恢复，还与经济合作与发展组织（OECD）签署了协议，成为了继墨西哥后，第二个拉美签署国，从此进入了富国俱乐部。2011 年 4 月，中国社会科学院拉美所发布的《拉美和加勒比发展报告（2010—2011）》中指出，根据 IMF 的预测，2011 年智利人均 GDP 将超过 12276 美元，进入高收入国家行列，成为拉美各国中首个走出"中等收入陷阱"的国家。截至 2015 年 7 月 1 日世界银行的归类，中等偏上收入国家的人均 GDP 在 4126—12735 美元，而智利 2014 年人均 GDP 为 14520 美元，智利显然已可以被认为进入高收入国家行列。

智利在拉美各国的发展中，一直可以被列为发展的榜样。智利的发展速度居于拉美之首，汇率稳定，几年以来没有太大变化，宏观经济政策比较成熟，公共财政稳健，通货膨胀率低，经常账户赤字水平低，财政赤字少，国家债务处于较低水平，商贸环境相对安全和开放，政治比较稳定，政府的廉政程度好，政策连续性好。

（二）智利改革的措施

智利自 1818 年摆脱西班牙殖民统治，建立独立的共和国以来，其国民经济的发展主要依靠本国比较丰富的农、矿产品等初级产品的出口。第一次世界大战之前，智利的铜和硝石出口一直在世界市场上占有重要的地位。后来，由于人造硝石的出现，智利的硝石出口急剧下降，严重影响了智利的经济发展。20 世纪 30 年代的大萧条，不仅给发达国家的经济带来了沉重的打击，也严重影响了以出口初级产品为主的智利。由于无法向国外出口本国的初级产品，同时又无法从国外进口所需要的工业品、半制成品和资本货，智利的初级产品出口模式无法继续。因此，在 30 年代末，智利开始发展本国的工业，实行进口替代工业化战略。从那时起到 60 年代末的 30 多年间，智利的经济确实获得了一定的发展。但是在进口替代战略的实行过程中，由于缺乏竞争，在国家高关税和高保护下，工业部门失去活力，进口替代战略面临的矛盾日益尖锐。1970 年执政的人民团结政府，在智利推行铜矿等基本财富国有化、征收或干预大批外资和本国私人资本企业、广泛进行土地改革等，使国内矛盾激化，经济形势急剧恶化，进而导致了军事政变。

面对陷入困境的经济，1973 年军政府执政后，开始对智利进行一系列的改革。这次改革主要以美国芝加哥学派的货币主义理论（新自由主义的一种）为指导，在经济政策、政治体制社会福利等方面进行了大刀阔斧的改革，从而智利的经济发展进入了一个新的篇章。在整个 80 年代拉美经济普遍持续衰退的局面中，智利最先摆脱债务危机，恢复了经济。1990 年智利恢复文人当政之后，文人政府在原来改革的基础上，继续坚持自由市场机制，并审时度势地进行必要的政策调整，加强了解决社会问题和保持宏观经济稳定的政策和措施，智利的改革进入了一个新的阶段。经过这两个阶段的改革，智利建立了一个比较健全的、开放的市场经济体系，改变了以前不适的经济结构，在出口贸易和发展本国工业上找到了平衡点，正确处理了政府和市场的关系，在经济增长的同时积极改善本国国民的福利，最终走出了一条适合智利的发展道路，并在 2011 年率先走出了"中等收入陷阱"，进入了高收入国家行列。追根溯源，智利之所以能够取得这么好的成绩与这些年来智利积极的改革密不可分。因此，下文将横向从经济政策、政治体制和社会福利三个方面和纵向从 1973—1989 年军政府的改革和 1990 年以来文人政府的改革两个阶段来具体阐述智利的改革措施。

1. 经济政策改革

（1）放开价格，让市场来配置资源

我们都知道，一个自由的市场，产品和劳务的均衡价格通过供需来确定。这个价格反映了市场的动态，能够对资源进行最优配置。而且，通过激烈的市场竞争可以对原有工业结构进行存优劣汰，让那些在竞争中难以生存的企业，或者加紧经济技术改造和改善经营管理，或者转产或者直接被淘汰，这样可以提高生产效率。

军政府执政前的 12 个月，年通货膨胀率达 400%，当时有 3000 多种商品实行价格管制，由国家提供物价补贴。因此在执政后，皮诺切特政府首先对价格政策进行改革，取消价格控制，实行价格自由化。1973 年 10 月，军政府执政后的短短一个月，政府颁布了第 522 号法令，迅速放开了 3000 多种商品的价格。到 1978 年，国家由原来控制 2 万多种商品的价格变为只控制 8 种商品的价格。到了 20 世纪 90 年代，只有极少数几种农产品的价格控制在国家手里，其余全部都放开。而且这个法令还规定不能利用价格管制来压制通货膨胀。物价放开以后，市场物价立即大幅上升，通货膨胀更严重，在军政府执政的头 12 个月通货膨胀率高达 570%。由于政府冻结了工资，因此通货膨胀的负担全都落在消费者身上。为了缓解物价放开后对人们生活水平的影响，政府又实行了一些措施对贫困阶层进行补贴。如提供失业补贴、养老金补贴、家庭困难补贴、孕妇婴儿补贴等。

(2) 有阶段地稳步地推进国有企业私有化

企业"私有化"是减少国家对经济的干预、建立自由市场经济体制的必要措施。在智利实行"进口替代"工业化发展战略的 30 多年间，国家通过在经济领域建立国有企业或者对外国企业实行国有化等形式对经济进行干预。这些企业在政府的过度保护下，已经失去了活力，效率低下，经营管理混乱，竞争力缺乏，已经无法起到带动经济的作用。政府干预过多的中央集权体制压制了私人发展的积极性。要想让经济重新恢复活力，就要重新思考政府在经济领域中的地位。军政府认为，国家在经济领域只应起"中性"作用，制定政策要以是否符合自由市场经济原则为前提，而不是照顾某个部门，即所谓的"非歧视性"原则。因此要进行私有化，让国有企业向私人部门转移，实现所有权的分配，分散化权利，将私人的积极性调动到最高，以此来实现经济的增长。

1970 年智利只有 46 家国营企业，均由国营生产开发公司领导。后来阿连德政府上台实行"经济社会化"政策。到 1973 年年底，国家参与的企业（包括原有国营企业）为 229 家，银行为 19 家，国家干预的企业为 259 家，总共有 507 家。这些企业相当一部分是工业部门的骨干企业或者基础设施方面的主要企业，但是普遍存在投资效益低下、经营亏损的情况。因此，当军政府接管这些企业以后，就开始进行大规模的私有化。军政府的私有化分为两个阶段完成。其中，1974—1979 年为第一阶段，1985—1990 年为第二阶段。

①私有化第一阶段：1974—1979 年

这个阶段政府的主要目标是通过私有化缩小国有企业的规模和范围，最大限度地增加财政收入，消灭赤字。首先，军政府在较短的时间内把阿连德时期征收和干预的 325 家企业无偿归还给原来的主人。然后，政府又通过公开招标和拍卖的方式将 228 家国有企业和政府在私人企业持有的股份"限期"出售给私人,购买者只需要支付 10%—20% 的现金,其余由政府提供贷款,偿还期为 5—7 年,宽限期为 1 年。① 在这一阶段,为了确保私有化的规范化和程序化,政府颁布了一系列的法令和政策,例如,降低关税,改革税收。而且,为了提高国有企业的竞争性和效率,政府还规定国有企业要自筹资金,国家不再为国有企业提供补贴,也不再干预国有企业的经营管理。经过这一阶段的私有化,到 1980 年年底,除了大型铜矿、公共服务部门、交通运输部门等 43 家企业外,其余企业都变成了私营。这一阶段私有化的特点是,强调在所有领域进行私有化,时间较快,涉及的企业众多,做法比较激进。大量的生产资本和金融资本集中在少数大财团的手中,控制了全国大部分的经济活动。80 年代初,随着债务危机的爆发,银行资金短缺,借助金融资本膨胀起来的私人企业大量倒闭,给金融和银行系统造成很大冲击,政府不得不进行干预,将已经私有化了的银行和企业又收归国有。由于 80 年代初经济危机的影响以及军政府内部在大型企业私有化问题上的严重分歧,私有化进程在 1982—1984 年停顿了 3 年。

②私有化第二阶段:1985—1990 年

这个阶段私有化的目的不再是为了单纯地增加财政收入,而是调整产权结构,扩大企业所有权的分配,实现产权的多样化。首先,政府把近 50 家实现私有化后又收归国有的私人企业和金融机构通过公开拍卖股权的方式重新转让给私人,以此来增加财政收入,偿还政府债务,增加对公共服务以及基础设施的投资。但是政府不再给私人提供贷款,由于一般投资者缺乏资金,因此很多外国投资者跃跃欲试。智利政府为了吸引外资,准许外国投资者在购买企业股份时,利用智利债券来支付。经过这次私有化,很多企业被国内的私人财团和外国投资者联合收购。从 1986 年开始到 1990 年,私有化进入深化阶段,这个阶段主要针对国民经济有重大影响的大型骨干企业,调整经济结构,把这些企业的股权分批分期出售。这些企业大约有 30 家,其中大部分是 40—50 年代推行进口替代工业化时根据法律建立起来的。对这类国企的私有化,政府持十分谨慎的态度,采用逐步分散股权的方法,避免给国家经济造成动荡。政府通过立法把国企变为股份公司后在证券交易所上市,其交易活动要受到证券和保险最高当局

---

① 王晓燕:《再论智利国有企业私有化进程》,《拉丁美洲研究》2000 年第 2 期。

审计员的监督。整个过程按比例、分步骤进行，如先出售企业 30% 的股份，然后视情况出售 19%，最后再出售 2%，完成企业控制权向私人部门的转移。在智利政府对股权进行转移的过程中，采取了灵活多样的形式。主要有以下几种方式。

a. 大众或者人民持股

即把"稀有部门"中的国有企业或银行金融机构的小宗股份出售给中小投资者，政府提供长期无息自动贷款和税收投资。为了分散股权，政府限制购买数量，每人只能认购 5000 美元的股份，例如智利银行和圣地亚哥银行两家商业银行就是用这种方式实现私有化的。Provida 和 Santa María 两家大型养老金管理机构也用同样的方式分别出售了资产的 60% 和 49%。

b. 职工持股

职工持股，即按照一定比例将国营企业的股份以低于市场价的优惠价格直接出售给本企业的职工（极少数情况下也出售给公共部门的职员），并向经济困难的职工提供 15 年无息贷款。如果职工能按期偿还，可以享受减免 30% 贷款的优待。购买股份的职工，还能提前得到 50% 的工龄补贴预付款。[1] 同时，政府保证在职工退休时以不低于当初购买时的价格回购这些股份。智利国营电脑公司和一家发电厂就是通过这种方式实现私有化的。职工一般可以认购企业 5%—10% 的股份，政府这样做的目的是争取企业职工对私有化的支持。在智利，这种私有化方式是受到欢迎的方式之一。

c. 机构持股

即把国企股份以优惠价格出售给机构投资者，特别是私人经营的养老基金、保险公司和各种互助基金会。这些机构的资本与广大劳动群众的切身利益息息相关，政府为此专门成立了"风险评估委员会"，以确保养老基金等机构的投资安全，并通过企业运转来增加它们的收入。为减少养老基金的投资风险，政府规定养老基金在国企私有化中的投资，要低于投资有价证券总额的 5% 和私有化企业股份的 25%。[2]

---

[1] [Chile] Dominique Hachette—Rolf Lùders："La Privatización en Chile, Centro Internacional parael Desarrol lo Económico"（CINDE），1992，pp. 16 – 17, 51.

[2] [Chile] Dominique Hachette—Rolf Lùders："La Privatización en Chile, Centro Internacional parael Desarrol lo Económico"（CINDE），1992，pp. 16 – 17, 51.

d. 传统持股方式

主要是指代价很高的私有化。主要是把小宗或中等数量的国企股份（智利电话公司除外）在证券交易所上市。在第二轮私有化过程中，有 50% 的国有企业是在国内证券交易所拍卖的。与此同时，还通过国际拍卖向外国投资者出售股份。如智利电话公司通过国际拍卖转让了 51% 的股权，澳大利亚的投资者竞标后，智利政府要求投资者投资 2 亿美元实施增设电话线计划，发展智利的电信事业。智利政府一直把吸引外国投资作为国企私有化的一个重要内容，并逐步放宽了对外国资本购买国企股份的限制。

e. 债务与股权互换，即所谓的"债务资本化"

也就是说，外国投资者在国际市场上按票面价值的 60% 购买智利的债券，作为对企业的投资，如智利化学与矿业公司就是以这种方式出售给日本和美国投资者的。

f. 国内外投资者联合收购

由于当时智利国内一般投资者资金短缺，所以政府允许外国投资者参与智利的私有化进程，一些较大的重新私有化的企业被国内的私人集团和外国公司联合收购。例如，智利石油公司是一家大型工商联合企业，智利 Angelini 私人财团将其收购后，立即把 50% 的股份又转卖给了新西兰的 Carter-Holt 公司；联合啤酒公司垄断了智利国内啤酒和饮料市场，被国内 Luksi 大财团和德国 Paulaner 企业（德国最大啤酒生产商之一）联合收购。[①] 政府允许外国投资者购买智利私有化企业股份时，可以用智利债券来支付（按票面价值的 60% 计算），以这种方式购买，企业的债务减少了，同时债务的资本化也减轻了政府的债务负担。在私有化过程中，为避免企业股权过分集中到少数私人财团或外国资本手中，智利对外资和本国资本在私有化企业中所占份额制定了相应的限制措施：国有企业 51% 的股份要由中小投资者认购；外国资本购买的股份不得超过 40%。

经过这两个阶段的私有化，截至 1989 年 3 月，智利仅有 11 家大型企业留在国家手中。到 90 年代初，智利在生产和金融领域基本实现了私有化，除大铜矿生产部门和少数"战略性"部门外，国有企业基本退出生

---

① 王晓燕：《智利—拉美新自由主义改革的先锋》，《拉丁美洲研究》2004 年第 1 期。

产领域，银行基本实现私有化。总的看来，智利的国企私有化取得了明显成效。

（3）有控制地进行金融自由化

金融和经济一直以来都有着紧密的联系，随着全球化经济的发展，金融在经济中的地位愈发重要，经济金融化已经成为各国经济发展的必然趋势。一个自由的市场经济必然需要一个自由的金融市场作支撑，因此放松金融抑制，实现由金融浅化到金融深化的自由化改革对经济发展尤为重要。金融体制改革和金融开放成为智利经济改革中重要的一环。

1973年以前，智利和许多拉美国家一样，实行较为严格的金融管制，存在着严重的排斥外资和金融压抑现象，特别是阿连德执政时期，金融部门已被国有化。这个时期的智利，银行的最高名义利息率一直被政府管制，由于高通货膨胀率，实际利率基本为负值，这样的利率不利于储蓄，进而无法带动投资，促进经济增长；严格管制贷款额和贷款的流向，政府为了弥补巨大的赤字，降低通货膨胀率，对银行的贷款进行严格的控制，一方面规定银行贷款的最高限额，并且超过限额后不予进行贴现业务，另一方面提高银行的存款准备金率。除此之外，贷款的流向也被严格控制，贷款大多流向制造业和矿业部门，服务业获得贷款较少。这样虽然有利于制造业的发展，但是获得贷款较少的产业生产率并不低，有些甚至超过制造业，这样不合理的配置资金，经济活力并没有被激活，经济增长乏力，而且这一时期智利通货膨胀非常严重。

于是，军人政府执政以后，就开始对金融进行改革，让市场决定资金的流向，实行资本市场自由化。文人政府上台以后，在原来的基础上继续深化改革，在放开市场的同时更加注重对金融市场和资本市场的监管。智利的金融改革大致可以划分为两个阶段，第一个阶段是1974—1984年，这个阶段由于缺少经验，政府摸着石头过河，做法比较激进，又缺少相应的监管措施，改革成果并不明显，甚至还导致了1982—1984年的银行危机；第二个阶段是1985—1996年，经过上一个阶段的失败尝试，智利政府总结经验教训，更加稳步和审慎地进行改革，这个阶段的金融改革实行的是以加强金融监管为主的金融约束政策。

①1974—1984年的激进改革

这个阶段的改革以建立一个自由化的资本市场为目的。

a. 国有银行私有化，并逐渐放开了利率。

1974年，政府颁布法令，允许成立私人金融公司，经营存贷款业务，利率自由。但是对于国有银行和金融机构的营业活动，包括利率和储备金比例仍予以控制，只能实行一种法定最高利率。由于私人金融机构可以任意抬高利率，资金大量流向这些机构，对国有银行形成巨大压力。随后，国家开始私有化银行，把大部分由国家生产开发公司掌握的专业银行，以优惠的价格拍卖给私人财团，这些财团很快控制了智利的资本市场。在这个过程中智利的20家国有商业银行除了一家以外其余均被私有化。1975年10月，政府取消了商业银行的利率上限，并统一了准备金比例。到1976年1月，利率完全自由化。

b. 取消一般企业在国外资本市场融资限制，逐步开放资本账户

由于放开利率后的市场高利率，私人财团通过资本操作进行投机，政府取消了一般企业在国外资本市场融资的限制，企业可以根据利率水平自由选择贷款。与此同时，智利也渐渐尝试放开资本市场。1974—1976年，智利首先放开了个人资本账户交易，但是对于金融机构的资本账户交易进行控制，这个时候外资流入的基本路径就是通过私人借款或者在外汇窗口购买外汇，外资流入量很少。随后，从1977年开始，政府逐渐加快了资本账户开放的步伐。首先，政府允许外资银行在智利开设分支机构并经营业务，外资的市场份额增加；然后，政府专门开设了一个外汇窗口，出售不超过1万美元的外汇给外资企业；随后，政府修改了《外汇管制法》的第14条，允许银行引入外资，但是对引入的期限和头寸作了一定的限制。1980年，政府取消了对头寸的限制。1981年规定允许进入的外资的平均期限为5年。随着对银行引入外资的放开，通过银行进入的外资数量大量增加，1981年通过银行流入的外债数额与通过其他途径进入的外债数额基本持平，两者大约都为30亿美元。随后，银行外债成倍增加，大量资本流入智利国内。资本的流入给智利的金融市场带来了很大影响。第一个直接影响就是比索的实际汇率升值，比索被高估，这给智利的出口带来不利后果。同时，1979年欧佩克大幅度提高石油价格，智利的经常账户迅速恶化，1981年经常账户逆差高达GDP的14.5%。相应地，经济形势也开始恶化。1981年GDP增长率降为5.5%，1982年进一步降为–14.5%，失业率超过25%。货币投机和巨大的经常账户赤字使智利的外汇储备损失了14亿美元，并迫使货币当局在1982年8月放弃固定汇率制，允许汇率浮动。同年，墨西哥发生了债务危机，受其影响，

外国投资者开始怀疑智利的偿债能力,因此纷纷撤资,银行偿债能力急剧下降,最终也难逃债务危机的命运。

这一阶段的改革虽然降低了智利国内一直居高不下的通胀率,但是由于缺少一些法规和监管,激进的改革并没有带来很好的效果。

②1985—1996 年的审慎监管

由于 1982 年的银行危机,智利政府暂停了金融改革,对金融机构实施一系列的挽救计划。1985 年起,智利慢慢走出了经济危机阴影,经济情况有所好转,因此智利政府开始了新一轮的金融自由化改革。这一阶段的改革在完善上一阶段实行的货币和利率政策的基础上,更加注重对整个银行系统的监管,并且更加审慎地开放资本账户。

首先,智利政府修正了之前的利率自由化政策,对存贷款利率加以控制(但保证实际存款利率为正值)。1985 年起,中央银行开始公布 30 天存款的指导性利率。在银行系统重组完成以后,中央银行于 1987 年取消了公布指导性利率的做法,取而代之的是通过公开市场操作并使用指数化工具(PRBC)来影响国内的利率水平。

其次,1986 年,智利政府颁布了《一般银行法》,对金融监管,银行业务范围以及存款保险制度都作了相应的安排。根据银行法,金融监管当局加强了对银行财务状况的监管,以提高银行经营管理的透明度。对于外资银行也同样要求其遵守透明度的要求,并明文规定禁止外资银行从事股票经纪、投资基金以及财务顾问等业务。而且对活期存款实行明确的、全面的保险,以保护支付系统。

最后,在这些健全金融体系的改革措施实施的同时,政府开始了较为全面但是又非常谨慎的资本账户开放过程。这一阶段政府有选择和有步骤地放开资本流入,并出台一系列的措施限制资本的短期流入。与此同时,为了防止资本流入过多给货币和汇率造成太大压力,政府还放宽了资本流出的限制。首先,1985 年智利准许外国直接投资以债权换股权的方式进入金融市场,前提是资本金在 10 年内不得撤回,利润要在获得 4 年后才能汇回。在证券投资方面,允许居民和非居民用外汇购买国内的某些债券,但用于购买债券的外汇不能从官方外汇市场上获得。为了推动资本市场自由化,1987 年政府批准成立了"外国投资基金",方便外国中、小投资者通过债权换股权的方式对智利进行直接投资。为了吸引外国资金流向智利资本市场,1990 年智利首次发行"美国存托凭证"。同时,智利还降低了企业到国外发行债券的信用等级要求,允许企业在海外发行可转让债券,减轻外商直接投资企业的税收负担。

在资本流入越来越自由化的同时,为了防止外资突然撤回导致资本市场不稳定,政府又出台了一系列限制短期资本流入的措施。其中,最重要的就是无偿准备金制度。由于对不同期限的储备金要求是相同的,资本期限越短,成本就越高。因此,无偿储备金制度在对长期资本流入不会构成重大影响的同时,对短期资本流入却形成了制度性排斥,从而有效地防止了短期资本的过度流入。1991年6月,智利政府规定除出口信贷外所有外资不管期限长短,都必须将总额的20%（1992年5月提高到30%）存放在智利中央银行1年,不付利息,亦称无偿储备金,这就相当于对资本流入的隐性税收。随后,为了防止投资者寻求规避的渠道,无偿准备金的范围一再扩大,1992年5月无偿储备金扩大到商业银行的外币存款。随后,在二级市场交易的美国存托凭证,以及具有潜在的投机性的外国直接投资也被纳入了无偿储备金要求的范围。

由于放松资本流入的限制,外资大量涌入智利,到1990年资本项目盈余已占当年GDP的9.9%。为了防止资本流入过多造成货币和汇率的压力,智利政府从90年代起逐步放开了对资本流出的限制。1991年智利政府首次允许居民用在非官方外汇市场购买的外汇到海外投资,同时允许企业、机构和个人在境外投资;外国直接投资撤回投资的最低年限也从10年缩短为3年。1992年,养老基金获准以一定比例的资金投资于海外。1996年,资本流出自由化的节奏大大加快,政策重点是缩短外国投资者汇出利润的年限,准许人寿保险公司、银行和共同基金将资产的更大比率投资于国外,以及减少海外投资在投资工具、投资地域等方面的限制。这些措施大大方便了智利居民进行海外投资,也给外国投资者将资金撤出智利提供了更大的自由。在这一系列措施的共同作用下,智利的资本账户盈余在1991年以后就基本控制在合理的范围,这在很大程度上防止了本币升值,提高了出口竞争力和经常账户的良好状况。

（4）贸易自由化

对外贸易一直是经济增长的发动机,适合本国的贸易政策往往能给经济带来增长。而智利经济之所以能在拉美中脱颖而出,跟适时的贸易政策改革是分不开的。消除贸易壁垒,实现贸易自由化是智利贸易改革的重点。下面从进口和出口两个方面来具体阐述改革的措施。

①进口方面的改革

军政府执政之前,在进口替代政策的指导下,智利实行了高额关税和一些非关税壁垒。改革前的 1973 年智利的平均关税为 94%,最高关税达 500%,进口中的 50% 须由智利中央银行授权。国内工业在过度保护下,发展乏力,缺少竞争力。因此政府首先从降低关税和取消非关税壁垒上进行改革。

在关税上,智利政府采用非歧视性单方面降低关税的做法,不仅在拉美独一无二,在世界上也很罕见。1974 年年初智利军政府宣布在 3 年内逐步实行关税改革,把平均关税由 94% 降至 60%。但是在实际操作中,政府加快了降低关税的步伐,1977 年 8 月最高关税已降至 35%,最低关税降为 10%,1979 年 6 月起采用 10% 的统一关税(汽车除外)。20 世纪 80 年代初,由于债务危机的影响,智利政府上调了关税。1983 年上调至 20%,1984 年上调至 35%。1985 年,经济基本恢复时,政府重新下调关税。到 1991 年艾尔文政府执政时,关税已经降到 11%。弗雷执政后期,进一步加大对外开放的力度,开放国内市场,把统一关税又降至 9%。到 2001 年其统一关税降至 8%。而且,在 20 世纪 90 年代,智利通过与多个国家和地区签署自由贸易协定来继续实施其统一关税政策,这些国家和地区包括南方共同市场、墨西哥、加拿大、古巴和中美洲国家。智利和中国于 2005 年签署了双边贸易协定。

在智利实行贸易保护政策期间,对 2827 种进口商品实行进口预付款制,同时还对许多商品实施严格的进口配额、进口许可证和外汇管制等措施,以限制商品进口。1980 年,在关税大幅度下降的同时,智利政府基本上取消了非关税壁垒,如放宽了进口数量限制,扩大了进口自由化;增加了自由进口的商品;取消了进口预付款制、进口许可证等非关税壁垒;取消了外汇管制,实行货币自由兑换,促进了贸易自由化的发展。

②出口方面的改革

在智利进行"进口替代"的几十年中,智利出口商品结构变化很少,直到 70 年代初,铜的出口额仍占出口总额的 85% 左右。这种单一的出口结构增加了智利对外贸易的脆弱性,常常因为国际价格的波动影响出口收入。因此,智利政府对出口方面进行改革,鼓励非传统产品的出口,增加出口结构的多样性。智利鼓励出口的主要做法有以下几方面:

a. 调整汇率

为了促进出口，智利政府在1973—1988年对汇率进行灵活的调整，使比索贬值，幅度达到10%以上。这样的政策极大增加了出口，1988年出口额在国内生产总值中的比重达到了31%，几乎是进口替代模式时期的3倍。

b. 对出口小商品实行退税

政府为了鼓励非传统商品出口，规定1983—1984年每年进口额不超过250万美元的小商品出口商可以享受退税优惠。退还非传统产品出口商进口的用于生产出口商品的原材料进口关税，相当于离岸价格的3.5%—10%。随后，政府又将限额提高到500万美元和1800万美元。

c. 在信贷方面给出口提供优惠

政府设立了专门的出口信贷，给出口商提供优惠贷款，并采取减免税收的优惠措施，鼓励投资者向出口生产部门投资。而且为了对那些缺少资金的非传统出口产品的中、小生产商提供资金帮助，政府还建立了出口信贷基金会。同时，为了免除它们的出口收汇风险，还向出口商提供了出口保险。

d. 成立协调出口的专门机构

为了给出口的中小企业协调工作，并且提供情报、技术指导等咨询服务，智利政府成立很多专门机构为出口服务。1975年创建了智利促进出口局，这个机构主要促进非传统产品的出口，该机构在世界各地设有34家商务局，负责寻找国外市场，帮助智利产品打进国际市场。此外，1985年1月，由75家官办和民办企业共同成立了非传统产品出口企业协会，官方和私人企业通过这个协会互相协作，特别是鼓励民间企业积极参加出口创汇活动，对智利的出口有很大推动作用。

2. 政治体制改革

（1）重新定位"国家"

军政府执政之前，国家在经济中占有重要的位置，经济活动受到国家很大的干预。军政府执政以后，就开始重新思考国家的定位。虽然西方的很多媒体指出，1973年的军事政变标志着智利在政治上中断了多年相对稳定的资产阶级民主进程而走向极权主义，但是军政府在进行新自由主义改革时给国家和政府的重新定位对智利的经济发展产生了很好的影响。根据货币主义的主张，要充分发挥市场机制的作用就必须减少国家的干预。

因此智利当局提出，"国家的真正作用在于为经济运转确定普遍的、非歧视性的规则，并执行以照顾最贫困阶层为原则的收入再分配职能"；至于对经济的直接参与，"国家只有在缺乏私人部门的行动时才起到一个补充作用"。

在这个原则的指导下，智利政府减少了对经济的干预，放开物价，进行国企私有化，进行金融自由化和贸易自由化，让市场充分来配置资源，政府补充市场来提供补贴、提供投资政策优惠等扶持某些部门的发展。经过这样的改革，市场充分发挥"看不见的手"的作用，经济充满活力，政府在市场失灵的情况下又采取一定的措施补充市场，制定和完善市场运作规范，既不凭市场"为所欲为"，又不让政府"恣意妄为"，两者相互补充，给智利的发展带来了生机活力。

(2) 积极开展反腐倡廉

一般而言，国家经济在市场化的时候，通过权力寻租会出现一些腐败现象。智利也不例外，在军政府上台以后，由于皮诺切特停止执行宪法，解散议会，解散政党，实行军事独裁统治，极大地摧毁了智利原来一直存在的民主宪政的体制，腐败在其执政期间悄然滋生。1990年，文人政府执政以后就开始恢复原来的民主宪政，并积极颁布一些政策措施来应对腐败。

a. 构建多层次的监督体制

智利存在多种监督体制，总的来说分为外部监管和内部监管。外部监督主要从政治监督、司法监督、行政—法律监督、公民监督四个方面来实现。内部监督主要通过总统顾问机构，即"政府内部总审计委员会"来实现，这个机构给其他监管者提供了很多信息，监督公共活动的规范性，并及时准确地提交财务报告。而且，这样的内部监督设计也给公职人员形成了一种心理威慑作用。

b. 进行普遍的财产申报制度

智利有着最健全的财产申报制度，根据该制度，凡是进入国家机构和进入管理、技术和行政部门的财政服务人员，上任前必须提交一份本人及其配偶各自的财产状况申报书，并且必须年年更新。而且，为了便于实施，国家审计总署研发采用了一种特别的计算机系统，使得人们可以检索到各种利益和财产申报文件，并通过使用数字技术对其进行查看监督。截至 2003 年 7 月 15 日，该计算机系统中的文件总数达到 2.7 万份。①

c. 建立完善的公务员制度

智利的公务员制度不仅从规范公务员的义务、纪律等行为规范上来进行约束，在考试录用上也贯彻公平、平等、竞争和择优录取的原则，消除公务员入口上的腐败。而且，在公务员的工资制度上，智利执行统一的工资制度，其标准由财政部、经济部和相关部门三方决定。而且智利还在军队和政府官员上实行高薪制，加大了这些精英人才腐败的机会成本，使他们能够更好地为国家尽忠。

3. 社会保障体系改革

（1）养老金制度改革

智利是拉美国家中最早建立社会保障制度的国家，早在 1925 年，智利就建立了以现收现付、政府机构管理为特征的养老保险制度。但是，随着人口老龄化问题的加剧，这种制度设计本身就无法支撑起缴费人数少、领取人口多的财政压力，再加上政府缺乏统一的政策和管理以及社会保障队伍的庞大、管理制度不严和管理人员素质不高，资金严重流失或被侵吞。到军政府上台后，旧的社会保障制度已经不能正常运转。因此，军政府上台以后就开始寻求各种方法来改革养老金制度。在"芝加哥弟子"新自由主义思想的影响下，智利开始了养老金制度的改革。这次改革的目的是优化社会保险制度的效率、减轻政府的财政压力、解决愈加严重的老龄化问题。总的来说，这次的改革主要是养老金私有化。它包括以下几个方面的内容：

a. 建立个人账户，养老金从政府、企业和个人三方承担变为个人承担

新的改革制度规定养老金缴费全部由雇员承担，缴费率为缴费工资的10%，另外还要扣除 3.44% 作为失业、伤残、人寿保险存入私人基金。雇主每月将雇员的缴费从工资中扣除，并寄存到受国家监督的养老金管理公司 AFPs（即 AFP Provida，它依据"3500 号法令"成立于 1981 年 5 月，在智利开创了革命性的现代私人养老金体系，目前为智利养老金体系中领先的养老基金管理机构）进行管理。退休者根据其在职期间存入的金额和增值率来领取相应的养老金，10% 缴费设计保证了一个普通的工人在退

---

① 闵勤勤：《智利的腐败问题和反腐败体系研究》，《拉丁美洲研究》2005 年第 6 期。

休时，其个人账户上有足够的金额来保证其领取的养老金相当于退休工资的70%。而且，在改革中，国家采取一种新旧制度并轨的方法。对于旧制度中退休的老人，国家仍旧提供养老金保障，这种老人老办法、新人新办法的制度，让公共养老金和私人养老金并轨。

这种改革虽然一开始遭受了很大的阻力，但是个人账户的建立强调了缴费者的收益与自己的努力成正比，减轻了国家的财政负担，降低了企业的生产成本，提高了企业的经营效益，其发展的结果超出了人们的预期。1981—1998年，全国养老金的平均收益率为11%；另外，其推动了储蓄率的增长，储蓄率由1981年的15%猛升到1995年的27.6%，养老金占国内总储蓄的30%以上。养老金资产从1981年占GDP的0.84%上升到1999年的53.3%，到2003年年底总计约为498亿美元。而且，养老金覆盖率也逐年增加，投保人数已由1981年的14万人增加到2003年年底的70多万人（占全国就业人口的90%以上）。

b. 养老金资本化和养老基金管理私营化

在这次改革中，居民个人缴存养老金时采取自愿的原则，居民个人可以自由选择养老基金公司开设个人账户，居民根据自己每月的收入按照一定的比例储蓄。养老基金公司把居民缴存的存款放到资本市场上去投资，以获得保值增值，而当投保人退休、残疾或者死亡时，养老基金公司就把养老金连本带利地给投保者本人或者其家属。而在这一过程中，政府只起到监督的作用。

新体制规定职工的养老金由国家统一管理变为专业化的私营养老基金管理公司来管理和运营。这些私营养老金管理公司，虽然要注册登记，获得经营此种项目的许可并且接受政府的监督，但在日常经营管理的活动方面，则要完全按照市场的规则进行运作。这些公司在投资上拥有很大的自主权，可以对社保基金进行多种多样的投资，《拉丁美洲的经济发展》指出："1983年，私人养老基金可以在公有和私有的企业股票方面进行投资；1988年养老基金在政府的有价债券投资占35.4%，银行存款占28.5%，抵押债券占21.6%，股票和信用债券和公司债券占8%；而到了2000年，智利养老金的投资里，二级市场股票的投资占13%，海外投资占18%。"可见养老基金私营化以后，在各个养老保险公司的竞争下，养老金的投资越发多元化，这在增加收益的同时也分散了风险，能够更好地运作社保基金。

(2) 医疗保健制度

在改革过程中,智利根据自身国情,建立了独特的混合医疗保健制度,即由公立与私营医疗机构联合向国民提供医疗服务。首先,面对中上收入阶层,智利对一些医疗保健机构实行私有化,成立私营医疗保险公司,建立私人医疗保险制度,目前智利约有25%的人口属于私营医疗保险体系。对于公立医疗,国家投入大量的资金改善全国1500多家医院和地方诊所的基础设施,同时筹集国家健康保障基金,分配给选定的医疗机构和医生提供服务。而且,在医疗管理方面,智利建立全国统一的医疗服务制度,同时把公立医院的管理职责、职权下放给所属各市政府。

(3) 失业与工伤保险制度

智利在失业保险制度上的改革主要是从原先失业救济金完全由政府财政负担变为一种失业保险基金制度。失业基金由政府、用人单位和个人共同出资建立,这样的设计就大大地减轻了政府的财政负担。

对于工伤保险制度,该制度面向雇员、公务员、学生以及自由职业者等群体,保险费主要由雇主缴纳,由指定协会组织和管理,政府基本不负责任。劳动者发生工伤时,可以从工伤保险基金中支付各项费用和待遇。

(三) 智利积极改革促使其走出了"中等收入陷阱"

经过智利这几十年切合本国实际的改革,智利的自由市场经济更加成熟,政府能够处理好市场与政府干预之间的关系,两者很好地实现了平衡,而且在推进经济建设的同时,积极推进社会建设,健全了社会保障体系,不仅稳定了社会,为经济创造更适宜发展的环境,而且社保基金的资本化也在很大程度在刺激了智利金融市场的发展与繁荣。下面就从几个方面谈一下改革对智利跨越"中等收入陷阱"的促进作用。

1. 价格的放开,让市场更好地配置资源

放开价格,让市场来决定价格,实现资源的有效配置。每个企业家都会致力于取得最大限度的利润,向最能生利的部门投资;消费者将会"奖赏"那些以最低成本生产的企业家。经济会根据消费者的偏好进行调整,只有那些在本部门效益最好的企业才得以生存。一旦有企业家正在获得高额利润,其他企业家就会与之竞争,从而物价降低,消费者受益。智利实行价格放开以后,自由的市场更好地配置了资源,更有利于经济的发展。

2. 企业实现私有化，活跃了市场，提高了经济效益

首先，智利的国企私有化改革改善了国家的财政收入，1973 年财政赤字占国内生产总值的 24.7%，但是经过改革以后，财政赤字逐年下降，到 1979—1981 年还出现了盈余。其次，企业经过改革，生产效率大幅提高，经营管理水平上升，很多企业扭亏为盈，不仅增加了创新能力，加快了技术改造，而且还加大了私人资本的投资。国内投资从 1973 年占 GDP 的 8% 增至 1989 年的 18.2%。最后，由于产权的转移和多元化，智利的资本市场开始活跃，数百家企业在圣地亚哥交易所上市，智利资本市场成为南美最有活力的资本市场之一。国企私有化的股份交易额占交易总额的比重由 1984 年的 6.2% 增至 1989 年的 65.5%。良好的财政、高效的企业、活跃的资本市场、突增的投资都促进了智利经济的繁荣。

3. 有控制的金融自由化，在吸引外资的同时避免了金融冲击

智利的金融自由化并不是一帆风顺的，经过第一阶段的激进改革后，第二阶段改革更侧重稳。审慎的利率自由和资本项目的放开给智利带来了大量的外资，资本项目占 GDP 的比重由 1985 年的 –8.5% 上升到 1990 年的 9.9%。而且在吸引外资的同时也采取了很多措施来鼓励资本的流出，防止过多资本流入造成实际汇率高估，导致出口竞争力下降。在开放资本项目的同时还注重经常项目的平衡。而且，为了防止国际热钱的大量涌入给智利的资本市场带来冲击，智利政府又制定了很多措施防止外资的短期涌入，采取很多优惠鼓励外国在智利建厂进行直接投资。这一系列有控制的、有步骤的、相互配合的金融自由化政策让智利在吸引外资的同时防止金融冲击，避免风险，带动了智利经济的繁荣。

4. 贸易自由化优化了出口结构，促进了经济发展

经过贸易自由化改革后，智利的进出口总额急剧上升。1970 年，智利进出口总额在国内生产总值中的比重为 23.8%，到 1988 年已超过 50%，到 2005 年已达到 75.9%。在总额上升的同时，智利的出口结构也发生了一定的变化，原先依靠铜出口的单一出口结构在 70 年代中期至 80 年代，主要是增加了蔬菜、水果、木材、纸和纸浆、渔产品等的出口，90 年代则着重增加了工业制成品在出口商品中的比重，从而使出口商品结构进一步优化。1990 年，农、林、渔、牧产品的出口占 11.9%，矿产品占

55.4%，工业品占32.7%。1997年，上述3类产品分别占9.1%、50%和40.9%。至2002年制成品出口比重达到最高点，为44.8%，矿产品和农、林、渔产品的出口比率分别是39.2%和9.9%。① 同时，经过改革，智利在外贸市场多元化方面也取得了显著成效。2005年智利出口国家和地区的分布情况为：欧洲26%，美洲36%（其中北美20%，拉美16%），亚洲36%（其中中国11%，日本12%），其他国家和地区为2%。② 可见智利的出口市场的分布是比较均衡的。从总体上来看，智利的贸易自由化给智利的经济带来了很大的增长，优化的出口结构和多元化的外贸市场也增加了出口的稳定性，降低了风险。

5. 政治体制改革正确处理了政府和市场的关系，为经济发展提供了稳定的政治环境

智利的政治体制改革正确处理了政府和市场的关系，减少了国家的干预，让经济在市场上自由发展。国家作为补充作用，为市场的正常运转制定了一些非歧视性的规则。政府和市场良好配合，让经济在充满活力的同时又不会紊乱，为智利的经济增长提供了良好的环境。

而且，在进行新自由主义的浪潮中，智利为了约束政府的权力，防止国家经济在市场化的过程中出现权力寻租现象，积极地反腐倡廉，把权力关进制度的笼子，清廉高效的政府为经济改革提供了制度保障。

6. 社会保障制度改革减轻了财政压力，增加了储蓄率，为经济的增长提供保障

社会保障制度的私有化，减轻了财政压力，增加了个人缴费的积极性。由于改革后的制度统一了具体缴费流程和缴费责任，规定了国家、私营养老机构和个人在缴费环节中的责任与义务，同时梳理了缴费的基本步骤，这为新的社保制度的合理运行创造了条件。同时个人账户的设计，增加了居民的储蓄率，为经济增长提供保障。社保基金的资本化，也盘活了资本市场，强化了社保制度的效率。

综上所述，智利基于本国情有计划有步骤的改革给智利的经济繁荣奠定了良好基础，促使智利的经济从拉美中脱颖而出并率先走出"中等收入陷阱"。

---

① 苏振兴：《拉丁美洲的经济发展》，经济管理出版社2000年版，第372、386、387页。
② Central Bank of Chile, Statistical Database. http：//www.bcentral.cl.

三 智利的经验以及对中国的启示

1. 依据本国国情，制定可行的改革政策，并循序渐进地推动

军政府执政以后，大胆采用文人技术官僚，即"芝加哥弟子"。这些技术专家针对智利的国情制定了一系列改革措施。因为智利有着丰富的矿产资源，因此放开贸易市场，大力发展出口以促进经济增长。针对本国的工业，为了促进本国民族工业的发展，增加本国工业的活力，采取私有化的方式，吸引外资进入本国工业，在增加投资的同时，能够使用外国先进的技术设备。同时，与贸易政策配套的金融自由化，逐步放开资本市场，放开利率，让市场决定资金的流向，使资金的使用更有效率。总之，智利在进行改革时，充分了解了本国的国情，发挥优势，弥补劣势，政策的可行度高。

除了有可行的政策以外，智利最成功的就是对政策的实施过程不激进，采用循序渐进的方法。其实，在改革的过程中，每个国家都是摸着石头过河，相同的理论指导在不同的国家和国情中也会有不同的政策。成功的改革都是依据本国国情，一步步摸索出来的。例如，在智利国企私有化的过程中，一开始政府增加财政收入、消灭赤字心切，因此做法比较激进，在较短的时间内在所有领域进行私有化，最终导致大量的企业集中在少数大财团的手中，控制了国家的经济。20世纪80年代初爆发债务危机时，银行资金短缺，靠金融资本起家的大财团纷纷破产倒闭，给智利的金融市场造成了很大的危机。最终智利政府又把一些企业重新收为国有。总结上一阶段的激进做法的教训，智利在国企私有化的第二阶段中就更加审慎和小心。首先，在私有化的过程中循序渐进，一步步地深化改革。再者，在私有化的过程中，对于一些对国民经济有重大影响的国家骨干企业的股权进行售卖时，不仅逐步进行，而且还立法对这一过程进行监管，保证了改革的稳定性。在放开资本账户过程中，同样是因为审慎推进，让资本项目在放开的过程中，没有受到大的资本冲击，保证了金融市场的稳定性。

中国目前也处于改革的深化期，会遇到各种各样的问题，会受到很多利益集团的阻挠，但是只要我们根据本国的实际国情，研究出一条适合中国的改革道路，让一切指导思想和理论中国化，并且在实施的过程中，稳步推进，审慎监管，中国也一定可以迈出中等收入陷阱，进入高收入国家行列，实现中华民族的伟大复兴。

2. 正确处理政府与市场的关系，发挥政府的调节能力，制定适宜的宏观政策

政府与市场孰轻孰重一直是经济学讨论的问题。用市场这只"看不见的手"配置资源能够实现高效，但是市场也会有失灵的时候，这个时候政府就要去干预调节，而且政府在社会公正和福利方面也要起到重要的作用。最重要的是，一个有效的市场，需要一些规则，而政府又是这些规则的制定者。因此一个国家要想实现持续的发展，正确找到市场和政府的平衡，处理好两者之间的关系显得尤为重要。

智利改革的成功之处也在于此。智利一开始进行新自由主义改革时，如果没有军政府的强力支持做后盾，很多措施根本无法进行。很多时候我们崇尚民主，那是进步的象征。但是如果一个国家的民主发展进程大大快于本国的经济发展，民主就会成为经济的羁绊。很多拉美国家一直无法实现快速发展与本国高阶段的民主有很大关系。当一个经济结构还处于失衡，发展模式还没有成熟的国家面临一个小政府时，无规则只会让这个国家失衡更加严重，更别提发展了。智利在进行新自由主义改革时面临的正是一个大政府，是这个强硬的政府通过政策引导让智利的经济结构和发展模式逐渐成熟。政府不仅制定合适的改革措施，而且在措施实施中实行监管，这都保证了智利改革的稳定。相反，阿根廷就是因为政府的不作为，没有把握好改革的节奏，最终走上了一条相反的道路，危机频发，逐步衰落。智利军政府下台后，文人政府依旧重视政府的调节作用，在社会福利方面积极作为，调节收入分配，在发展经济的同时，注重公平。

由此我们看出，一个优质的政府既不能什么都管，也不能放任自流。能够在国家的发展中找到正确的定位，为市场服务，为人民服务，让市场更高效，让人民更幸福，这样的政府才能引导这个国家走上持续发展的康庄大道。中国政府作为一个相对强权政府在改革上有着天然的优越性，因此在处理政府与市场的关系时，就要尝试着逐步减少对市场的干预，放开资本市场，放开利率和汇率，对国企进行整改等等，让市场和政府配合得更加默契，共同引导中国的持续发展。

3. 注重民生，制定可持续的福利经济政策，让人们共享经济发展的成果

在智利的改革中，智利的养老保险等福利政策的改革一直都是世界各

国学习的榜样。很多西方国家包括拉美国家都普遍存在着储蓄率较低的问题，过低的储蓄率无法转换成投资带动经济增长。而智利的养老保险等福利政策的改革，通过建立个人账户，让原先由政府、企业和个人一起承担的养老金缴纳变为个人缴纳，个人领取。以后领取的养老金与工作期间自己缴纳的金额和养老金在养老金公司期间的增值率来确定。这样的改革减轻了国家财政压力和企业的资金负担，面临日益老龄化的人口结构，这样的改革让养老金的运转更加持续，不会出现养老金无法支撑过多老年人口的情况。

对于医疗保险的改革，建立混合医疗保险制度，针对不同的人群，有针对性地进行医疗资源的分配。对于中上层阶层，私立化一些医疗机构来提供服务。对于公立医院，政府投入大量资金来改善基础设施和服务，让这些医院更好地为低收入阶层服务。

中国近年来也渐渐进入老龄化社会，过多的老年人口不仅增加了年轻人的负担，也增加了国家的财政压力。巨大的退休人员养老金缺口，让中国的福利政策面临不可持续的风险。近年来，虽然中国也进行养老金并轨和上市运转的改革，但是还是存在很多不足，那么智利的经验就值得学习，我们也可以逐步放开养老金市场，让养老金运转私营化，通过不同公司之间的竞争增加养老金的收益和增值。稳步地推进养老金并轨化改革，对所有工作人员一视同仁。

4. 加强党的建设，注重反腐倡廉

一般而言，一个国家经济在市场化的时候，常会出现权力寻租现象，进而导致腐败的产生。腐败对一个国家危害很大，本来应该全心一力为国家贡献的政府官员和职员，却因为一些私人的利益，破坏国家的现代化进程，打破市场运行的规则，不合理地将优质的资源聚拢在自己手中，严重影响了经济发展和公平正义。例如，在企业重组和改革中，一些官员因为自己的利益，从一些小团体的私利出发，将国有资产贱卖给既得利益者，国有资产大量流失到个人的私囊里，国家、广大职工利益受到严重损害。对于民众不满的诉求，当地政府不仅不能正确对待，治安机关反而还会介入不该介入的企业重组和企业改制的风波，压制民众的正当诉求，到头来，企业职工利益受损，谁也不负责任。对于有些符合改制条件的企业，有些政府和企业经营者认为不符合他们的利益，企业改制就受阻。这样用牺牲大众的利益来满足自己利益的腐败现象对国家简直是毒药，会让一个

国家、一个政党走向毁灭。因此注重反腐倡廉，让人民公仆真正为人民服务，这个国家才有可能繁荣昌盛。

　　智利在政治体制改革上的经验值得我们中国学习。首先，智利通过构建多重的监督体制，通过外部监管和内部监管共同对公职人员进行监督，对公职人员形成全方位的监管，将一些腐败现象扼杀在摇篮里。其次，智利建立了最健全的财产申报体制，凡是进入国家机构和进入管理、技术和行政部门的财政服务人员，上任前必须提交一份本人及其配偶各自的财产状况申报书，并且必须年年更新。而且智利还运用一种先进的计算机系统，对这些数据进行储存和处理。最后，智利对公务员录入有着严格的监管，让腐败在入口消除。而且公务员的高薪资水平也进一步增加了公务员腐败的机会成本，让公职人员更好地尽忠职守，为国家服务，为人民服务。

　　中国今年来也在探索对政治体制的改革，特别是习近平总书记执政以来，各大贪官纷纷落马，反腐力度大大加强。智利在这方面的经验值得我们学习，我们常说把权力关进制度的牢笼，因此建立健全的监督体制，对权利进行全方位的约束是非常必要的。我国要进一步加强一些法律法规的健全，开展普遍和全面的财产申报，让政府官员的财产透明化，让群众能够时刻进行监督。而且，在公务员录入方面，也要像智利一样，进行严格把关，如果连公职人员的入口都存在着不公和腐败，那么我们怎么能指望这些公职人员在工作以后不玩弄权力，为人民更好的服务呢。

Abstract：Latin America has always been the one of the most serious districts which were trapped in a "middle income trap". In Latin America, There are so many countries trapped in a "middle income trap" and the time they get rid of the trap are so long. However, Chile achieve the leap-type development in economics with their posotive reform and cross the "middle income trap" successfully, entering the ranks of high-income countries. In economics, Chile reforms their State enterprises, trade and finance. In politics, it relocates the goverment, combats corruption and builds a clean government. In social welfare, it carries out the privatization of the pension. These reforms allow Chile to stand out in a number of middle-income countries in Latin America. Now, the reform of China enters the deep water area and faces so many challenges, so we should learn from the experience of successful reform in Chile, making the reform more smoothly and more successfully.

Key words: Middle income trap; Chile; Reform; Liberalization; Privatization

制度之间的政治经济发展
——阿根廷和智利比较研究(1989—2001)

李江春[*]

内容提要 根据已经建构起来并得到初步验证的制度之间的政治经济发展理论,本文比较分析1989—2001年的阿根廷和智利的政治经济制度和政治经济发展,发现两国都延续原有的制度之间的政治经济发展模式,即整体上冲突的政治经济制度使政治经济发展整体上呈现冲突状态,而整体上协调的政治经济制度使政治经济发展整体上得以协调。同样重要的是,该理论具有预测功能,这反过来证明了其强大的解释力。

关键词 制度之间的政治经济发展 阿根廷 智利

制度和发展是理解人类命运的关键因素,加上它们之间存在因果关系,所以长期备受制度主义者青睐。沿着抽象的阶梯向下,政治、经济因在人类社会中占据首要地位而成为制度研究的重中之重,成为解释国家命运的必要条件。然而,由于过于复杂,制度主义者尚未把一个国家的政治经济制度和政治经济发展结合在一起考虑,并且从逻辑上理顺这种结合与解释国家命运的关系。据此,笔者在归纳、分析原有理论的基础之上,构建制度之间的政治经济发展理论,然后以1976—1989年的阿根廷和智利

---

[*] 李江春,天津外国语大学拉美研究中心博士。

为案例加以验证。①

显然，要深刻理解任何一个国家的制度之间的政治经济发展模式，只考察13年的历史是不够的——尽管它可能符合长期特征，但仍缺乏说服力。同样重要的是，和其他理论一样，制度之间的政治经济发展理论具有预测功能：在可靠地论证一个国家的制度之间的政治经济发展模式后，我们完全可以推断后来的结果。这反过来证明了制度之间的政治经济发展理论具有强大的解释力。因此，本文将运用已经建构起来的制度之间的政治经济发展理论，将1989—2001年的阿根廷和智利进行比较。

本文正文部分安排如下：第一部分概述原有理论和替代性的制度之间的政治经济发展理论，作为全文分析的基础。第二、第三部分分别详细分析1989—2001年的阿根廷和智利的政治经济制度和政治经济发展。最后是结论部分。

一 制度之间的政治经济发展

政治、经济在国家和人们生活中居于首要地位，原有解释政治、经济现象的从制度到发展的理论有三种：单一制度、制度相加和制度之间的政治/经济发展。

单一制度理论只考察一种制度对政治/经济发展的影响。它符合人们简单化的思维习惯，所以相当流行。不过，一种制度的政治/经济结果是复杂的，产权和经济增长、民主和经济增长分别是确定性和不确定性两种结果的代表。事实上，国家的制度网络无比复杂，没有一种制度可以单独存在，政治发展和经济发展须臾不可分离，因此，单一制度理论的解释力非常有限——即使它有时能发现确定的因果关系，也无助于我们理解整体的国家命运。

制度相加理论承认诸多制度中的每一种制度都单独影响政治/经济发展，却没能指出制度间的关系，或者制度间关系不存在。在测量之风盛行

---

① 李江春：《制度之间的政治经济发展——阿根廷和智利比较研究（1976—1989年）》，《经济社会体制比较》2013年第5期，第161—174页。

的时代，制度测量是其典型代表。由于每一种制度都孤立存在，制度相加又何尝不能分解成一个个的单一制度？或许，制度相加只是为合并论述一个个单一制度节省了篇幅而已。

制度之间的政治/经济发展理论强调各种政治制度、经济制度相互影响、相互作用，而且任何一种制度都不足以导致结果的发生，只有制度之间相互影响、相互作用才有如此效果，不过，它只讨论单一结果，要么是政治发展，要么是经济发展。与前两种理论相比，该理论关注制度间关系，优势明显，但还是没考虑到政治发展和经济发展的关系以及这种关系对于解释国家兴衰成败的必要性。

鉴于原有三种理论存在上述缺陷，笔者构建了替代性的解释理论：制度之间的政治经济发展理论，指的是政治和经济渗透、贯彻到制度和发展的各个环节，分别与制度、发展相结合，而政治和经济的关系也纠缠其中。它不仅突出了制度间关系，而且研究了政治发展和经济发展的关系对国家整体的作用。在处理政治经济制度与政治经济发展的关系及其内部的12种关系时，笔者删繁就简，避轻就重，概括出冲突和协调两种基本形态，最后得到如下结论：整体上冲突的政治经济制度使政治经济发展整体上呈现冲突状态，而整体上协调的政治经济制度使政治经济发展整体上得以协调。[1]

制度之间的政治经济发展理论中的冲突模式和协调模式既是理论的，也是实践的。作为理论，它们要经得起检验——时间长短尚在其次。作为实践，它们能固化下来并向前延续——在足够长的时间里。于是，衔接前后相续、跨度较短的历史除了更充分地检验理论外，还具有实践的独立价值：模式得以确立，未来可以预测，这反过来赋予了理论更强大的生命力——理论和实践本无二致。因此，在先前展示1976—1989年阿根廷和智利的历史之后，本文继续挖掘两国此后12年的政治经济制度和政治经济发展的深意，用25年来断定各自的制度之间的政治经济发展模式。

---

[1] 李江春：《制度之间的政治经济发展——阿根廷和智利比较研究（1976—1989年）》，《经济社会体制比较》2013年第5期，第161—166页。为减少重复，此处只摘录部分内容；同时稍作改动。

二 1989—2001 年的阿根廷

1976 年是阿根廷现代历史上的转折点，此后 13 年的历史见证了冲突的政治经济制度如何导致冲突的政治经济发展。[①] 1989 年又是另一个阶段的开始，7 月 7 日，卡洛斯·梅内姆（Carlos Menem）从劳尔·阿方辛（Raúl Alfonsín）手里接过总统大位，这是 61 年来民选总统第一次将权力移交给来自反对党的另一位总统。2001 年 12 月 20 日，费尔南多·德拉鲁阿（Fernando De la Rúa）总统在玫瑰宫[②]外数万人的抗议声中乘直升机仓皇离去。

（一）政治制度

依靠正义党的帮助和出色的个人能力，梅内姆打造了相对和谐（和以前相比）的政治小环境，政治冲突在一定程度被压制了，无奈，好光景太短暂，在其第二任期后半段，面对各种挑战，原来的政治明星也变得束手无策，更不用说站在正义党对立面的德拉鲁阿。

这一时期的阿根廷依旧实行总统制，不过，梅内姆的总统权力要大于原来已经是"超级总统"的阿方辛，尤其是新增颁布"必需和紧急的法令"（decretos de necesidad y urgencia）的权力，总统的立法权从"反应性的"（reactive）变成"潜在主导性的"（potentially dominant），并且操纵最高法院。[③] 1989 年 8、9 月，《国家改革法》（第 23696 号法律）和《经济紧急状态法》（第 23697 号法律）通过，梅内姆获得制定颁布法令的广泛权力，所以经常绕过国会颁布法令，以避开国会里的反对派，同样也避开正义党内的反对派。[④] 从 1989 年 7 月至 1994 年 8 月

[①] 李江春：《制度之间的政治经济发展——阿根廷和智利比较研究（1976—1989 年）》，《经济社会体制比较》2013 年第 5 期，第 166—168 页。

[②] 总统府所在地。

[③] Mark P. Jones, "Evaluating Argentina's Presidential Democracy: 1983 - 1995," in Scott Mainwaring and Matthew S. Shugart, eds., *Presidentialism and Democracy in Latin America*, Cambridge, Cambrige University Press, 1997, pp. 288, 290.

[④] 有学者称梅内姆为"不要政党的总统"（president without party）。参见 Javier Corrales, *Presidents without Parties: The Politics of Economic Reform in Argentina and Venezuela in the 1990s*, University Park, Pennsylvania State University Press, 2002.

（《宪法》改革前），梅内姆政府共颁布 336 部"必需和紧急的法令"，①超过以往民选总统 130 年的总和。② 1996 年，梅内姆还获得国家第二次紧急权力。与此相应，最高法院的法官人数从 5 人增加到 9 人，③ 梅内姆多用自己的亲信，形成一个"自动多数"（automatic majority，即梅内姆主义者占多数）。

因此，在新时期议行关系的天平上，行政机构的砝码又加重了，国会更难制约总统。

国家权力过分集中在行政机构，有违监督与制衡原则，缺乏水平责任，阿根廷的民主就成了代表型民主（delegative democracy）。④ 为加强对总统的约束，1994 年修订的《宪法》虽然特别授权总统颁布"必需和紧急的法令"，⑤ 但严加限制，禁止有涉及刑事、税收、选举和政党等方面法律的内容，且需经过国会批准。和以前一样，总统任命最高法院法官需要得到参议院的批准，但新《宪法》要求 2/3 的参议员同意，难度加大。

阿根廷的总统在面对各省（长）时处于优势地位，限制后者的自主性，可以干预省级政府的活动。1994 年后开放总统选举，由以前的选举团选举改为普选、直选，无疑削弱了各省的政治权力，使总统更加强势。不过，从总体上看，联邦制朝着增强各省自主性和权力的方向发展，表现在以下四个方面：联邦共同参与制度更加明晰（自动分配基金到各省，设立监督国家和各省财政、行政事务的机构）；各省获得地区创设的新权力和签署国际协议的能力；联邦对各省的干预需要得到国会批准；首都联邦区的自主性更大。

---

① Steven Levitsky, "The 'Normalization' of Argentine Politics", *Journal of Democracy*, Vol. 11, No. 2, April 2000, p. 57.

② Gustavo Blutman, "Orden y Desorden en la Reforma del Estado Argentine (1989 – 1994)", *Ciclos*, Vol. 4, No. 7, 2nd semester 1994, p. 61.

③ 1987 年，阿方辛也曾提议要将最高法院的法官人数从 5 人增加为 7 人，但未成功。

④ Guillermo O'Donnell, "Delegative Democracy", *Journal of Democracy*, Vol. 5, January 1994, pp. 55 – 69; Guillermo O'Dennell, "Horizontal Accountability in New Democracies", *Journal of Democracy*, Vol. 9, July 1998, pp. 112 – 126.

⑤ 1994 年前，虽然阿根廷有些省份（如里奥内格罗、萨尔塔和圣胡安省）的《宪法》授予省长们颁布这些法令的权力，但阿根廷《宪法》仍没有如此规定。

在总统和国会、总统和省长的两场博弈中,国会和省长扭转颓势,仅就政治体制而言,制衡总统确是民主之幸。

塑造良好的文武关系不仅是巩固民主的一个标志,还有多重好处:让军队成为改革的支持者、依靠军队来镇压改革中可能出现的混乱局面和换取军方同意削减军费和军队规模,但要做起来并不容易。梅内姆希望保护军官(当然包括前军人执政团成员)免受人权犯罪的指控,继而遭到大规模的民众反对,军方在1990年12月3日以叛乱回应,梅内姆力求和解,一方面赦免前军人执政团成员和其他一些军官,另一方面给人权犯罪的受害者及其家属提供赔偿,实现政治和社会稳定。最得军心的莫过于1991年《国内安全法》废除了1988年《国防法》第13条有关军队不得干预国内安全事务的规定,新法允许在某些情况下军队可以介入国内安全,而在此之前,政府已经颁布第329号法令,授予军队镇压国内动乱的权力。1993年12月,梅内姆甚至批准2名被控在军政府时期犯有酷刑和谋杀罪行的海军军官晋升。1994年,社会安全和保护秘书处成立,由空军军官领导,负责国内安全。军方自然也投桃报李,回到军营,接受梅内姆的改革方案,改征兵制为募兵制,军队人数从1989年的9.5万人削减到1993年的6.5万人,军费占GNP的比例相应从2.6%减少到1.7%。[①]1995年,军队总司令马丁·巴尔萨(Martin Balza)为军方在"肮脏的战争"期间的行为公开道歉。此后,即便在极度混乱的情况下,军方也任由文人去解决危机,不予干涉。

正义党在1983年选举失败后开始转型,进入90年代,从劳工型政党向机械政党的转型宣告完成,庇隆主义传统的劳工参与机制被抛弃,庇护主义网络(clientelist network)代替工会成为联系劳工和下层阶级的主要纽带。庇护主义通过物质利益交换,可以直接赢得选票,或者通过给予活跃分子(他们的活动产生重要的选举利益)好处,间接赢得选票。在经济危机和新自由主义改革的背景下,庇护主义的巩固帮助正义党保持劳工和下层阶级的传统群众基础,工会的功能弱化了。[②] 正义党向机械政党转

[①] "United States Arms Control and Disarmament Agency, World Military Expenditures and Arms Transfers, 1993 – 1994", Washington, ACDA, 1994, p. 52.

[②] Steven Levitsky, "From Labor Politics to Machine Politics: The Transformation of Party-Union Linkages in Argentine Peronism, 1983 – 1999", *Latin American Research Review*, Vol. 38, No. 3, 2003, pp. 3 – 36.

型至少为梅内姆赢得他任期内的大部分时间。

梅内姆来自边陲的拉里奥哈省,深知边缘省份的政治功效。它们的经济和人口只占全国很小一部分,但它们的代表在决定国家命运的参众两院却占多数。参议院48个席位(1994年后增加到70个),除了布宜诺斯艾利斯、圣塔菲、科多巴和门多萨这样的中心地带,其余83.3%都由边缘省份掌握。众议院的席位原来只按人口比例分配,军政府时期每个省增加3席,这样,各省众议员不会少于5名,边缘省份把持52%的席位。暂且不论边缘省份的过度代表会带来什么消极影响,现在,梅内姆有意识地将政府开支向边缘省份倾斜,以寻求议员们(这些地方的省长多来自正义党)的支持,形成所谓的边缘联盟,若从有利于改革大局着眼,其意义自然不同凡响。1994年修宪成功,允许总统连任,过度代表倒成就了梅内姆的另一个4年。

不可否认,梅内姆寻求连任有个人权力欲望作祟的因素,但和以往屡屡失败的改革经历相比,1989年后几年间所取得的成就弥足珍贵,值得好好延续下去。1993年,梅内姆和阿方辛分别代表执政党和在野党签署修改《宪法》的协议,激进党支持梅内姆连任总统。实际上,由于改革初见成效,梅内姆个人威望颇高,就算阿方辛拒绝签署协议,梅内姆诉诸公投也同样会成功。1998年,改革已成衰败之势,梅内姆想第三度当选总统却缺少民意基础,只能以失败收场。在这个意义上,是国家的发展要求和促成修宪。1994年,宪法大会批准该协议,修宪水到渠成。修改过的《宪法》规定,总统任期由6年改为4年,可以连任;参议员由以前从各省议会挑选改为直选;布宜诺斯艾利斯市市长直选;设立法官委员会,监督联邦法官的遴选,这些制度无疑将阿根廷的民主向前推进了一步。

值得一提的是,政党制度仍然居于政治制度的核心地位,原来对立的两党制一直延续着,当国家团结前线崛起时,阿根廷政坛一度出现多党制的特征,但终究还是正义党和激进党双头垄断。(见表1)梅内姆是个强势总统,加上达成全国性的改革共识,两党的矛盾暂时被掩盖,但不久就故态复萌。

表1　　　　　　　　1989—2001年阿根廷国会的构成（%）

政党	参议院 1989—1992年	参议院 1992—1995年	参议院 1995—1998年	参议院 1998—2001年	众议院 1989—1991年	众议院 1991—1993年	众议院 1993—1995年	众议院 1995—1997年	众议院 1997—1999年	众议院 1999—2001年
正义党	54.4/54.2	62.5	55.7	55.7	47.2	45.1	49.4	51.0	46.3	38.5
激进党	30.4/29.2	22.9	28.6	30.0	35.4	32.7	32.7	26.5	25.7	31.9
国家团结前线								8.6	14.8	14.4
其他	15.2/16.7	14.6	15.7	14.3	17.3	22.2	17.9	14.0	13.2	15.2
总席位	46/48	48	70	70	254	257	257	257	257	257

资料来源：Mark P. Jones and Wonjae Hwang, "Provincial Party Bosses: Keystone of the Argentine Congress," in Steven Levitsky and María Victoria Murillo, eds., *Argentine Democracy: The Politics of Institutional Weakness*, University Park, Pennsylvania State University Press, 2005, pp. 119 – 120.

1999年，梅内姆政府10年霸权终结，德拉鲁阿的联合政府上台，梅内姆打造的政治小环境随着他的离去而不复存在。要建立另外一个支持改革的政治小环境，联合政府有些先天不足。执政的激进党和国家团结前线只是一个松散的选举联盟，难以维系，随着2000年8月副总统卡洛斯·阿尔瓦雷斯（Carlos Álvarez）因腐败辞职而崩溃；况且，它在众议院离多数还有些差距，在参议院差得更远；24个省长中，15个来自正义党；最高法院组成没变，仍然是梅内姆亲信占多数。这种情形下，德拉鲁阿期待共识政治，但正义党不配合，1989年前的政治僵局又回来了。

（二）经济制度

1989—1998年，阿根廷经济迎来了久违的好光景。如果用华盛顿共识（Washington Consensus）[①] 来代表新自由主义经济模式——它们通常被

[①] John Williamson, "What Washington Means by Policy Reform," in John William, ed., *Latin American Adjustment: How Much Has Happened?* Washington, Peterson Institute for International Economics, 1990, chap. 2; John Williamson, *The Political Economy of Policy Reform*, Washington, Institute for International Economics, 1994. 也有人不承认存在华盛顿共识。参见 Moisés Naím, "Fads and Fashion in Economic Reforms: Washington Consensus or Washington Confusion?" Washington, IMF Conference on Second Generation Reform, 1999。

看作同义词——那么,梅内姆时期的阿根廷可说是华盛顿共识的模范代表(poster child)。此后3年,形势急转直下,直至爆发阿根廷历史上最严重的经济危机,创造1989年之后最糟糕的纪录。

激进党提前交出政权时承诺,到1989年年底不反对正义党政府改革。于是,梅内姆及时利用这个黄金时间制定法律,获得经济改革的权力,推出紧急经济计划。《国家改革法》授予总统可以对几乎一切领域进行私有化的广泛权力,《经济紧急状态法》则中止政府补贴180天,授权政府以法令的方式制定诸如工资、税收和关税等方面的重要制度。为了应对恶性通胀,经济部决定让奥斯特拉尔对美元的汇率从300∶1大幅贬值到600∶1,紧缩财政,冻结价格和工资,通胀猛降,经济开始复苏。和以前一样,稳定化开了个好头,接下来的结构调整不会那么顺利,因为有一个庞大的既得利益集团始终反对市场,而且,市场上的投机行为也给货币贬值带来巨大压力。12月15日,梅内姆的长期顾问安东尼奥·埃尔曼·冈萨雷斯(Antonio Erman González)接任经济部长一职,坚决推动自由化改革。他一方面消除价格控制,允许奥斯特拉尔自由浮动,此举被认为是阿根廷经济50年以来的重大突破,显示新一代领导人坚强的改革决心;另一方面推行名为"外部债券"(Bonos Externos)的计划,规定存期为7天的储户可以提取约500美元存款,其余的存款强制性转换成以美元计价的政府债券,为期10年,而新的存款最低期限为90天,这样就有30亿美元流动性撤离市场,后来又将冻结的80亿美元债务转换成为期10年的政府债券,真实利率为8%。① 以高利率、GDP下降和大量资金从金融市场退出为代价,直到1990年年底,通胀都在下降。1991年年初,针对奥斯特拉尔的新一波袭击爆发,通胀高企,多明戈·卡瓦略(Domingo Cavallo)开始领导经济改革。在卡瓦略上台前的一年多改革虽然暂时稳定了经济局势,但没有给予投资者足够的承诺和信心,经受不起冲击是必然的。

世界银行在1990年就认为,阿根廷需要以固定汇率为名义锚来建立足够的信用。② 卡瓦略持同样观点。4月1日开始实施的可兑换

---

① *Latin American Monitor*, October 1990, p. 822.
② World Bank, *Argentina: Reforms for Price Stability and Growth*, Washington, World Bank, 1990, p. xviii.

(Convertibilidad）计划（第23928号法律）正是这一观点的产物。[1] 该计划以促进价格稳定和长期经济增长为目的，具备稳定化和结构改革的双重功能。

按照《可兑换法》规定，奥斯特拉尔以10000∶1的比例自由兑换美元，然后退出流通，代之以和美元等值的比索，国内货币基数要有100%的国际储备支持。此外，央行变身为最后贷款人，不得加印钞票为政府预算赤字融资，就算融资也不得超过货币基数的20%，政府有能力在私人资本市场为超出的开支融资时才允许出现赤字。这是典型的货币局（currency board）制度，依靠固定汇率和对货币创造严加限制的承诺（也是政府的政治承诺）来抑制通胀，一经推出就收到立竿见影的效果。1990年后半年通胀率为90%，次年2月仍达27%，到了5月就突然降为2.8%，11月更低至0.4%，而1991年下半年平均通胀率仅有8.3%，[2] 并在以后的岁月里一直低水平运行，破除了20世纪20年代以来的通胀魔咒。

货币局制度的承诺使投资者不用担心货币不稳定或突然贬值造成损失，具有坚定投资者信心，从而促进经济增长的功能。不过，经济增长从来不是单一制度的结果，需要多种制度配套运行。货币局要求实施符合新自由主义精神的严格财政纪律，而财政平衡只能通过私有化、削减公共雇员、增加税收和社会福利私有化等一系列改革方案来实现。与此同时，集结在新自由主义旗帜下的结构改革还包括削减关税、贸易自由化、资本自由流动、外汇市场自由化和银行重组等。这样，阿根廷就全面展开了以货币局制度为核心的新自由主义经济改革。

外商直接投资增加充分体现外国投资者对阿根廷的信心。在可兑换计划下，阿根廷一跃成为发展中世界吸引外商直接投资的佼佼者，投资额在1990年18.36亿美元的基础上持续攀升，1999年达到顶峰，为239.88亿美元，1990—2001年共吸引外商直接投资807.15亿美元，而1976—1989

---

[1] 因此也称为卡瓦略计划。

[2] Ministerio de Economía y Obras y Servicios Públicos, *Economic Report*, Buenos Aires, Ministerio de Economía y Obras y Servicios Públicos, 1995, pp. 142, 145.

年仅为 66.89 亿美元。[1] 以前一直想推动却屡屡受阻的私有化这时也完成了。1990 年，大规模私有化开始，在梅内姆任内涉足的领域包括：电信、石化、铁路、电力、电视台、高速公路、煤矿、油田、石油、邮政、商船、港口和布宜诺斯艾利斯的地铁[2]，实现了梅内姆"对一切可以私有化的东西进行私有化"[3] 的愿望。1990—1994 年，共有 117 家企业私有化。[4] 到 1995 年，大企业基本都不在国家手里。在私有化过程中，政府得到大笔收入，1990—1998 年为 240 亿美元，其中 1990—1995 年就达到 184.46 亿美元，[5] 1992 年为 55 亿美元[6]，而 1999—2001 年分别为 239.86 亿美元（主要来自售卖国家石油公司 YPF）、116.72 亿美元和 31.81 亿美元。[7] 相比之下，阿方辛时期实际上只有 4 家企业私有化，仅贡献财政收入 3200 万美元。[8] 上述数字仅从两个侧面反映了可兑换计划的成就，而在一个经济系统中，最能综合反映经济绩效的莫过于 GDP。直到 1998 年，阿根廷的 GDP 总体上处于持续增长的状态，接着是负增长，1994—1995 年和 1998—1999 年国际经济危机是两次严峻考验，可兑换计划躲过第一次，却没躲过第二次。

---

[1] 数据来自世界银行数据库。参见 http://data.worldbank.org/indicator/BX.KLT.DINV.CD.WD，检索日期：2015 年 5 月 8 日。

[2] Leslie E. Armijo, "Balance Sheet or Ballot Box? Incentives to Privatize in Emerging Democracies", in Philip Oxhorn and Pamela K. Starr, eds., *Markets and Democracy in Latin America: Conflict or Convergence?* Boulder, Lynne Reiner, 1999, pp. 175 – 176.

[3] Javier Corrales, "Coalitions and Corporate Choices in Argentina, 1976 – 1994: The Recent Private Sector Support of Privatization", *Studies in Comparative International Development*, Vol. 32, No. 4, Winter 1998, p. 26. 详细的过程可参见 Mariana Llanos, *Privatisation and Democracy in Argentina: An Analysis of President-Congress Relations*, London, Palgrave, 2002.

[4] Javier Corrales, "Why Argentines Followed Cavallo? A Technocrat between Democracy and Economic Reform", in Jorge I. Domínguez, ed., *Technopols: Freeing Politics and Markets in Latin American in the 1990s*, University Park, Pennsylvania State University Press, 1996, p. 70.

[5] Inter-American Developemnt Bank, *Economic and Social Progress in Latin America*, Washing, Johns Hopkins University Press, 1996, p. 171.

[6] Daniel Heymann, "Políticas de Reforma y Comportamiento", in Daniel Heymann and Bernardo Kosacoff, eds., *La Argentina de los Noventa*, Buenos Aires, EUDEBA/CEPAL, 2000, p. 46.

[7] CEPAL, *La Inversion Extranjera en América Latina y el Caribe*, Santiago: Naciones Unidas, 2002, pp. 57 – 98.

[8] Luigi Manzetti, *Privatization South American Style*, New York, Oxford University Press, 1999, p. 45.

固定汇率下的比索高估是贸易赤字的根源，却很难修正，因为汇率调整必须来自国内成本和价格，得不到名义汇率的帮助。在原材料和初级产品仍是主要出口商品、自由贸易的环境中，比索高估对贸易的消极影响进一步强化了。在固定汇率的压力下，要长期遵守财政限制的承诺也并非易事。依靠私有化收入和国际借贷终究不是长久之计，1991 年的财政盈余以后就难以重复了。只要条件允许，联邦政府和省级政府都倾向于增加开支，结果，公共债务从 1990 年的 575.82 亿美元增加到 1999 年的 1218.77 亿美元，2001 年更是达到 1444.52 亿美元的天文数字，[1] 只不过，梅内姆政府掩盖了真相，以免打击投资者的信心。

作为一个开放的经济体，比索又钉住美元，阿根廷很容易受到外部震荡的冲击。1994 年 12 月爆发于墨西哥的特吉拉（Tequila）危机很快波及阿根廷，资本出逃，利率猛增，经济陷入衰退。此时，梅内姆正在为第二任期做准备，特吉拉危机非阿根廷之错，不至于在政治上否定梅内姆 5 年多来的成就，他的政府要在稍微放松严格纪律的同时更加坚定人们的信心。起初，央行取消买卖美元之间的差额，要求用美元存款，商业银行在央行开设的账户统一以美元计价，降低定期存款期限。到了 1995 年 2 月，经济危机的阴影还未消除，央行增加对金融体系的支持。与此同时，金融部门进行重组，央行对商业银行进行监督和管制。国际货币基金组织也向阿根廷提供 110 亿美元贷款，帮其渡过难关。梅内姆顶住压力，继续推行新自由主义路线。到 1996 年年底，正当多数阿根廷人对苦苦挣扎快两年仍未见起色的经济政策深表失望时，10 月、11 月的经济指标显示，强劲增长又回来了。

1997—1999 年席卷亚洲、俄罗斯和巴西的经济危机从外部殃及阿根廷。此时，可兑换计划的缺陷表露无遗：实施的时间越长，贸易赤字和财政赤字数目越庞大。1999 年 4 月，政府和国际货币基金组织签署协议，同意削减开支，但紧缩政策越来越不得人心，削减基本开支已不可能，结果只能是财政赤字愈加严重（私有化收入能弥补一部分）。

---

[1] Alan Cibils, and Rubén Lo Vuolo, "At Debt's Door: What Can We Learn from Argentina's Recent Debt Crisis and Restructuting?" *Seattle Journal for Social Justice*, Vol. 5, No. 2, 2012, p. 760.

德拉鲁阿执政后,很快拿出财政紧缩方案,但可兑换计划积累到现在的弊端远比 1995 年要多,人们也不会那么有耐心等待,投资者的信心难以恢复。此时,美国正提高利率以应对经济过热,而衰退中的阿根廷需要低利率,却由于货币局制度不能作出如此选择,当美国 2001 年 1 月降低利率时,阿根廷的经济衰退已经再次被拖长。4 月,卡瓦略重掌经济部,将比索钉住美元改为钉住货币篮子:欧元和美元并重,导致彻底失败,因为欧元和美元不等价,而且损害长期固定汇率的可信性。12 月 1 日,卡瓦略宣布管制外汇市场交易,德拉鲁阿政府也随即在混乱中结束了。2002 年 1 月 6 日,随着《公共紧急状态和汇率机制法》出台,可兑换计划历经 10 年,最终惨淡收场。

(三) 政治制度和经济制度间关系

梅内姆打着民众主义的旗号上台,却异于以往,因为它"很多方面……需要更新"。[1] 在当前的形势下,新自由主义技术专家需要民众主义来打击利益集团,反对国家干预,民众主义领导人则需要新自由主义来摧毁中间团体、官僚主义者和政治对手,也就是说,民众主义和新自由主义都渴望权力,因此自上而下地结合起来了。[2] 这种结合更根本的原因在于,来自正义党的梅内姆得求诸本党的立党之本、力量之源:民众主义,而新自由主义在 80 年代末 90 年代初广泛流行于拉美地区,阿根廷人也深受熏陶。现在,民众主义和新自由主义在思想和权力的结合构成了阿根廷制度安排的基础。

如何有助于实施新自由主义经济改革是这一时期政治制度变化的核心。原有的政治制度框架是一个均衡体系,梅内姆不企求根本变革,因为那样做困难太大,前途未卜,转而寄希望于临时改制,只为当前服务,不要求(实际上也不可能)长久地保留下去。这便是前面提到的政治小环境,它是多种政治制度的结合体,包括总统享有颁布"必需和紧急的法令"的权力、操纵对最高法院法官的任命和建立政治联盟等,这样的制度安排对于打算立即、全面推动经济改革的阿根

---

[1] Carlos Menem, "Movilización Peronista para la Actualización Política y Doctrinaria, Mensaje de Carlos Menem", Buenos Aires, Consejo Nacional Justicialista, March 16, 1991.

[2] Kurt Weyland, "Neoliberal Populism in Latin America and Eastern Europe", *Comparative Politics*, Vol. 31, No. 4, July 1999, p. 382.

廷来说是至关重要的——创新带来了短暂辉煌。反过来,以货币局制度为核心的新自由主义经济改革的成功也巩固了政治小环境,暂时压制住反对派。可以说,在短短几年中,政治制度和经济制度整体上进入良性循环。不过,一旦固定汇率的内在缺陷沿着时间之轴逐渐大白于天下,原先有利于市场化改革的政治小环境就被摧毁,恶性循环重新开始。

如前所述,1994年《宪法》对总统权力进行限制,符合民主的要求。然而,政治上的进步阻碍了经济制度的运行和经济发展。由于受制于国会,不得涉及税收,总统再也无法像以往那样随意颁布"必需和紧急的法令",即使它的消极后果在修宪后还没立即体现出来,也不断地侵蚀着行政机关进行经济改革的勇气和决心,越到紧急关头越是如此。另一种挑战来自省级政府。按照1987年的法律规定,57%的联邦税收要转移给各省。梅内姆要保持宏观经济稳定,增强联邦政府控制预算赤字、与通胀斗争的能力,就需要削减各省的份额。1992年、1993年通过的两个税收法案,将按比例转移改为按最低基准线(piso mímino)转移,每月转移给各省的税收不少于7.2亿美元,后来增加到7.4亿美元。不过,1994年后,权力逐渐膨胀的省长并不满足,他们不断向总统施压,1998年,联邦政府对省级政府的每月最低税收保障为8.5亿美元,这一数字到2000年、2001年更大幅上升至13.5亿美元、13.6亿美元。[①] 全国经济滑坡、税收减少时,地方分享的税收反而激增,使经济形势愈加恶化:省长们胜利了,国家失败了。

总统和技术专家因为新自由主义信仰走到一起,跟皮诺切特和芝加哥弟子的结合一样,这也是梅内姆时期经济发展的关键制度。对该制度的最大考验在于能否共同应对困难局面。从墨西哥输入的经济危机动摇着新自由主义,然而,虽然面临总工会发起罢工和党内的压力,梅内姆却不打算屈服,仍旧动用特别的行政权力,坚持正统的经济政策,增加税收,削减公共开支,推迟劳动改革,减少社会支出。在这场斗争中,梅内姆并不打

[①] Kent Eaton, "Menem and the Governors: Intergovernmental Relations in the 1990s", in Steven Levitsky and María Victoria Murillo, eds., *Argentine Democracy: The Politics of Institutional Weakness*, University Park, Pennsylvania State University Press, 2005, pp. 98 – 107.

算放弃新自由主义和信奉新自由主义的技术专家,而只是做了一次策略性转换:于 1996 年 7 月将卡瓦略解职,然后让罗克·费尔南德斯(Roque Fernandez)接任,继续推行新自由主义改革,赢取投资者信心。后来的改革失败,不是由于总统和技术专家的隔阂(军政府时期),而是受到其他更强有力因素的破坏。

就算没有政治干扰,面临 1997—1999 年外部输入的经济危机,货币局制度也难以再发挥以往的作用。恰恰此时,梅内姆再次寻求连任,招致各方反对:新自由主义经济改革带给社会的后遗症是不可避免的,梅内姆未能兑现解决这一难题的诺言;正义党内部的爱德华多·杜阿尔德(Eduardo Duhalde)得到总工会支持,早就觊觎总统大位,极力反对梅内姆连任;激进党和国家团结前线结盟,在 1997 年 10 月国会选举重振雄风。为争取大多数人的政治支持,梅内姆选择暂时停止市场经济改革,即使这样会损害某些经济利益集团的政治经济利益。在政治制度和经济制度的双重作用下,梅内姆及其技术专家团队为挽救经济困局的努力中断了。

前面已谈到,德拉鲁阿上台时,所处的政治环境甚至不如阿方辛。在阿根廷,非正义党的总统要大刀阔斧地改革,远比正义党的总统难得多。因为劳工势力及其代言人工会、正义党很强大。阿方辛尚且如此狼狈,德拉鲁阿更是难上加难。正义党不会给他那么多时间。

要在阿根廷这样一个民众主义传统浓厚的国家进行新自由主义经济改革,政治支持至关重要,军政府、阿方辛和德拉鲁阿没能建立支持改革的政治制度,梅内姆却做到了,所以才有短暂的"阿根廷奇迹"[1]。货币局制度的内在矛盾不仅直接反映在经济上,也把政治牵扯进来:政治和货币局制度相互利用。德拉鲁阿根基未稳,在经济危机中贸然启动反腐败斗争,犯如此大忌,焉能不败?!

(四) 制度之间的政治经济发展

12 年间,阿根廷大多数时候的政治经济制度运转起来还算顺畅。由

---

[1] "Argentina: Back to Work", *Economist*, May 20, 1995, p. 42.

两党制、国会、总统制和联邦制等组成的政治制度基本结构保持不变，在此基础上，灵活、短暂的政治制度安排形成政治小环境，超越政治对立，成为盘活整个制度体系的关键。这不仅是政治的活力之源，也是经济改革的政治保障；为了姗姗来迟的改革，政治制度作出调整，扮演领导者和服务者的角色，打开了一条通道。行政机关的权力先扬后抑，1994年修宪照顾政治发展之需，殊不知，此举慢慢侵蚀和破坏来之不易的相对和谐的政治小环境，政治对立由隐而显，联邦政府的经济改革事业受到越来越严重的干扰，竟至无计可施。

以货币局制度为核心的新自由主义经济改革得以顺利进行，当拜政治制度之功。以往经济改革失败，根源多不在经济，而在政治的掣肘，此番顺利推进，新近建造的政治小环境功不可没。辗转多年，经济改革终于在一系列制度支持下结出果实。而一直潜伏着的内在矛盾逐渐积累，财政赤字、贸易赤字和开放经济的脆弱性借外部经济危机之力再一次压垮阿根廷。当1998年、1999年到来之际，临时拼凑的政治制度失效，时间不再站在昔日华盛顿共识的模范代表一边。一个合理的反事实推理是，如果这时还能保留原来行之有效的临时改制，阿根廷或许能渡过难关，可是，留住它的设计者的制度合理性已经不存在。

在大多数时候，阿根廷笼罩在乐观的情绪之中，即使最后还是免不了重演1989年的悲剧。如果以1998年为考察的重点，与1990年比，阿根廷的经济发展无疑相当不错，就算截至2001年，也还算可圈可点，只是最后的危机把以前的好印象都打碎了，一下回落到1996年的水平。民主政体的进一步巩固当然也是这一时期不可或缺的成就，梅内姆时期缺少水平监督无损于政治权利和公民自由。政治和社会稳定随着经济发展起伏，深受两次经济危机的影响。总而言之，尽管阿根廷最后"在经济、政治和社会上破产了"，[1] 它也创造了难得的发展良机，最后两年的糟糕经历无论如何不能抹杀前面的成就。(表2)

---

[1] Ricardo Caballero and Rudiger Dornbusch, "Argentina Cannot Be Trusted", *Financial Times*, March 8, 2002.

表2　　1990—2001年阿根廷的政治经济发展

年份	政治和社会稳定		政治权利和公民自由			经济增长	
	政府稳定	国内冲突	政治权利	公民自由	自由	GDP（1990年国际，百万元）	人均GDP（1990年国际元，元）
1990	4.58	1500	1	3	自	212518	6436
1991	5.58	0	1	3	自	233770	6980
1992	6.42	250	2	3	自	254575	7497
1993	6.25	437	2	3	自	269341	7827
1994	7.67	1437	2	3	自	291696	8367
1995	7.5	2375	2	3	自	282653	8005
1996	7.67	1250	2	3	自	295090	8253
1997	7.58	2437	2	3	自	318698	8803
1998	9.3	0	3	3	自	334314	9123
1999	10	312	2	3	自	322947	8711
2000	10.3	2062	1	2	自	320364	8544
2001	8.21	2625	3	3	半	308510	8137

资料来源：International Country Risk Guide Dataset; Cross-National Time-Series Data Archive; Freedom House Dataset; Angus Maddison, *The World Economy: Historical Statistics*, Paris, OECD, 2003, pp. 134–144.

综上所述，这一时期阿根廷的政治经济制度间关系起于冲突，尽管此后多有协调的特征，但深层次的制度冲突因素始终无法消除，最终还是重回起点，悲剧再现：整体上冲突的政治经济制度使政治经济发展整体上呈现冲突状态。（图1）

190　展望中拉合作的新阶段

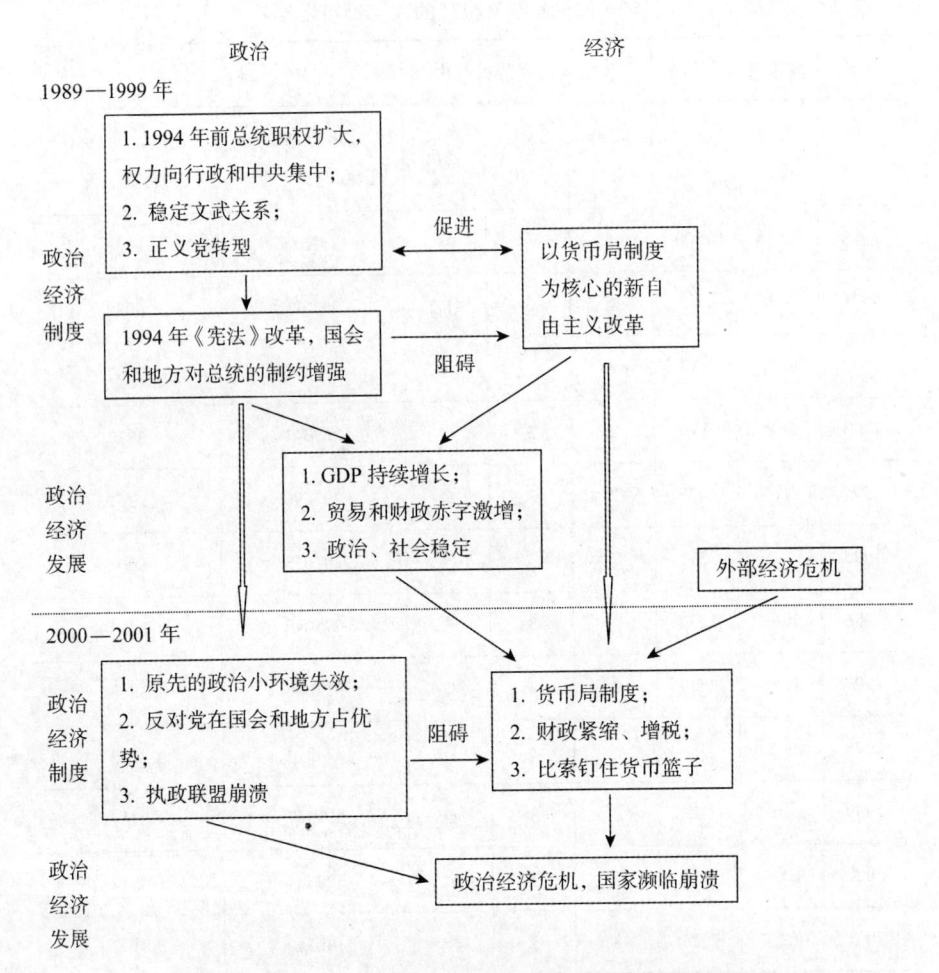

```
                    政治                         经济
1989—1999 年

          ┌─────────────────────┐
          │ 1. 1994 年前总统职权扩大,│
          │    权力向行政和中央集中;│       ┌─────────────┐
          │ 2. 稳定文武关系;       │  促进  │ 以货币局制度 │
政治      │ 3. 正义党转型          │ ────→ │ 为核心的新自 │
经济      └─────────────────────┘        │ 由主义改革   │
制度                │                      └─────────────┘
          ┌─────────────────────┐  阻碍         │
          │ 1994 年《宪法》改革,国会 │ ────→         │
          │ 和地方对总统的制约增强  │                │
          └─────────────────────┘                │
                    │                            │
                    ↓         ┌──────────────┐   │
                              │ 1. GDP 持续增长;│  │
政治                          │ 2. 贸易和财政赤字激增;│
经济                          │ 3. 政治、社会稳定  │   ┌──────────┐
发展                          └──────────────┘   │   │ 外部经济危机│
                                                 │   └──────────┘
- - - - - - - - - - - - - - - - - - - - - - - - -│- - - - - - - - - -
2000—2001 年                                     ↓        ↓
          ┌─────────────────────┐         ┌─────────────┐
          │ 1. 原先的政治小环境失效;│        │ 1. 货币局制度; │
政治      │ 2. 反对党在国会和地方占优│ 阻碍  │ 2. 财政紧缩、增税;│
经济      │    势;                 │ ────→ │ 3. 比索钉住货币篮子│
制度      │ 3. 执政联盟崩溃         │        └─────────────┘
          └─────────────────────┘                │
                    │                            ↓
政治                │        ┌──────────────────────┐
经济                └──────→│ 政治经济危机,国家濒临崩溃 │
发展                         └──────────────────────┘
```

图 1　1989—2001 年阿根廷的制度之间的政治经济发展

三　1989—2001 年的智利

　　自 1973 年起,智利开启现代历史上的伟大转变,16 年间,总体局面良好:协调的政治经济制度促进了协调的政治经济发展。[①] 1989 年,智利

[①] 李江春:《制度之间的政治经济发展——阿根廷和智利比较研究(1976—1989 年)》,《经济社会体制比较》2013 年第 5 期,第 169—170 页。

中左派的民主政党协调喊出"幸福时光要来临了"（la alegría ya viene）的竞选口号。它确实做到了，而且此后全面超越的 12 年，给智利人带来了更幸福的时光，正如里卡多·拉各斯（Ricardo Lagos）1999 年的竞选口号："智利，比以前更好！"（Chile mucho mejor）

（一）政治制度

智利的总统素有"超级总统"[①]之称，是拉美地区乃至世界上最有权力的总统之一。按照 1980 年《宪法》规定，通过宣布进入行政紧急状态（executive urgency），总统可以控制立法进程和设置立法议程；总统有权召集国会特别会议，国会此时只能审查行政机关的提案；总统还享有排他性的提案（exclusive initiative）权，其立法领域涉及政治和行政部门的变化、财政或预算部门，还包括薪酬、退休金、养老金、寡妇和孤儿津贴、集体谈判和公私部门的社会保障等；总统拥有广泛的隐性权力：为实施法律而颁布推行规章、法令或指令，对要否决的法案做重大修改，指派一定比例的议员和任命其他机构成员。此外，非法定因素如受关注、政府传统上的重要性和作为国家象征等也是总统权威和声望的来源。[②] 然而，智利的"超级总统"在现实中行使权力时总有所节制，以适度为准则，不至于使总统和国会的僵局常态化，国会同样是极有影响力的权力机关。所以，将总统的宪法权力和实际行使的政治权力相对照，智利的总统制就是被夸大的总统制（exaggerated presidential system）。[③] 考虑到重返民主之初的指定参议员制度和《武装部队组织法》的限制[④]，所谓被夸大的总统制就更加名副其实了。由此考察 1990 年后总统和国会的关系，可知后者能有效制约前者，而前者不至于滥用权力来对付后者，二者之间的分权与制衡恰到好处，使政治体制正常、有效地运作。

[①] Matthew S. Shugart and John M. Carey, *Presidents and Assemblies: Constitutional Design and Electoral Dynamics*, Cabridge, Cambridge University Press, 1992, p. 129.

[②] Peter Siavelis, "Executive-Legislative Relations in Post-Pinochet Chile: A Preliminary Assessment", in Scott Mainwaring and Matthew Soberg Shugart, eds., *Presidentialism and Democracy in Latin America*, Cambridge and New York, Cambridge University Press, 1997, pp. 325 – 331.

[③] Peter Siavelis, "Exaggerated Presidentialism and Moderate Presidents: Executive-Legislative Relations in Chile", in Scott Morgenstern and Benito Nacif, eds., *Legislative Politics in Latin America*, New York, Cambridge University Press, 2002, pp. 79 – 113.

[④] 下文将阐述。

沿着垂直的方向，这个总统制国家的权力运行也颇为顺畅。作为单一制国家，智利的行政权力集中在中央政府，自上而下的渗透力度要强于联邦制。过去30多年里，官僚机构经历了一场深刻的变革。在20世纪，若以拉美地区的标准来衡量，智利不仅极少腐败，而且高度集中化。尽管跟经合组织国家相比，智利的官僚机构显得僵硬、重程序而非结果，但在本地区则是模范。总而言之，它的政策执行机制功能良好。[1]

从威权到民主的和平过渡避免了动荡不安，保持国家的发展以及多数制度的连续性，却以"受保护的民主"为代价。进入重新民主化的最后倒计时阶段，奥古斯都·皮诺切特（Augusto Pinochet）自知右派及其候选人的失败已无可避免，便围绕1980年的规划按部就班地编织一个制度网络，在后威权时代建立"受保护的民主"。1989年7月，军政府和中左派谈判修改《宪法》54处，公投通过，"受保护的民主"受保护。1990年，帕特里西奥·阿尔文（Patricio Aylwin）政府的内阁成员和民主政党协调的议员发誓捍卫1980年《宪法》和政治秩序，意味着中左派至少暂时拥护"受保护的民主"体制，在不违反这一原则的前提下，后来的斗争又另当别论。新政府需要稳定的政治局面来推进其他改革，而皮诺切特在1990年年底也发出威胁，如果形势需要，他将领导另一个"9·11"。于是，中左派和右派暂时妥协了。

在中左派势力占优的情况下，双提名选举制（binomial electoral system）可以帮助右派缩小甚至填平差距。这是一种少数代表制，根据汉狄（D'Hondt）法，每个选区有2个当选名额，政党或政党联盟提出同额名单，合计本政党或政党联盟2人得票数，第一高票名单得票数必须高于其他名单2倍，才能囊括2个当选名额，否则，就要与第二高票名单各分得一席。由于要在每个选区赢得2/3的选票极其困难，赢得1/3的选票相对容易，右派轻而易举就转危为安。

从1988年公投的结果来看，右派仍有44%的支持率，如何利用这个不弱的群众基础设计一种可以阻挠中左派改革政治制度的制度，是确保皮诺切特和右派人身和政治安全的关键。皮诺切特看中议席较少、容易操控

---

[1] Cristóbal Aninat, John Londregan, Patricio Navia, and Joaquín Vial, "Political Institutions, Policymaking Processes, and Policy Outcome in Chile", in Ernesto Stein and Mariano Tommasi, eds., *Policymaking in Latin America: How Politics Shapes Policies*, New York and Cambridge, Inter-American Development Bank and Harvard University, 2008, pp. 191 – 193, 156.

的参议院。要选举的参议员为 38 名,以右派以前的支持率计算,加上双提名选举制的帮助,中左派即使超过半数也不会赢太多,指定参议员便成为皮诺切特的制胜之道。指定 7 名(共设 9 名指定参议员,总统指定 2 名)参议员,可以增加 14.9% 的席位,足以反超中左派。在 1989 年的国会选举中,右派正是凭借 7 名指定参议员获得 25∶22 的优势。这样,即使在众议院以 48∶72 处于劣势,右派也可以否决众议院通过的法案,从而有效地保护自身安全。

1990 年 2 月,军政府在阿尔文上台前颁布《武装部队组织法》。按照规定,军队独立于国防部之外;总统不得撤换三军司令和警察总长,只能从已经拟好的名单中任命候选人,批准或否决武装部队的晋升决定;政府只能控制一部分军费开支;对于军中诸多事务,如教育、训练和审判等,政府也鞭长莫及。民主政党协调想修改这部法律,就必须拥有至少 4/7 的多数票支持,但它在参议院的席位连一半都不到。而且,军队和警察又在国家安全委员会里占多数,该委员会投票通过的决定,总统必须执行。于是,在皮诺切特的领导下,武装部队俨然成为国中之国,"保护"着新生的民主。

既然民主政党协调政府决定在"受保护的民主"框架下行事,它就要采取渐进的策略,以逐步清除民主政体中的非民主因素。阿尔文数度否决皮诺切特晋升军官的提议,将归属国防部 17 年的警察划归内政部管辖,拒绝军队参与新设立的反恐协调机构:公共安全协调办公室。爱德华多·弗雷·鲁伊斯—塔格莱(Eduardo Frei Ruiz-Tagle)于 1995 年、1997 年两度试图修改《宪法》,分别要求减少、取消指定参议员,并要求重组国家安全委员会,让更多文职人员参与,给国会更大监督权,均因右派反对而失败。1998 年 3 月,皮诺切特卸任军队总司令,自动当选为终身参议员,3 年后才被取消豁免权。这样的斗争持续多年,直到 2001 年仍未有尽头。[①]

纵然先天不足,智利民主还是继承了 1973 年前的优良传统和军政府时期行之有效的政治制度,加上新时期的努力建构,基本面表现良好。

如何处理军政府侵犯人权的案件是新生民主政府紧迫而棘手的任务。

[①] 米歇尔·巴切莱特(Michelle Bachelet)时期(2006—2010 年)才完全清除非民主因素。2005 年《宪法》修改已经废除相关的制度安排。

阿尔文认为,"国家的道德良知要求公布真相,尽可能实现正义——集正义和谨慎之美德于一体"①,便在上台后旋即宣布成立全国真相与和解委员会(Comisión Nacional de Verdad y Reconciliación)。该委员会以阿方辛创建的全国失踪者委员会为蓝本,权力设置、工作方式都一样,负责调查(没有传唤权)1973年9月11日至1990年3月11日期间的死亡和失踪(不包括拘留、酷刑、绑架以及其他侵犯人权的行为)案件,提出赔偿方案和预防措施。调查报告于1991年2月8日提交给总统,共确认死亡1068人、失踪957人。② 结果出来后,接下来要着手实现正义。问题是,皮诺切特下台前已安插亲信的最高法院宣布1978年《赦免法》合法,不准启动司法调查。于是,阿尔文致信最高法院:"司法调查要确定责任人,尤其是在失踪的案件中,现在政府遵守的《赦免法》不能成为完成司法调查的障碍。"③ 这就是阿尔文主义,其1992年年底被最高法院接受。1年内,数以百计的案件进入司法调查、诉讼。早在1990年4月,智利就设立全国回归办公室,4年内共为5.6万流亡国外的人提供帮助。国家赔偿与和解工作组自1992年年底成立到1997年,共为近5000人提供赔偿,每年金额近1600万美元。④ 在除旧和迎新的平衡中,没有绝对的正义,像阿尔文所期待的那样尽可能实现正义,就算对得起历史和未来了。

双提名选举制塑造政党制度最可能的结果便是形成两个大体势均力敌的政党或政党联盟。若是政党联盟形成,任何政党要离开的话,除非加入另一个政党联盟,否则,再难在两大政党联盟之外找到能拿下议席的方法,所以,对联盟的忠诚比对政党的忠诚更重要,⑤ 两大政党联盟的结构极其稳定。回归民主后,中左派和右派⑥两大政党联盟主导智利政坛,虽

---

① Patricio Aylwin, *La Transición Chilean: Discursos Escogidos Marzo 1990 - 1992*, Santiago, Editorial Andrés Bello, 1992, p. 33.
② Chile, *Report of the Chilean National Commission on Truth and Reconciliation*, trans. by Phillip E. Berryman, Notre Dame, University of Notre Dame Press, 1993.
③ *El Mercurio*, international edition, February 28 - March 6, 1991, p. 6.
④ Thomas C. Wright, *State Terrorism in Latin America: Chile, Argentina, and International Human Rights*, Lanham, Rowman & Littlefield, 2007, p. 192.
⑤ Eugenio Tironi and Felipe Agüero, "Sobrevivirá Nuevo Paisaje Chileno?", *Estudios Públicos*, Vol. 74, 1999, pp. 151 - 168.
⑥ 右派政党联盟几易其名:民主和进步(Democracia y Progreso, 1989)、参与和进步(Participación y Progreso, 1992)、智利进步联合会(Unión por el Progreso de Chile, 1993)、智利联合会(Unión por Chile, 1996—1997),1999年后称为智利联盟(Alianza por Chile)。

然中左派连续执政10多年，但赢面不大，在总统、国会和市镇选举中的得票率总是比一半稍多，右派的表现也不太逊色。

与此同时，1973年前的"三个第三"（即左中右政治势力三分天下）又回来了。1993年、1997年和2001年三次众议院选举，左、中、右派平均得票率分别为31.6%、27.4%和38.0%，其他占3.1%。① 借助两大政党联盟这样的平台，中间派表达自己的中间诉求，不仅软化左右派，避免直接对抗，而且弥合左右派分歧，让全民的诉求往中间靠拢，以中道的力量阻止国家滑向极端。2000年，民主政党协调的拉各斯就任总统，他来自社会主义党，但已不可能再实行阿连德那样的激进改革。

随着中道政治而来的是宽容和妥协盛行。不同的政治力量达成根本性协议，促就妥协状态（estado de compromiso），这就是所谓的平局政治（empate político）。② 深谙此道，即得民主精髓。所以，智利民主有共识民主、协议民主之称。时隔16年后，优良的民主传统终于重现在智利政坛上，规范着整个政治制度架构。

适应性非正式制度（accommodating informal institution）也值得一提。它包括三种非正式制度：一是配额（cuoteo），按照政党的政治倾向分配政府职位，给民主政党协调中的每一个政党分配议员候选人名额；二是横向政党（partido transversal），政府里的重要领导人将自己定义为民主政党协调的领导人，而不是各自政党的领导人，他们组成一个有变化但始终如一的非正式团体；三是协议民主，始终跟国会里的反对派、国会外强大的社会团体谈判，通过非正式协议来削减右派的恐惧，推进立法。有了适应性非正式制度，政治精英不仅保持紧密联盟，也促进政府有效运作。③

（二）经济制度

1988年、1989年，为了讨好选民，在公投和总统选举中胜出，皮诺切特不惜动用国家的财政资源，扩大支出，加上海湾战争引起油价上涨，

---

① Alan Angell, "Party Change in Chile in Comparative Perspective", *Revista de Ciencia Polŕca*, Vol. 23, No. 2 2003, p. 96.

② Patricio Silva, *In the Name of Reason: Technocrats and Politics in Chile*, University Park, Pennsylvania State University Press, 2008, p. 173.

③ Peter Siavelis, "Accomodating Informal Institutions and Chilean Democracy", in Gretchen Helmke and Steven Levitsky, eds., *Informal Institutions and Democracy: Lessons from Latin America*, Baltimore, Johns Hopkins University Press, 2006, pp. 33–55.

结果通胀率持续上升，1990年达到27%。在新任财政部部长亚历杭德罗·福克斯莱（Alejandro Foxley）看来，"通胀是经济增长和社会进步的最坏敌人"[1]。对于一个有过长期高通胀历史的国家来说，如何长期保持低通胀确实是严峻的挑战。1990年9月，智利成为继新西兰之后世界上第二个采取通胀目标制的国家。它的第一个目标是将1990年12月和1991年的通胀率减少到15%—20%，其后每年设立新目标，逐年降低，1991—2001年通胀率目标年均下降1.5%，1999年确定长期目标为2%—4%。该制度大获成功，10年间，实际年均通胀率和设定的目标相差0.42%，跟其他同样实施通胀目标制的国家相比，这是一个极低的数字，到90年代末，通胀率仅为3%，2000年稍高，2001年又恢复到3%的水平，[2]创造了30年代以来的最低纪录。成功当然来之不易，它是多种条件结合的结果：（1）初始宏观经济条件；（2）正式指数化机制和通胀惯性的幅度；（3）央行的可信度；（4）其他诸如就业、真实汇率或经常性账户等目标在决策者目标函数中的权重；（5）政治支持，[3]背后则是更广范围的制度支持。姑且不论其他条件是由何种制度造就，央行可信度的一个必要前提是1989年确立的央行完全独立的制度。

1984年，智利实行爬行钉住汇率制，目的是保持国际竞争力和降低汇率的不稳定性。无疑，通胀目标制和爬行钉住汇率制之间是有冲突的，两个名义锚共存会损害通胀目标的可信度。央行的办法是，不折不扣地执行前者，修正后者，包括拓宽爬行区间（1992年1月为±10%，1997年1月为±12.5%）和将钉住美元改为钉住一揽子货币（美元、德国马克和日元），并经常干预外汇市场。就这样，两种制度勉强并行了几年。1997年，亚洲金融危机爆发，央行于1998年6月收窄爬行区间至中心以上2%、以下3.5%，发出名义汇率稳定的信号，与此同时，坚守通胀目标不更改，动用33亿美元干预外汇市场，避免比索快速贬值。但是，通过收窄爬行区间来维护可信度的作用不会长久。1998年8月，俄罗斯金融

---

[1] Alejandro Foxley, *Economía Política de la Transición*, Santiago, Dolmen, 1993, p.61.
[2] Klaus Schmidt-Hebbel and Matías Tapia, "Inflation Targeting in Chile", *North American Journal of Economics and Finance*, Vol.13, 2002, pp.129–131.
[3] Oscar Landerretche, Felipe Morandé, and Klaus Schmidt-Hebbel, "Inflation Targets and Stabilization in Chile", *Central Bank of Chile Working Papers*, No.55, Santiago, Central Bank of Chile, 1999, p.5.

危机波及智利。这一次,央行没有动用外汇储备,而是由市场利率去抗衡,其结果自然是利率飙升。9月,央行将爬行区间拓宽到±3.5%,到次年8月,经过数度拓宽后到了±11.7%。一个月后,央行果断放弃爬行钉住汇率制,转而实行浮动汇率制。此时,通胀目标制经过多年运行,已经稳定在3%的水平,浮动汇率制无损央行的通胀目标承诺。问题是,像智利这样一个小的、开放的发展中经济体能承受得住浮动汇率制带来的震荡吗?显然,智利已经做好准备,它的金融部门发育良好,给公司提供通过资产平衡表效应来减少脆弱性的避险机会,它的汇率向价格传导的水平既低又在下降中,这些因素会降低浮动汇率制的成本,减少暗藏的金融和价格不稳定威胁,因而避免"浮动的恐惧"。① 很快,智利走出经济危机,恢复增长。

贸易和投资是最主要的经济增长手段。1985年后,智利成长为贸易引领经济增长的国家。进入90年代,民主政府继承并光大既已成功的自由贸易制度。1991年,智利将关税税率从15%削减到11%,1998年又制定五年计划,承诺进一步降低关税,从1999年开始每年减少1%,最终到2003年降至6%。单边削减关税的承诺虽然展现了智利义无反顾地走自由贸易之路的决心,但要利用全球化浪潮来开拓国外市场,仍需另外的制度安排。1991年受美国政府邀请加入北美自由贸易协定是智利的无上荣光,只不过美国人那时认为时机尚未成熟。军政府留下的丰富遗产加上民主政府的良好形象确实吸引了不少国家,2001年前已有12个拉美国家②及加拿大分别与智利签署双边自由贸易协定。1994年加入亚太经合组织是智利谋求多边主义的新尝试,1995年,智利自动转为世界贸易组织成员国后积极推动制定全球贸易规则,这表明它渴望多边贸易协定。

如此不遗余力地追求自由贸易,扩大出口,仍不免要和吸引投资、通胀目标制发生冲突,因为后二者越成功,越推高真实汇率,而真实汇率升值是出口贸易的天然敌人。所幸的是,智利以实践证明,它能够以出口的高速增长来挣脱外资大量流入和通胀率下降的困扰,同时实现三个目标。

---

① José de Gregorio and Andrea Tokman, "Overcoming Fear of Floating: Exchanging Rate Policies in Chile", *Central Bank of Chile Working Papers*, No. 302, Santiago, Central Bank of Chile, 2004.
② 墨西哥、委内瑞拉、玻利维亚、哥伦比亚、厄瓜多尔、南方共同市场国家(阿根廷、巴西、乌拉圭和巴拉圭)、秘鲁、哥斯达黎加和萨尔瓦多。

1990—1998年，智利的商品和服务出口年均增速高达9.9%。[1]

智利需要出口贸易，也需要外国投资。1974年，智利颁布实施《外国投资法》，多年来，这一直是规范外国投资的主要法律。[2]"失去"80年代后，拉美地区在90年代迎来了外国投资高潮，经济改革成功和民主政府上台更成为智利吸引外国资本蜂拥而至的法宝。它现在担心外资过多会增加使用成本，加速比索升值，削弱出口产品竞争力。过量的短期投机资本往往是经济危机的根源，荷兰病和1981年经济危机乃是前车之鉴，必须谨慎以对。1991年，智利要求进入本国外资的20%必须存放在央行，期限最短90天，最长1年，央行不支付利息，这就是无息准备金要求（unremunerated reserve requirement，encaje），这实质上是对外资收取托宾税（Tobin tax），以狙击短期投资行为。1992年，要求更趋严格，存款比例上升到30%，期限为1年。这项制度遭到多边机构和金融部门的反对，它们倾向于资本账户完全开放，加拿大也在和智利谈判自由贸易协定时对此表示不满。不过，如果从1994年、1995年往回看，人们就不得不承认，无息准备金要求是一项颇有远见的制度，当墨西哥、阿根廷和巴西等国备受特吉拉危机煎熬时，智利却免受短期投机资本破坏。与此同时，流向智利的外国直接投资迅速膨胀，1990—2001年共吸引直接投资高达415.28亿美元，是1976—1989年的32倍多，超过阿根廷的一半，[3]但后者的经济规模要比前者大得多。

即使要求苛刻，这一制度也有机可乘。投机者发现，就算缴纳"税收"，还是有利可图。于是，1996—1999年流入的外国直接投资资本呈大幅攀升之势，从48.15亿美元增加到87.61亿美元。[4]此时，亚洲金融危机波及智利，资本外逃，1998年，智利将存款比例降到10%，接着又降到0，无息准备金要求制度暂时告一段落，2001年取消。

---

[1] Ricardo Ffrench-Davis, *Economic Reforms in Chile: From Dictatorship to Democracy*, 2nd ed., Basingstoke, Palgrave Macmillan, 2010, p.157.

[2] 该法于1981年、1985年、1989年、1990年和1995年修订过。另外，《央行外汇管制纲要》第14、19章也有相关规定，对外国投资者的要求较少。

[3] 数据来自世界银行数据库。参见 http://data.worldbank.org/indicator/BX.KLT.DINV.CD.WD，检索日期：2015年5月8日。

[4] Ibid.

军政府时期开启的私有化仍在继续,很大一部分外资直接投向私有化企业。民主政党协调掌权时,私有化几乎完成。1990—2001 年,14 家国有企业被私有化,最后剩下举足轻重的 38 家,1998 年的产值占 GDP 的 9%。[①] 铜矿是外资的首选,但最大的铜矿企业:智利国家铜矿公司(Corporación Nacional del Cobre de Chile)依旧国有,私有铜矿在 90 年代中期已占有半壁江山。外资也进入交通、通信和公共设施领域,1995 年后多在基础设施上投资,和私有化进程相吻合。[②]

(三)政治制度和经济制度间的关系

围绕着"受保护的民主"而展开斗争是这一时期政治的一条主线。从国家大局来看,这种斗争被限定在有限的范围内,虽然非民主因素存续多年,但智利民主政治的基本面仍然值得称道,这是对经济制度和经济发展的莫大支持。同样重要的是,"受保护的民主"只挫伤民主政治,对经济以及其他领域的制度没多少不良影响,皮诺切特及其领导下的军队、警察只关注如何保全自己,不去干预政府的经济事务,政府也不会因为民主政治进程的小挫折而置经济事务于不顾。

民主政治制度建设缓行和新自由主义经济改革急进相得益彰。智利的执政者们意识到,要迅速清除"受保护的民主"障碍极其困难,因此,与其在激烈的政治斗争中一无所获,不如立足全局,争取时间,深化自由经济改革。反过来,自由经济改革日见成效,政治制度中的非民主因素也就找不到超预期延长下去的理由,只能按原计划一步一步地消失。如果说智利重返民主后制度体系和国家发展有什么特别成功的经验,政治制度(发展)缓行和经济制度(发展)急进就是最丰厚的收获。

双提名选举制鼓励政党联合,因而减少了进入决策机制的政党的数量,只有两大政党联盟的 6 个政党在国会里有代表。而且,国会选举制度

[①] Ronald Fischer, Rodrigo Gutierrez, and Pablo Serra, "The Effects of Privatization of Firms and Social Welfare: The Chilean Case", *Inter-American Development Bank Research Network Working Paper*, No. R – 456, Washington, Inter-American Development Bank, 2003, pp. 3, 19 – 22.

[②] Lois Hecht Oppenheim, *Politics in Chile: Socialism, Authoritarianism, and Market Democracy*, 3rd ed., Boulder, Westview, 2007, pp. 177, 179 – 181.

没有任期限制，加上要在本地得到强有力的支持，多数议员寻求连任，其中，74%的议员会被重新提名，约60%的议员会再次当选。[1] 这些制度相结合，促使议员们认真履行职责，对选民负责，建立良好声誉，在长期的重复互动中加强政党之间的合作。[2] 如此决策机制是智利政治打通经济制度、经济发展的枢纽，从这里产出的制度具有稳定性、灵活性、协调性和连贯性的特征[3]，浓缩着政治对经济的卓越贡献。

最能体现政治制度对经济制度支持的时刻莫过于经济危机。经济危机袭来时，1998年3月，智利国内正就是否指控皮诺切特展开热烈讨论。按照《宪法》规定，前任总统在位六年以上就可以在卸任后成为终身参议员。由于皮诺切特符合条件，全国各地的反对者举行游行示威，执政联盟的参议员指出，皮诺切特在任期间严重损害国家的荣誉和安全。众议院批准了对皮诺切特的指控，参议院支持。弗雷意识到，此举将会破坏政治稳定，进而损害国家的整体发展，否决了指控。阿尔文也宣称，在自己任期内，皮诺切特没有真正对国家构成威胁，反而帮助缓和局势——军方强硬派那时本来可以推翻民主政府。宽恕最终赢得胜利，稳定的政治局面得以维系，原有的经济制度和摆脱经济危机的方案顺利实施，所以，智利仅经历了一年负增长，2000年就超过危机前的水平，2001年继续呈现增长势头。

（四）制度之间的政治经济发展

"受保护的民主"受保护，确是不幸，然而，真实还原到特殊的政治背景下，军政府的民主承诺也贡献良多，否认这点便无法对后面的一系列政治进程给出公允的评价。暂时委屈于有缺陷的民主既是无奈，也考验着改革者的勇气和智慧。随着时间的推移，历史积淀下来的污秽终将慢慢消逝，激烈对抗必然葬送来之不易的发展成果，逐渐扭转大局一点也不输给

---

[1] John M. Garey, "Parties, Coalitions, and the Chilean Congress in the 1990s", in Scott Morgerstern and Benito Nacif, eds., *Legislative Politics in Latin America*, New York, Cambridge University Press, 2002, pp. 232 – 233.

[2] Cristóbal Aninat, John Londregan, Patricio Navia, and Joaquín Vial, "Political Institutions, Policymaking Processes, and Policy Outcome in Chile," pp. 155 – 198.

[3] Ibid..

轰轰烈烈的革命。从最后的结果来看，这又何尝不是一场让国家脱胎换骨的革命呢？我们必须清醒地认识到，民主政治改革是在次一级政治制度的庇护下完成的，没有这种庇护，民主政党协调政府也得改弦易辙。双提名选举制在固化非民主因素的同时，孕育出两个实力相当的政党联盟是否是皮诺切特的本意我们不得而知，不过，这种局面至少由军事政变前一直存在的"三个第三"强化了。不管怎么说，不断调适的努力始终维持着一个稳定的政治局面，加上良好的决策机制和议行合作制度，政治为经济发展贡献了顶层的制度力量。

民主政府的经济承诺是降低风险，给国内外投资者信心的法宝。这一轮的经济承诺涉及通胀目标制、爬行钉住汇率制、削减关税和财政盈余，在重要的经济领域向不确定性发起挑战。虽然承诺并不容易，但最难的还是如何解决在逻辑上相互拆台的承诺之间的矛盾。以通胀目标制率领其他承诺，稳字当头——即便放弃爬行钉住汇率制而采用浮动汇率制，也是有经济发展成果和经济制度保障的——因而成功地解决了相互承诺的悖论。这就是12年间智利经济快速增长的主要秘诀。当然，共识政治一直在背后支持也是关键，遭遇经济危机时尤其如此。考虑到由军政府时期延续而来的新自由主义经济改革是整个改革的最主要阵地，决定政治经济发展的成败，民主时期好于军政府时期的经济表现盘活了整个改革，政治更趋稳定。

12年间，民主政府创造了异于威权政体的政治和社会稳定，因为它是以保障政治权利和公民自由为前提，逐步清除非民主因素的过程就是更加自由的过程，而且未尝遭遇80年代那样经济危机引发的政治统治危机。和军政府时期相比，经济表现更加出色，经济总量增加82.4%，人均GDP则提高56.2%，因而有了能和亚洲四小龙相媲美的"美洲虎"（jugar）之称，越来越具有发达国家的特征，在那个时候，人们对智利未来加入经合组织充满希望。——"抛离第三世界"[①] 正是智利雄心勃勃的计划。2010年，智利正式加入经合组织。可以说，这是全面超越的12年。（表3）

[①] Thomas Kamm, "Free-Market Model: Chile's Economy Roars as Exports Take Off in Post-Pinochet Era", *Wall Street Journal*, January 25, 1993, p. A1.

表3　　　　　　　　　1990—2001年智利的政治经济发展

年份	政治和社会稳定		政治权利和公民自由			经济增长	
	政府稳定	国内冲突	政治权利	公民自由	自由	GDP（1990年国际，百万元）	人均GDP（1990年国际，元）
1990	7.75	2187	2	2	自	84038	6402
1991	7.83	1875	2	2	自	90173	6753
1992	8	0	2	2	自	100092	7374
1993	8	0	2	2	自	106698	7738
1994	7.75	125	2	2	自	112139	8010
1995	7.33	125	2	2	自	122344	8612
1996	8.42	0	2	2	自	130786	9080
1997	9.08	500	2	2	自	133941	9586
1998	10.33	375	3	2	自	144279	9756
1999	9.42	0	2	2	自	142836	9539
2000	10.42	0	2	2	自	149121	9841
2001	10.71	0	2	2	自	153296	10001

资料来源：International Country Risk Guide Dataset；Cross-National Time-Series Data Archive；Freedom House Dataset；Angus Maddison，*The World Economy：Historical Statistics*，Paris：OECD，2003，pp.134，144.

综上所述，1989—2001年的智利不仅承袭了军政府时期的优良传统，而且使政治经济制度更加协调。于是，整体上协调的政治经济制度使政治经济发展整体上得以协调。（图2）

四　结语

阿根廷和智利同处南美大陆，相邻而居，长期以来选择诸多相同或相似的政治经济制度，结果却大不相同，因而历来是比较研究的理想对象。沿用已经建构起来并得到初步检验的制度之间的政治经济发展理论，本文考察1989—2001年阿根廷和智利的政治经济制度和政治经济发展，不仅进一步检验先前分析框架的可行性，而且发现由制度间关系所形成的结构性力量如此强大，以至于长久地影响着国家的发展轨迹。

如果说从1976年开始的13年时间过短，要断定一个国家的制度之间的政治经济发展模式还不够有说服力，那么，延续到 2001 年共 1/4 个世纪的历程已经足以作为划定彼此不同轨迹的证据了。

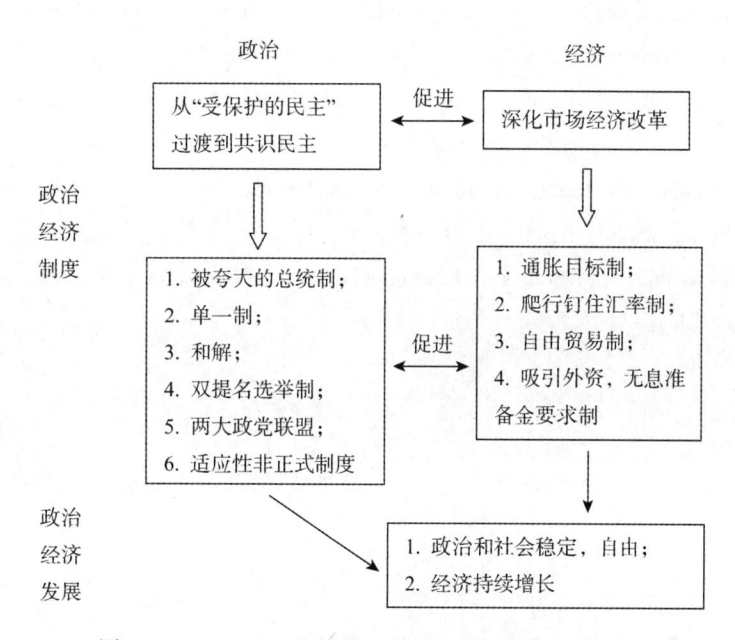

图 2　1989—2001 年智利的制度之间的政治经济发展

此后，包括阿根廷和智利在内的整个拉美地区都获得过良好的发展机会，也遭遇过挫折，但两国的经历一如既往，差别甚大，再看回头路，我们很容易发现，它们只不过是沿着已有的轨迹前行而已，阿根廷还是阿根廷，智利还是智利，变的是时间，不变的是模式。所以，我们有充分的理由认为，阿根廷和智利的未来仍会是原来轨迹的延长。对于制度之间的政治经济发展理论而言，这样的预测能实现，就是最好的奖赏了。

Political and Economic Development among Institutions: A Comparative Study of Argentina and Chile, 1989 – 2001

Li Jiangchun

Abstract: According to the constructed and preliminarily tested political and economic theory among institutions, this article compares political economic institutions and development in Argentina and Chile between 1989 and 2001, and finds that these two countries extended their original models of political and economic development: Generally speaking, conflicting political-economic institutions result in conflicting political-economic development, while concerted political-economic institutions result in concerted political-economic development. Equally important, this theory has the forecast function, which, in turn, proves it has widely explained strength.

Keywords: Political and Economic Development among Institutions; Argentina; Chile

论 20 世纪 90 年代以来巴西华侨华人与中国文化的传播
——机制、作用与思考

程 晶[*]

内容提要 华侨华人是中国文化在海外的理想传播者，是实施中国文化"走出去"战略的重要民间力量和独特资源。本文以巴西华侨华人为例，分析了巴西华侨华人利用华侨华人个人、华侨华人社团、华侨华人文教机构和华文媒体四个渠道和机制，在巴西社会积极传承、传播中国文化，增强了巴西华裔的民族认同感与凝聚力，推动了中巴文化交流的发展，助力中国文化软实力的提升与中国国家形象的改善。巴西华侨华人在传播中国文化中存在侨团力量较为分散、活动资金不足、活动积极性有待提高等问题，认清这些问题并加以改进，有助于更好地以"侨"为桥，助力中国文化走入巴西。

关键词 巴西 华侨华人 中国文化 传播

随着中国综合国力的增强和国际地位的上升，建设社会主义文化强国、提升文化软实力成为时代的主题。为此，中央政府从战略层面提出，实施中国文化"走出去"，加强中国文化在海外的传播，扩大中国文化的国际影响力和吸引力。让中国文化走出去，不仅需要政府间的交流，也需要民间力量的配合。其中，身处海外的华侨华人是实施中国文化走出去战

---

[*] 程晶，湖北大学巴西研究中心秘书长，历史文化学院讲师。

略的重要民间力量和独特资源,为中国文化走出去提供了坚实的人才支撑。2014年3月,中国国务院侨办主任裘援平在《求是》杂志撰文时指出,"海外华侨华人是中华文明和民族精神的重要继承者、传播者和展示者";"遍布世界各地的2万所中文学校,数万个华侨华人社团,数百家华文媒体,独具特色的唐人街、中餐馆和中医诊所,红红火火的'春节'等民族节庆活动,都直观地向世界传递着中国文化气息,成为展示中华文化和中国形象的重要平台和窗口","鼓励海外华侨华人传承中华文化,积极支持他们开展人文交流","对增强中华文化的亲和力、感召力和影响力,具有十分重要的意义"。① 那么,如何清晰地认识华侨华人在海外传播中国文化的重要作用,如何充分利用这一独特资源、最大限度地发挥其中国文化传承者和传播者的作用,这是我们必须认真思考的问题。本文选取巴西华侨华人作为研究对象,围绕巴西华侨华人传播中国文化的机制、作用及问题展开论述,旨在帮助我们深刻地认识华侨华人在传播中国文化方面所具有的重要作用,更好地以"侨"为桥,助力中国文化"走出去"。

一 巴西华侨华人传播中国文化的机制

巴西是拉美地区华侨华人移民历史较长、当今华侨华人人数最多的国家。华侨华人移民巴西已有两百余年的历史,最早的有官方记载的历史可以追溯到19世纪初。19世纪初,以华侨华人为纽带,以茶为媒介,开启了中巴早期文化交流的序幕。但是,直到1949年,旅巴的华侨华人未超过1000人。② 华侨华人大规模移民巴西主要是在1949年新中国成立以后,尤其是20世纪六七十年代和20世纪90年代以来。目前,巴西华侨华人的人数达到25万,是海外华侨华人人数排前20名的国家之一③,也是整个拉美地区华侨华人人数最多、经济实力最雄厚的国家,其中90%已加入巴西国籍,90%居住在巴西最大的城市圣保罗市。

随着新侨民人数的急剧增加、经济科技实力的快速提升、政治社会地

---

① 裘援平:《华侨华人与中国梦》,《求是》2014年第6期,第2页。
② 李春辉、杨生茂:《美洲华侨华人史》,东方出版社1990年版,第673页。
③ 《世界侨情报告》编委会编:《世界侨情报告2012—2013》,暨南大学出版社2013年版,第305页。

位的提高、民族和文化认同的增强，巴西华侨华人逐渐摆脱"只重个人事业发展"的传统做法，开始注重利用自身的语言、文化、经济、人缘、地缘等优势，通过华侨华人个人、华侨华人社团、华侨华人文教机构和华文媒体四个渠道和机制，在巴西社会积极传承、传播中国文化，架起沟通中巴文化交流的桥梁。

（一）利用华侨华人个人渠道，助力中国文化走入巴西

人是文化的载体。在长期的海外生活中，巴西华侨华人自觉或不自觉地将中国文化传播到巴西社会，成为中国文化的重要传播者、中巴文化交流的有力推动者。其中，许多华侨华人在站稳脚跟、努力打拼的同时，他们积极投身中国文化在巴西的传承与传播，将书法、绘画、建筑、中医、武术等优秀的中国文化内容在巴西社会发扬光大，并因其传播中国文化方面的重要贡献而获得当地政府与民众的肯定与赞誉。例如，巴西武术大师李荣基、陈国伟，太极拳大师刘百龄，巴西里约热内卢华人联谊会前会长季福仁，巴西华人文化交流协会前主席尹霄敏，巴西总统"御医"顾杭沪，巴西华侨天主堂神父何彦昭等华侨华人因在巴西努力传播中国文化、促进中巴文化交流方面的贡献，获得巴西政府颁发的"荣誉市民"证书、外国文化耕耘奖等表彰。

其中，特别值得一提的是号称"中国御医"的顾杭沪在推动中医在巴西传播方面所作出的杰出贡献。2003 年以来，来自上海中医世家的巴西华人顾杭沪医生用中国针灸治愈了巴西前总统卢拉和现任总统罗塞夫的顽疾，成为两届巴西总统的私人医生，被赞为巴西总统的"中国御医"。其中，罗塞夫总统对中医及顾杭沪盛赞道："针灸能给我更多的精力，同时也能帮助对抗压力给我带来的不适"；"顾医生是我认识的最好的中国医生。"[1] 通过高超的医术和高尚的医德，顾杭沪医生结识了两届巴西总统和诸多巴西政要，同他们建立了深厚的友谊，取得了他们对于中国针灸的认可，赢得了巴西社会对于中国针灸的赞誉，推动了中国针灸在巴西的传播。如今，在巴西，上到总统，下到百姓都成为了针灸的受益者。2004 年的统计数字显示，全巴西大约有 5 万名针灸治疗师；大约有 400 万巴西

---

[1] 《巴西媒体报道中国著名针灸医师顾杭沪》，巴西侨网，2011 年 11 月 16 日。http://www.bxqw.com/userlist/hbpd/newshow-15624.html。

人接受过针灸疗法。① 2008年在由华侨华人创建的巴西中医药针灸学会成立25周年之际,巴西前总统卢拉亲自致电表示祝贺。他讲道,"作为巴西人,我们学会了尊重中医,并看出这种医术对我们的重要性,希望中医及针灸能够在巴西越来越得到推广和发扬。"②

(二) 利用华侨华人社团,架起中巴文化交流的桥梁

华侨华人社团植根于广大海外华侨华人,既是中国文化的"守望者",又是"传播者"。在巴西,目前一共成立了100多个华侨华人社团③,位居拉美国家之首,主要分布在圣保罗市和里约热内卢市这两大华侨华人聚集地。其中,许多华侨华人社团致力于传播中国文化、促进中巴文化交流,包括综合性侨团如巴西华人协会等;文化侨团如巴西华人文化交流协会、圣保罗亚文化中心、巴西巴拉那州华人文化协会等;专业性侨团如巴西中医药针灸学会、巴西中华书法学会、圣保罗国剧研究社、巴西中国功夫龙狮文化总会、华声艺术团、巴西华人美术协会、巴西中文教育协会等;妇女侨团如巴西中华妇女联合会等;商业侨团如巴中工商文化总会、巴西广东工商文化总会等。

为了在巴西社会传承与传播中国文化,巴西广大侨团一方面在日常生活中举办诸如节日庆典、文化展览、寺庙祈福等中国传统文化活动,让巴西民众近距离接触、欣赏中国文化的独特风采;另一方面,巴西广大侨团牵线搭桥,利用自身的语言、文化、地缘、人缘等优势积极帮助中国国内的文化、艺术、学术团体、个人走入巴西,协助中巴文化交流活动的顺利进行。例如,2000年12月,巴西华侨华人以"热爱祖国和发扬中华民族文化"为宗旨,成立了以文化交流为中心、以弘扬中国文化为己任的民间社团——"巴西华人文化交流协会"。自成立以来,巴西华人文化交流协会不仅在巴西举办了"纪念华人移民200周年高尔夫邀请赛暨中国图片展"、"庆祝中巴建交40周年高尔夫友谊赛暨历史回顾图片展"等多场影响深远的大型中巴文化交流活动,而且多次协助中国侨联举办的"亲情中华"海外慰问演出活动、中国国务院侨办和中国海外交流协会联合

---

① Daniel Bicudo Véras, *As Diásporas Chinesas e o Brasil: A Comunidade Sino-brasileira em São Paulo*, Tese de doutorado em Sociologia, São Paulo, Pontifícia Universidade Católica, 2008, p. 206.
② 《巴西中医药针灸学会成立25周年巴西总统发贺电》,中国侨网,2008年7月15日。
③ 国务院侨办干部学校编著:《华侨华人概述》,九州出版社2005年版,第145页。

举办的"文化中国·四海同春"等文化交流活动在巴西的成功举行。

（三）利用华侨华人文教机构，推动中国文化的传承与传播

在巴西不同城市，华侨华人成立了多所中文学校、书法绘画学校、武馆、针灸馆、中医学校等文教机构，一部分面向华裔传承中国文化，另一部分则主要面向巴西民众传播中国文化。其中，在巴西第一大城市圣保罗市中心华侨华人聚集的东方区，华侨华人开设的武馆、针灸馆、汉语学校等文教机构聚集于此，颇为壮观，形成了一道独特的风景，行走其间，仿佛置身遥远的中国。这些华侨华人文教机构成为巴西民众及华裔了解、学习中国文化的重要渠道。

其中，仅圣保罗地区就有各级各类中文学校达 40 余所。在这些中文学校中，一部分主要面向华裔学生，如育才小学、德馨双语学校等华文学校；另一部分则主要面向巴西学生如华光语言文化中心、袁爱平中巴文化中心等中文培训学校。此外，在巴西圣保罗州，开设了 200 多家武馆传授中国武术，巴西武术协会正式注册的职业武术运动员达到 5000 多人[1]；巴西武术练习者和爱好者的人数则更多，其中巴西全国习武人数已经超过了 37 万人[2]。巴西华侨华人第一大聚集地圣保罗市被誉为"拉美武术的中心"[3]。中国武术在巴西的广泛传播与巴西华人武馆的努力分不开。巴西华侨华人如陈国伟、刘百龄、李荣基等武术大师于 20 世纪 70 年代以来在巴西纷纷成立武馆，收徒授艺。其中，号称"巴西叶问"的李荣基于 1972 年在巴西圣保罗成立了首家巴西鹰爪健身院[4]；太极气功武术家刘百龄于 1976 年在巴西成立了百龄太极馆，1987 年在百龄太极馆的基础上又成立了百龄东方文化学院，传授太极拳。[5] 巴西北少林拳大师陈国伟是巴西传播北少林拳的第一人，被巴西武术界公认为中国武术在巴西传播的先

---

[1] "Wushu no Brasil", http://www.cbkw.org.br/historia/wushu-no-brasil/.

[2] Thiago Pimenta, *Imaginário e Identidades Ocidentais: Contribuição para a Interpretação de Artes Marciais Orientais no Brasil*, 1°Encontro da Alesde "Esporte na América Latina: atualidade e perspectivas", 2008, p. 4.

[3] Marcio Antonio Tralci Filho, *Artes Marciais Chinesas: Histórias de Vida de Mestres Brasileiros e as Tensões entre a Tradição e o Modelo Esportivo*, Dissertação de mestrado, Universidade de São Paulo, 2014, p. 70.

[4] 现改名为巴西国术总会。

[5] 周南京：《世界华侨华人词典》，北京大学出版社 1993 年版，第 312 页。

驱、巴西的"武术之父"①。1973年，陈国伟在巴西圣保罗创建了中巴功夫学院，面向巴西民众收徒授艺。1974年巴西著名的报纸《圣保罗州报》介绍了陈国伟师傅的中巴武术学院，这是中国武馆第一次出现在巴西报纸上②，扩大了中国武馆在巴西社会的知名度。1973—2003年，陈国伟先后授业的学生多达6万人③，培养了90多名武师④。在中巴功夫学院及其分支机构的努力下，北少林拳在巴西发展迅速，目前在巴西一共开设了100多家北少林拳武馆⑤，在南美其他国家建立了近300家武馆。此外，西班牙、意大利、法国、美国等国亦有陈国伟学生开设的武馆。⑥通过开办武馆收徒授艺的方式，巴西华侨华人逐渐将少林拳、咏春拳、太极拳、螳螂拳、鹰爪拳等中国传统武术流派传播到巴西社会，其深受巴西民众的喜爱。巴西武术协会会长马尔库斯·阿尔维斯指出："中国功夫强调动静结合，而巴西人天性好动，习武帮助他们在一天的工作之后安静下来，保持身心平衡"；"很多巴西人因为接触武术，开始对中国的语言文化产生兴趣。"⑦

（四）利用华文媒体，展示中国文化的魅力

华文媒体是传播中国文化的重要力量，是扩大中国与世界交往的重要渠道。目前巴西华文媒体主要分为报刊和网络两种。其中，巴西华文报刊肇始于20世纪60年代，至八九十年代一度兴旺，但因时代、条件所限，一些报刊起起落落、办办停停。目前，有定期或不定期的华文刊物多份，如《南美文艺》、《华光报》、《客家亲》、《心声》、《南美福音周刊》、

---

① Rodrigo Wolff Apolloni, *Shaolin à Brasileira*, Dissertação de mestrado, Pontifícia Universidade Católica de São Paulo, 2004, p. 59.

② Marcio Antonio Tralci Filho, *Artes Marciais Chinesas*: *Histórias de Vida de Mestres Brasileiros e as Tensões entre a Tradição e o Modelo Esportivo*, Dissertação de mestrado, Universidade de São Paulo, 2014, p. 66.

③ 《广东台山华侨志》编纂委员会编：《广东台山华侨志》，香港台山商会有限公司2005年版，第334页。

④ Rodrigo Wolff Apolloni, *Shaolin à Brasileira*, Dissertação de mestrado, Pontifícia Universidade Católica de São Paulo, 2004, p. 164.

⑤ 《广东台山华侨志》编纂委员会编：《广东台山华侨志》，香港台山商会有限公司2005年版，第334页。

⑥ 同上。

⑦ 《中国功夫走入"洋武馆"》，新华网，2012年1月18日。

《佛光世纪》、《慈济世界》等。①巴西主要的华文报纸有《南美侨报》（日报）和《美洲华报》（日报）。其中，《南美侨报》是目前巴西及整个南美地区发行量最大的华文报纸。其前身为《巴西侨报》，始建于1960年3月。1985年更名为《巴西华侨日报》，1989年停刊，后于1992年4月复刊，沿用旧名《巴西侨报》。1999年10月1日起更名为《南美侨报》，一直使用至今。该报每周出版5天，发行网络遍布巴西各地和阿根廷、乌拉圭、巴拉圭、智利、玻利维亚、秘鲁等大部分南美国家。②2005年，《南美侨报》开通了中文网站（http://www.nmqb.com.cn），与巴西侨网（http://www.bxqw.com）一起成为当前巴西主要的华文网络媒体，采用网络的形式快速、便捷地向读者介绍中国文化、社会等诸多信息。其在以中文版为主的同时，还开通了葡文版，扩大了读者面。

巴西华文媒体成为传播中国文化的重要渠道，"具有鲜明的民族性：呈现的是中文汉字，传播的是中华文化，华人主办、华人阅读，反映出了中华民族的审美观念、价值取向"。"华文报刊'润物细无声'地输送中华传统、民族精神，在华侨华人与中华文化之间架起了一座无形的桥梁：传递的家乡信息，慰藉了华侨华人的乡情；反映的祖（籍）国改革开放成就，增强了华侨华人的凝聚力和向心力；报道的侨社动态，和谐了侨团之间的关系；发表的华侨华人心声，促进了华人社会的健康发展。"③

二 巴西华侨华人传播中国文化中的作用分析

巴西华侨华人利用其语言、文化、经济、地缘和人缘优势，通过华侨华人个人、华侨华人社团、华侨华人文教机构和华文媒体四个渠道和机制，助力中国文化走入巴西，从近代早期向巴西输入中国的茶叶、水稻种植技术、传播饮食、服饰等物质文化，再到后来展现和谐、仁爱、勤劳、节俭等精神文化，在巴西华侨华人的推动下，中国的语言文化、民俗文化、饮食文化、中医文化、宗教文化、武术文化等传统文化在遥远的南美大陆得到传承和弘扬，增强了巴西华裔的民族认同感和凝聚力，架起了中

---

① 别林业：《浅谈巴西华文报刊与华人社会的关系》，《侨务工作研究》2008年第2期。
② ［巴西］林筠：《拉丁美洲华文传媒发展综述》，中国新闻网，2007年8月20日。
③ 别林业：《浅谈巴西华文报刊与华人社会的关系》，《侨务工作研究》2008年第2期。

巴文化交流的桥梁,并在以欧美文化为主流的巴西社会中掀起了"汉语热""春节热""针灸热""武术热"等中国文化热,助力中国文化软实力在巴西的提升,增进了两国民众的了解与友谊。

(一) 以侨为桥,推动中巴文化交流的发展

中国与巴西相距遥远,属于不同的文化圈,语言、文化差异甚大,从而为两国的文化交流带来了不小的挑战。相比近邻东南亚国家而言,目前中国国内派往巴西开展文化传播活动的文化、艺术等团体数量有限,文化交流的步伐有待加大。对此,巴西文化部长马尔塔·苏普利西（Marta Suplicy）于2013年访华时指出,文化交流是巴中关系中的重要方面;巴中地理位置相隔遥远,两国人民需要通过文化交流增进了解、拉近距离①。华侨华人因其地缘、人缘、文化、语言等方面所具有的得天独厚的优势,同时深谙两国的文化、国情,是中国文化在巴西的理想传播者。正如2012年国务委员戴秉国在第六届世界华侨华人社团联谊大会开幕式致辞中所指出的那样,"广大海外侨胞长期生活在海外,与住在国民众联系广泛,熟悉中外文化,了解当地民众的思维方式和审美情趣。"②

在巴西华侨华人的努力下,中国的语言文化、民俗文化、饮食文化、中医文化、宗教文化、武术文化等在遥远的异国他乡得到传承和弘扬,推动中巴文化交流不断向前发展。纵观中巴文化交流的历史发展进程,华侨华人在其中发挥着无法取代的"桥梁"和"纽带"作用。近代历史上,中巴早期文化交流的开启便与华侨华人的努力密不可分。19世纪初,葡萄牙政府为了学会种茶技术,特别招募了一批中国茶农经澳门前往巴西帮助当地人从事茶叶种植,从而开启了以华工为纽带、以茶为媒介的中巴早期文化交流的历史。在19世纪上半叶,共约800名中国茶农到巴西种茶。③ 这批中国茶农成为中巴文化交流最早的友好使者。由此,"中国文化因中国茶农的进入,以及种茶技术和饮茶方式的展示而传入巴西。放弃种茶营生、定居在巴西的中国人,多数以商贩为生。中国人从事职业范围

---

① 《巴西文化部长高度评价中国"巴西文化月"活动》,国际在线,2013年9月12日。
② 屠海鸣:《充分发挥海外侨胞在弘扬中华文化中的独特作用》,《人民日报·海外版》2012年4月23日第6版。
③ 《华人移民巴西200周年历史概述》,巴西侨网,2012年12月28日。http://www.bxqw.com/userlist/huaren/newshow-24178.html。

的扩大,扩大了他们在巴西的活动范围,因而也扩大了中国文化在巴西的传播和影响。"①

新中国成立以来,华侨华人开始大规模移入巴西,尤其是20世纪六七十年代和20世纪90年代以来。伴随着华侨华人大规模移入巴西,华侨华人在中巴文化交流中的作用更为凸显。一方面他们将中国文化中更多优秀的内容传入巴西,如中国的武术、中医、建筑、书法绘画等;另一方面,华侨华人积极配合中国政府的对外文化交流活动,助力中华文化走入巴西,自觉充当中巴文化交流的民间文化大使,推动中巴文化交流稳步发展。例如,21世纪以来,巴西华人文化交流协会、巴西华人协会等华侨华人社团,华侨华人个人积极协助中国侨联举办的"亲情中华"海外慰问演出活动,中国国务院侨办和中国海外交流协会联合举办的"文化中国·四海同春"活动,中国国务院新闻办主办的"感知中国"大型文化活动,中国文化部主办的"欢乐春节"、"中国文化月"等活动在巴西的成功举行,为巴西民众带来了一场场中国文化的饕餮盛宴。巴西广大侨团及华侨华人个人在中巴文化交流中的作用获得了中巴方面的肯定和赞誉。在2012年巴西华侨华人移民巴西200周年之际,巴西圣保罗州议会举行了隆重的表彰大会,为在文化、教育、体育、医学、传媒等方面作出贡献的40多个巴西华侨华人社团以及个人颁发了杰出贡献奖。此外,2014年7月习近平主席在巴西国会所作的《弘扬传统友好 共谱合作新篇》的演讲中指出:"中国和巴西远隔重洋,但浩瀚的太平洋没能阻止两国人民友好交往的进程。200年前,首批中国茶农就跨越千山万水来到巴西种茶授艺","中巴人民在漫长岁月中结下的真挚情谊,恰似中国茶农的辛勤劳作一样,种下的是希望,收获的是喜悦,品味的是友情"。②

(二)展现中国文化的魅力,助力中国文化软实力的提升

巴西是一个移民国家,号称种族大熔炉,各民族友好相处,互相融合,在此基础上形成了巴西的多元文化。巴西多元文化是葡萄牙文化、印第安文化和非洲黑人文化等多种不同来源的文化的汇合和融合。其中,西方文化是巴西文化的主要内涵。在巴西多元文化的形成中,随着近代早期

---

① 张宝宇:《中国文化传入巴西及遗存述略》,《拉丁美洲研究》2006年第5期,第56页。
② 《习近平在巴西国会的演讲》,新华网,2014年7月17日。

中国移民的到来，中国的民俗文化、饮食文化、宗教文化等中国文化元素被传播到了巴西，为巴西民众展现了遥远的东方文化的魅力，为巴西多元文化的形成增添了独特的中国元素。巴西著名的社会学家、东方学家吉尔伯托·托弗莱雷（Gilberto Freyre）早在1936年就指出，"阿拉伯文化、伊斯兰文化、印度文化和中国文化对巴西文化的形成产生重要影响；巴西不是一个纯粹的西方国家，它的文化是中西交汇的"。[1] 2004年巴西文化部部长吉尔在北京大学巴西文化中心所作的一次演讲中也提到，中国上乘而精致的物件，诸如丝绸、刺绣、瓷器和香扇等尚存于巴西，成为当今两国拥有共同点的深厚基础。

20世纪90年代以来，随着华侨华人大规模移入巴西，华侨华人将中国的物质文化、精神文化等优秀内容传播到巴西，在遥远的异国他乡展现中国文化的独特魅力，增强了中国文化的影响力和吸引力，助力中国文化软实力在巴西的提升。目前，在巴西，出现了"汉语热""春节热""功夫热""针灸热"等中国文化热，华侨华人功不可没。2012年在中国农历新年来临之际，巴西总统罗塞夫特地致信向所有生活在巴西的华人华侨传达春节祝福，并在贺信中指出，中国文化和习俗在巴西民间有着很大的影响力，比如圣保罗东方街的中国新年庆祝活动已成为世界华人大型庆典之一。[2] 2012年在巴西参议院纪念华人移民200周年特别会议上，中国驻巴西大使李金章指出，"200年前，中国茶农远渡重洋来到巴西，开启了华人移民巴西的序幕。两个世纪以来，华人移民从种茶制茶，到开店经商、采矿修路，逐步地融入巴西社会，以他们的勤劳和智慧，为巴西经济社会发展进步作出重要贡献，也为促进中巴友好发挥了重要的桥梁作用"；"两国人民交往日益密切，带动'汉语热'、'中国文化热'在巴西升温"[3]。

（三）增进巴西民众对于中国文化的了解，改善中国的国家形象

由于中巴相距遥远，大多数巴西民众从未踏上中国的国土。他们近距离观察中国、认识中国的一面镜子便是华侨华人自身。对于巴西民众而

---

[1] 张宝宇：《中国文化传入巴西及遗存述略》，《拉丁美洲研究》2006年第5期，第55页。
[2] 《巴西总统罗塞夫向巴西华人祝贺春节》，新华网，2012年1月21日。
[3] 《驻巴西大使李金章在巴西参议院纪念华人移民200周年特别会议上的讲话》（2012年12月12日），中国外交部网，2012年12月12日。

言,华侨华人是中国形象的表达者和传达者。巴西华侨华人在南美土地上兢兢业业、勤劳致富的同时,他们不仅把中医、武术、书法绘画等中国传统文化项目传播到了巴西,架起了中巴文化交流的桥梁,增进了巴西民众对于中国的了解,而且华侨华人通过日常言行举止向巴西民众展现了中华民族精神和民族特性,增进了巴西民众对于中国的了解和好感,提升中国的国家形象。

一方面,华侨华人勤劳节俭、吃苦耐劳、做事认真、注重家庭、重视教育等这些中华民族的传统美德给巴西民众留下了深刻印象,并且"已经融入巴西民间,被巴西的历史所铭记"①。另一方面,华侨华人在勤劳致富、经济地位上升的同时,也不忘帮助当地居民,回馈巴西社会,用自己的爱心和热心展示着自己的公民心。巴西许多地方的贫民窟、老人院、孤儿院、慈善院常常可以见到华侨华人慰问捐助的身影。华侨华人热诚爱心、乐善好施的佳话被巴西民众传颂,赢得了巴西人的赞扬与尊重,构成了当地人心目中良好的中国形象。近年来多次民调显示,大部分巴西民众对于中国持有积极印象,给予中国正面评价。根据世界著名的独立民调机构——美国皮尤研究中心（Pew Research Center）发布的民意调查数据显示,2010年52%的巴西受访民众对于中国持有积极印象,2013年这一比例增至65%②。巴西前驻华大使胡格内公开宣称,"巴西人民认为中国是一个现代的、正在改变与发展的、更为开放的国家","中国形象非常正面,发展成就举世瞩目"③。

在中国国家形象的改善中,华侨华人这一"中国名片"的作用不可小视。巴西中医药针灸学会会长顾杭沪表达了华侨华人的心声:"我虽然移居巴西20多年了,但始终是一个中国人。我行医多年,始终牢记交朋友要交心这个原则,不管对方是总统还是普通人,我都要把中国人的良好形象体现出来。"④ 巴西首位华裔联邦众议员威廉·巫也指出:华侨华人对于巴西的贡献是巨大的。最初给巴西带来了种茶的劳动力,后来又带来

---

① 《巴西总统罗塞夫向巴西华人祝贺春节》,新华网,2012年1月21日。
② Pew Research Global, *Attitudes Project*, "Opinion of China: Do you Have a Favorable or Unfavorable View of China?" http://www.pewglobal.org/database/indicator/24/country/31/.
③ 《巴西大使:中国形象非常正面 发展成就举世瞩目》,搜狐网,2009年7月2日。
④ [巴西]陈威华:《巴西总统的中国"御医"》,新华网,2009年4月4日。http://news.xinhuanet.com/overseas/2009-04/04/content_11130416.htm。

了中餐馆、快餐店等贸易。如今，他们带来了大公司，促进了巴西贸易的发展。华侨华人在内的亚洲人对于巴西最主要的贡献则是带来了他们的文化。他们身上有一种美德，值得我们所有的巴西人每天去学习，这就是他们首先想到的不是权利，而是他们对于社会的责任，而且他们努力地去实现自己的责任。①

（四）增强巴西华裔的民族认同感与凝聚力，弘扬中国优秀传统文化

在巴西，老一代华侨华人由于是在中国出生、在中国接受教育，他们的民族认同感最强，而年轻一代的华裔中许多人在巴西出生，不会说汉语，长期生活在非中华文化的环境当中，从语言到生活习惯再到文化观念等方面都在发生异化，成为所谓的"香蕉人"。随着他们对祖（籍）国文化的日益疏远，其民族认同感逐渐淡漠。这一困扰不仅发生在巴西华人社会中，也发生在世界其他国家的华人社会中。巴西中国友好合作交流促进会会长、华侨宋南屏讲道："说起中华文化的传承，我们这一代甚至我们的下一代都还可以，但是再下一代就难了。"在巴西已经生活了40多年的老台侨苏孙正说，"我儿子还会说自己是中国人，但是我孙子就会说自己是巴西人"。②

文化是民族之根，民族之魂。那么，如何在异国他乡努力传播中国文化的同时在华裔年轻一代中有效地传承中华文化、增强其民族认同感与凝聚力呢？巴西华侨华人以共同的语言、共同的文化为纽带，通过加强华文教育、中国传统文化教育来增强华裔年轻一代的"根"的意识。其中，为了向华裔年轻一代进行华文教育，巴西华侨华人成立了一些主要针对华裔的华文学校，从幼儿园到小学再到中学，建立了一整套全面的中国语言、文化教育体系，以中文学习为基础，同时加强中国传统文化教育，"以语带文"、"文道结合"。另外，组织年轻一代的华裔赴华参加夏令营、冬令营或寻根等活动。此外，华侨华人还利用华文媒体如《美洲华报》、《南美侨报》、巴西侨网等经常报道巴西华文教育、华文文学的动态，支持、推动巴西华文教育的发展和对中国优秀传统文化的传承，如《美洲

---

① Daniel Bicudo Véras, *As Diásporas Chinesas e o Brasil：A Comunidade Sino-brasileira em São Paulo*, Tese de doutorado em Sociologia, São Paulo, Pontifícia Universidade Católica, 2008, p. 208.
② 《200年沉浮：巴西华人的困扰》，新华网，2012年3月2日。

华报》推出学习中文的专版,开辟了文艺副刊《华园》,经常举办诸如"母亲节""父亲节""报庆"之类的征文活动,活跃了华人的文化氛围;《南美侨报》开辟了《移民生活百花园》副刊,发表新移民文学作品。①通过一系列努力,华侨华人在巴西有效地传承、弘扬了中国传统优秀文化,增强了巴西华裔对中国的文化认同和族群认同。

三 巴西华侨华人传播中国文化中存在的问题及对策建议

巴西华侨华人是中国文化在巴西的重要传播者和传承者,在助力中国文化走入巴西中发挥了重要作用,积累了一些成功的经验,但是同时也存在一些问题。总结这些问题,并提出相应的工作建议,以便为相关部门提供参考,更好地发挥巴西华侨华人传播中国文化的作用,提高其文化传播的成效。

(一)巴西侨团力量较为分散

巴西是拉丁美洲拥有侨团最多的国家,大大小小的侨团加起来超过了100个。虽然一些侨团在传播中国文化的活动中,注意加强不同侨团之间的联系与团结,以便形成工作合力,但是,从总体上来说,由于巴西侨团多且杂,再加上缺乏统一规划,巴西侨团的力量较为分散。此外,不同侨团之间存在一定的分歧和矛盾,这些都不利于集中侨团力量共同开展中国文化的传播活动。

"团结就是力量"这个道理虽然人人皆知,但是做起来实属不易。相关部门需要进一步整合侨团力量,摒弃不同侨团之间的"门户之见"、"地域之见",加强不同侨团之间的协调、沟通与团结,努力建设和谐侨社。诸如在不同侨团之间多开展交流、联系活动;巴西同一个城市中的侨团之间、不同城市的侨团之间可以联合成立传播中国文化的平台、机构。在这方面,里约热内卢侨团的做法值得思考和借鉴。2011年,巴西华人文化交流协会、里约华人联谊会等五个里约的主要侨团的会长,在经过一年多的协商与交流后,携手召开了第一届里约侨团会长非正式会议,旨在

---

① 《文化之舟 航行四海》,巴西侨网,2011年3月30日。

加强里约不同侨团之间的协作与团结,建设和谐侨社,提高华人形象,维护华人利益。第一届里约侨团会长非正式会议的召开在加强巴西侨团之间的团结、凝聚侨界力量方面作出了有益的尝试和探索,值得借鉴和参考。

(二) 巴西部分华侨华人参与活动的积极性有待提高

巴西华侨华人以经商为主,考虑更多的是经济利益、短期效益。其中,一部分华侨华人对于中国文化传播活动的重要性认识不够,参与活动的积极性不高。2012 年 2 月,走访巴西华人文化交流协会、巴西里约华人联谊会等里约热内卢侨团的中国国务院侨办副主任许又声指出,过去华侨华人生存艰难,侨社为同胞们提供了许多帮助,现在情况有了很大改观,侨社不仅有接待沟通的作用,还应有更大作为。他特别强调侨团应重视文化公关的作用,要主动向住在国民众宣扬中华文化,宣扬华侨华人对住在国的贡献。①

为了提高巴西华侨华人对于中国文化传播活动重要性的认识、增加活动的参与热情,活动组织方、侨团等相关机构需要放低姿态,不要只把眼睛盯在华侨华人精英身上,也应该重视、引导广大普通侨胞的参与。例如,活动之前有关部门可以通过报纸、网络等多渠道在广大侨胞中间做好宣传、鼓动、引导工作,以便让广大侨胞提前获悉活动详情,通过进一步的引导,更好地参与活动中。

(三) 巴西侨团缺乏活动资金

在巴西,大部分华侨华人社团属于民间自发性质,主要依靠华侨华人个人出钱出力从事中国文化传播活动。虽然巴西大多数华侨华人以经商为主、经济实力较好,出于爱国热情他们自愿也能够拿出一定的资金从事中国文化传播活动。但是,文化传播活动毕竟是一项投资大、见效慢、收益长远的工程,需要有源源不断的强有力的资金支持方能使其可持续地发展下去。单靠华侨华人个人一时出钱出力来推动文化传播活动,从长远来看,这种方式难以为继,其后必须有政府强有力的支持。因此,中国政府需要对华侨华人的文化传播活动给予资金、技术、人力、物力方面的支持,同时为其提供更多的现代文化产品,丰富其文化传播的内容和手段,

---

① 《许又声走访里约热内卢华侨华人社团 强调文化公关》,新华网,2012 年 2 月 7 日。

使其文化传播活动更具现代性、先进性、可持续性，更好地发挥其民间文化大使的作用。

（四）巴西少数华侨华人从事违法活动

在巴西，华侨华人以经商为主。其中，少数华侨华人从事偷税漏税、贩卖假货或冒牌货、走私、赌博、非法用工等违法活动，给当地人留下了不良印象，既损害了巴西华侨华人的自身利益和长远发展，也严重损害了中国人的声誉和形象，影响到当地人对于中国的认知、对于中国文化的认可和接受。巴西华人文化交流协会荣誉主席、巴西尹氏国际集团董事长尹霄敏在介绍自己的创业经历时特别指出，自己在巴西20多年一直坚持诚信经商、厚德待人的理念。有一次，由于竞争对手虚假举报，他的公司遭到当地反走私委员会的突击检查，结果全面检查后没发现任何问题，"我们反而给执法部门留下了守法经营的良好印象，为我们赢得了声誉、赢得了市场。"[①] 因此，在巴西的华侨华人，需要认真反思其非法经营等不良行为，走合法经营之路，提高自身素质与形象。同时，国内相关部门、华文媒体、侨团等需要积极引导、配合华侨华人文明形象的树立工作，做好宣传教育，营造舆论氛围并进行舆论监督。

（五）巴西华侨华人参政意识淡薄

目前90%的巴西华侨华人已经加入巴西国籍，经过多年努力奋斗，经济上大多数步入中产阶级，生活宽裕，但是政治地位还较低下。旅居巴西的华侨华人大多数专注于经商活动，不愿涉足政治，参政意识淡薄，愿望不强烈。到目前为止，踏入巴西政治舞台的华侨华人寥寥无几。巴西华侨华人要想在巴西社会中有效地传播中国文化，扩大自己的声音，切实地维护自身利益，其中一个很好的渠道和途径就是参政。这方面有一些成功的案例。例如，2010年1月，广东籍华侨李少玉成为圣保罗市议会的首位东方女议员。刚刚走马上任的李少玉议员利用这一政治平台，提议在圣保罗市议会举行中国春节庆祝晚会。几经努力，这一提议获得通过，于是2010年1月27日，圣保罗市议会在该议会八楼会议厅首次举行了中国春节庆祝晚会，参加该晚会的圣保罗州议员、市议员在致辞中赞扬李少玉举

[①] 《海外侨胞"唐人街"外显风华 言行展现中华形象》，新华网，2012年4月20日。

行庆祝中华民族传统节日春节的活动,使巴西人民与华人共享节日的欢乐和友谊。由此可见,华侨华人通过参政,可以获得更多的机会和更好的平台来推动中巴文化交流的发展,加强中国文化在巴西的传播,同时也有利于华侨华人自身地位的提升。

墨西哥环保运动初探

袁 艳[*]

内容提要 墨西哥环保运动历史悠久，根植于古代印第安文化与生存方式。20世纪中叶之前可称之为墨西哥早期环保运动，以保护自然资源为主的墨西哥环保活动主要是印第安人、农民和环保主义者个人的温和的自发行为。20世纪60年代则开启了墨西哥现代环保运动阶段，它以声势浩大、此起彼伏的大规模社会动员与抗议活动为主要标志，印第安人、农民、市民、政府、政党、国际组织等各类主体纷纷卷入其中，在利益纠葛与博弈中塑造了现代墨西哥环境管理的政策与模式，其资源动员和策略运用手段非常丰富。现代环保运动的诉求也远远超越保护自然资源的范畴，进而深入社会生活的众多方面。环保运动对墨西哥的主要影响，一是推动并参与了墨西哥现代环境管理制度、政策和模式的塑造与构建，二是环保观念在墨西哥深入人心，墨西哥绿党的诞生应该可以算作是墨西哥环保运动政治化的遗产和发展。

关键词 墨西哥 环保运动 社会动员 管理制度 环保观念

人类的日常生活与自然、资源和环境息息相关。一部人类生存史，亦是一部人类与环境互动的历史。环境问题自古有之，人类致力于保护自然、资源与环境的环保运动也相伴而生。墨西哥亦不例外。自古老的殖民地时期始，印第安人已有爱护森林的意识。进入20世纪，各类环保运动

---

[*] 袁艳，西南科技大学拉美研究中心，博士。

在墨西哥轮番登场，起伏兴衰，延续至今。印第安人、农民、市民、政府、政党、国际组织等各类主体纷纷卷入其中，在利益纠葛与博弈中塑造了现代墨西哥环境管理的政策与模式。本文拟结合环保运动在墨西哥的演进历程，考察墨西哥环保运动的动员特征与策略运用，探究环保运动给墨西哥带来的影响。

一 环保运动在墨西哥的演进历程

墨西哥环境保护的源头可以追溯至殖民地时期。1543年，塔斯科（Taxco）附近的印第安人就开始抱怨那些开采银矿的西班牙人对森林造成的破坏。1876年，保护洛斯莱昂斯荒漠（el Desierto de los Leones）的森林成为墨西哥保护自然区域的肇端。1880年，墨西哥经济发展部（Secretaría de Fomento）已经注意到因森林减少造成的气候变化、空气污染、水土流失、洪水泛滥等环境问题。

在墨西哥，最早强调保护自然的是印第安人和农民。墨西哥学者马里奥·阿尔贝托·韦拉斯克斯·加西亚（Mario Alberto Velázquez García）认为，墨西哥对资源的保护和自然区域的可持续利用是一种与源自殖民时代的墨西哥印第安村落和农民的文化和生存方式密切相关的行为。印第安人和农民不想破坏和改变长期赖以生存的生态系统，不愿承受公共建设带来的严重污染后果。[1] 20世纪中期，墨西哥为了修建灌溉设施曾迫使印第安人进行搬迁。1954年，联邦政府在瓦哈卡修建米格尔·阿勒曼大坝，使两万多名马萨特兰人离开家园、迁往别处。为说服居民搬迁以保证基础设施建设顺利进行，墨西哥政府采取协商的策略，如与地方传统领袖（主要是印第安人领袖）建立良好关系，或是扶持新兴地方领袖，或邀请权威的技术和专业人士进行协调。在这次动迁中，尽管该地区居民未表达明确反对，但部分居民表示了异议。面对少数反对意见，墨西哥政府派出了军队，最终当地居民搬迁，大坝工程得以顺利推进。

20世纪上半期，在墨西哥政府采取措施保护环境之前，已有墨西哥

---

[1] Mario Alberto Velázquez García, "Los Movimientos Ambientales en México", en Ilán Bizberg y Francisco Zapata ed., *Los Grandes Problemas de México: Movimientos Sociales*, México, D. F.: El Colegio de México, 2010, p. 327.

人进行建立自然保护区的个人努力。最典型的代表人物是米格尔·安赫尔·德克韦多（Miguel Ángel de Quevedo）。作为一名建筑家、工程师和环保主义者，他致力于倡导保护墨西哥的森林资源。1908 年，米格尔·安赫尔·德克韦多在墨西哥城科约阿坎区（Coyoacán）建立了一个植物园（Viveros de Coyoacán），并建起一所林业学校。他还创立了墨西哥森林协会。1923 年，米格尔·安赫尔·德克韦多参与起草一部森林法，该法律即后由普鲁塔科·埃利亚斯·卡列斯总统（Plutarco Elías Calles，1924－1928）签署的《林业法令》（Decreto de Ley de Silvicultura）。这一时期的环保主义代表人物还包括瑞士社会工作者、民族志学者格特鲁德·杜比·布洛姆（Gertrude Duby Blom）、墨西哥生物学家和植物学家恩里克·贝尔特兰（Enrique Beltrán）、美国林业专家汤姆·吉尔（Tom Gill）、墨西哥农学家冈萨洛·布兰科·马西亚（Gonzalo Blanco Macías）和墨西哥生物学家米格尔·阿尔瓦雷斯·德托罗（Miguel Álvarez de Toro）。他们主要采取开展环保研究、著书立说、成立环保组织等方式，致力于环保知识和思想的宣传和普及。恩里克·贝尔特兰和汤姆·吉尔创立了墨西哥自然资源协会（el Instituto Mexicano de Recursos Naturales Renovables）。该协会是墨西哥历史最悠久的环保组织之一，主要设计和开展教育、研究项目以便发展自然保护区。1952—1990 年，该协会召开会议，从事环保研究，出版相关环保书籍，甚至建立起拉丁美洲最重要的生态和环保图书馆。1951 年，冈萨洛·布兰科·马西亚及其同事建立"地球之友"组织（Amigos de la Tierra）。该组织积极推动和开展以保护和改善环境为目的的地区发展项目，其中最重要的活动之一是发起全国性的种植道旁树活动。该组织出版的环保杂志《土地与水》（Suelo y Agua），系墨西哥首批环保杂志之一。但是，在 20 世纪上半期的墨西哥，环境话题尚不入主流。在那些左派团体中，环境话题被视为"资产阶级"的担心。那些保护河流和森林的积极分子被认为分散了对重要问题——革命和资本主义政权消失——的关心。参与环保话题意味着不受政治体制的欢迎，不受政府信任，也极少能在左派中找到同盟者。[1]

---

[1] Mario Alberto Velázquez García, "Los Movimientos Ambientales en México", en Ilán Bizberg y Francisco Zapata ed., Los Grandes Problemas de México: Movimientos Sociales, México, D. F.: El Colegio de México, 2010, p. 293.

如果说在 20 世纪中叶之前，以保护自然资源为主的墨西哥环保活动主要是印第安人、农民和环保主义者个人温和的自发行为，我们可以称其为墨西哥早期环保运动；那么 20 世纪 60 年代则开启了墨西哥现代环保运动阶段。在早期环保运动阶段，尽管极少数民众对政府的部分基础设施建设活动有零星的不满，但被墨西哥政府采取协商谈判或高压的策略予以化解。墨西哥现代环保运动则是以声势浩大、此起彼伏的大规模社会动员与抗议活动为主要标志。环保运动的卷入者不仅是印第安人、农民、个别环保主义分子，而且是以市民广泛参与的环保组织、环保组织联盟、国际环保组织为代表的集体参与力量。现代环保运动的诉求也远远超越保护自然资源的范畴，涉及生物多样性保护、社区可持续发展、林业和再造林、国家公园和自然保护区的保护和维持、环境法规的漏洞、垃圾回收、农业、污染、青年、妇女、海洋资源、生态旅游、沙漠化、印第安人、城市环境、能源、危险废弃物、工业、矿业等等。

20 世纪 60 年代，在古斯塔沃·迪亚斯·奥尔达斯总统（Gustavo Díaz Ordaz, 1964—1970）时期，墨西哥发生了首批涉及国家环境的社会动员活动。1967 年，在墨西哥南部瓦哈卡的圣地亚哥科马尔特贝克（Santiago Comaltepec）地区，当地居民停止给一家造纸厂提供木材，以表达他们对该厂对森林进行开采却未造福于当地社区的不满。另一起动员活动发生在墨西哥北部边境地区，当地居民跨阶级联合起来反对矿业公司以极低的价格获取当地铜矿。一些墨西哥学者认为，这些集体动员活动构成了后来墨西哥生态—社会环保运动的基础。[1]

20 世纪 70 年代，随着生态和环境问题凸显，墨西哥开始步入环保运动高发时期。墨西哥民众反对在巴巴罗阿潘河（río de Papaloapan）建水力发电站，抗议科罗马托（Cromato）公司的废弃物带来的污染。墨西哥绿色革命中大量使用农业化学品造成的严重环境问题日益显现。1974 年，一组研究者宣布，杜兰格地区的 4 名死者和 847 名病人是因农业化学品中毒而致死或致病的。农业化学品还导致水污染并进而引起鱼类大量死亡。1974 年，杜兰格民众抗议杜纳河（río de Tunal）受到污染。知情者组成

---

[1] David Madrigal González, "Las Movilizaciones Ambientales: Orígenes y Transformaciones Históricas", en José Luis Lezama y Boris Graizbord ed., *Los Grandes Problemas de México: Medio ambiente*, México, D. F.: El Colegio de México, 2010, p. 405.

"人民保卫委员会"（el Comité de Defensa Popular），并得到市民广泛支持。在民众抗议之下，墨西哥联邦政府承诺治理河流。1978 年，墨西哥城德比多（Tepito）、莫雷洛斯（Morelos）、罗马（Roma）、米克斯夸克（Mixcoac）居民区的居民一起走上大街，反对建设主干道（ejes viales）。他们认为，主干道的修建会改变这些地方的传统生活习惯（la habitabilidad tradicional）。1979 年，在瓦哈卡的伊斯特兰（Ixtlán），当地居民成立了"保卫华雷斯山区自然资源和社会发展组织"（la Organización en Defensa de los Recursos Naturales y Desarrollo Social de la Sierra de Juárez），要求给予本地居民开发当地森林、自由出售木材的权利。20 世纪 70 年代最知名的环保运动发生在墨西哥湾。1974 年，墨西哥国家石油公司在墨西哥湾进行油气开采，造成当地水土、空气污染，招致附近居民大规模的抗议活动。墨西哥国家石油公司开始了漫长的与当地居民就环境污染进行赔偿的谈判过程。1978 年，经过多轮谈判，双方签订"河畔协定"（el Pacto Ribereño）。1980 年，受到污染影响的居民获得 40 亿比索赔偿款。在这次历时 5 年的谈判中，墨西哥国家石油公司摸索和建立起处理和解决环境赔偿问题的系列程序和方案，为后来其他公司处理类似环境赔偿问题提供了样本，成为墨西哥处理环境赔偿问题的参考标准。

20 世纪 80 年代，墨西哥经济危机引爆新一轮社会抗议活动，工人、农民、学生、妇女、印第安人等各类团体动员组织并参与进来，使得墨西哥环保运动更趋复杂。这一时期，墨西哥各种环境问题频现，土地被侵蚀和污染、森林的无节制砍伐、水资源的过度开发和污染、空气污染和气候与微气候的变化，构成城市和农村居民认为国家处于环境危机的主要经验性因素。[1] 环境问题成为公众主要关注点之一，引起广泛争论。环保 NGO 如雨后春笋般涌现。根据墨西哥慈善中心（el Centro Mexicano para la Filantropía）的统计数据，这一时期成立的环保组织比之前 100 年成立的还多。1984 年，墨西哥环保组织成立"生态交流交替网络"（la Red Alternativa de Eco-Comunicación）。次年，墨西哥环保组织举行首次全国生态主义者大聚首会议（el primer Encuentro Nacional de Ecologistas）。20 世纪

---

[1] David Madrigal González, "Las Movilizaciones Ambientales: Orígenes y Transformaciones Históricas", en José Luis Lezama y Boris Graizbord ed., *Los Grandes Problemas de México: Medio ambiente*, México, D. F.: El Colegio de México, 2010, p. 408.

80 年代的环保运动也因环保 NGO 的勃兴与联盟而尤显波澜壮阔。这一时期最为典型的环保事件是反对修建"绿湖"核电站（Laguna Verde）①，系墨西哥环保运动史上的标志性事件之一。1966 年，墨西哥联邦电力委员会开始寻址建设核电站。经过多年筹备，核电站项目于 20 世纪 80 年代初动工。1987 年，近 25 个环保组织与上万民众举行游行示威，抗议修建核电站，并举行关闭核电站的象征性仪式。这是墨西哥环保运动史上第一次全国性的总动员，被认为是环保组织间合作的胜利结果。另一起反对核电开发的事件发生在 1980 年。是年，米却肯州居民发起反对在帕茨夸洛湖（lago de Pátzcuaro）建设核反应堆的抗争。

在 20 世纪 90 年代发生的两起典型环保事件中，墨西哥环保运动参与者体现出浓烈的与政府对抗的味道。1994 年，在莫雷洛斯州政府的支持下，克拉特—索乌里诺公司（Kladt-Sobrino）计划在特波兹特兰（Tepoztlán）建设一个包括高尔夫球场、饭店和 880 套别墅的旅游综合开发项目。该项目背后有强大的商业利益集团和州长支持，但由于位于特波兹特兰国家公园内而招致民众反对。民众最初抗议项目土地使用不合规，并请求政府派代表出面解答民众的疑问和关心的问题。在抗争期间，民众成立"特波兹特兰联合委员会"（el Comite de Unidad Tepozteca）。1995 年 8 月，当特波兹特兰市市长宣布支持继续建设项目后，当地居民在特波兹特兰联合委员会的组织下，占领市政厅，将政府官员扣为人质，宣布城市进入包围状态。特波兹特兰联合委员会成员垒起路障，阻断高速公路，并选举临时政府，最终迫使市长辞职。特波兹特兰联合委员会的抗议活动得到绿色和平、地球之友等多个国际环保组织的声援和支持。1996 年 4 月，警察与特波兹特兰联合委员会成员发生激烈冲突，造成 34 人被捕，多人受伤。暴力的发生很快使该事件成为全国性新闻，此项目随即遭受强大的舆论压力。4 月 12 日，克拉特—索乌里诺公司宣布取消项目修建。② 同年，瓜达尔卡萨尔城（Guadalcázar）北部的居民反对在当地建设有毒废弃物处理厂。尽管该项目得到总统个人和联邦环保官员的支持，但强大的环境动员使得市政府未批准该项目的建设。

---

① Laguna Verde 核电站项目尽管受到环保势力的反对，但政府仍然进行了建设。目前，该核电站是墨西哥唯一的核电站。

② Mario Alberto Velázquez García, "La Construcción de un Movimiento Ambiental en México. El club de golf en Tepoztlán, Morelos", *Región y Sociedad*, Vol. xx, No. 43, 2008, pp. 78 – 89.

进入21世纪，墨西哥环保运动转入相对低潮时期，其在全国性社会和国家政治舞台的可见性明显下降。[①] 新千年的第一起重大环保事件是反对在墨西哥州圣萨尔瓦多·阿登科（San Salvador Atenco）修建机场。起初，政府打算忽视反对组织的抗议声音。但最终迫于环保势力的压力取消机场建设项目。2000年，墨西哥联邦政府计划在全国修建60座大坝，其中20座遭到不同程度反对。1976年，墨西哥联邦电力委员会就开始研究建设拉帕洛塔水电站（LA PAROTA）的技术可行性，但直到2003年才开工建设，因为水电站的修建涉及21个社区（包括17个村社和3个社区）25000名居民的拆迁安置。总体而言，2000年后墨西哥全国性动员和环保抗议活动减弱，但各种小范围环保抗议活动仍不断发生，如反对在特奥蒂华坎（Teotihuacán）修建沃尔玛店（2004年）、抗议坎昆一家公司非法引进28只海豚（2005年）、反对在韦拉克鲁斯建设拉赫伊塔（La Joyita）公园（2006年）、反对伊达尔戈州一家西班牙公司建设工业废物处理厂（2008年）等等。

二 墨西哥环保运动的动员特征与策略运用

如前文所述，墨西哥环保运动可谓形形色色，有着不同的利益诉求和参与主体。贡戈拉·索维拉内斯（Gongora Soberanes）依据墨西哥环保运动不同的思想倾向，将其归纳为三类：一是资源保护主义倾向（The conservationist trend）。这是20世纪50年代诞生的墨西哥首批环保组织的观点，以墨西哥自然资源协会为主要代表。这类组织主要由开展自然资源研究的科学家推动并发展起来，旨在考察国家的资源现状，提供有利于社会福祉的自然资源保护、发展和使用最佳方式的有关建议，开展资源保护相关问题的宣传、推广，致力于减少对植物、动物、森林等自然环境的破坏。二是生态主义倾向（The ecologist trend）。这类环保运动受到国际环保主义潮流的影响，在20世纪80年代前期十分活跃。此类环保运动组织和成员主要来自墨西哥城，并得到有途径获得美国、欧洲绿党项目信息的知识分子和青年激进分子的支持。参加人员包括城市中产阶级。他们通常

---

① Jordi Díez, "The Rise and Fall of Mexico's Green Movement", *European Review of Latin American and Caribbean Studies*, No. 85, October 2008, p. 89.

受过高等教育,许多人拥有社会正义斗争经验,如参加过 1968 年学生运动、政党、劳工组织等。三是环境主义倾向(The environmentalist trend)。这类倾向的环保运动不仅是关心环境危机的特殊运动组织,更是社会运动。此类组织的成员包括从知识分子到偏远农村地区的村民等广大人群。由于其赖以生存的资源,如土地森林、湖泊等受到影响,农村社区有序地组织起来捍卫这些资源。这类倾向的环保运动具有实用主义特征,并致力于解决某个特殊的问题,通常与生产实践和影响社区的政策有关。①

墨西哥各类环保运动有着不同的思想倾向,其大规模爆发是各种因素综合作用的结果。论其根源可以上溯至古代印第安文化传统与生活方式,而现代大型环保运动则与世界环保主义潮流兴起、墨西哥绿色革命后遗症、工业污染导致的生态环境问题密不可分,其中更交织着因经济危机引发的广泛社会抗议活动、国际组织的介入和参与等诸多因素。在墨西哥环保运动风起云涌的背后,两大特点值得重点关注:一是墨西哥环保 NGO 的勃兴、联盟与国际联系;二是墨西哥环保运动采取的策略和手段。

从墨西哥环保运动的参与力量看,早期环保运动的参与者主要是印第安人、农民以及个别环保主义分子。到现代环保主义阶段,包括城市中产阶级、科学家、知识分子、艺术家、学生等在内的广大市民被动员起来,专业环保主义者群体壮大,环保 NGO 大量涌现。在专业环保主义者领导之下,环保组织间的联盟形成,并建立起与国际环保 NGO 的紧密联系。

墨西哥环保 NGO 的大量涌现有着偶发的诱因。1985 年 9 月 19 日,墨西哥城发生 8.1 级强震,造成 7000 多人死亡,1.1 万人受伤,30 多万人无家可归。由于墨西哥政府救助地震灾民能力严重不足且反应迟缓,墨西哥城的居民迅速自发组织起来,为受灾民众提供食物、水、住所和医疗救助等。这次因救灾而起的社会动员见证了大量市民社会组织的形成。包括环保 NGO 在内的各种市民社会组织数量在墨西哥猛增。大地震后两个月,14 个环保组织在墨西哥城举办首届生态主义者大聚首会议,创建了墨西哥大型环保组织网络"生态主义团体协约"(el Pacto de Grupos Ecologistas)。生态主义团体协约聚集了全国 50 个环保组织,并建立了 10 个工作委员会来处理从墨西哥谷地污染到森林退化等环境问题。除生态主义团体

---

① Jennifer Gleason, Chris Wold and Raquel Gutiérrez Nájera, et al, "Guide to Public Participation in Environmental Matters in Mexico, the United States of America and Canada", pp. 9 – 10.

协约外，20 世纪 80 年代墨西哥的重要环保组织还包括生态主义运动、百人会（el Grupo de los 100）等。前者在墨西哥多个州设有代表处。后者由知识分子、艺术家、专栏作家、媒体评论员等组成，在全国有广泛的影响力。20 世纪 90 年代，墨西哥经历了环保组织的大跃进式增长。1985 年，墨西哥登记的环保组织不到 30 个，到 1997 年这一数字增加到近 500 个。到 20 世纪 90 年代后期，约 5% 的墨西哥人成为各类环保组织成员。[1]

伴随环保 NGO 的出现，墨西哥产生了大量专业环保主义者。他们大部分是受过良好教育的中产阶级成员，担任环保 NGO 的领导者。这些专业环保主义者通常有着良好的学历背景、丰富的专业知识、广泛的社会联系，拥有获取国际环保 NGO 资源的能力。在他们的领导和组织之下，墨西哥的大型环保组织间保持着联系。20 世纪 90 年代墨西哥几次大型环保运动都是由这些专业环保主义者领导和组织。

墨西哥环保 NGO 与国际环保 NGO 保持着较为紧密的关系。大部分墨西哥环保组织从获得国际性 NGO 的资金资助与经验和技术传授。一项对 42 个墨西哥环保 NGO 的研究显示，75%（29 个）的 NGO 与外国 NGO 有联系，绝大多数（20 个）获得外国 NGO 的资助，外国 NGO 主要来自欧洲（20 个）和美国（19 个）。[2] 北美 NGO 的支持主要是宣扬民主和人权的自由价值观影响；欧洲 NGO 则关注发展和经济问题。[3] 墨西哥环保组织得到北美和欧洲环保组织的经济和技术支持，被认为是导致 20 世纪 80 年代墨西哥环保抗议活动大增的重要原因。一位美国学者在分析 2000 年后墨西哥环保运动走向衰落的原因时，认为第一个因素就是来自国际捐助者的资金大幅减少。资金的减少使得墨西哥环保 NGO 的运转出现问题和危机。而对于国际捐助者撤资的原因，一些环保 NGO 成员将此归结为，2000 年后，国际资助来源认为墨西哥已经成为稳定的民主国家，他们需

---

[1] Jordi Díez, "The Rise and Fall of Mexico's Green Movement", *European Review of Latin American and Caribbean Studies*, No. 85, October 2008, p. 86.

[2] Programa Interdisciplinario de Estudios del Tercer Sector, "Organisational environment and NGO structure in Mexico and Portugal: what does the literature tell us?", No. 4, 2000, http://www.civilsocietylaw.org/programs/lac/mexico/organisational-environment-and-ngo-structure-in-mexico.pdf, p. 20.

[3] Jean Grugel, "Romancing civil society: European NGOs in Latin America", *Journal of Interamerican Studies and World Affairs*, Special Issue: The European Union and Latin America: Changing, Vol. 42, Issue 2, 2000, p. 87.

要将注意力转移到其他地区和国家。第二个更为重要的因素则是墨西哥环保运动领袖决定参与到新的政府之中。①

环保运动在进行资源动员时往往采取不同的策略和手段。一是直接策略，通常包括：(1) 运用常规抗议方式，(2) 调解，(3) 唤起公众的良知，(4) 作为在大众媒体传播信息的中介，(5) 形成社会网络，(6) 国际声援，(7) 采用偏激观点，(8) 大众媒体发布会，(9) 运用科学调查。二是间接策略，主要包括：(1) 公共政策建议，(2) 担任政府机构的顾问，(3) 在媒体上发表书面信息，(4) 创建环境学习小组，(5) 增强环境话题小组能力，(6) 参与政府的特别项目。②

从墨西哥来看，早期环保运动更偏好使用间接的策略，如影响或参与公共政策的设计、创设环保话题学习小组、与政府或其他团体一起参加特定项目，旨在改变墨西哥民众和政府对自然的观念、态度和看法。墨西哥现代环保运动采用的策略和手段无疑更加丰富多样。除运用常规抗议方式、组织声势浩大的游行示威等直接对抗方式外，其常用的策略和手段还包括：(1) 利用科学知识来支撑自身诉求，(2) 整合成国内或国际的网络来形成民意，(3) 借助媒体的力量，(4) 国际声援，(5) 公共政策建议，(6) 进行环保知识的普及和宣传。这些策略和手段延续至今，继续为当代墨西哥环保运动所继承和采用。

在墨西哥，与自然资源有关的环保抗议活动往往离不开大学及相关研究机构的参与。墨西哥环保运动的一大特点即是大学、研究机构的研究人员作为专业权威人士的介入。科学数据和研究者在墨西哥环保运动过程中通常起着中心作用，如在反对原子能利用、反对全球变暖、反对森林消失等方面。大多数墨西哥环保 NGO 与大学保持着紧密联系。在特波兹特兰环保运动中，墨西哥国立自治大学、墨西哥自治大学等大学的研究人员在全国性报纸上发表研究成果，提出项目的建设会对环境造成一定危害。这一研究结果和倾向对于民众起着重要影响和作用。

墨西哥环保运动非常善于形成网络推动民意，进而赢得公众对自身诉

---

① Jordi Díez, "The Rise and Fall of Mexico's Green Movement", *European Review of Latin American and Caribbean Studies*, No. 85, October 2008, p. 90.

② Mario Alberto Velázquez García, "Los Movimientos Ambientales en México", en Ilán Bizberg y Francisco Zapata ed., *Los Grandes Problemas de México: Movimientos Sociales*, México, D. F.: El Colegio de México, 2010, p. 283.

求的支持。在墨西哥，不仅仅是环保组织间组成联盟和结成网络，往往还有其他各类市民社会组织的加入。以特波兹特兰环保运动为例，由于该项目总投资4.78亿美元，能够创造1.3万个临时就业岗位和3300个长期就业机会，部分当地民众支持该旅游综合项目的建设。但在反对项目建设的一方的引导和组织下，当地"特波兹特兰妇女"（Mujer Tepozteca）、"特波兹特兰协调者"（la Coordinadora Tepozteca）、"特波兹特兰市民前线"（el Frente Cívico Tepozteco）等组织决定介入。最后，反对方组织者以"反对高尔夫俱乐部"为名，获得当地5000居民（约占当地人口的16%）签名的请愿书，隐去了建设一个旅游综合体和一个工业园区的事实，以反对建设"只为富人服务的高尔夫俱乐部"为名，赢得民意支持，最后迫使项目取消。

墨西哥环保组织、环保运动也非常善于利用媒体的力量。媒体在墨西哥环保运动中扮演着重要角色。墨西哥知名环保组织"百人会"，就是由包括专栏作家、记者、主持人等在内的传媒文化界人士组成的。有关环境评估的研究报告也通常通过电视、报纸等全国性媒体发布。媒体对环保运动进展的报道，也吸引着全国各方人士的关注。特波兹特兰旅游综合体项目被迫取消的最后一击也来自媒体。在坚持与项目反对方周旋近一年后，1996年4月，警察与特波兹特兰联合委员会成员发生激烈冲突，造成34人被捕，多人受伤。暴力的发生很快使该事件成为全国性新闻，项目随即遭受来自全国的强大舆论压力。

由于墨西哥环保组织与国际组织的紧密联系，墨西哥环保运动通常得到强大的国际声援。在北美自由贸易区协定签订前后，墨西哥环保组织与美国、加拿大环保组织保持着密切的互动。在特波兹特兰环保运动中，绿色和平（Greenpeace-USA）、地球之友（Friends of Earth）、山地俱乐部（Sierra Club）、全球贸易观察（Global Trade Watch）、人民赞成公园（People Pro Parks）、社团义务研究小组（Corporate Accountability Research Group）等国际环保组织表示了声援和支持。在另一个与南下加利福尼亚州建设世界最大的盐矿有关的项目中，墨西哥环保组织和国际NGO联合起来进行了长达五年的抗议和反对活动。

向政府提出公共政策建议是墨西哥环保人士和环保组织采用的重要策略和手段。这一策略从20世纪初米格尔·安赫尔·德克韦多就已经开始使用，他起草的林业法成为国家林业法令。到萨利纳斯总统时期，墨西哥政府直接任用环保组织领袖维克多·李奇廷格尔·威斯曼（Víctor Lichtinger Waisman）担任环保部部长。李奇廷格尔是墨西哥知名环保主义者，在担任环保部部长之前，他隶属于一个由墨西哥全国知名环保主义者组成的团体"25人反省小组"（the Grupo de Reflexión 25）。这个由25位专业环保主义者组成的政治联合体成立于1999年11月，致力于在2000年墨西哥总统大选前研讨改革建议，希望新政府能够采纳并实施他们的建议。

墨西哥环保组织和环保运动也采取很多间接性手段，进行环保知识的宣传和普及，旨在改变社会观念和人们对待自然的方式。墨西哥各地各类环保组织出版发行众多环保杂志与简报，以在民众中宣传环境基础知识，如《我们的环境》杂志（la revista Nuestro Ambiente）、《豹猫》（Ocelótl）、《报告》（Informa）、《野生动植物》（la revista Vida Silvestre）、《叉角羚》（El Berrendo）、《动物信息》（Notifauna）、《绿色农民》（El Jarocho Verde）等。

三　墨西哥环保运动的主要影响

墨西哥环保运动历史悠久，根植于古代印第安文化与生存方式。现代环保运动更是声势浩大，诉求多样，卷入者众，影响深广。环保运动对墨西哥的首要影响自然是推动并参与了墨西哥现代环境管理制度、政策和模式的塑造与构建。环保观念在当下墨西哥的深入人心，与墨西哥环保运动采取的间接策略有着密不可分的关系。而墨西哥绿党的诞生应该可以算作墨西哥环保运动政治化的遗产和发展。

墨西哥现代环境政策的形成是多种力量博弈的结果。墨西哥环境谈判的参与者包括：（1）政府机构和政党。（2）国内NGO。通过生态旅游、有机产品、森林产品从绿色市场受益的公司和农民也试图影响环境政策与决策制定。他们试图与中产阶级、城市环保积极分子、草根印第安人和基层社区组织、绿色工业和农民结成联盟。（3）国际力量。北美自由贸易区（NAFTA）影响了墨西哥北部环保政策制定。泛美开发银行、经济合作与发展组织（OECD）等通过项目资助等，影响墨西哥环境政策制定。国际环保NGO，如自然保护（Nature Conservancy）、世界自然基金会

(*WWF*) 等也对墨西哥环保政策产生一定影响。① 因此，从参与墨西哥环境政策塑造的主要力量看，环保运动的主力环保 NGO 与印第安人、农民、国际 NGO 都卷入其中。

从墨西哥环境立法、环境机构建立完善、环境管理制度的逐渐形成与发展过程和重要节点看，墨西哥环境管理与环境问题日益凸显、环保运动兴起一定程度上体现出互动。继普鲁塔科·埃利亚斯·卡列斯总统（Plutarco Elías Calles，1924—1928）签署《林业法令》后，卡马乔政府（1940—1946）开始提出理性使用土地和森林。1942 年，卡马乔在国家灌溉委员会下设立了国土保护部，旨在防止靠近河流和灌区的土地。1946 年，在卡马乔任期的最后一年，颁布了墨西哥第一部自然资源保护法，规定了国家自然资源利用与开发的总体原则。1946—1964 年的墨西哥总统没有采取特别措施来保护河流和森林。迪亚斯政府（1964—1970）对保护自然区域和颁布相关法律仅保持极为有限的关注度。进入 20 世纪 70 年代后，墨西哥环境问题受到政府的重视。埃切维里亚政府时期（1970—1976）标志着墨西哥有了环境管理的新理念。从这个时期起，环境不再被看作一个健康问题和农业生产力问题，而是发展的一个因素。从埃切维里亚总统开始，保护自然资源变成政府的一项工作。1971 年，国会通过《防止和控制环境污染联邦法》（*la Ley Federal para Prevenir y Controlar la Contaminación Ambiental*）。1982 年，墨西哥建立了"城市发展与生态部"（*la Secretaría de Desarrollo Urbano y Ecología*（Sedue）），这是第一个保护环境的联邦机构，标志着墨西哥环境政策的进步。1988 年，墨西哥颁布《生态平衡与环境保护总法》（*la Ley General del Equilibrio Ecológico y la Protección al Ambiente*（lgeepa））。在萨利纳斯总统任内，城市发展和生态部变为"环境、自然资源和渔业部"（*la Secretaría de Medio Ambiente, Recursos Naturales y Pesca*）。在恩内斯托·塞迪略（Ernesto Zedillo，1994—2000）时期，墨西哥环保管理进一步制度化，主要表现在：（1）分类管理水、土地、森林、空气；（2）明晰不同级别政府各自职责；（3）手段、项目和政策的统一性，例如生态区条例、环境影响评估，墨西哥官

---

① Donna L. Lybecker and Jennifer E. Horan, "Multi-Party Environmental Negotiations: Perspectives from Democratizing Nations in Latin America", *International Journal of Organization Theory and Behavior*, Vol. 8, No. 2, summer 2005, pp. 216 – 217.

方标准，以及自我监管手段，如审计和协议。可以说，环保运动一定程度上推动了墨西哥环境管理模式的形成与发展。尤其是在20世纪90年代墨西哥进行的系列环境改革中，墨西哥环保主义者成功地影响了全国性环境政策的制定并取得系列重要政策胜利。在一段时期内，墨西哥绿色运动兴起并成为重要的政治参与者。① 环保 NGO 不仅给环保部实施这些改革施加强大的压力，而且积极参与到改革过程中。塞迪略政府的环境改革最为鲜明的特点之一就是环保 NGO 对环境政策制定的影响以及参与环境改革的进程。比如，1996年环境保护法改革，开放的过程持续19个月，至少108个环保 NGO 代表参与进来。大部分环保组织宣称，他们对最后的环保法草案高度满意，该法案最后在国会获得全体一致通过。②

墨西哥环保运动的另一深远影响则是环保观念在墨西哥全社会的广泛普及和深入人心。自墨西哥最早一批环保组织于20世纪50年代初建立，墨西哥环保组织的一项重要任务就是宣传环保基础知识。墨西哥环保 NGO 因组织大规模环保运动而引起广泛注意，实际上，环保组织的知识宣传和观念普及工作因琐细而少为人知。但这项工作的深远影响则不可忽视。2012年，墨西哥"全国青年价值观调查"结果显示：7/10 的墨西哥青年对环境话题很感兴趣或感兴趣；59.3%的青年人想做一两件有益于环境的事；6/10 的墨西哥青年认为最好优先考虑环境保护问题，即便经济发展因环境保护而减缓。③

墨西哥现代环保运动的兴盛时代，恰逢墨西哥政治民主化转型时期。包括环保组织在内的各种市民社会组织在墨西哥政治民主化过程中发挥着重要作用。墨西哥环保运动也体现出政治化的特征。这不仅体现在环保运动领袖被整合进新的政府之中，更重要的是体现在环保人士和环保组织被纳入环境改革政策制定过程中。大量环保主义者进入政府使得墨西哥环保运动与国家的关系发生重要变化。环保话题也成为墨西哥政治中的重要议题。墨西哥前总统福克斯是第一个将环境问题纳入其竞选活动主要内容的总统，他与墨西哥生态主义绿党（PVEM）结成同盟，并赢得当年的总统大选胜利。墨西哥生态主义绿党的前身是1979年成立于墨西哥城科约阿

---

① Jordi Díez, "The Rise and Fall of Mexico's Green Movement", *European Review of Latin American and Caribbean Studies*, No. 85, October 2008, p. 81.
② Ibid., p. 88.
③ "Encuesta Nacional de Valores en Juventud 2012", México, IMJUVE-IIJ, UNAM, 2012.

坎区的一个旨在保护自然和环境的环保组织。目前，该党已成为墨西哥第四大政党，是美洲重要的绿党。自 1994 年参加总统大选以来，该党以生态主义为政治理念，采取与大党结盟的策略，在墨西哥政治领域赢得一席之地。

四　结语

　　墨西哥对自然、资源和环境的重视根植于殖民地时期的印第安文化和生存方式，并不是最近几十年现代工业文明的产物。但现代环保运动的兴起与大规模爆发，无疑与绿色革命、工业污染等带来的日益严重的环境问题有着重大的关系。环保 NGO 的大量涌现、联盟以及与国际 NGO 的联系，使得环保力量在墨西哥的显示度极高。加上多种资源和策略的运用，环保力量对墨西哥的影响十分深广。今日墨西哥环境管理制度的完善、环保理念的深入人心、环保成果的取得，可以说有环保运动的一份功劳。

　　经过多年的环保宣传和教育，墨西哥人坚信经济发展与环境保护并不互相矛盾。然而，墨西哥是否真正做到了经济发展与环境保护的统筹兼顾，是否找到了有利于国家发展和社会福祉的可持续协调发展模式，尚存疑问。2012 年，约 45% 的墨西哥人生活在贫困中，其中 61.6% 的农村人口、72.3% 的印第安人生活在贫困线下。因国内就业机会缺乏，两千多万（约占全国人口 10%）墨西哥人远赴美国打工。墨西哥国内存在庞大的非正规就业人群。就业机会不足已经成为墨西哥社会治安恶化、犯罪率攀升的重要原因之一。过于严苛的环保制度也在一定程度上影响到墨西哥的基础设施建设和工业发展。面对声势浩大的环保运动和强大的环保力量，墨西哥的企业、政府似乎显得有些弱势。相比过去中国重视经济发展轻视环境保护的做法，墨西哥是否走上的是另一个极端？总之，如何寻找经济发展与环境保护的平衡点，应是值得包括墨西哥、中国在内的发展中国家共同深入探讨的话题。

国际关系与中拉关系篇

中拉关系中的美国因素和中美关系中的拉美因素

贺双荣[*]

内容提要 中拉关系的发展是中国全方位对外关系发展的一个组成部分，是中国经济发展的现实需要。但是，拉美国家在美国对外战略中特殊的地缘战略地位，美国因素也就成为中国与拉美国家发展关系中无法摆脱的一个问题。美国一些人将中拉关系的发展看作是对美国的威胁，认为中国扩展在拉美的利益不仅有经济目的，而且有地缘政治目的，担心中国将在拉美的经济影响力转变成政治影响力，从而对美国在拉美的霸权构成挑战。然而，在当前相互依存的国际体系中，中美关系并非是一种完全对抗的关系。中拉关系的发展不仅有利于中拉双方，而且有利于美国。因此，中国与拉美国家发展关系时，不必过度看重美国因素。同时也应看到，随着中国的崛起和中拉关系的深化以及中美关系变得日益复杂，中拉关系中的美国因素也会变得复杂。

关键词 中拉关系 中美关系 美拉关系 地缘政治

中国和拉美国家都是主权国家，双方有发展包括政治、经济及军事等各方面关系的权力。但由于美国一直把拉美看作自己的"后院"，美国因素也就成为中国与拉美国家发展关系中无法摆脱的一个问题。然而，在全

---

[*] 贺双荣，中国社会科学院拉丁美洲研究所国际关系室研究员。

球化时代,在一个相互依存的国际体系中,中美关系并非是一种完全对抗的关系。在这种关系中,中拉关系的发展不仅有利于中拉双方的发展,而且有利于美国的发展。因此,中国与拉美国家发展关系时,不要过度看重美国因素,以免束缚我们的手脚。同时也要看到美国在拉美特殊的地缘政治经济和军事利益,采取可行的政策,避免美国因素影响中拉关系。与此同时,也应看到,随着中国的崛起和中拉关系的深化以及中美关系变得日益复杂,中拉关系中的美国因素也会变得复杂。

一 美国对中拉关系的疑虑

近年,美国极度关注中国在拉美的存在。美国学者对中国与拉美国家关系做了大量的研究。美国美洲对话组织、迈阿密大学、霍普金斯大学等成立了专门团队或工作组,对中拉关系进行跟踪研究。美国的媒体也大肆渲染中国威胁论,美国的政客对中拉关系的发展也表示强烈关注,美国国会多次就中国与拉美的关系举行听证会。

(一) 美国关注中拉关系的原因

拉美对于美国的特殊地缘政治地位、美国对拉美影响力下降以及中国的崛起是引起美国对中国发展与拉美国家关系产生疑虑的重要原因。

1. 拉美国家在美国对外战略中特殊的地缘战略地位

美国对中拉关系的过度关注主要出于地缘政治的本能。自门罗总统1823年提出门罗宣言后,美国即向世界宣告"美洲是美洲人的美洲"。此后,美国把拉美看作自己的"后院",防止任何地区外大国染指拉美。随着拉美国家独立性的加强,冷战后大国军事对抗的减弱以及"9·11"事件后美国影响力的下降,美国表面上不得不接受一个事实,拉美(至少是南美)不再是美国的"后院"。2013 年 11 月美国国务卿克里在美洲国家组织发言时宣称,"门罗主义已经过时"。[①] 然而,美国并不会放弃它在拉美的霸权。美国在拉美仍有很重要的政治、经济及地缘政治利益,追求在拉美的霸权地位仍是美国在拉美的重要战略目标。奥巴马上台之初,就

[①] John Kerry, "Remarks on U. S. Policy in the Western Hemisphere", November 18, 2013, http://www.state.gov/secretary/remarks/2013/11/217680.htm.

明确宣誓美国要"重塑在美洲的领导地位"①,这个目标现在不会变,未来也不会有大的变化,变的只能是手段。只要美国不放弃它在拉美的霸权目标,中拉关系中的美国因素就是一个问题。

2. 美国在拉美影响力下降

由于"9·11"事件后美国对拉美关注度的下降、拉美左派的崛起以及 2008 年的国际金融危机,美国在拉美的影响力下降。美洲对话组织主席哈基姆早在 2006 年就在《外交事务》撰文,对"美国正在失去拉美"表现出强烈的担忧。2008 年 5 月,美国外交关系委员会发表了由美国前贸易代表巴尔舍夫斯基和前南方司令部司令希尔领导的、由 20 多位美国著名学者及政界人士组成的工作组起草的一份报告,称"美国的拉美政策不能再基于这样一种假设,即美国是拉美地区之外最重要的行为者,如果有美国在拉美的霸权时代,那它已经完结了"②。中国与拉美国家关系的发展不是造成美国在拉美影响力下降的原因,但它却是与之相伴而生的。这使美国对中拉关系的发展表现出异常的关注,担心中国乘虚而入,求填补美国留下的真空;甚至担心中国会利用美国与拉美左派的关系,扩展自己的利益。

3. 中国的崛起与美国的"中国威胁论"

中拉关系的发展是中国全方位对外关系发展的一个组成部分,是中国经济发展的现实需要。美国一些人将中拉关系的发展看作对美国的威胁,实际上为美国新保守主义者鼓吹的"中国威胁论"添加了新注解,是"拉美版"的"中国威胁论"。美国《大西洋月刊》早在 2005 年 6 月号就刊登了对布什政府外交决策有重要影响的著名记者罗伯特·卡普兰的一篇文章。他在题为《我们应如何与中国作战:另一场冷战》(*How We Would Fight China: The Next Cold War*) 的文章中提出:"每当大国出现并寻求其新合法利益时,必定会爆发一系列冲突,因此,结果很可能是,21 世纪会有一场重大的军事冲突:如果不与中国爆发一场大规模的战争,那么就会出现一系列冷战。"随着中国的崛起,美国的

---

① Remarks of Senator Barack Obama, "Renewing U. S. Leadership in the Americas", http://blogs.suntimes.com/sweet/2008/05/obama_latin_america_speech_in.html.

② Pickering Hale and Charlene Barshefsky, Wilmer Cutler Pickering Hale and Dorr LLP, "U. S. -Latin America Relations: A New Direction for a New Reality", May 14, 2008, http://www.cfr.org/content/publications/attachments/LatinAmerica_TF.pdf.

"中国威胁论"甚嚣尘上。而随着中拉关系的发展,美国一些学者开始把中国发展同拉美国家的关系看作对美国在亚洲再平衡的一种制衡。针对2014年习近平主席对拉美的访问,美国《迈阿密先驱论坛报》的专栏作家就认为,这是中国以它的方式告诉美国:"你进入我的周边,我也要进入你的周边。"①

(二) 美国对中拉关系的疑虑

美国关注中拉关系,其疑虑主要有以下几个方面:

1. 中国扩展在拉美的利益不仅有经济目的,而且有地缘政治目的

美国迈阿密大学政治系教授托伊费尔·德雷尔(Teufel Dreyer)认为,"市场和原材料是拉美吸引北京的一部分。北京更大和更有说服力的更重要的战略目的是地缘政治,而不是经济"②。在这方面,美国特别关注中国与拉美左派的关系。由于拉美左派上台后,美国与拉美,特别是查韦斯等拉美激进左派的关系变得越来越复杂,美国负责拉美事务的助理国务卿香农在2006年4月明确表示,"美国不希望拉美的复杂性会因中国的介入而变得更加严重,更不希望美中关系因中拉关系的发展而出现误会"③。有学者认为,"中国与诸如委内瑞拉的游戏是危险的,很容易激怒美国"④。对于中国与古巴的关系,美国也充满疑虑。美国布什政府时期负责拉美事务的助理国务卿诺列加认为:"中国给古巴的经济支持对衰落的和将要垮台的卡斯特罗政府起到了支撑作用。"⑤ 亚洲—美洲倡议的主任和主席艾伯特·桑托利2005年7月21日在美国国会作证时说:"中国在拉美作用的加强,将赋予卡斯特罗新的生命,将古巴从苏联解体后的死

---

① Andres Oppenheimer: "China is flexing its muscle in Latin America", Miami Herald, July 19, 2014.

② June Teufel Dreyer, "The China Connection", November 8, 2006, pp. 1 – 2, https://umshare.miami.edu/web/wda/hemisphericpolicy/Final-Dreyer-Oct27.pdf.

③ 江时学:《中拉关系5问》,载苏振兴、刘维广主编《国际变局中的拉美:形势与对策》,知识产权出版社2014年版,第256页。

④ Edmundo Fujita, "Brasil e Asia: Pontes diplomáticas, Journal do Brasil, December 20, 2004, 转引自 Gonzalo S. Paz, "Rising China's 'offensive' in Latin America and the U. S. Reaction", Asian Perspective, Vol. 30, No. 4, 2006, Special Issue on "Rising China's Foreign Relations", p. 109.

⑤ http://usinfo.state.gov/eap/Archive/2005/Apr/07 – 272076.html.

亡阵痛中解救出来。"①

2. 担心中国将在拉美的经济影响力转变成政治影响力，从而对美国在拉美的霸权构成挑战

对于中国与拉美的经济关系，美国也许并不那么担心，但是他们认为，一旦中国与拉美国家的关系发展到一定程度，美国在拉美的政治经济及安全利益将受制于中国。2008年6月美国国会议员丹·伯顿（Dan Burton）在众议院西半球委员会（Subcommittee on the Western Hemisphere）作证时说："一旦中国能够进入并扩大控制，将很难改变潮向。"② 美国那些鼓吹"拉美版""中国威胁论"的人想当然地认为，中国必然会利用与拉美的经贸关系，发展与拉美国家的政治及军事关系，"甚至与那些对美国不满的拉美国家或地区建立新的政治关系"③，挑战美国的政治利益。

3. 担心中国与拉美的军事合作

2005年3月，美国南方司令部司令在参议院小组委员会作证时警告说："中国的军事力量已扩展到拉美，特别是太平洋沿岸和安第斯地区。美国不能忽视中国对本地区的军事影响力。"④ 2005年初，时任美国负责西半球防务的助理国务卿罗杰利奥（Rogelio Pardo-Maurer），在作证时说，"中国在西半球的军事活动，包括武器销售，对美国构成了直接常规威胁……（华盛顿）必须对中国的快速的推进能力，特别是在情报、通信和网络等方面的能力以及他们可能应用于本地区保持警觉。"⑤ 2005年9月20日，美国负责西半球事务的副助理国务卿查尔斯·夏皮罗在美国国会听证会上说："美国密切关注中国与本地区国家的军事接触。随着中国考虑向本地区出售武器，我们将在这些武器出售时适用寻求透明和可统计的总原则，并关注武器可能流入非法武装集团

---

① "China's Strategic Reach into Latin America Testimony of Albert Santoli", http：//www.uscc.gov/sites/default/files/7.21－22.05santoli_ albert_ wrts.pdf, 2014年8月31日下载。

② Dan Burton, "The New Challenge: China in the Western Hemisphere", http：//www.gpo.gov/fdsys/pkg/CHRG－110hhrg42905/pdf/CHRG－110hhrg42905.pdf, JUNE 11, 2008.

③ Statement of Dr. June Teufel Dreyer before House International Relations Committee ; Subcommittee on the Western Hemisphere in April 6, 2005, http：//wwwc.house.gov/international_ relations/109/bro040605.pdf.

④ *Miami Herald*, Thu, Mar. 10, 2005.

⑤ Rogelio Pardo-Maurer, "China's influence in the Western Hemisphere", Testimony to House International Relations Committee, http：//commdocs.house.gov/committees/intlrel/hfa20404.000/hfa20404_ 0f.htm, April 6, 2005.

的风险。"①

4. 担心中国对拉美意识形态的影响力

美国担心中国向厄瓜多尔、委内瑞拉等拉美左派领导人提供反美的、反民主和反自由市场的意识形态支持，影响美国在拉美地区促进政治改革、人权和自由贸易。美国一些学者认为，"中国模式意味着一个社会可不必通过民主的增长模式使它走出贫困。尽管中国发展模式的许多因素并不适用于拉美，但这个模式传递的信息是纪律，而不是民主对发展和繁荣至关重要"②。美国担心拉美日益受中国经济模式的吸引，将快速的经济增长与威权政治体制结合，从而影响"美国在拉美促进政治改革、人权和自由贸易的日程"③。

二 中国与拉美的关系对美国是否构成了威胁？

中国和拉美国家都是主权国家，有权发展互利互惠的政治经济甚至军事关系。但中国不想也没有挑战美国在拉美的利益和霸权。

目前，中国与拉美的关系主要集中在经贸上。中国与拉美的军事关系虽有发展，但非常有限。军事交流的目的主要是加强互信，建立沟通的渠道。中国对拉美虽有少量军售，但仅限于后勤设备。中国与拉美的政治关系，不是为了建立同盟，对抗美国，而是维护双方的政治经济利益，反对外部干涉，维护和平发展的国际环境，争取建立公正、合理的世界政治经济新秩序。中国与拉美的经贸关系不仅没有对美国在拉美的经济利益构成威胁，而且有利于拉美的繁荣稳定。而一个繁荣、稳定的拉美符合美国在拉美的利益。

---

① Charles Shapiro, "Challenge of Opportunity? China's Role in Latin America". Testimony before the US Senate Subcommittee on the Western Hemisphere, Peace Corps and Narcotic Affairs, September, 20, 2005. http://www.gpo.gov/fdsys/pkg/CHRG－109shrg28258/html/CHRG－109shrg28258.htm.

② Juan Tokatlian, "A View from Latin America", in Roett and Paz (eds.), China's Expansion into the Western Hemisphere: Implications for Latin America and the United States, Brookings Institution Press, 2008, p.64.

③ Center for Hemispheric Policy, "Findings and recommendations of the China—Latin America taskforce", Miami: University of Miami, p.2, March－June 2006. https://umshare.miami.edu/web/wda/hemisphericpolicy/Ellis_Long_Policy_Paper_Final_May_24_07.pdf.

(一) 中国未动摇美国在拉美的经济影响力

虽然中国与拉美国家的经贸关系发展很快，但美国仍是拉美最大的贸易伙伴和最大的投资来源。

在贸易方面，2000—2013 年，美国占拉美对外贸易的比重从 53% 下降到 35%，同期中国从 1.9% 增加到 12%。[1] 但是，从绝对数值来说，美国对拉美的贸易同样保持了较高的增长。可以说，中国对拉美的贸易是增量发展，没有抵消或替代美拉贸易。也就是说，中拉贸易发展的同时，美国对拉美的贸易同时保持了高速增长，且拉美在美国贸易中的比重上升。2000—2012 年，美国对拉美的出口从 2000 年的 1707 亿美元增加到 2012 年的 3991 亿美元，增长 133%；同期，拉美国家在美国对外贸易中的比重从 6.6% 上升到 2012 年的 9.2%。[2]

与美国相比，中国在拉美的投资更少。据国家发改委统计，截至 2013 年底，中国对拉美投资累计超过 800 亿美元，不及美国的 1/3。美国对拉美的投资在进入 21 世纪后也保持了较快增长。2000—2012 年，美国对拉美的对外直接投资从 1697 亿美元增加到 3180 亿美元，增长 83%。[3]

(二) 中国的繁荣和发展有利于拉美国家的发展

近年来，由于拉美国家在与中国的贸易往来中保持了大量顺差，极大地带动了拉美国家的经济增长。这对于那些在 20 世纪 90 年代末陷入经济危机的拉美国家来说，尤为重要。霍普金斯大学高级国际研究院西半球事务部主任赖尔登·罗特指出："中国在一定程度上对本地区的参与，创造的大量贸易顺差将会帮助稳定本地区的经济增长，美国无论如何不应将这

---

[1] Andres Oppenheimer, "Obama: Yes to Africa, No to Latin America?", The Miami Herald, Aug. 9, 2014.

[2] J. F. Hornbeck, "US-Latin America Tradeand Investment in the 21stCentury: What's Next for Deepening Integration?", Inter-American Dialogue Working Paper, http://www10.iadb.org/intal/intalcdi/PE/2014/13718.pdf.

[3] J. F. Hornbeck, "US-Latin America Trade and Investment in the 21st Century: What's Next for Deepening Integration?", Inter-American Dialogue Working Paper, http://www10.iadb.org/intal/intalcdi/PE/2014/13718.pdf.

看成一种威胁，因为本地区的繁荣符合美国的国家利益。"①

（三）中国与美国在拉美不存在激烈的经济竞争关系

在经济全球化进程中，由于各国的竞争优势不同，在对外经济交往中存在一定的竞争关系是必然的。中国与美国在拉美虽然存在一定的竞争关系，但并不十分激烈。因为中美处于不同的发展阶段，在全球劳动分工中，中美两国不在一个工分水平上，因此竞争性较小。相反，中美经济高度互补，出口产品结构完全不同，在贸易上不存在激烈的竞争。在投资方面，美国资本早已在 20 世纪 80 年代末至 90 年代拉美国家经济开放时就进入了拉美国家。且中国对拉美的投资，很多采取了并购方式，为美国及西方国家跨国公司调整投资结构提供了机会。此外，虽然中国对拉美国家的投资保持增长态势，但中国对拉美的投资领域，很多是美国公司不愿涉足或与美国没有竞争关系的领域（如基础设施投资等领域）或风险较大的国家和地区。

（四）中美关系不是一种对抗关系

中国不会威胁美国在拉美的利益，最根本的一个原因是中美关系不是一种对抗性关系，而是一种有很多共同利益的大国关系。在经济上，中美之间已建立起高度依存的经济关系。中国成为美国重要的出口市场及投资目的地，美国也成为中国最大的出口市场。2014 年 7 月 9 日，习近平主席在第六轮中美战略与经济对话和第五轮中美人文交流高层磋商联合开幕式上致辞时指出："35 年来，中美关系虽然历经风风雨雨，但总体是向前的，得到了历史性发展。两国建立了 90 多个政府间对话机制。双边贸易额增长了 200 多倍，去年达到 5200 多亿美元。双向投资存量已经超过 1000 亿美元。两国建立了 41 对友好省州和 202 对友好城市。两国人员往来每年超过 400 万人次。中美合作不仅造福中美两国人民，而且促进了亚太地区和世界和平、稳定、繁荣。"② 而且，中国对拉美的贸易和投资有利于拉美的繁荣和稳定，这符合美国的利益。

---

① 2005 年 4 月 6 日，赖尔登·罗特教授在美国众议院听证会上的证词。http://wwwc. house. gov/international_ relations/109/roe040605. pdf.

② 习近平：《努力构建中美新型大国关系》，2014 年 7 月 9 日，http://cpc. people. com. cn/n/2014/0709/c64094 - 25259524. html。

三 中美新型大国关系及其对中拉关系的影响

尽管有媒体和一些学者渲染"中国威胁论",但从目前情况看,美国因素并未对中国与拉美国家的关系产生巨大的负面影响。这主要得益于中美关系还处于良性发展的状态,两国之间已建立起相关的拉美事务对口磋商机制。未来,美国因素是否会影响中国与拉美国家的关系,将主要取决于中美新型大国关系建构过程中双方是否能建立起有效的政治互信。

(一)中美在拉美事务上的对口磋商

虽然美国对中国与拉美国家发展关系充满疑虑,但多数人并不认为中国已对美国构成了威胁。美国的拉美问题专栏作家奥本海墨认为:"至少是现在,中国对美国在本地区的利益还没有构成威胁"[1]。美国政府也持这一立场。在布什政府时期,甚至连保守的美国助理国务卿诺列加也认为:"中国在西半球日益增长的影响力反映了中国作为全球政治经济力量的全面的崛起。没有必要认为这对美国构成了威胁。"2005年3月19日,美国国务卿赖斯在东京演说时明确表示:"美国欢迎自信的、和平的和繁荣的中国的崛起。我们希望中国成为一个全球伙伴,有能力及意愿承担与其日益增长的实力相符的国际责任。"[2]

尽管如此,美国还是希望减少中国在拉美的存在对美国的影响。美国2005年9月下旬,美国参议院西半球小组委员会主席科尔曼表示,美国"必须找到确保美国在西半球影响不会因中国日益增加的活动而减少的办法"[3]。

为加强中美在拉美事务上的互信,2006年4月14日,双方在中美战略对话的框架内举行了首次拉美事务对口磋商。美国国务院负责西半球事务的助理国务卿托马斯·香农与外交部拉美司司长曾钢举行会谈,双方就拉美地区形势、各自对拉美国家关系及对拉政策、中美在拉美事务中的合

---

[1] Andres Oppenheimer, "U. S. should fear no 'China threat'-for now", *Miami Herald*, Sep. 29, 2005.

[2] http://usinfo.state.gov/eap/Archive/2005/Apr/07 - 272076.html。

[3] http://usinfo.state.gov/eap/Archive/2005/Apr/07 - 272076.html。

作等议题广泛深入交换了意见和看法,一致同意将这一磋商机制化。此后,双方每年举行对口磋商,这对增强双方的政治互信,减少误解,起到了积极作用。

奥马巴政府对中国发展与拉美关系不持反对态度。在 2013 年 7 月举行的中美战略与经济对话期间,中美也就拉美事务进行了对话。"双方认为中拉关系和中美关系并行不悖,中美和其他国家完全可以发挥各自优势,在充分尊重拉美国家意愿前提下,共同为拉美国家的发展发挥积极作用。"① 此外,双方继续开展拉美事务的对口磋商。2013 年 11 月 13 日,美国国务院负责西半球事务的助理国务卿雅各布森来北京参加第六轮美中拉美事务磋商期间,还在中国社会科学院拉美研究所与中国的拉美研究学者举行了研讨会并就拉美问题发表演讲。

(二) 中美新型大国关系的构建及其对未来中拉关系的影响

随着中国的崛起和中国在拉美利益的扩展,美国对中国的疑虑将会增加。原因很简单,即美国不相信中国是和平崛起,并认定中国强大了一定会挑战美国的利益。因此,近年美国通过亚洲再平衡政策,加紧对中国进行遏制。这使中美关系变得日益复杂。

未来美国因素是否会影响中国与拉美的关系,在很大程度上取决于中美构建什么样的大国关系。如果中美对抗加深,互不信任增加,美国因素就有可能影响中国与拉美国家的关系。

参考文献:

Alex E. Fernadez Jilberto and Barbara Hogenboom, *Latin America Facing China: South - South Relations beyond the Washington Consensus*, 2010 by Berghabn Books.

Victor Lopez Villafañe, "Chinese Policy toward Latin America: Implications for Japan and the US", *Korea Review of International Studies*, 2011, pp. 19 – 32.

Roett and Paz (eds.), *China's Expansion into the Western Hemisphere: Implications for Latin America and the United States*, Brookings Institution Press, 2008.

J. F. Hornbeck, "US-Latin America Trade and Investment in the 21st Century: What's Next for Deepening Integration?", Inter-American Dialogue Working Paper. http://www10. iadb. org/intal/intalcdi/PE/2014/13718. pdf.

---

① 《美国务院通报中美拉美事务磋商将举行》,中国新闻网,2013 年 11 月 09 日。

Gonzalo S. Paz, "Rising China's 'offensive' in Latin America and the U. S. Reaction", Asian", *Asian Perspective*, Vol. 30, No. 4, 2006, p. 109.

Ellis, Robert Evan. *China-Latin America Military Engagement: Good Will, Good Business, and Strategic Position*, CreateSpace Independent Publishing Platform, May 7, 2012.

Evan R. Ellis, *China in Latin America: The Whats and Wherefores*, Boulder: Lynne Reinner Publishers, 2008.

Evan R. Ellis, "Beyond 'Win-Win' and the Menacing Dragon: How China is Transforming Latin America", https://umshare.miami.edu/web/wda/hemisphericpolicy/Task_Force_Papers/Ellis-Globalization TF Paper.pdf, 2013年6月4日下载。

Cynthia Watson, "China's Use of the Military Instrument in Latin America: Not Yet The Biggest Stick", *Journal of International Affairs*. Spring/Summer, 2013, Vol. 66 Issue 2, pp. 101 – 111.

贺双荣:《中拉关系与美国的"中国威胁论"》,《2005—2006年:拉丁美洲和加勒比发展报告》,2006年3月。

Riordan Roett and Guadalupe Paz (eds.), *China's Expansion into the Western Hemisphere: Implications for Latin America and the United States*, Brookings Institution Press, 2008.

William E. Ratliff, "In Search of a Balanced Relationship: China, Latin America, and the United States", *Asian Politics & Policy*, Volume 1, Number 1, 2009, pp. 1 – 30.

中国学术界对美拉关系和中拉关系的认知
——以《拉丁美洲研究》为例的学术史梳理

韩 琦*

内容提要 本文通过梳理《拉丁美洲研究》杂志自 1979 年创刊以来发表的关于拉美国际关系的文章,发现该杂志在 2000 年之前,关注的重点是美拉关系,2000 年之后,关注中拉关系的文章越来越多。中国学者对美拉关系和中拉关系的历史发展和现状、性质、存在的矛盾和问题,以及解决这些问题的对策都提出了自己的看法。他们力求实事求是、客观真实地反映美拉关系和中拉关系的发展和演变,同时,又辩证地探讨和分析问题的来龙去脉和症结所在,并为矛盾和问题的解决提出切实可行的方案和建议。从他们的研究中得到的启示是,发展与拉美国家的关系,追求霸权的目标将最终导致失败,坚持共同发展、互利共赢的目标才是希望所在。

关键词 《拉丁美洲研究》 美拉关系 中拉关系 中国学者认知

新中国成立之后,中国学术界对拉丁美洲国际关系的认知起步于 20 世纪 60 年代,并随着中拉关系的不断发展而逐步深化,到 80 年代开始有了较为系统的研究[1],从 90 年代开始,一些系统研究的成果不断

---

* 韩琦,南开大学世界近现代史研究中心和拉丁美洲研究中心教授。
[1] 如沙丁、杨典求等《中国与拉丁美洲关系简史》(1986)。

涌现①。进入 21 世纪之后，又有一批著作相继问世②。本文无意对这些著作加以评介，而是试图透过中国唯一的一份研究拉美的专业刊物《拉丁美洲研究》杂志，来探讨一下中国学术界对"美拉关系和中拉关系"的认知程度。

《拉丁美洲研究》是由作为中国拉美研究最大智库的中国社会科学院拉美所主办的综合性学术研究期刊，是目前中国唯一向国内外公开发行的专门研究拉美地区重大现实问题的综合性大型学术刊物。它创办于中国改革开放刚开始的 1979 年，最初的刊名为《拉丁美洲丛刊》，1985 年改为《拉丁美洲研究》。据不完全统计，从创刊到 2013 年底，该杂志 35 年来总共出版了 203 期，发表文章 3125 篇。按照学科分类，拉美政治 412 篇（占总数的 13.2%），拉美经济 1033 篇（占总数的 33%），拉美社会 340 篇（占 10.9%），拉美文化 103 篇（占 3.3%），拉美历史 255 篇（占 8.2%），国际关系 388 篇（占 12.4%）③，综述、书评、消息等其他文章 594 篇（占 19%）。其中关于拉美国际关系的文章涉及拉美国际关系理论、拉美地区对外关系、拉美各国对外关系、美拉关系、中拉关系、拉美与欧洲关系、拉美与苏联（俄罗斯）关系、拉美与亚洲关系、拉美与非洲关系、拉美国家之间的关系、美洲及拉美地区国际组织及会议等方方面面。限于篇幅，本文仅对《拉丁美洲研究》中有关美拉关系和中拉关系的主要研究成果作一简要归纳与评介，以便从中管窥中国学者对美拉关系和中拉关系认知的演变。

---

① 如陈芝芸等《拉丁美洲对外经济关系》（1991）；洪国起、王晓德《冲突与合作——美国与拉丁美洲关系的历史考察》（1994）；徐世澄主编《美国和拉丁美洲关系史》（1995）；洪育沂主编《拉美国际关系史纲》（1996）；徐宝华、石瑞元《拉美地区一体化进程》（1996）；陈芝芸等《北美自由贸易协定——南北经济一体化的尝试》（1996）；郝名玮等《外国资本与拉丁美洲国家的发展》（1998）；德梅德里奥·博埃斯内尔著，殷恒民译《拉丁美洲国际关系简史》（1990），等等。

② 如曾昭耀主编《现代化战略选择与国际关系——拉美经验研究》（2000）；王晓德《挑战与机遇——美洲贸易自由化研究》（2001）；李明德、宋晓平主编《一体化：西半球区域经济合作》（2001）；宋晓平主编《西半球区域经济一体化研究》（2001）；李明德主编《拉丁美洲与中拉关系：现在与未来》（2001）；徐世澄主编《帝国霸权与拉丁美洲——战后美国对拉美的干涉》（2002）；孙若彦《经济全球化与墨西哥对外战略的转变》（2004）；王萍《走向开放的地区主义》（2005）；冯秀文《中墨关系：历史与现实》（2007）；朱鸿博等主编《国际新格局下的拉丁美洲研究》（2007）；苏振兴主编《国际变局中的拉美：形势与对策》（2014），等等。

③ 本统计将关于拉美地区一体化的文章放在了"经济类"，而没有放在"国际关系类"。

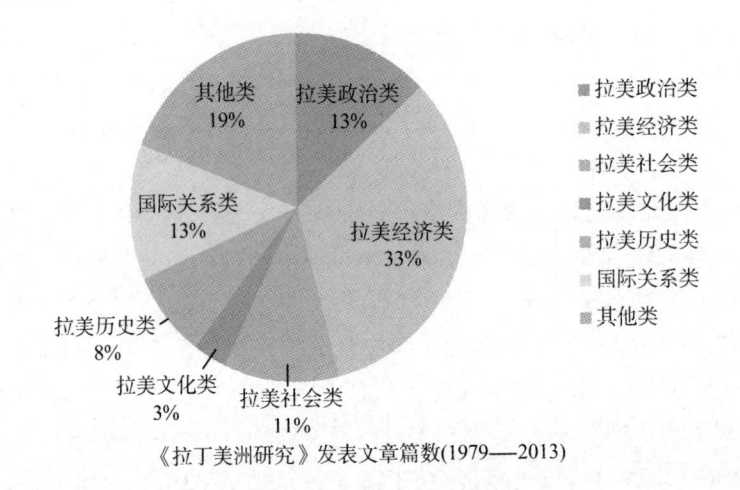

《拉丁美洲研究》发表文章篇数(1979—2013)

- 拉美政治类 13%
- 拉美经济类 33%
- 拉美社会类 11%
- 拉美文化类 3%
- 拉美历史类 8%
- 国际关系类 13%
- 其他类 19%

一 美国与拉丁美洲的关系

美拉关系是拉美国际关系中的重中之重。在 2000 年之前,《拉丁美洲研究》1/2 以上国际关系的文章都是讨论美拉关系的,这是中国学者关注的一个重点。其中主要涉及的是对美拉关系的总体判断和历届美国总统任期内美拉关系的新变化。

(一) 对美拉关系的总体判断

从美国与拉美国家发生外交关系起至今,美拉关系发展的历史大致可以划分为四大时期:即从门罗宣言到"睦邻政策"(1823—1933);从"睦邻政策"到古巴革命(1933—1959);从古巴革命到"布什倡议"(1959—1990);从"布什倡议"到现在(1990—目前)。对美拉关系的总体判断,有学者将其概括为"冲突与合作",认为这是把美国政府各个时期对拉美的政策连贯起来的一条主线。但也有学者提出,美国是巨人,是霸主,而拉美国家是发展中国家,大都势单力薄,因而将美拉关系以"冲突与合作"的标题并列起来,"似乎不大合卯"。[①] 有学者指出,美国

---

① 杨生茂:《一本富有启迪效益和卓异见地的好书——〈冲突与合作:美国与拉丁美洲关系的考察〉读后感》,《拉丁美洲研究》1995 年第 5 期。

对拉美政策贯穿始终的指导思想就是独霸拉美①。还有学者对美国拉美政策的实质进行了剖析,认为美国的帝国主义扩张性质和拉美地处西半球的地理位置,这两个因素决定了美国从国家利益出发,要实现其在西半球建立和维护霸权地位的总目标。在独霸美洲的总目标下,又逐步派生出了三个长远目标:一是排除非美洲国家在西半球的势力和影响,尽最大力量防止这些国家干涉美洲事务;二是利用美国的政治、经济和军事优势,不遗余力地保持它在西半球的盟主地位;三是在保证既得利益的前提下,努力促进拉美国家的政治和社会的稳定,发展拉美国家的依附性经济。这三个长远目标在实现过程中相辅相成,互相作用,使美国在拉美地区的国家利益得到最大限度的体现。②

学者们对美国的干涉政策给予了揭露。有学者认为,美国总统西奥多·罗斯福1901—1909年任内的"大棒政策"和继任总统塔夫脱1909—1913年任内的"金元外交",是美国干涉政策最集中的反映。③徐世澄先生主编的《帝国霸权与拉丁美洲》一书对第二次世界大战之后美国对拉美侵略和干涉的事实分三个阶段作了介绍:即第一阶段(战后至50年代末)美国对危地马拉民主政府的干涉和颠覆;第二阶段(60年代初至80年代末)美国对多米尼加的武装干涉、对智利阿连德政权的颠覆、对格林纳达的武装入侵、对巴拿马的武装入侵、对中美洲冲突的干涉、对古巴的长期封锁与强权政治以及美国中央情报局在所有这些事件中的罪恶活动;第三阶段(80年代末至90年代末)美国以"人权高于主权"理论为特点的新霸权主义。笔者对所有这些侵略和干涉的事件都作了详细的叙述和深刻的揭露,并指出尽管冷战结束后美国与拉美多数国家的关系有所改善,但美拉之间并没有真正建立以相互尊重为基础的新型国际关系,美国的霸权主义和强权政治仍时有表现,美拉之间干涉与反干涉、控制与反控制的斗争将会继续下去。④

有学者研究了第二次世界大战期间美国在拉丁美洲进行的文化外交活

---

① 张文峰:《从门罗宣言到"睦邻政策"——兼论美国对拉丁美洲政策的指导思想》,《拉丁美洲研究》1986年第4期。
② 王晓德:《试析美国对拉丁美洲政策的实质》,《拉丁美洲研究》1990年第5期。
③ 安建国:《1826—1848年拉美国际关系之我见》,《拉丁美洲研究》1987年第2期。
④ 文进:《以史为鉴,居安思危——评〈帝国霸权与拉丁美洲——战后美国对拉美的干涉〉一书》,《拉丁美洲研究》2002年第4期。

动，认为这一"实验"取得了成功，为美国政府在战时和战后把文化外交扩大到其他地区积累了很多有价值的经验。① 该学者还对"文化帝国主义"与"美国化"进行了辨析，认为"文化帝国主义"主要涉及美国利用其文化优势来实现对不发达国家和地区的控制，而"美国化"不是靠外部施加的压力所推动的，很大程度上是拉美国家内部对美国文化进入的一种主动的甚至积极的反应。这是与通过外部压力把一国的文化价值观强加给另一国的"文化帝国主义"做法的主要区别所在。因此，尽管二战后拉丁美洲是美国文化产品"泛滥"的重灾区，但不能完全冠以"文化帝国主义"。②

（二） 20世纪70年代末以来的美拉关系

卡特总统时期（1977年1月—1981年1月）。卡特上台时，拉美反独裁斗争高涨，美国战后一直奉行的支持亲美独裁政权的政策受到前所未有的冲击，美国也正处于战略收缩期。为改变美国实行"遏制"政策的传统形象，卡特任期内将人权作为外交政策的一个基石，实行所谓"人权外交"，即通过经济手段来迫使独裁政权减少镇压，缓和各国国内矛盾，以达到稳定局势的目的。卡特提出，在向拉美国家提供军援时，应以它们改善人权状况为条件，否则停止援助。据此，美国先后中止了对尼加拉瓜、萨尔瓦多和危地马拉的军事援助。卡特政策的实质是利用美国在经济、政治和价值观念上的优势，同苏联争夺第三世界。有学者认为，卡特的"人权外交"受到拉美的文人政权和持不同政见组织的欢迎，一开始也受到国会的支持。③ 但有学者认为，卡特的"人权外交"没有取得预期的效果，非但没有保持西半球的"稳定"，反而丢失了一些地盘，恶化了美国与拉美一些军政权的关系，因而在美国国内引起了激烈争论。④ 卡特在中美洲推行"人权外交"的结果是得罪了右派，未能扶起中间派，助长了左派，同时也恶化了中美洲国家同美国的关系。⑤

---

① 王晓德：《拉丁美洲与美国文化外交的起源》，《拉丁美洲研究》2007年第3期。
② 王晓德：《美国"文化帝国主义"与拉丁美洲》，《拉丁美洲研究》2008年第1期。
③ 贺松柏：《卡特执政以来美国对拉美的政策》，《拉丁美洲研究》1990年第5期。
④ 刘新民：《浅论美国对拉美的人权外交》，《拉丁美洲研究》1994年第3期。
⑤ 毛相麟、李岩：《卡特政府以来美国对中美洲政策的演变》，《拉丁美洲研究》1989年第6期。

里根总统时期（1981年1月—1989年1月）。里根任内，对外政策的指导思想明确地又回到了美、苏"两极"世界的概念上来。重视拉美在美国全球战略中的作用，修改"人权外交"政策，改善与某些南美国家的关系，决心遏制苏、古扩张，加紧同苏联的争夺。① 有学者认为，里根政府放弃了前一届政府的缓和战略，提出"以实力求和平"的总战略，并选择中美洲推行其"低烈度战争政策"②。里根政策的重心是中美洲，他的目标是，"就短期内我们必须消除古巴、苏联在该地区的影响，就长期来说，我们必须建立能顶住这种影响的政治上稳定的国家"。据此，采取了一系列措施，包括：增加经济援助；支持萨尔瓦多政府镇压游击队；1983年10月武装入侵格林纳达；增加在中美洲的军事存在；推动中美洲有关国家的军人政府"还政于民"；对尼加拉瓜施加强大的政治经济与军事压力；企图把中美洲和谈纳入美国的轨道。对里根政策的评价，有学者认为，里根政府的"进展"是大大加强了美国左右中美洲局势的能力。不过，总的来说，"选择余地恐怕越来越小了"。③ 但也有学者认为，里根的拉美政策"成绩平平，建树甚少"，其主要标志是他提出来的"发展同墨西哥的密切关系、维护加勒比海地区的安全和繁荣以及保卫南大西洋交通线"的三大目标不仅未能如期实现，美拉关系反因马岛事件而受到严重损害。④ 有的学者认为，"从局部和短期来看，取得一定成效，但从全局和长远来看，遭到了失败"⑤。

老布什总统时期（1989年1月—1993年1月）。乔治·赫伯特·沃克·布什任内，正是世界格局发生重大转折的时期，东欧剧变，苏联解体，冷战结束。随着这种转变，布什的拉美政策呈现为两个阶段。前段政策重点仍是国家安全，以人权和恢复民主为借口对中美洲国家采取了"超越遏制"的和平演变手段，1990年2月资助尼加拉瓜反对派在大选中战胜桑解阵。同时，不放弃武力，1989年12月军事入侵巴拿马，解决了

---

① 曹琳、高文：《里根政府对拉丁美洲的政策动向》，《拉丁美洲丛刊》1982年第1期。
② 宋晓平、汤小棣：《从低烈度战争理论看80年代美国对中美洲的干涉》，《拉丁美洲研究》1990年第3期。
③ 苏振兴：《评美国对中美洲的政策》，《拉丁美洲研究》1987年第3期。
④ 安建国：《试论里根政府的拉丁美洲政策》，《拉丁美洲丛刊》1985年第1期。
⑤ 毛相麟、李岩：《卡特政府以来美国对中美洲政策的演变》，《拉丁美洲研究》1989年第6期。

里根未能解决的巴拿马问题。① 后段政策重点转向经济，1990 年 6 月 27 日，布什宣布了"开创美洲事业倡议"（简称"美洲倡议"），表示美国要与拉美国家建立一种"新的伙伴关系"。关于"美洲倡议"，有学者认为，布什倡议的基点是要建立整个美洲的自由贸易区，但前提是拉美国家要按照自由市场经济模式进行"改革"，同时，要接受国际货币基金组织和世界银行提出的条件。该倡议的实质是要求拉美国家为美国商品"打开市场"，为美国在拉美的投资排除障碍。这是自 1961 年提出"争取进步联盟"以来，美国提出的又一个关于拉美的纲领性政策宣言，它表明美国对拉美政策发生了重大变化。② 还有学者认为，"美洲倡议"体现了美国的新价值观，是美国政府对后冷战时代认识的产物，因为布什认为卡尔·马克思和亚当·斯密之间的长期比赛终于行将结束。它标志着美国对拉美政策的侧重点已经由政治、安全问题转向经济问题，并且是以贸易取代援助③。但是，有学者认为，该倡议是美国新的全球战略的一个组成部分，而不是一个纯经济性的倡议。④ 还有学者认为，从构成美洲倡议三大支柱的债务、投资、贸易来看，实现美洲自由贸易区的目标将困难重重。美国提出建立美洲自由贸易区，更多的是追求政治目标，即维持拉美地区的政治经济稳定，消除拉美国家的失落感，加强对它们的控制。而不是为了与欧洲和日本抗衡的经济目标。⑤ 说到倡议实现的可能性，有学者认为，"美洲倡议"能够而且已经对美拉关系产生了积极的影响。尽管"倡议"的实施绝非易如反掌，但其成功的可能性是不能被忽视的。⑥ 也有学者表示，"将美洲自由贸易区这一构想变为现实的可能性是存在的，但这个过程的确是相当艰难的"⑦。

克林顿总统时期（1993 年 1 月—2001 年 1 月）。克林顿政府对拉美的政策有两个主要目标，一是建立西半球"民主共同体"，二是建立西半球

---

① 朱艳萍：《美国布什政府对拉美的政策》，《拉丁美洲研究》1990 年第 5 期。
② 徐世澄：《评布什的"开创美洲事业倡议"》，《拉丁美洲研究》1990 年第 2 期。
③ 张宝宇：《体现美国新价值观的"开创美洲事业倡议"》，《拉丁美洲研究》1990 年第 6 期。
④ 苏振兴：《从"美洲倡议"看美、拉关系的走向》，《拉丁美洲研究》1991 年第 5 期。
⑤ 贺双荣：《布什的"美洲倡议"面临重重困难》，《拉丁美洲研究》1992 年第 1 期。
⑥ 江时学：《关于美拉关系研究的几个问题》，《拉丁美洲研究》1992 年第 3 期。
⑦ 苏振兴：《关于美洲自由贸易区若干问题的探讨》，《拉丁美洲研究》1996 年第 4 期。

自由贸易区。在总体上延续了布什政府对拉美的政策。① 在推动西半球贸易自由化和民主化方面，克林顿政府推动了北美自由贸易区的建立，向发生金融危机的墨西哥提供530亿美元的贷款，1994年出兵"恢复"海地的民主，并主持召开了两次美洲国家首脑会议（1994年克林顿邀请美洲33国领导人在迈阿密召开了首届美洲国家首脑会议，正式确立了建立美洲自由贸易区的规划；1998年在智利圣地亚哥召开了第二届峰会），等等。但有学者提出，克林顿在第一任期内从未访问拉美，拉美是一个"受到忽视的灰姑娘"。在第二任期内，克林顿对拉美的重视程度有所提高。但同美国与欧洲、亚洲的关系相比，美拉关系在克林顿的全球战略布局中仍处于次要地位。尽管如此，克林顿在第二任期内对拉美的频频出访会给美拉关系带来新的变化。② 有学者认为，克林顿第二任期内，美拉之间虽仍会时有龃龉，但加强合作和谋求发展，仍是美拉关系的主导。③

小布什总统时期（2001年1月—2009年1月）。乔治·沃克·布什政府伊始，对拉美地区制定了系统而全面的外交政策，对拉美的重视程度也远远超过克林顿政府。布什曾许诺"重视发展美拉关系"，将21世纪变成"美洲的世纪"④。但"9·11"事件发生后，美国对其全球战略和国家安全战略作了全面调整，将反恐列为对外关系的重中之重，并将目光更多地投向中东和中亚地区，美国对拉美的外交目标不得不让位于美国全球反恐战略的需要。反恐也成了美国对拉美政策的重点。⑤ 这种政策导向上的失误带来的后果是，越来越多的拉美左翼政党在大选中获胜；美洲自由贸易区谈判陷入僵局；拉美国家更多地开展多元外交，自主性增强。因此，有学者认为，布什第二任政府将会重视对拉美的政策，其政策核心是"推广民主自由"，意在通过"民主输出"来结束拉美地区的"暴政"。但同时在经济上力促美洲自由贸易区的尽早实现，在外交上，通过反恐、扫毒等手段来加强地区合作，进而实施美国的国家安全战略。⑥ 有学者认为，布什上台后，美拉关系出现恶化，这不仅仅是布什政府因伊拉克战争

---

① 徐世澄：《克林顿政府对拉美政策的走向》，《拉丁美洲研究》1993年第6期。
② 周余云：《克林顿总统第二任期拉美政策的走向》，《拉丁美洲研究》1997年第5期。
③ 陈太荣：《浅析克林顿政府对拉美的外交政策》，《拉丁美洲研究》1997年第1期。
④ 江时学：《美国对拉美政策的调整》，《拉丁美洲研究》2001年第4期。
⑤ 吴志华：《美国在拉美的外交行动屡屡受挫》，《拉丁美洲研究》2003年第1期。
⑥ 齐丰田：《第二届布什政府对拉美的政策》，《拉丁美洲研究》2006年第3期。

而忽视拉美造成的,还有其他原因,如拉美国家的经济在"9·11"之后受到巨大冲击;新自由主义改革失败和左派崛起;美国将美洲自由贸易区的谈判作为推行霸权的工具;对古巴、委内瑞拉等国家横加干涉,等等。尽管美拉关系不断恶化,但美拉关系的根基并没有动摇,美国不会失去拉美。[①]

奥巴马总统时期(2009年1月—2016年1月)。奥巴马政府伊始,批评小布什的拉美政策为"失败的政策"。由于拉美左派政府的反美情绪、拉美国家不断加强的团结与合作、大国在拉美日益扩大的存在,美国在拉美的影响力不断下降。为了扭转这种局面,美国当选总统奥巴马提出"重塑美国在美洲的领导地位",建立"新的美洲联盟"。实现这一目标的措施包括增加对拉美的援助、与古巴和委内瑞拉进行直接对话等。[②] 有学者指出,2009年1月奥巴马上台后,美国政府提出了"巧实力"和多边主义的口号,这一口号的提出实际上体现了美国对拉美的政策由小布什执政时期奉行的激进的理想主义向务实的现实主义的转变。这种转变体现在奥巴马表示要与拉美国家建立平等的伙伴关系;缓和与委内瑞拉等敌对国的关系;在打击贩毒问题上加强与拉美国家的合作;在拉美提倡"民主治理";经济政策的重点也不再是推动美洲自由贸易区的建立。但维护美国霸权地位的决心未变。[③] 有学者进一步指出,奥巴马政府拉美政策的重点放在非贸易领域,即禁毒、反恐、移民、能源、民主、反贫困、气候变化等问题上。[④] 有学者认为,2014年6月由斯诺登爆出的"棱镜门"事件对美拉关系造成冲击,尽管一些拉美国家对美国采取了高调批评姿态,但当时双方在具体行动上都采取了克制的态度。2013年11月美国国务卿克里宣布"门罗主义时代已经终结,美国不再致力于干预其他美洲国家事务"。但也有迹象表明,美国正寻求将北美自由贸易区向南拓展的机遇,

---

[①] 贺双荣:《布什执政以来的美拉关系》《拉丁美洲研究》2007年第3期。

[②] 贺双荣:《美国对拉美政策的调整及美拉关系的走向》,《拉丁美洲研究》2008年第6期。

[③] 朱鸿博:《从理想主义到现实主义的再次回归——论奥巴马对拉丁美洲的政策》,《拉丁美洲研究》2011年第4期。

[④] 黄乐平:《试析自"门罗宣言"出台以来美国对拉美经济影响力的变迁》,《拉丁美洲研究》2011年第6期。

以及以经促政的外交策略。①

总之,从"门罗主义"诞生到克里宣布"门罗主义已经终结",学者们认为,美拉关系从来不是平等的关系,而是一种在美国主导下的双边关系。美国追求的目标是实现在该地区的霸权,美拉之间由此也出现了不断的干涉与反干涉、控制与反控制的矛盾和斗争。20 世纪 70 年代后期以来,美拉关系被纳入了全球化的背景之下,虽然美国历届政府对拉美政策存在差异,"但美国在拉美所追求的基本目标却是前后一致的",即"政治民主化"和"经济自由化",也即"鼓励拉丁美洲西方化"。② 但是,由于拉美地区政治、经济和对外关系发生的新变化,由于冷战后美国的战略重点已不在拉美,美国在拉美地区的控制力和影响力一直呈现一种下降的趋势。

二 中国与拉丁美洲的关系

中拉关系是中国学者关注的另一个重点。21 世纪以来,《拉丁美洲研究》有关中拉关系的文章显著增加,近 14 年来共发表 71 篇,占近 14 年国际关系文章总数的 35.5%,而此前的 21 年发表的有关文章不足 20 篇。中拉关系涉及的主要问题是中拉关系的发展与现状、对中拉关系的总体判断、中拉关系发展过程中出现的问题与对策,以及影响中拉关系的一些其他因素。

(一)中拉关系的发展与现状

新中国成立之后,中拉关系的发展经历了一个从无到有,从缓慢到快速的发展过程。有学者将 1949—2009 年 60 年的中拉关系划分为 4 个时期,即新中国成立后的 20 年是以民间交往为主的"民间外交"时期;20 世纪 70—80 年代是中国同拉美大多数国家实现建交、中拉关系进入迅速发展的时期;20 世纪 90 年代是中拉各领域友好合作取得长足发展的时

---

① 吴国平:《变化中的拉美:选择与挑战——2013 年拉丁美洲和加勒比形势评析》,《拉丁美洲研究》2014 年第 1 期。

② 苏振兴:《全球化背景下美国与美国与拉美关系的新特点》,《国际新格局下的拉美研究》,复旦大学出版社 2007 年版。转引"拉美研究在中国"课题组《2007—2008 年度报告》,《拉丁美洲研究》2008 年第 2 期。

期；进入21世纪时中拉关系呈现全方位、多层次、宽领域迅猛发展的崭新时期。①

也有学者认为，从中华人民共和国成来以来，中拉关系的发展经历了5个阶段，即：（1）民间交往阶段（1949—1969），其中1960年9月中国与古巴建交；（2）建交高潮阶段（1970—1977），中国与智利等11个拉美国家建交，其中包括墨西哥、阿根廷、巴西等拉美大国；（3）平等互利、共同发展阶段（1978—1992），该阶段的主要特点是在巩固和扩大在拉美外交阵地的同时，开始重视与拉美发展经贸合作，到80年代末，中国共与17个拉美国家建交，中拉贸易额累计290亿美元；（4）建立长期稳定关系阶段（1993—2000），这个时期与中国建交的拉美国家已经达到19个，中拉贸易额累计达到585亿美元，中国在拉美的投资约10亿美元；（5）"跨越式"阶段（2001年至今），如果说前四个阶段是"累积式"发展阶段，那么进入21世纪之后，中拉关系的发展则迈上了一个新台阶，进入"跨越式"发展阶段，发展的速度、深度和广度是前所未有的，双边关系正呈现全方位、多层次、宽领域、官民并举的新局面。该阶段与中国建交的拉美国家达到21个，截至2008年，中拉贸易额达到1434亿美元，中国已经是拉美第二大贸易伙伴，中国在拉美的直接对外投资存量约248亿美元，占中国FDI累计存量的14.6%。②

关于中拉之间经贸关系的发展，有学者补充，中拉之间的贸易额在改革开放之初的1978年仅仅为7.36亿美元，到1999年增加到了82.78亿美元。2001—2010年，中拉双边贸易额由149.4亿美元增加到1830.68亿美元。中国对拉美的直接投资流量在2010年达到105.38亿美元，在该地区的投资存量上升到438.76亿美元。③还有学者指出，从2000年以来，中拉贸易增长实现了"三级跳"，2000年为126亿美元，2007年达到1027亿美元，2011年达到2414亿美元。从2000年突破100亿美元到2007年突破1000亿美元，仅用了7年的时间，而此后突破2000亿美元仅

---

① 王俊生：《"中拉关系60年：回顾与思考"研讨会综述》，《拉丁美洲研究》2009年增刊2。

② 郑秉文、孙洪波、岳云霞：《中国与拉美关系60年：总结与思考》，《拉丁美洲研究》2009年增刊2。

③ 董国辉：《中国与拉美经贸关系中的合作与冲突》，《拉丁美洲研究》2013年6月第3期。

用了4年的时间。2000—2012年中拉贸易年均增长率达到28.7%。[①] 另有学者补充，2012年中拉贸易额突破2500亿美元大关，达到了2612亿美元，占中国对外贸易总额的6.8%。同年年底，中国在拉美的非金融类直接投资累计达到了682亿美元。中国已成为拉美和加勒比的第二大贸易伙伴和主要投资来源地之一。中国同智利、秘鲁、哥斯达黎加签署了自贸协议，建立了自由贸易区，开局良好。[②]（但2013年中拉贸易额没有太大的增长，仅为2617.5亿美元，这是因为中拉经贸同步进入调整期所致。）

发展中拉关系是中国总体外交的重要组成部分，2013年以来中国对拉美和加勒比开展的一系列重大外交活动，带动了拉美的"中国热"和中国的"拉美热"持续升温，中拉各个领域交往和合作正在全方位推进，有学者将这种"全方位推进"概括为："高层交往日益密切，战略互信不断加深；经贸合作互利共赢，务实合作取得新突破；人文交往日益扩大、合作内涵不断扩展；多边对话不断深入、国际合作取得新成效；合作论坛提上日程，整体合作呈现新局面"[③]。

中国国家主席习近平于2013年6月和2014年先后两次访问拉美。中国已经把与巴西、墨西哥、智利、秘鲁、阿根廷、委内瑞拉6国的关系提升到战略伙伴关系的高度。在最近一次的访问中，习主席阐述了新形势下中国对拉政策主张，提出构建政治上真诚互信、经贸上合作共赢、人文上互学互鉴、国际事务中密切协作、整体合作和双边关系相互促进的中拉关系五位一体新格局，提出打造"1+3+6"合作新框架[④]。并宣布了促进中拉合作的一系列倡议和举措，其中包括10年内力争实现中拉贸易规模达到5000亿美元，中国对拉美投资存量达到2500亿美元的目标。拉美国家也对习主席的建议积极响应。未来10年，中拉关系将会进入一个新的跨越期。

（二）对中拉关系的总体判断

在20世纪90年代之前，中国学者对中拉关系的总体判断是，中拉同

---

① 杨建民、张勇：《当前的中拉关系特点评析》，《拉丁美洲研究》2013年第5期。
② 张昆生：《努力推动中拉关系在更高水平先前发展》，《拉丁美洲研究》2013年第6期。
③ 同上。
④ "1"是一个规划，即《中国与拉美和加勒比国家合作规划（2015—2019）》；"3"是三大引擎，即贸易、投资、金融合作；"6"是六大领域，即能源资源、基础设施建设、农业、制造业、科技创新、信息技术。

属于发展中国家,在政治和经济上有着坚实的合作基础。但在发展前景上有不同的看法。

有学者认为,中国和拉美同属于第三世界,有着共同的遭受殖民奴役和掠夺的遭遇,有着发展民族经济、反对外来干涉和建立国际经济新秩序的共同愿望,双方在政治和经济上有着坚实的合作基础。同时具有一些合作的有利条件,其中包括:一是中国和拉美幅员都很辽阔,资源都很丰富,市场都很广大,可以互通有无,互为补充;二是经济发展水平相近,技术各有特色,便于互相交流和合作;三是都在根据本国条件探索民族经济的发展道路,各自积累了丰富的正反两面的经验教训,可以相互借鉴;四是都为发展中国家,对对方的处境和困难比较容易理解;五是在对外经济交往中,都愿意遵循平等互利、共同发展的原则,而不是损人利己,强加于人;六是都有进一步发展相互关系的真诚愿望。因此,发展中拉合作关系大有可为。① 但也有学者指出,由于拉美国家与中国同属于发展中国家,它们的共性是缺乏发展资金、先进技术和先进管理经验。尽管在经济上有互补性,但这种互补是原材料和少数技术含量不高的产品上的互补,是一种低层次的互补。拉美向来以发展同美国、西欧和本地区国家间的经贸关系为重点。在以经济为主要内容的外交时代,国家关系的重要性在相当大程度上取决于双方经济的互补性。因此,由于地缘政治因素和经济发展水平的限制,中拉关系尚难超出双方传统的对外关系格局。② 还有学者认为,中国同拉美国家的关系受到台湾"银弹外交"的钳制;中国和拉美国家的经济实力和对国际经济的拓展能力有限;中拉相距遥远,往来不便;双方相互了解不够。只有双方克服上述四个障碍,中拉关系才能取得进一步发展。③

在进入 21 世纪之后,随着中国经济进入新的发展阶段(标志为 2001 年中国加入 WTO),越来越多的人看好中拉关系的发展。2008 年中国政府发表了《中国对拉丁美洲和加勒比政策文件》,其中指出,"中国政府从战略高度看待对拉关系,致力于同拉丁美洲和加勒比国家建立和发展平

---

① 张虎生、徐世澄:《中国和拉丁美洲开展南南合作大有作为》,《拉丁美洲研究》1986 年第 3 期。
② 张宝宇:《浅谈中拉关系在各自对外关系中的地位》,《拉丁美洲研究》1995 年第 1 期。
③ 张森根:《中国和拉美国家之间的关系:现状和前景》,《拉丁美洲研究》1994 年第 5 期。

等互利、共同发展的全面合作伙伴关系"。当时中拉关系的状况被定位为"呈现全方位发展趋势,发展速度和水平都处于历史最好时期"①。

有学者指出,中国在拉美和加勒比地区已经拥有重要的战略利益。在政治上,拉美国家是中国实现未来发展目标的战略合作伙伴。在经济上,拉美是一个具有巨大潜力的贸易和投资市场,是某些重要资源的来源地,对中国未来的经济发展具有不可忽视的重大战略意义。在文化方面,中拉之间的广泛交流对于中国文化走向世界、加强中国软实力外交也具有重要意义。② 有学者分析,当前中拉关系的发展正处于重要的机遇期,这个机遇期由四种因素组成:第一,新兴国家地位上升,相互合作加强;第二,拉美国家作为中国合作伙伴的重要性提高;第三,拉美国家把中国崛起视为重要的发展机遇;第四,拉美的外交"多元化"格局正在发生重大变化③。还有学者强调,"9·11"之后美国忙于反恐,为阿富汗战争和伊拉克战争所困扰,无暇顾及拉美。而中国的综合国力大幅度提升,迅速成为世界经济大国,拉美也进入了新一轮经济增长期。中国在发展,拉美也在发展,双方迫切要求合作,因此,这种合作迎来了前所未有的历史机遇期。④ 还有学者从经济角度进一步分析了中拉关系加强的原因,认为21世纪中拉贸易大幅度增长的根本原因,不是中国30多年来一直存在的人口众多和经济快速增长,而是因为在21世纪之交中国工业化模式发生了重大转型,由劳动密集型的轻工业转向资本密集型和能源密集型的重工业发展的新阶段,由此导致了对铁矿石、铜、石油等大宗商品的巨大需求⑤。也就是说,中拉贸易额的大幅度增长是由双方经济的巨大互补性带来的。

总体判断应该是,中国和拉美已经成为相互依赖的战略伙伴,中拉关系在朝着乐观的、健康的、可持续的方向发展。

---

① 刘维广:《"从胡锦涛主席出访哥斯达黎加、古巴和秘鲁三国看中拉关系的发展学术研讨会"综述》,《拉丁美洲研究》2008年第6期。

② 沈安:《关于中国未来对拉美外交战略的思考》,《拉丁美洲研究》2009年第4期。

③ 苏振兴:《中拉关系如何面向未来》,《拉丁美洲研究》2009年增刊2。

④ 郑秉文、孙洪波、岳云霞:《中国与拉美关系60年:总结与思考》,《拉丁美洲研究》2009年增刊2。

⑤ 杨建民、张勇:《当前的中拉关系特点评析》,《拉丁美洲研究》2013年第3期。

(三) 中拉关系发展面临的问题与对策

尽管中拉关系处于历史上的最好时期，但也有学者提出了许多值得关注和需要解决的问题，主要表现为贸易争端、投资风险、人文交流滞后、人才匮乏等方面。如有学者指出，巴西频繁对中国产品采取反倾销措施；中巴贸易产品存在直接和间接竞争；中国作为巴西资源性产品的大"买家"而出现贸易不对称；中国对巴西的投资承诺受到怀疑；中巴贸易争端存有政治化倾向。[1] 中国和墨西哥之间也存在双边贸易失衡问题，贸易摩擦不断，墨方的反倾销频率高、覆盖面广、强度大，1993 年对原产地为中国的鞋子和鞋靴配件征收 165%—1105% 的反倾销税。[2] 有学者指出，中国与智利之间存在贸易结构不平衡；贸易与投资不平衡；政治与经济关系发展不平衡；人文交流落后于经贸发展等问题。[3] 有学者提出了中国企业"走出去"面临的国家风险问题[4]。由于拉美国家政策的不确定性和随意性，中拉产业结构上的竞争性，拉美地区的经济民族主义等原因，中国企业与当地政府、工会以及其他利益集团之间的纠纷也日益突出。[5] 也有学者指出中国企业在拉美投资额度少、领域过于集中，合作程度低、难以形成合力，政府政策对企业的限制过多等。[6] 2011 年，开曼群岛和英属维尔京群岛这两个"避税天堂"吸引了 510 亿美元的中国投资存量，占中国在拉美投资总额的 92.4%。这意味着，中国在拉美非"避税天堂"的投资仅为 42 亿美元。[7] 还有学者指出，中国国内对有关的专业人才培养机制落后，跟不上中拉关系发展形势的需要。[8]

---

[1] 拉美所课题组：《进一步加强中国和巴西经贸合作的对策建议》，《拉丁美洲研究》2007 年第 2 期。

[2] 吴国平、岳云霞：《中国与墨西哥双边贸易的发展趋势及其面临的问题》，《拉丁美洲研究》2012 年第 5 期。

[3] 贺双荣：《中国与智利关系 40 年回顾》，《拉丁美洲研究》2011 年第 1 期。

[4] 李福胜：《中国企业"走出去"面临的国家风险研究》，《拉丁美洲研究》2006 年第 6 期。

[5] 董国辉：《中国与拉美经贸关系中的合作与冲突》，《拉丁美洲研究》2013 年 6 月第 3 期。

[6] 田志、吴志峰：《中国在拉美地区的自由贸易区布局及合作战略》，《拉丁美洲研究》2014 年第 1 期。

[7] 江时学：《中拉关系五问》，《拉丁美洲研究》2013 年第 5 期。

[8] 洪国起、韩琦：《发展中拉关系与拉美史学科建设》，《拉丁美洲研究》2009 年增刊 2。

针对上述问题，学者们从不同角度提出对策。不少学者提出，中拉之间应该进一步加强双方的政治互信，根据拉美不同类型的国家，与之建立战略对话机制；中方应该主动推动双方经贸合作，加强在拉美的投资，加快调整对拉美的出口商品结构，降低某些劳动密集型产品的比重，推动与更多的拉美国家缔结双边自由贸易协定，中国的银行业要加快进入拉美的步伐；国内熟悉拉美事务的人才严重缺乏，要有战略性安排，加强人才储备和智库建设。[1] 要"合力培养人才，夯实中拉友好合作的民意基础"[2]。有学者认为，摩擦是积极的信号，因为只有交往频繁了才会产生矛盾和摩擦。事实上，存在争执的产品数额很小，完全可以根据世贸组织规则和公平合理原则，通过友好磋商和谈判，进行充分的沟通加以解决。[3] 针对贸易摩擦、投资风险和合作领域不均衡的问题，有学者认为，中拉合作的动力机制应该由贸易、投资的双引擎向多领域、多层次扩展；应该全面推进中拉关系，使中拉合作的地域分布更为均衡化；应该让人文交流和科技合作成为促进中拉关系发展的润滑剂。[4] 有学者指出，中国和拉美之间在人文和社会科学交流方面还应继续加强，合作的领域还应深化，合作的渠道还应拓宽[5]。有学者提出，在发展中拉关系中，不仅应该重视拉美的资源和市场，还应该开发和利用拉美的"无形资源"，即现代化的经验教训[6]。还有学者根据自己在拉美的工作经验，指出了中拉双方文化交流的重要性，建议从广度和深度上加强对拉美的文化交流，促进拉美对中国文化的深入了解，同时吸收和借鉴拉美的优秀文化成果，使中拉关系的发展具有更稳固的基础。[7] "文化如水，润物无声，是造福于民的人心工程。"中拉关系中出现的某些不太和谐的声音，主要是拉美人民对中国还缺乏深入了解所致。因此，我们"应不断拓展双方的文化交流渠道和合作领域，创

---

[1] 谌园庭：《拉美所召开"中国对拉丁美洲和加勒比政策文件"座谈会》，《拉丁美洲研究》2009 年第 1 期。
[2] 张明德：《对中拉关系发展的机遇和挑战的再认识》，《拉丁美洲研究》2013 年第 5 期。
[3] 陈笃庆：《中巴建交 35 年的发展历程与中巴战略伙伴关系》，《拉丁美洲研究》2009 年第 5 期。
[4] 王萍、王翠文：《国际格局的变化与中拉关系的可持续发展》，《拉丁美洲研究》2014 年第 1 期。
[5] 王伟光：《继续加强中拉之间在人文和社会科学方面的交流》，《拉丁美洲研究》2009 年第 2 期。
[6] 韩琦：《中拉关系与重视拉美"无形资源"的开发》，《拉丁美洲研究》2011 年第 1 期。
[7] 李北海：《关于加强中拉历史文化交流的几点想法》，《拉丁美洲研究》2008 年第 1 期。

新交流合作模式，调动更多的社会资源和更广泛的民间人士参与中国和拉美的文化交流中来"，以实现"美美与共、天下大同"。①

（四）中拉关系中的"美国因素"

什么是中拉关系中的"美国因素"？有学者认为，"美国因素"是指在美国超级大国的独特地位，以及美拉关系、美中关系各自的特殊性等多重背景下出现的，具体表现为美国对于中拉关系的发展始终保持一种戒备心态，在不同时期和不同问题上采取抵制、干扰或防范的政策。②还有学者指出，所谓"美国因素"是指美国从其霸权主义出发，视拉美为自己的传统"后院"和势力范围，带着强烈的意识形态思维和排斥的心态看待中国和拉美国家关系的发展，认为中国和拉美国家关系的发展有可能损害美国的利益和美拉之间的传统关系。③

美国总统门罗在19世纪初提出了"美洲是美洲人的美洲"的口号，从那以后，拉美逐渐被划为美国的势力范围。长期以来，美国一直把拉美视为它的"后院"。尽管中拉关系中的"美国因素"在20世纪末就已经有了某种端倪，但真正凸显是在21世纪初。进入21世纪，随着中国综合国力的迅速增长，国际影响力的不断增强，中拉关系的快速发展，特别是2004年11月胡锦涛主席访问拉美四国之后，美国对中拉关系的关注也随之加强。2005年4月美国国会西半球委员会就中国问题举行了听证会，美国助理国务卿罗格·诺列加作了题为"中国在西半球的影响"的发言。根据诺列加的发言，有学者分析，美国首先把中国在拉美的活动看作主要受经济利益驱动的行为，例如寻求资源、世贸谈判；其次是将中国的动机看作主要受国内政治因素的驱动，例如减轻国际压力、孤立台湾，显示自己的大国地位等，并未将其看作主动扩大国际影响和势力的行为，也不包括意识形态对立和扩张的目的。布什政府"还未将中国视作在拉美的强有力对手，也不认为中国在拉美的行动是特别针对美国的有意扩张行动"④。也有学者注意到，美国对中拉关系加强的看法，实际上有两种意

---

① 蔡武：《美美与共、天下大同，文化交流为中国和拉美关系奏响和谐乐章》，《拉丁美洲研究》2013年第3期。
② 苏振兴：《中拉关系如何面向未来》，《拉丁美洲研究》2009年增刊2。
③ 张明德：《对中拉关系发展的机遇和挑战的再认识》，《拉丁美洲研究》2013年第5期。
④ 朱鸿博：《近期中拉关系的发展与美国的拉美政策》，《拉丁美洲研究》2006年第4期。

见，一种是威胁论，另一种是机遇论。前者认为中国在拉美的行动是对美国利益和霸权的挑战。后者认为中国在拉美的行动仅限于拓展贸易和投资机会，美国大可不必反应过度。中国因素稳定了拉美经济的增长，等于扶了该地区经济一把。中国与拉美关系的加强对于美国是"好机会"。到目前为止，主导美国外交政策的行政部门对于中拉合作的目的、前景及其影响并无定论。尽管"威胁论"和"机遇论"观点对立，但持这两种观点的人的共同之处就是认为美国不能忽视而是要注意中国在其"后院"的行动。①

尽管美国目前还不认为中国与拉美的经济联系会对美国利益构成直接威胁，但普遍接受中国在西半球的存在将在一定程度上削弱美国的影响力。如何处理摆正中、美、拉三边关系，形成三边关系的良性互动很值得研究。有学者指出，三边关系的发展具有不对称性。美国是世界上唯一的超级大国，中国是最大的发展中国家，而拉美国家都是发展中国家，绝大多数国家是中小国家。因此，中美关系的重要性明显大于美拉关系和中拉关系。而美拉关系则比中拉关系更具有影响力。在三边关系中，美国的影响力处于重要地位，美国的政策显然会对中拉关系的发展产生影响。中美关系具有影响世界格局的意义，而美拉关系和中拉关系只具有地区意义。② 有学者认为，从一定意义上讲，中美关系对拉中关系至今仍具有"母体性"，由此规定了拉中关系的现实性。③ 因此，从长远来看，中美关系在三边关系的互动中仍将处于较重要的地位。

如何应对中拉关系中的"美国因素"？有学者提出，应该增强中美双方的相互了解与对话，增进共识与合作；应该针对不同的拉美国家，制定不同的政策，促进中拉友好关系的发展；中、美、拉应该建立机制性的多边合作机构和组织，合作应对挑战。也有学者提出，美国在拉美的经贸关系由来已久，在开拓拉美市场和开发拉美资源时，中国应该与美国加强合作。合作的方式可以是建立合资企业④。发展中拉关系，我们不能忽视美

---

① 魏红霞、杨志敏：《中拉关系的发展对中美关系的影响——从美国政策的角度分析》，《拉丁美洲研究》2007年第6期。

② 朱鸿博：《中、美、拉三边关系互动与中国的拉美政策》《拉丁美洲研究》2010年第4期。

③ 张宝宇：《浅谈中拉关系在各自对外关系中的地位》，《拉丁美洲研究》1995年第1期。

④ 江时学：《中拉关系五问》，《拉丁美洲研究》2013年第5期。

国因素,要以新的思路看待美国因素,不仅要完善中拉战略目标,建立良好的沟通机制,增强中拉战略互信,扩大战略共识,也要加强中、美、拉三者的沟通与交流,建立三者的对话平台,实现"三赢"。①

三 结语

本文通过《拉丁美洲研究》杂志发表的文章,来透视中国学术界对"美拉关系和中拉关系"的认知演变。仅从中国学者对美拉关系和中拉关系研究的轨迹看,我们至少可以得出以下三个结论。

第一,在过去的35年中,中国学者对"拉丁美洲与外部世界"的关系进行了较为系统的研究,涉及的问题包括拉丁美洲国际关系的方方面面。但比较集中的关注点放在了两个方面,一是美国与拉丁美洲的关系,这是2000年之前关注的重点;二是中拉关系,这是2000年之后关注的重点。

第二,中国学者对美拉关系和中拉关系的历史发展和现状、性质、存在的矛盾和问题,以及针对这些矛盾和问题的对策都提出了自己的看法。他们力求实事求是地反映美拉关系和中拉关系的发展,同时,又辩证地探讨和分析问题的来龙去脉和症结所在,并为矛盾和问题的解决提出切实可行的方案和建议。

第三,通过梳理中国学者对"美拉关系和中拉关系"的研究和认知,使我们对费孝通先生的名言"各美其美、美人之美、美美与共、天下大同"有了更深刻的理解。这句话简单的解释是"我们先发现自身之美,然后发现、欣赏他人之美,再到相互欣赏、赞美,最后达到一致和融合"。有人将其引申到文化领域,解释为"既要认同本民族文化,也要尊重其他民族的文化。不同民族应该相互尊重,共同维护,从而促进文化的多样性"。而我们认为,这句话也可以引申到国际关系领域,即首先要创新和认同本国的发展道路,其次是要尊重和欣赏他国独立自主的发展道路,这里有一个前提,即要有相互之间的沟通和了解;再次是双方相互尊重、彼此欣赏、彼此关切,这里除了接触、交流、对话的

---

① 程洪、于燕:《试述中拉关系中的美国因素(2001~2010年)》,《拉丁美洲研究》2010年第5期。

前提之外，还有一个重要前提，即恪守平等互利的原则；最后才能达到共同发展、互利共赢的目标。美拉关系中追求霸权目标的失败为我们提供了深刻的教训，而中拉关系中共同发展、互利共赢的目标使我们看到了美好的前景和希望！

Abstract：By sorting through articles published on Journal of Latin American Studies since 1979 on the topics of US-Latin America and China-Latin America relations, I find US-Latin America relations were intensely studied before 2000 whereas more attentions have been put on China-Latin America relations after 2000. Chinese scholars have put forward their views on the history, current status, characteristics, conflicting issues and solutions of US-Latin America and China-Latin America relations. They seek to objectively reflect the development and evolution of US-Latin America and China-Latin America relations, dialectically discuss and analyze the causes of the problems, and propose practical solutions and recommendations. Insights gained from their research indicate that to develop relations with Latin American countries in order to pursue the hegemony goal will ultimately lead to failure; the hopeful path is to adhere to the common development, mutual benefit and win-win goal.

Keywords：Journal of Latin American Studies; US-Latin America relations; China-Latin America relations; Chinese Scholars; Understanding

新世纪以来中国和美国对拉美地区公共外交的比较

牛丹丹[*]

内容提要 21世纪以来,随着拉美区域一体化的发展,拉美在国际上的影响力不断增加,中美两国出于国家需要均加大了对拉美地区的关注度,加速对拉美政策的调整步伐。在对拉美地区开展外交活动时,中美两国都充分运用了公共外交手段。本文从公共外交目的、资源基础、技术运用、实施机构和友好城市5个方面对新世纪以来中美对拉美地区的公共外交进行系统比较,发现美国在拉美地区的影响力虽然有所下降,但仍不可小觑;中国在拉美地区的公共外交虽路途艰险,但前景光明。

关键词 公共外交目的 公共外交资源 公共外交机构 公共外交技术 城市外交

21世纪以来,随着拉美区域一体化的发展,拉美在全球的影响力不断增强。十七大以来中国政府一直强调要加强同广大发展中国家的团结合作,拉美地区作为发展中国家的重要组成部分在当今国际舞台发挥着日益重要的作用,中国在拉美地区的战略利益逐渐上升,因而积极发展与拉美各国的关系。"9·11"事件后,美国虽因致力于在中东地区的反恐而一度忽视了拉美地区,但奥巴马政府上台后重新重视美拉关系,积极调整美国对拉美的政策。中美两国在开展对拉美的外交时,都充分运用了21世

---

[*] 牛丹丹,福建师范大学社会历史学院研究生。

纪以来备受关注的公共外交（Public Diplomacy）手段。本文拟从公共外交目的、资源基础、技术运用、实施机构和友好城市五个方面对21世纪以来中国和美国对拉美地区的公共外交进行系统比较，希望对加强和改善中国在拉美地区的公共外交提供一定的借鉴。①

一 中美对拉美地区公共外交之目的比较

公共外交议题是一个国家和地区在开展公共外交的时候希望达到的目标以及实现这一目标的战略指导方针。② 中美两国由于在历史文化、社会制度、国内外环境等方面存在巨大差异，因而对外政策针对性不同，在开展公共外交时所要达到的目的自然也不尽相同。

进入21世纪后，中国政府日益重视公共外交。2009年胡锦涛总书记在出席第十一次驻外使节会议时表明"要加强公共外交和人文外交，开展各种形式的对外交流活动，扎实传播中华优秀文化"③。2011年胡锦涛在十八大报告中再次明确提出"将扎实推进公共外交和人文交流，维护我们海外合法权益"。④ 2013年2月，外交部新闻司司长秦刚在"外交·大家谈"中将公共外交定义为："公共外交作为对传统外交的继承和发展，主要是指由政府主导、社会各界普遍参与，借助传播和交流等手段，向国外公众介绍本国国情和政策理念，向国内公众介绍本国外交方针政策

---

① 学术界关于中国对拉美公共外交的研究成果主要包括：高新峰：《试析冷战后中国对拉丁美洲的经济外交》，《牡丹江教育学院学报》2007年第5期；左品：《试析中国对拉美的公共外交》，《国际观察》2014年第5期；黄忠：《新形势下中国对拉美国家的公共外交》，《拉丁美洲研究》2015年第2期；美国对拉美公共外交研究，如王欣：《试析里根政府的中美洲公众外交战略》，硕士学位论文，东北师范大学，2005年；郑欣然：《二战时期美国对拉丁美洲的文化外交》，硕士学位论文，河北师范大学，2007年；魏红霞：《美国在拉美软实力的构建及其对中国的启示》，《拉丁美洲研究》2009年第2期；成晓叶：《美国拉美公共外交对中共拉美公共外交的启示》，《长沙航空职业技术学院学报》2013年第3期；宋晓丽：《美国对拉丁美洲与加勒比地区公共外交研究》，博士学位论文，南开大学，2014年；侯复新：《二战后美国对拉丁美洲公共外交行为的演变与成效分析》，硕士学位论文，广东外语外贸大学，2014年。
② 韩方明主编：《公共外交概论》，北京大学出版社2011年版，第189页。
③ 《第十一次驻外使节会议召开 胡锦涛、温家宝讲话》，www.gov.cn/ldhd/2009-07/20/content_1370171.htm。
④ 胡锦涛：《坚定不移沿着中国特色社会主义道路前进 为全面建成小康社会而奋斗——在中国共产党第十八次全国代表大会上的报告》，http://www.xj.xinhuanet.com/2012-11/19/c_113722546.htm。

以及相关举措,旨在获取国内外公众的理解、认同和支持,争取民心民意,树立国家和政府的良好形象,营造有利的舆论环境,维护和促进国家根本利益。"他进一步指出,中国之所以要开展公共外交,是因为"由于社会制度、发展道路、意识形态不同国之间还存在着不同,国际上对中国的偏见、误解和不了解还广泛存在。一些人还是抱着冷战的思维,对中国的发展感到不适应,心里不舒服,所以要千方百计地来散布各种关于中国的论调",主要有"中国责任论"、"中国威胁论"和"中国崩溃论"。在这种情况下,为了处理好中国与外部世界的关系,"要广泛深入地宣传中国坚持走和平发展道路的战略思想,引导国际社会正确认识和对待中国的发展。这就是我们开展公共外交的目的。我们只有通过增进交流理解,才能够促进中外之间正确的认知,从而促进中外之间良性的互动"[①]。拉美国家是中国实现未来发展目标的战略合作伙伴,对中国反对台独、实现祖国统一大业具有不可忽视的作用,同时拉美丰富的自然资源及其在贸易、投资方面的巨大潜力对中国经济发展意义重大。[②] 21世纪以来,中国着力发展与拉美地区的关系,2008年中国发布首个《中国对拉丁美洲和加勒比政策文件》,2014年习近平总书记在中国—拉美和加勒比国家领导人会晤上倡议建立中拉关系五位一体新格局,2015年双方建立中拉论坛,1月初在北京举行首届部长级会议,由此推动中拉关系在更高水平上发展。然而,中国与拉美在地理上相距甚远,在社会制度、文化传统、自然条件、价值观等方面也存在巨大差异,这给双方的沟通带来了一定的困难。因此中国希望通过在拉美地区开展公共外交,传播中华优秀文化,加强拉美民众对中国真实情况的了解,从而为中国在拉美、在世界的发展营造有利环境。

"9·11"事件后全球反美主义浪潮愈演愈烈,美国国家形象严重受损。美国认为在一些国家存在着对美国的误解和敌对宣传,其对外政策可能会威胁到美国的国家利益,因此美国"对发达国家和发展中国家的精英和普通大众"开展公共外交,"利用所有可利用的媒体来确保外国政府及其民众都能很好地理解美国的对外政策,从而增加其对美国对外政策的

[①] 《外交部新闻司司长秦刚谈公共外交("外交·大家谈"访谈实录)》。http://www.fmprc.gov.cn/mfa_chn/wjbxw_602253/t1015836.shtml。

[②] 沈安:《关于中国未来对拉美外交战略的思考(上)》,《拉丁美洲研究》2009年第4期。

支持"。① "9·11"事件后美国面临着来自恐怖主义的巨大威胁，小布什政府在全球，尤其是中东地区打击恐怖主义，忽视了拉美地区，这使拉美地区的反美情绪不断增长②；再加上 21 世纪以来拉美地区的整体发展和左翼势力的上升，非传统问题的突出和区域外国家（如俄罗斯、中国、西欧、日本等）影响力的增强，美拉关系渐行渐远③；奥巴马上台后强调要改善美国与拉美的关系，要"重塑美国在美洲的领导地位"和建立"新的美洲联盟"。④ 因此美国这一时期在拉美开展的公共外交活动不仅是为了传达自己价值观、打击该地区的恐怖主义思想，也是为了密切和拉美的联系，加强与拉美的经济合作，从而巩固和提高美国在拉美乃至全球的国际地位。

二 中美对拉美地区公共外交之资源比较

公共外交资源是一个国家和地区开展公共外交所具备的一切客观条件的总和。中美两国由于彼此情况不同，各自具有独特的优势，因此在开展公共外交活动时充分发挥自己的优势，不断使自己的外交资源"增值"。

根据资源存在的形态，可以把游说资源分为物质性资源和非物质性资源。物质性资源主要包括人力、物力、财力以及其他基础设施建设，物质性资源是开展公共外交的前提和基础。⑤ 在这方面中国两国大致相同：第一，政府官员、所有出境人士、移民等都是开展公共外交活动的重要人力资源。另外，美国从 20 世纪 60 年代起开始向拉美派遣大量和平队志愿

---

① Freedom Promotion Act of 2002, July 23, 2002. 这是美国参议院发布的一条法案，目的是重新指导、定义以及重组美国的公共外交。http://www.gpo.gov/fdsys/pkg/BILLS - 107hr3969rfs/pdf/BILLS - 107hr3969rfs.pdf。

② 据皮尤研究中心 2001 年 12 月的报告，58% 的受访拉美民众认为美国的政策引起了恐怖袭击，71% 对美国的脆弱感觉良好，58% 愤恨美国的权力，51% 认为美国造成贫富差距。"America Admired, Yet Its New Vulnerability Seen As Good Thing, Say Opinion Leaders". http://www.pewglobal.org/2001/12/19/america-admired-yet-its-new-vulnerability-seen-as-good-thing-say-opinion-leaders/。

③ 陈华健：《奥巴马政府拉美政策的调整及其对中国的启示》，硕士学位论文，湘潭大学，2014 年，第 12 页。

④ Barack Obama," Renewing U.S. Leadership in the Americas". http://www.realclearpolitics.com/articles/2008/05/renewing_us_leadership_in_the.html。

⑤ 韩方明主编：《公共外交概论》，北京大学出版社 2011 年版，第 190 页。

者，其活动主要涉及农业、商业发展、教育、环境、医疗与艾滋病、青年发展等，因此取得了相当不错的效果，在21世纪这些活动仍在继续，而中国目前尚无类似的志愿者行动。第二，中美两国在拉美地区的大量投资使得企业成为拉美民众了解两国的重要桥梁。第三，两国驻拉美使领馆和一些公共外交机构（中国在拉美开设了孔子学院和孔子课堂，美国在拉美建立了美国角和双边国家中心等）是两国开展公共外交的重要载体。第四，21世纪以来不断发展的互联网技术、基于互联网科技的社交媒体使中美两国的公共外交活动可以及时、迅速地通过网络传播给更多的拉美民众。中国的社交媒体主要包括QQ、微博、博客、微信、人人网等，美国的社交媒体则包括脸书（Facebook）、推特（Twitter）、优图（YouTube）、网络电话（Skype，一款即时通信软件）、照片分享网站（flicker）等。第五，中美两国都和拉美国家建立了不少友好城市，这些友好城市也是开展公共外交活动的重要载体。

非物质性资源主要指开展公共外交所需要的体制、规范、文化，这既是物质性资源释放能量的"转换器"，又是塑造国家形象的重要组成部分。非物质性资源在"冲突扩展"机制过程中更容易获取更多民众的支持，对于公共外交结果的成功具有更加重要的价值。[1] 就中国而言，首先在价值观方面，中华民族是一个崇尚和合的民族，中国传统文化历来重视"和合"思想。"和"指和睦、和平、和谐；"合"指结合、融合、合作；"和合"并举，意为和谐、和平与合作。[2] "和合"体现着中国思想文化的首要价值和精髓，是中国公共外交重要的非物质性资源。其次在教育文化交流方面，中国陆续派出文化团访问拉美并进行演出，拉美的孔子学院会举行各种活动传播中国文化。从2012年起的5年内，中国将向拉美和加勒比国家提供5000个奖学金留学生名额，也有越来越多的中国留学生前往拉美国家学习深造。另外，中拉青年论坛、中拉智库交流论坛、中拉法律合作论坛、中拉民间友好论坛与中拉企业家高峰会等交流机制富有成效。[3] 2014年，习近平主席在中国—拉美和加勒比国家领导人会晤上宣布，"在未来5年内，中方将向拉美和加勒比国家提供6000个政府奖学金

---

[1] 韩方明主编：《公共外交概论》，北京大学出版社2011年版，第190页。
[2] 周厚虎：《中美软实力战略比较研究》，中共中央党校博士学位论文，2013年，第85页。
[3] 黄忠：《新形势下中国对拉美国家的公共外交》，《拉丁美洲研究》2015年第2期。

名额、6000 个赴华培训名额以及 400 个在职硕士名额,邀请 1000 名拉美和加勒比国家政党领导人赴华访问交流,并于 2015 年启动'未来之桥'中拉青年领导人千人培训计划。中方倡议于 2016 年举行'中拉文化交流年'。"① 2015 年中拉论坛成立,双方在政治、经贸、人文、社会、外交等领域开展集体对话,合作规模日渐扩大。最后,改革开放,特别是 20 世纪 90 年代以来中国经济持续快速发展,取得了举世瞩目的成绩。拉美在历史上也遭遇过殖民历史,"华盛顿共识"和新自由主义改革并没有使拉美的经济取得很大进步,而中国经济的高速发展对拉美有极大的吸引力。中国在与拉美发展关系时,着力强调"中国与拉美和加勒比国家同属发展中国家,面临共同的发展目标和全球挑战,拥有广泛的共同利益,双方关系是各自发展的重要机遇"②,表明双方具有共同的梦想和共同的追求,即"中国人民正在为全面建成小康社会、实现中华民族伟大复兴的中国梦而奋斗,拉美和加勒比各国人民也在为实现团结协作、发展振兴的拉美梦而努力"③。

中美两国历史、文化、国情迥异,因此美国的非物质性资源与中国有所不同。"门罗主义"和"泛美主义"使美国确立了"美洲是美国人的美洲"这一圈定势力范围的原则,为美国在拉美开展公共外交奠定了历史基础。首先在价值观方面,美国极力在拉美推行民主政治制度和自由市场价值观,因为其在美国的成功运作造就了美国今天的繁荣与强大,这对毗邻的拉美构成了强大的吸引力,而美国也不遗余力地扶持和引导拉美向其规定的制度方向发展,因为"民主国家不互相进行战争","民主国家在贸易和外交上结成更好的伙伴"。其次在教育文化交流方面,美国和拉美的文化教育交流开始较早,21 世纪以来美国在拉美推行的交流项目包括继续进行富布莱特项目、青年大使项目、体育外交项目、各种英语语言教学项目等。文化教育交流培养了大批亲美的精英人物,其中很多人在拉美身居要职,这对美国国家利益的实现极其有利。最后,在全球化日益加强

---

① 《习近平在中国—拉美和加勒比国家领导人会晤上的主旨讲话》。http://www.fmprc.gov.cn/mfa_chn/ziliao_611306/zyjh_611308/t1175807.shtml。
② 《中国—拉美和加勒比国家领导人巴西利亚会晤联合声明》。http://www.fmprc.gov.cn/mfa_chn/ziliao_611306/1179_611310/t1175758.shtml。
③ 《习近平:共同谱写中拉全面合作伙伴关系新篇章》。http://www.fmprc.gov.cn/mfa_chn/ziliao_611306/zyjh_611308/t1226621.shtml。

的今天，全世界都在不知不觉中追随美国的思想和生活方式，形成了一种无形中的"美国化"，临近的拉美地区所受影响更深，美国的快餐、可口可乐、牛仔裤、好莱坞大片等无处不在，很多拉美人移民美国甚至非法滞留美国，其吸引力可见一斑。[1]

中美两国在拉美开展公共外交的物质资源种类大致相当，但在数量和质量上还存在巨大差异，这是中国今后要努力的方向。在非物质资源方面，从"门罗主义"开始，拉美一直生活在美国的影响下，美国为拉美制定了"大棒政策"、"金元外交"、"睦邻政策"、"争取进步联盟"政策、尼克松主义的"伙伴关系"、卡特的"人权"合作、布什的"美洲事业倡议"等一系列政策，美国对拉美开展公共外交既有历史基础，又有实践经验[2]；相比之下，中国于2008年才形成首个《中国对拉丁美洲和加勒比政策文件》，2014年习近平主席刚提出建立"中拉关系五位一体新格局"，目前尚在实践中。另外，美国对拉美实施的教育文化交流项目众多而且颇见成效，如"芝加哥弟子"，而中国在这方面则刚刚起步，发展空间很大。美国和拉美拥有共同的殖民地历史和文化，美国所推行的自由民主价值观目前仍是世界主流的价值观，在拉美有很大的市场，拉美民众比较容易接受；而中拉由于历史迥异、语言沟通困难，而且地理上相距深远，这使得中国在开展公共外交时面临一定困难。但中国在拉美开展公共外交活动还有很大空间，中国传统文化价值观的独特魅力、发展中国家的共同定位、共同梦想的追求、中国经济的高速发展等有利于中国公共外交活动的进一步开展。

三　中美对拉美地区公共外交之技术运用比较

在开展公共外交活动时，除了人际交流，其他活动的开展一般都需要借助一定的传播工具。传播工具的使用可以突破距离的限制，极大地拓展公共外交的覆盖范围，但同时它也受到技术的限制。人类的信息传播迄今可分为五个阶段：口头传播阶段、文字传播阶段、电子传播阶段、网络传

---

[1] 魏红霞：《美国在拉美软实力的构建及其对中国的启示》，《拉丁美洲研究》2009年第2期。

[2] 魏红霞：《美国在拉美软实力的构建及其对中国的启示》，《拉丁美洲研究》2009年第2期。

播阶段。① 进入21世纪以来,互联网技术的迅速发展和互联网用户的迅速增加使公共外交的发展进入了一个新阶段。

中国在拉美开展公共外交活动时积极借助各种传播工具。首先,继续发挥中国国际广播电台(以下简称国际台)的巨大作用。目前国际台使用65种语言向世界广播,包括葡语和西语;提供西班牙文《友谊花坛》等30个文种的外文报刊②;1998年建立"国际在线"网站(www.cri.cn),到2009年实现61种语言阅读,包括西语和葡语;截至2012年12月26日"国际在线"已成功启动英语、法语、西班牙语、德语、意大利语、世界语、葡萄牙语、希腊语移动平台,广泛适用于苹果(iPhone)的iOS、安卓(Android)等智能手机系统或其他手持终端,提供图文、音视频等多媒体移动浏览方式③;2011年,开办中国国际广播电视网络台(China International Broadcasting Network),以"中国立场、世界眼光、人类胸怀"为传播理念,发挥国际台61个语种人才优势,以视听互动、资源共享、语种集合为特色,大力发展互联网电视、手机广播电视、多媒体移动广播等各种新媒体业态,而且提供电脑下载,移动下载等。④ 其次,陆续建立中国驻拉美各国使领馆网站,使用中葡或中西两种语言,将使馆服务网络化;同时网站还提供中巴要闻、专题资料、各种中国外交部、中国政府网、"看中国"网等的链接,而这些网站一般都提供5—6种外语,方便拉美民众浏览。其次,借助电视媒体宣传中国文化。如2014年12月3日,哥伦比亚麦德林孔子学院参与了安蒂奥基亚电视台《快乐的心》栏目的直播访谈,收视面覆盖哥伦比亚全境。当期节目的主题是"东方文化",节目邀请嘉宾介绍了中国武术、中医及风水等文化知识。麦德林孔子学院的汉语教师和行政助理在节目中介绍了孔子学院的性质、功能及提供的课程、文化活动和其他服务,并向广大电视观众教授了简单的中国剪

---

① 韩方面主编:《公共外交概论》,北京大学出版社2011年版,第101页。
② 中国国际广播电台。http://www.sarft.gov.cn/articles/2007/06/01/20070904103618730063.html。
③ 杨玉国:《中国国际广播电台5大语种移动国际在线正式启动》。http://gb.cri.cn/27824/2012/12/26/3245s3970982.htm。
④ 殷亮:《中国国际广播电视网络台正式成立 王庚年台长致》,http://gb.cri.cn/27824/2011/01/18/2225s3128714.htm。

纸。① 最后，启动"网络孔子学院"汉语学习在线教学平台，提供大量的点播和互动直播课程、汉语水平考试（简称 HSK）等级模拟测试；提供丰富多彩的中国文化知识，以视频、图片和文字的方式帮助用户了解中华民族文化的精髓。目前拥有学习课件 7498 个，在线课堂 15 万多，开课教师 3110 人，学习人数已超 45 万。②

美国一直走在科技的前沿，在加强对拉美公共外交时更是充分发挥了新科技的作用。首先，在冷战中发挥了巨大作用的"美国之音"（VOA）与互联网技术结合，2000 年启动门户"美国之音"网站，到 2005 年该网站在世界新闻网站中排名第六。网站提供 40 多种语言的广播内容，形式多样，包括播客（podcasts）、网上聊天（online chats）和简易讯息聚合订阅（RSS feeds）。③ 网站还积极运用社交媒体，在脸书（Facebook）、推特（Twitter）和优图（YouTube）上都开通了专门针对拉美地区的"美国之音"的账号，还提供 Symbian/iOS/Android 手机客户端下载。其次，陆续建立美国驻拉美各使领馆网站，网站使用英西或英葡双语，将使领馆服务网络化，提供美国和当地要闻，提供各种美国在该地实施的各种教育交流项目的介绍，而且纷纷开通脸书、推特、优图等社交媒体账号，以便更方便、更快捷、更广泛地接触当地人民。再次，充分利用互联网开展项目，在潜移默化中输出美国的文化和价值观，如虚拟信息站（Virtual Presence Post）项目、在线远距离教育项目"远程教师培训"（E-Teacher）项目④等。最后，充分利用脸书、推特、博客、优图等社交媒体传播迅速、接触人群广、交流互动性的特点开展公共外交活动。根据 2010 年"政府问责局"（Government Accountability Office）的报告称，国务院大概经营了 230 个脸谱网账号，80 个推特网账号，55 个优图网频道，40 个照片分享网站

---

① 牛晓萌：《麦德林孔子学院参与安蒂奥基亚电视台〈快乐的心〉节目直播访谈》。http://www.hanban.edu.cn/article/2014 - 12/07/content_ 565238.htm。
② 资料与数据统计来自网络孔子学院官网，网址为 http://www.chinesecio.com/。
③ "Innovations for a New Century-Multimedia Expansion," http://www.insidevoa.com/content/a - 13 - 34 - 2007 - innovations-for-a-new-century-history - 111602669/177527.html.
④ 虚拟信息站项目参照后文。"远程教师培训"项目为世界上 100 多个非英语国家的英语教师提供为期 5 周的网络课程培训，参与者来自世界各地，拉美地区的阿根廷、玻利维亚、巴西等 20 个国家的教师都有参与这个项目。具体信息参考 http://exchanges.state.gov/non-us/program/e-teacher-scholarship-program。

账号，25个博客。① 美国前任西半球事务助理国务卿阿图罗·巴伦苏埃拉（Arturo Valenzuela）在其任职期间开放自己的推特网和脸谱网，允许网友加其好友，方便感兴趣的拉美民众追踪其动态，有时还会在网上举行发布会，与网友进行互动问答。②

通过比较可以发现，中美两国都积极开展国际广播和使领馆的网站建设，而且都在开拓手机平台和社交媒体平台。但由于美国在科技领域的一贯领先，美国在技术运用方面明显优于中国，尤其是在社交媒体运用和项目开展方面。脸书、推特、优图等美式社交媒体具有全球性，几乎见于美国所有公共外交项目的网络平台，所以在美国的公共外交活动中出力甚多；中国对美式社交媒体的采用较少，而本国的社交媒体QQ、微博、微信等平台在拉美的市场尚未打开，所以在社交媒体运用方面有待加强。通过互联网开展公共外交项目可以跨越时间和空间的距离，节约成本，扩大受众范围，美国已通过互联网开展了不少项目，而中国在这方面则建树不多，有待加强。

四　中美在拉美地区开展公共外交之实施机构比较

开展公共外交单纯依靠理念、依靠深厚的历史资源是不够的，最终要通过一定的基层部门落实到对象国的民众身上。"公共外交的基层部门是一个国家开展公共外交的最基础单位，也是一个国家与全球公民社会的'节点'，一个国家的政府正是通过大量的这种'节点'实现对全球公民社会的实际沟通和连接进而确立国家合法性的基础。"③ 为了更好地开展在拉美的公共外交，除依靠驻当地使领馆开展部分公共外交活动外，中美两国政府分别在当地设立相应的机构来开展具体的公共外交活动。

中国在拉美设立的基层部门主要是孔子学院和孔子课堂。2006年以来，中国政府在拉美地区陆续建立了32个孔子学院和9个孔子课堂，提

---

① United States Government Accountability Office（GAO），"Engaging Foreign Audiences: Assessment of Public Diplomacy Platforms Could Help Improve State Department Plans to Expand Engagement"，July 2010，p. 7.

② Judith A. McHale，"Public Diplomacy and Social Media in Latin America，"http://www.state.gov/r/remarks/2011/159355.htm.

③ 韩方明主编：《公共外交概论》，北京大学出版社2011年版，第60页。

供中国教育、文化、经济及社会等信息咨询,满足海外日益增长的汉语学习需求,增进世界人民对中国语言和文化的了解,发展中国与外国的友好关系,促进世界多元文化发展,为构建和谐世界贡献力量。① 以哥伦比亚的麦德林孔子学院为例,该孔子学院为学生定期开设各种汉语课程,并在学院内部举行各种文化活动,如 2012 年 10 月 11 日开展的为期一周的"走进中国,欢度国庆"的系列活动,活动内容包括开幕式、京剧欣赏、中国贸易礼仪讲座、餐桌礼仪讲座、中医讲座、国画讲座与茶艺展示等。② 学院还积极走出去,参与当地各种活动或自己举办活动,吸引更多民众关注中国、了解中国,如 2014 年 4 月 7 日至 11 日,麦德林孔子学院参加了伊菲特大学在校园内举办的亚洲文化周活动。另外,学院还积极利用电视媒体进行宣传,如通过与麦德林市电视台合作联袂打造《你好!》学汉语电视节目等。③ 这些活动介绍了中国的悠久历史、多彩文化、民风民俗、美味佳肴、改革开放以来的发展和变化等,甚至使观众参与其中,这不仅提升了孔院的声誉和影响力,有助于孔院的发展,而且使更多的观众近距离接触中国、了解中国,增加对中国的兴趣。2013 年 4 月 19 日,学生代表薇薇安·雷斯特雷波·埃斯科瓦尔在孔院首届毕业生结业典礼上说她在孔院不仅学到了语言技能,还对中国的历史、文化和风俗有了一定的了解,培养了他们学习汉语的兴趣,增强了他们对中国的情结。④

美国在拉美设立的基层部门主要有美国角(American Corner)、双边中心(Binational Centers)和虚拟信息站(Virtual Presence Post)。美国角是美国国务院在 2000 年 10 月以后新设立的公共外交机构,最早设立于俄国,"9·11"事件后开始出现在拉美地区,也称为美国之窗(Windows on America)、林肯学习中心(Lincoln Learning Centers)等。

---

① 汉办孔子学院官网,http://www.hanban.edu.cn/hb/node_7446.htm#。
② 郑婷婷:《哥伦比亚麦德林市孔子学院举办"走近中国,欢度国庆"系列活动》。http://www.hanban.edu.cn/article/2012-10/30/content_467508.htm。
③《你好!》栏目由麦德林市教育局主办,是一档在全市各公立中、小学直播的教育栏目,旨在使广大学生朋友们分享杰出的课堂教学、研究项目和优秀学生的学习经验。杨红:《全新〈你好!〉学汉语电视节目再度正式开播》。http://www.hanban.edu.cn/article/2014-05/20/content_537212.htm。
④ 杨红:《哥伦比亚麦德林孔子学院为首届毕业生举行结业典礼》。http://www.hanban.edu.cn/article/2013-05/09/content_494259.htm。

截至 2010 年，美国政府在拉美地区设立的美国角共有 18 个。[①] 美国角提供关于美国的书籍、杂志、音乐、数据库，给拉美民众提供主动了解美国的途径；通过推进各种项目与当地民众进行对话交流；通过举办教育咨询会议、英语语言培训或各种讲座促进当地民众对美国文化、教育等的了解，在不同文化之间架起沟通的桥梁；定期为参加过美国交流项目的校友举办聚会，一方面维持他们和美国的关系，另一方面通过他们的"现身说法"增强美国对当地民众的吸引力。[②] 双边中心由当地精英和居住在当地的美国人联合建立，主要设立于各国首都或大城市中，截至 2010 年在拉美地区共有 123 个。"9·11"事件后，美国政府重新重视公共外交，于是在这方面曾经发挥了巨大作用的双边中心再次进入美国政府的视野，国务院从资金、资源等各方面给予其巨大支持。双边中心教授当地民众英语、提供和美国相关的书籍杂志、主持和美国的部分教育文化交流并举行文化活动，相当于城市教育中心，可以最大限度地接触当地民众，传播美国的信息。[③] "9·11"事件后美国国务院开发了虚拟信息站（Virtual Presence Post）项目，这是一种只存在于网络的虚拟外事机构，主要设立在海外没有实体外事机构（使馆、公使馆、代办、领事馆）的地区。[④] 截至 2010 年，美国在拉美地区一共设立了 14 个虚拟信息站。[⑤] 例如美国在墨西哥埃尔巴西奥（El Bajio）设立了一个

[①] 这 18 个美国角分别位于巴西的巴西利亚，智利的阿里卡、圣地亚哥（2 个）、彭塔阿雷纳斯、瓦尔迪维亚，洪都拉斯的伦皮拉德、特古西加尔巴，尼加拉瓜的马那瓜，苏里南的帕拉马里博，特立尼达和多巴哥的斯卡伯勒，委内瑞拉的巴基西梅托、莱彻利亚、玛格丽塔、马图林，哥斯达黎加的里蒙，巴拉圭的亚松森，厄瓜多尔的基多。该资料根据网站 http://eger.americancorner.hu/htmls/american_corners_in_the_world.html?printing=1 和美国国务院国际信息项目局的信息资源办公室 2010 年发布的一份文件 How to Run an American Corner 整理而来。

[②] United States Government Accountability Office (GAO), Engaging Foreign Audiences: Assessment of Public Diplomacy Platforms Could Help Improve State Department Plans to Expand Engagement, July 2010, pp. 10 - 11.

[③] Andrea Zumbrum, "Binatioal Centers in Latin America Promote Mutual Understanding". http://blogs.state.gov/stories/2009/08/19/binational-centers-latin-america-promote-mutual-understanding.

[④] "Major Programs of IRM's Office of eDiplomacy". http://www.state.gov/m/irm/ediplomacy/c23840.htm.

[⑤] United States Government Accountability Office (GAO), Engaging Foreign Audiences: Assessment of Public Diplomacy Platforms Could Help Improve State Department Plans to Expand Engagement, July 2010, p. 24.

虚拟信息站，该网站提供美国在墨西哥的活动信息和美国官方网站链接；提供墨西哥到美国的签证信息介绍、美国旅游资讯介绍、美国在墨西哥地区实施的公共外交项目的介绍等；组织多次网络直播，现场回答问题，如2009年11月10日进行的关于教育网络直播等。[1] 墨西哥当地人民只要点击鼠标，就可以获得自己想知道的信息，十分方便快捷，而美国则通过该网站增加了和当地民众的接触。

通过比较可以得知，中国目前设立的基层部门种类单一，且数量不多，而且其主要职能是教授汉语，宣传中国传统文化，对当代中国的信息较少涉及；而美国在拉美设立的公共外交基层部门不仅类型丰富、数量较多，而且功能较为齐全，可以传播美国新闻、美国历史文化、经营教育文化交流项目、提供各种咨询等，在公共外交方面走得更远。

五　中美和拉美地区开展的城市外交比较

当今世界，城市已成为文明的集中和传播中心，成为各种思想、多元文化的荟萃中心。国际友好城市活动是对外开放的重要平台，城市外交的重要载体，民间外交的重要内容。友城交流形式最贴近城市基层，最贴近百姓生活，在推动社会进步、经济发展，加强友好城市间人民相互了解和友谊等方面发挥着不可替代的作用。[2]

我国对外友好城市[3]建设始于20世纪70年代，以"平等、互利、自愿"为基础，目前合作内容涉及经贸、文化、教育、人才交流、城市建设、环境保护等诸多领域，有助于推动实现资源共享、优势互补、合作共赢。1983年北京市和秘鲁的利马市缔结友好城市，这是中拉第一对友好城市。此后，中国加快了和拉美缔结友好城市的步伐。截至20世纪末，中拉缔结友好城市38对，21世纪以来，中国重视对拉美地区的公共外交，友好城市的发展也蒸蒸日上，截至2014年，中国和14个拉美国家新

---

[1] 资料根据美国驻该巴西奥虚拟信息站（http://elbajio.usvpp.gov/）整理而来。
[2] 北京外国语大学公共外交研究中心：《中国公共外交研究报告（2011/2012）》，时事出版社2012年版，第218页。
[3] 本文中的友好城市不仅包括缔结友好关系的市，也包括缔结友好关系的省与州。

建立友好城市 121 对,是过去近 20 年的 2 倍多。① 从表 1 我们可以看出,"9.11"事件后中国主要和巴西、墨西哥、阿根廷、厄瓜多尔和智利建立了大量友好城市,其中巴西最多。以浙江省 2010 年为例,浙江省市领导、国土资源考察团、农业代表团、林业代表团、宁波大学代表团、法官代表团政协代表团、友好经贸代表团等都对拉美国家进行过访问;巴西、阿根廷驻沪总领事、古巴国务委员会科技顾问、古巴马坦萨斯省总工会代表团、墨西哥劳工大会等都对浙江进行过访问。②

表 1　　　　　　　　中拉建立友好城市数量统计

国家	数量	国家	数量
巴西	54	玻利维亚	2
墨西哥	29	哥伦比亚	2
阿根廷	22	圭亚那	2
智利	13	哥斯达黎加	2
厄瓜多尔	12	牙买加	2
古巴	5	巴拿马	1
乌拉圭	4	格林纳达	1
委内瑞拉	4	苏里南	1
秘鲁	3	总计	159

美国在拉美建立友好城市(美国多称为姊妹城市 Sister Cities)由来已久。1956 年艾森豪威尔总统建立了国际姊妹城市协会,旨在加强世界不同地区民众的联系,以促进和平与繁荣。截至 2014 年,美国共与拉美 30 个国家和地区建立了友好城市,总数多达 414 个,其中和墨西哥建立友城最多,共 202 个,几乎占总数的一半。③ 美国的姊妹城市之间有等级之分,第一类是姊妹城市(Sister Cities):这种联系经由两地市长或最高

---

① 数据从中国国际友好城市联合会官方网站整理而来。http://www.cifca.org.cn/Web/Summary.aspx。

② 《浙江外事年鉴》编纂委员会编:《2010 年浙江外事年鉴》,浙江大学出版社 2010 年版,目录页。

③ "2015 Membership Directory",pp. 49 - 84. 网址:http://www.sister-cities.org/2015Directory。

官员签署合作协定形成，这种联系关系是永久的（permanent）；第二类是友好城市（Friendship Cities）：这种联系也是通过城市之间签订的合作协定形成，但相较于姊妹城市，这种联系不那么正式（less formal relationships）；第三类是荣誉城市（Emeritus Cities）；第四类是宪章姊妹城市（Charter Sister Cities）：当两个美国城市和同一个国外城市建立姊妹关系时，先缔结关系的城市则被认为是"宪章姊妹城市"关系；第五类是全球成员（Global Member）：这类城市还没有和美国城市缔结关系，但是可以利用姊妹城市国际（Sister Cities International）的资源。[①] 美国和拉美缔结的城市中，友好城市11个，荣誉城市17个，宪章姊妹城市37个，全球成员4个，其余皆为姊妹城市。

表2　　　　　美国和拉美地区建立友好城市数量统计

国家	数量	国家	数量	国家	数量
墨西哥	202	厄瓜多尔	9	洪都拉斯	3
巴西	28	委内瑞拉	9	巴拉圭	3
尼加拉瓜	20	巴哈马	8	特立尼达和多巴哥	3
秘鲁	16	智利	8	巴拿马	2
阿根廷	15	多米尼加	8	乌拉圭	2
哥伦比亚	13	牙买加	7	巴巴多斯	1
海地	12	危地马拉	5	圭亚那	1
哥斯达黎加	10	波多黎各	5	开曼群岛	1
萨尔瓦多	10	伯利兹城	4	圣基茨和尼维斯	1
古巴	9	玻利维亚	3	特克斯和凯科斯群岛	1

美拉友好城市之间进行的活动主要有：（1）长期和短期的学生交流、运动比赛等，借此增加跨文化理解；（2）文化和艺术交流，如音乐表演、艺术展览、国际文化节等，这可以帮助公民了解对方的历史、价值观和审美；（3）发展商业联系，包括贸易代表团互访、资源共享等，为商业发展提供更多的机会，如2014年伊利诺斯州的芝加哥欢迎其在墨西哥的姊妹城市墨西哥城的50名商业领导人共同讨论贸易与投资计划；（4）市政

[①] "2015 Membership Directory", p. 25. 网址：http：//www.sister-cities.org/2015Directory．

官员交流和共同体建设,这可以帮助城市在环境卫生、健康、交通、旅游和经济发展方面采取新政策和管理技术。其他发展项目包括医护人员的培训等,如在过去的 20 年里,来自乔治亚州亚特兰大的志愿者每年都前往其在牙买加的姊妹城市蒙特哥贝,提供其所需的医疗服务。[1]

中国与拉美缔结友好城市晚于美国,所覆盖国家和数量均大大逊色于美国,美国与拉美绝大多数国家和地区缔结了友好城市。中国在发展友好城市的重点国家是巴西,其次是墨西哥、阿根廷、厄瓜多尔和智利,而美国则将重中之重放在了邻居墨西哥上,其与墨缔结的友好城市占其与拉美所有国家缔结的友好城市的一半。中拉友好城市地位相同,无高下之分;而美拉友好城市则分为几种类型,不同类型的友好城市合作程度不同。另外美拉友好城市之间的活动类型更丰富、涉及范围更广泛,这是值得中拉友好城市发展而借鉴的。

六　结语

中美两国由于国家利益和外交战略不同,在拉美开展公共外交活动的目的自然不同,中国是为了向拉美展示中国的真实情况,谋求双方的共同发展,而美国则是为了挽救自己日益下跌的国家形象,服务于自己的国家利益。在公共外交的非物质资源方面,中美各有所长;但美国在拉美开展公共外交活动历史悠久,经验十分丰富,而中国则属于后起之秀,在物资资源开拓、技术运用、基层部门设立和完善友好城市建设方面都有亟待改善之处。就实施效果来看,中国对拉美公共外交确实取得了一定效果,据俄罗斯战略文化基金会网站 2015 年 3 月 29 日文章称,在拉美,美国发动的反华宣传战达到前所未有的程度,但似乎并没有达到目的。从 2000 年到 2013 年中拉贸易额增长了 22 倍,中国已经成为拉美的主要经贸伙伴;如今,中国是巴西、阿根廷、委内瑞拉和秘鲁的最大贸易伙伴;2014 年中国与这些国家的双边贸易超过他们与美国的双边贸易,而美国资本正从该地区外流。[2] 但是,我们需要注意的是,目前中拉发展依然存在许多问

---

[1] "2015 Membership Directory", pp. 8 - 11. 网址: http://www.sister-cities.org/2015Directory。

[2] 尼尔·尼坎德洛夫:《俄媒:"美国在拉美疯狂诋毁中国,当地国家不买账"》,陈俊安译。http://mil.huanqiu.com/observation/2015 - 04/6066370.html。

题。皮尤调查显示，尽管中国是巴西最大的贸易伙伴，但是巴西有51%的人不喜欢中国人做生意的方式。同时，相关数据在委内瑞拉、玻利维亚、阿根廷、萨尔瓦多和墨西哥等国也超过了30%。[1] 美国虽努力挽救自己的国家形象，但效果似乎不佳。根据盖洛普公司对美国在拉美和加勒比地区领导能力的调查，拉美民众对其领导能力的赞成率在2008年时跌到谷底，仅为34%，奥巴马上台第一年达到顶点，为53%，但之后持续下降，到2012年时已下降到40%。[2] 但是，美国在拉美地区开展公共外交历史悠久，其对拉美的影响持久而巨大，中国在拉美的公共外交活动则刚刚起步，在短期内想要撼动美国的位置或与美国匹敌是不太可能的。美国杜克大学全球民意调查中心2013年对24个拉美国家的民调结果也显示：25.1%的人认为中国对拉丁美洲影响较大，50.3%的人认为是美国，双方差距为25.2个百分点；19.9%的人认为中国发展模式最好，33.6%的人认同美国的发展模式。但是这份调查也同时表明，70.6%的人认为中国对拉美的影响是正面的，高出美国6.7个百分点；30.9%的人认为未来10年中国是对拉美最有影响力的国家，39.1%的人认为是美国，差距已经从25.2个百分点缩小到8.2个百分点。[3] 中国在拉美地区的公共外交路途艰辛，但前景光明。

---

[1] "America's Global Image Remains More Positive than China's", July 18, 2013. http://www.pewglobal.org/2013/07/18/americas-global-image-remains-more-positive-than-chinas/.

[2] Julie Ray, "U.S. Leadership Earning Lower Marks Worldwide", March 13, 2013. http://www.gallup.com/poll/161201/leadership-earning-lower-marks-worldwide.aspx.

[3] 杜凤娇:《"中国梦"会成为榜样吗？——访美国杜克大学公共政策学院中国传媒研究所主任、教授刘康》，《人民论坛》2013年第1期。

拉美经济改革及中拉经贸合作面临的
新机遇新挑战

沈 安[*]

内容提要 2014年拉美各国开始全面实施新一轮经济改革，转变增长模式，调整经济结构，加强基础设施建设，实施各项改革和调整措施。这一改革需要巨额资金投入和内外企业的合作与投资，因而为中国企业扩大对拉贸易和投资带来了重要机遇。但是这一轮改革存在明显的应急性和区域不平衡特点，即把基础设施建设作为推动复苏和调整结构的重点，而对一些长期存在的结构性和体制性问题没有给予应有的重视或列入改革议程，致使改革的深度不足。这将成为这一轮改革的制约因素，对此我们应有清醒的认识。2015年受内外不利因素影响，拉美经济增速进一步放缓，巴西等主要国家甚至陷入新的衰退。各国不得不重新调整经济改革计划，取消了一些基础设施建设项目。这一调整给中拉经贸合作带来了新的风险。

关键词 拉美 经济改革 基础设施 结构调整

在严峻的世界经济形势影响下，三年来拉美经济增速放缓，个别国家甚至下滑到衰退边缘，为应对这一挑战，拉美各国纷纷开始实施新一轮经济改革，力图调整经济结构，推动经济复苏，实现可持续的发展。这一轮改革2012年起步，2014年全面实施，因而2015年经济改革再度成为拉

---

[*] 沈安，新华社世界问题研究中心研究员，高级编辑。

美地区各国的经济和社会发展的主旋律,一些国家在前几年改革的基础上,大力实施各项改革和调整措施。这一改革为中国企业扩大对拉贸易和投资带来了重要机遇。不过,这一轮改革存在明显的应急性特点,这就是把基础设施建设作为推动复苏和调整结构的重点,而对一些长期存在的结构性和体制性问题没有给予应有的重视或列入改革议程。体制改革滞后将成为这一轮改革的制约因素,甚至可能带来潜在的问题。此外,还有委内瑞拉等陷入衰退的国家,虽然存在诸多问题,却没有加入改革的行列,显示了本轮改革的区域不平衡特点。

2015年受世界经济复苏缓慢、中国等新兴经济体增速放缓、国际大宗产品市场需求和价格下降、美国货币政策调整等不利因素影响,拉美经济增速进一步放慢,巴西、阿根廷、委内瑞拉等主要国家甚至陷入新的衰退。各国不得不重新调整经济改革计划,特别是因财政困难,取消了一些基础设施建设项目。拉美国家新一轮经济改革和调整,特别是大规模的基础设施建设规划,为中国加强与拉美经贸关系,扩大中国企业对拉美市场的投资与参与度,提供了新的机遇。但是,由于各种不利因素的存在,中资企业也将面临诸多新的风险。

一 严峻挑战促使开启新一轮改革

2003年以后拉美多数国家经历了长达6年的经济繁荣,并成功抵御了国际金融危机的冲击,但2012年后各国经济增长开始放缓,少数国家甚至陷入新的衰退。这一形势促使多数拉美国家重新思考发展战略和政策,认识到改革经济,调整结构,转变增长方式的必要性和迫切性,开启了新一轮改革。

当前拉美经济形势是由多方面因素造成的。外部因素主要是世界经济持续走低形势的影响,而内部因素主要是经济结构不合理和发展战略及政策调整滞后,劳动生产率低,国际竞争力低下,缺乏增长后劲。长期存在的结构性问题制约了经济的发展。一些国家能源不足制约了经济增长,或者对单一产业或某些初级产品出口过度依赖。国内储蓄偏低,2003—2010年全地区年平均储蓄率仅为19.2%。投资不足,2011年全地区平均投资率仅为22.9%,大大低于亚洲发展中国家的40%。缺乏科技创新,2011

年,亚洲国家出口的高中技术产品比拉美高 3.3 倍。① 在资本、市场和技术上严重对外依赖的现象依然如旧。保护主义严重损害其产业升级,以致技术落后,产品成本高,竞争力不高。过度依赖初级产品出口的国家,经济脆弱,在国际市场发生变动,特别是市场需求和价格下降时,容易受到伤害。近三年由于美国经济复苏缓慢,欧元区经济低迷,中国等新兴市场经济体增速放缓和调整经济结构,对能源、矿产和粮食等大宗产品需求下降,21 世纪初以来的所谓"大宗产品繁荣"已经不再。拉美初级产品出口国家的经济增长率纷纷下降。保护主义严重的国家,开放度偏低,本国消费和投资拉动经济增长的动力严重不足。

基础设施建设滞后,是拉美国家存在多年的问题之一。联合国拉美经委会 2014 年 10 月 14 日发表的研究报告指出,拉美地区基础设施建设投资偏低是该地区经济发展滞后的因素之一。该报告说,2003—2012 年的 10 年中拉美地区各国在四个基础设施部门(交通运输、能源、电信、供水和排水)平均投资占 GDP 比重仅为 2.7%。2012 年这一比重为 3.49%。投资占比最高的国家是哥斯达黎加(5.47%),最低是巴拉圭(1.51%)。大国中,除巴西(4.1%)外,墨西哥(3.32%)、阿根廷(2.89%)、智利(2.83%)、哥伦比亚(2.45%)等都在平均数以下。报告建议,2014—2020 年,全地区每年投资占 GDP 的比重应提高到 6.2%,即 3200 亿美元,才能满足基础设施建设的需要。②

据此,联合国拉美经委会认为,拉美地区必须进行结构改革。该机构执行秘书阿莉西亚·巴尔塞纳指出,拉美国家面临的最大挑战是:结构改革,通过扩大技术创新和产业链条,提高投资和劳动生产率。"改革并使出口结构多元化,降低对初级产品的依赖。"③

二 拉美主要国家的改革措施

拉美地区有些结构性问题由来已久,有些则是过去 10 年来经济社会

---

① "Secretaria Ejecutiva de Cepal Destaco la Importancia de Mejorar la Calidad de las Relaciones America Latina – China",http://www.cepal.cl 22/08/2013.

② Cepal: "Informe Prelimilar de las Economias de Amercia Latina y Cabribe",http://www.cepal.cl,14/10/2014.

③ Motimex: "Cepal sugiere AL Inversion Anual de 320 Mil MDD en Infraestructura",http://www.informador.Mx,11/11/2014.

发展战略、发展政策和增长方式造成的。对此各国也有认识，早在2005年有些国家就已开始结构调整。但是当时大宗产品繁荣带来的经济高增长掩盖了这些问题，结构改革的必要性和迫切性显得不那么突出。有些国家则是因为受各种因素牵制，如内部意见纷争，社会各界争论不休，政党对立，改革方案难以在国会通过等，当政者迟迟不下决心改革和调整经济结构，丧失了在经济发展较好时期推动结构改革的机会。近几年国际经济持续复苏缓慢，国际市场需求不振，大宗产品价格走低，对拉美经济产生巨大冲击，各国经济增速放缓，巴西、阿根廷和委内瑞拉等国家濒临或陷入衰退。危机形势下，各国经济自身的结构性问题日益突出，改革和调整经济结构，改变增长方式，走上可持续的发展道路，成为各国政府面临的最迫切的任务。在这种背景下，2012年各国开始筹划，2014年全面实施以大规模基础设施建设为重点的经济改革。

下面是巴西等主要国家迄今已经实施或公布的改革措施和方案。

巴西的措施大体上包括三个方面：一是推动基础设施建设和生产性投资；二是重振本国工业，即所谓再工业化；三是边推动经济复苏，边实施经济改革。但是，巴西的问题之一是私营企业不积极响应政府计划，致使许多措施难生效果，多数建设项目仍停留在方案和计划上，已经实施的不多。问题之二是保护主义色彩浓重，特别是再工业化政策，过度强调保护本国制造业，不利于外资和新技术的流入。问题之三是巴西劳工党政府大力推行消除贫困化政策，取得了明显成果，贫困人口下降，但是其主要做法是向贫困人口直接发补贴，开支较大，成为政府财政的沉重负担，难以持久。罗塞夫总统连任后表示将继续这种政策。在财政日益困难的情况下，过度的社会福利开支将成为经济增长的一个制约因素。问题之四是巴西经济和产业结构的发展虽然比较平衡，但对铁矿和农产品出口的依赖较大，对外资和外国技术的依赖较重，金融形势易受国际市场冲击，而现在的改革计划还没看到改变这种状况的举措。一些制约经济增长的政策，如高利率政策，仍无改变的迹象。

2015年巴西经济没有发生预期的复苏，相反陷入更严重的衰退，上半年GDP的下降幅度出乎预料，政府不得不采取多项应急措施，但均无明显成效，全年衰退似乎大局已定，预计GDP可能出现超过一个百分点的负增长。政府财政困难，资金不足，不得不调整建设计划，推迟或取消一些大型基础设施建设项目，其中包括里约到圣保罗的多种运输联运项目

（计划投资 27 亿美元）。

1. 交通运输

铁路、公路和港口建设方面，2008 年开始为 2014 年世界杯足球赛专门建设的圣保罗、里约和坎皮纳斯之间的高速铁路，投资 150 亿美元。2008 年巴西与阿根廷和委内瑞拉签署协议，决定建设连接三国的铁路网。巴西政府还宣布计划修建一条从巴西大西洋海岸港口到巴拉圭的农产品运输专用铁路。巴西政府 2013 年推出了为期 25 年、总投资 1330 亿雷亚尔的投资计划，包括建设 7500 公里高速公路和 10000 公里铁路，以及改扩建机场和港口等一系列重大工程。

巴西铁路建设计划最引人注目的项目是巴西和秘鲁政府推动的从巴西大西洋港口到秘鲁太平洋港口之间修筑一条横跨南美大陆的铁路计划。这条铁路全长 4544 公里，中间要翻越海拔 4000 多米的安第斯山脉，总投资至少需要 100 亿美元。该铁路并非建一条全新铁路，而是在现有铁路的基础扩建的，除建设新的铁路将两端已有铁路连接起来外，还要建设大批基础设施。习近平主席 2014 年访问巴西时，中国与巴西和秘鲁达成共同建设该项目的合作协议，三方决定共同进行项目的可行性研究。该铁路的建设尚在研究阶段。

2. 再工业化

巴西政府公布了振兴本国工业的计划和一系列政策措施，这些措施大多与推动经济复苏的政策相结合，其中包括计划兴建世界上最大的造纸厂、化肥厂和炼油厂。

2014 年 6 月 19 日，推出支持出口商与制造业的措施，刺激工业复苏。把"支持投资计划"（Programa de Apoyo a la Inversion，PSI）延长到 2015 年。按照该计划，国家开发银行向购置机器、卡车和其他资本货的公司提供有补贴的信贷。降低对公司的税收。食品、饮料、建筑、在国外经营的服务业和制造业企业减税 9%。建立新的更灵活的缴税规则，促进欠税企业尽早完税。生产建筑材料和资本货的工业企业继续实施免税。[①] 这项减税政策早在 2012 年和 2013 年就已实施，导致当年政府财政收入未能完成计划指标，而对经济复苏并没有明显的影响。不过，采取这些措施

[①] "El Gobierno de Rousseff Anuncia Nuevas Medidas para Impulsar la Industria y la Actividad Económica"，http://www.republica.com，19/06/2014.

既是为了复兴经济也是为了调整经济结构,因此并不仅仅是应急性举措,还具有长远的意义。

3. 在复苏经济的同时调整经济结构

与此同时,巴西其他一些复苏经济措施也对调整经济结构具有一定的作用。如,降低利率、延长贷款期限和让雷亚尔贬值,以重振国内市场消费和出口。2012年后推出的支持农业措施。向大中农业企业和家庭企业提供优惠贷款。

2014年罗塞夫胜选连任后,出台了一系列改革和调整措施,其中主要有:把银行基准利率从11%提高到11.25%。调整财政政策,改善公共收支。提高银行贷款额度。计划改革一些社会税种,提高燃料进口税,简化纳税手续。通过经营许可证转让扩大私人在基础设施、能源和交通设施建设中的投资,在2015—2017年投入1400亿美元。①

2015年6月罗塞夫政府再次推出促进出口计划,把包括中国在内的32个国家作为主要促销对象,推进其工农业产品出口。2013年巴西出口总值达2422亿美元,2014年下降到2251亿美元,预计2015年可能下降到2000亿美元。

总体来看,这些措施多数仍在计划之中,已实施的各项措施效果也不明显。2014年巴西经济仍持续下滑,实际上陷入衰退。但如果坚持执行下去对今后经济结构的调整会产生一定的影响。

墨西哥举国一致推行改革。2012年培尼亚政府上台伊始,推动执政的革命制度党与另外两大反对党达成改革协议,决定全力推行经济改革,制定并实施需要庞大投资的能源、交通运输与通信等基础设施建设计划,推行能源、税收和金融改革、教育改革,鼓励扩大对外开放,鼓励外国投资,并在吸引外国投资方面取得明显成果。从迄今为止拉美各国的改革进程来看,墨西哥的改革比较全面深刻,成果也比较突出。其特点之一是强调制度改革,因此修改法律的力度大,涉及面广。但是从全社会的角度来看,该国面临的许多重大问题,如毒品暴力、有组织犯罪、社会抗议引发的动乱、官员贪腐、行政效率低等问题,政府虽然出台了新的整治应对方案和政策,但仍无根本改善的迹象。这些都是影响经济环境和国家发展全

---

① "Promesas a los Brasilenos que Dilma Debera Cumplir", http://www.terra.com.ar, 16/10/2014.

局的重要不利因素。

2013年5月20日墨西哥政府公布了为期6年的国家发展计划,经济改革和能源、基础设施的建设总投资达4万亿比索,约合3000亿美元。后来投资规模再次扩大,达到近6000亿美元。到目前为止,已经通过立法并付诸实施的经济改革计划有以下几项。

1. 交通和通信改革

2013年7月15日正式颁布的《交通改革法》,规定了6年交通和通信基础设施投资计划,总投资规模1.3万亿比索（约合1000亿美元）,其中5820亿比索用于基础设施和交通,7000亿比索用于通信。该计划包括的项目：15条高速公路、29条公路、16条绕城高速公路、7座桥梁、3条客运铁路、6组不同城市之间的运输网络、4条货运铁路、7座机场、7座海港。[①]

吸引外资参加本国通信和信息产业,放宽对外资的限制,允许扩大外资在广播电视和网络公司的占股比例。

2. 能源改革

能源改革是墨西哥20世纪30年代石油国有化以来最重要的改革。2013年12月颁布国会两院通过有关能源改革的宪法修正案。此后,又先后通过了20多项二级法律,完成了有关能源改革的法律修改工作。能源改革的主要内容是：(1) 打破国营的墨西哥石油公司（PEMEX）和国家电力公司对能源的垄断,允许私人资本参加能源的勘探和开采、石油加工、石油化工、运输与仓储等生产活动。(2) 改革墨西哥石油公司和电力公司,使之成为国有生产性企业。对两家公司的财务、人事组织、工会等实施改革。不过,在油气开发方面,允许外资加入的主要是深海油田、页岩气和清洁能源。电力方面的开放程度相对高一些。能源改革遭到左翼政治力量的反对,其认为这实际上是石油私有化,违反墨宪法。

以上两个领域改革的突出重点是打破国家对相关经济部门的垄断,允许本国私人资本和外资进入这两个领域投资经营,特别是吸引外资和高新技术加入本国油气开发和交通通信,提高产业能力和技术水平。因此墨西哥再次成为世界各国企业新的投资重点。

[①] "Anuncia Peña Nieto Inversión de 4 Billones de Pesos para Infraestructura", http://www.unotv.com/, 15/07/2013.

3. 税收改革

2013年10月国会通过的税收改革法案规定，改革的目的是建立公正透明的税收制度，促进经济增长，建立新的全面的社会保障体系。改革举措包括：(1) 全国统一增值税率为16%，取消原有边境地区的11%的优惠增值税。(2) 提高对高收入阶层和企业集团的所得税。(3) 提高房产买卖增值税率。(4) 对部分食品（所谓垃圾食品）和饮料征税 (5%)。(5) 提高交易所利润税和红利税。这项改革将使部分大企业税负增加，因此遭到大企业和右翼政党的反对。上述改革的主要目的是提高税收体制的效率，增加财政税收收入，为今后的改革和建设筹集资金。

4. 金融改革

2013年12月正式颁布国会通过的《金融改革法案》规定，改革的目的促进银行增加贷款，促进经济的增长，推动银行体系健康发展，避免金融危机。主要改革内容：一是加强开发银行的作用；二是鼓励商业银行之间的竞争，降低利率，增加投资；三是强化对银行体系的监管。

5. 调整改革计划削减基础设施建设项目

2015年，受油价下跌和大宗产品市场需求下降的严重影响，墨经济增长速度放缓和石油收入下降，政府不得不调整改革计划，削减开支，取消部分大型基础设施建设项目。2015年1月30日，墨政府财政部宣布削减2015年预算开支1243亿比索（合85.72亿美元），相当于GDP的0.7%。全部削减数额中，共分为两大部分，一是墨西哥石油公司和联邦电力委员会两大国有企业，二是联邦政府部门。其中前者占总削减额的58%，后者占42%。

其中，墨西哥石油公司削减42.76亿美元，相当于削减了41天的预算开支。联邦电力委员会6.897亿美元，相当于削减了3%的预算，或者11天的开支。

联邦政府所属部门开支削减35.86亿美元。其中65%为经常性开支，35%为投资开支。联邦政府各部中削减最多的是交通运输部，达118.2亿比索（合8.15亿美元）。按分类算，人员开支和社会公关开支各削减10%，削减比例最高。

墨西哥取消的重大项目总投资额为59.53亿美元，其中最大的项目是决定不定期停建墨西哥城到克雷塔罗的高铁项目（计划投资43亿美元）和尤卡坦到金塔纳罗高铁项目（计划投资8亿美元）。此外，还有"百年卫星"发射项目（计划投资 3.9 亿美元）、新的公开电视频道招标项目（计划投资 1.98 亿美元）。其调整力度之大，居拉美之首。[①]

阿根廷的改革以能源和铁路建设为重点。2003 年以来阿根廷一直面临油气和电力供应短缺的能源危机。能源成为阿经济发展中最突出的短板。政府先后公布了一系列新的开发项目，制定相关政策，有些项目已经实施，有些仍处于计划阶段。政府把发展能源作为重点，先后出台了一系列新政策推动油气和电力发展项目，把吸引外资作为政策的重点。但是，涉及经济结构问题的许多结构性和体制性问题并没有改革的举措。例如，严重的保护主义、国家对经济的过度干预，是经济发展的重大障碍。2012 年阿根廷实行石油国有化，不合理的政策和制度，使许多外资望而却步。国家实施的许多限制性规定，如为保证国内供应，限制农产品出口，严格的能源价格管制、外汇管制等等，到目前为止仍未有任何改变的迹象。2015 年阿根廷经济略有好转，但仍未走出停滞状态。受国际金融市场影响，资金外流、外汇短缺、汇率贬值、与美国投机基金公司的债务案件久拖不决、国际储备下降，导致阿财政困难，但政府仍坚持实施各项基础设施建设计划，各类项目均未下马。

1. 能源建设

包括两个方面，一是扩大油气生产，二是建设新的水电站增加发电能力。2012 年颁布《石油主权法》，对 20 世纪 90 年代私有化的原国有石油公司重新国有化。为促进油气投资，2013 年颁布《油气开采和投资促进法》，对油气出口限制、税收和外汇管制政策有所调整。该法规定，凡 5 年内在阿根廷投资总额超过 10 亿美元的油气企业，其产量的 20% 可免税出口海外市场。符合上述条件的企业还可不受外汇管制，100% 自由支配外汇。2014 年颁布新的《石油法》，规定延长油气田租让期限和减少上缴税利，以吸引投资，增加产量，减少进口。在电力建设方面，决定建设第四座核电站"阿图查 3 号"。该项目已开始实施，阿公司与中国公司合作建设，中方将在设计、投产、运营方面为其提供技术、设备和工具，总投资 20 亿美元。在南方的圣克鲁斯省的圣克鲁斯河上，建设两座水电站——"基什内尔水坝"和"豪尔赫·塞佩尼克水坝"。中国葛洲坝集团

---

① "México Sobresale en AL con Proyectos de Infraestructura Fallidos por 5900 mdd", http://www.elfinanciero.com.mx/empresas, 14 Jul. 2015.

公司与阿两家公司组成的集团在第二次招标中中标。2014 年习近平主席访阿期间，中阿两国政府签署合作协议，同意中国三家商业银行将为其提供 47.14 亿美元。① 这两座水电和一座核电站建成投产后，将大大缓解阿电力供应不足的问题。

2. 铁路网现代化

阿根廷拥有南美最大的铁路网，但年久失修，经营不善，大部分停运，部分路段甚至废弃，整体运输能力大大下降。2004 年后政府着手重整铁路，力图恢复运输能力。其中主要举措：一是改组经营单位，重新国有化，改变经营管理方式；二是改造和重建铁路网、地铁和城铁网。

首先重建的城铁是 1990 年停运的布宜诺斯艾利斯市萨缅托城铁。工程 2008 年启动，总投资 30 亿美元，2012 年因资金问题停建，2014 年第三季度恢复生产。该工程包括购置 25 辆中国造新机车和车厢。

全国铁路网重建计划中，已经实施重建的是中部的圣马丁铁路和北部的贝尔格拉诺铁路两大铁路网，其他铁路网的重建也将开始。

铁路网的重建资金主要来自国外。2013 年美洲开发银行向阿提供 12 亿美元，用于城市铁路（包括地铁）的维修及重建和设备更新。根据习近平主席访阿期间两国政府签署协议，中国将在阿水电、矿业、金融和农业出口方面提供 230 亿美元的资金。

智利经济是外向型经济，结构比较平衡，但也同样存在结构性问题。其主要问题，一是对铜等矿产品出口依赖较大，二是油气资源贫乏，包括发电在内使用的油气全部依赖进口。能源是其经济的制约因素。近年由于其主要供应国阿根廷油气产量不足，无法保证智利的需求，智利不得不转向进口其他国家的价格较高的油气。油气供应不足，导致电力生产不足，制约了其经济发展。

智利政府计划在未来 10 年中投资 1200 亿美元大力发展经济。其中，在矿业方面的投资将超过 500 亿美元，能源方面投资超过 400 亿美元，基础设施建设方面投资约 300 亿美元。这些工程计划不仅需要巨额投资，而且需要国际大财团和大公司的推动和参与，否则很难启动。智利政府已经表示欢迎外国资本参加，并明确表示希望中方企业参与投资。

---

① "China Financiará las Obras de las Represas Kirchner y Cepernic en Santa Cruz", http://www.lanacion.com.ar, 19/7/2014.

在能源建设方面，智利从本国实际情况出发，尊重山区村民的意见，放弃建设水电站的计划，而把重点放在新能源的开发上。政府设定的目标是：到 2025 年智利能源的 20% 来自新能源。为此，将加大在风能、太阳能和地热能的投资。政府还计划加强发电和输电系统等基础设施的建设，智利政府计划加大投资建设电网，实现本国电网与安第斯地区其他国家电网的联网运营，以便从这些国家输入电力。智利政府已与秘鲁、厄瓜多尔和哥伦比亚磋商电网的联网事宜。

哥伦比亚近年来针对本国存在的基础设施发展滞后的结构性问题，实施了一系列基础设施建设工程，包括公路、城市和乡村道路、供水排水系统、油气田和矿业设施、体育设施、住房等市政工程。政府制定了 2012—2020 年基础设施建设投资规划，预计总投资 780 亿美元，年平均占 GDP 的 3.3%。其中，公共投资占 52.4%，其余为私人投资。按部门分类，全部项目中，交通运输占 56.2%、矿业和能源占 18.8%、住房占 12.6%、信息及电信技术方面的公共投资占 7.1%、城市交通占 5.3%。[①]

由于经济减速，财政收入下降，2015 年哥伦比亚到巴拿马之间的输电建设项目（计划投资 5 亿美元）被推迟。

秘鲁政府与各行业部门联合确定的规划规定，2012—2021 年基础设施建设总投资 880 亿美元，平均年投资率相当于国内生产总值（GDP）的 3.3%。其中能源投资占 330 亿美元，占 37.5%；交通运输 210 亿美元，占 23.8%；电信 192 亿美元（主要用于宽带建设），占 21.8%。其他项目包括教育、供水和排水、教育和卫生保健等。为筹措资金，政府允许各私人管理的养老金基金（2012 年总额达到 287.54 亿美元）进入基础设施建设投资。[②]

厄瓜多尔政府大力调整经济结构，扩大基础设施建设，把发展能源、电力和通信、交通等作为重点，以解决国家收入不足和电力依赖进口的问题。据厄瓜多尔战略部门协调部公布的数字，2007—2011 年，厄政府共投资 95 亿美元用于战略部门建设，其中 63.05 亿美元用于油气部门，15 亿美元用于电力部门，13.97 亿美元用于电信部门，2.88 亿美元用于水利

---

① Sergio Clavijo, Alejandro Vera y Nelson Vera, "La Inversión en Infraestructura en Colombia 2012 - 2020", ANIF ene-mar 2013.

② "Brecha de Inversion en Infraestructura 2012 - 2021", http://www.republica.pe 25/10/20112.

部门。2010—2011 年建设的大型水电项目大大改变了厄瓜多尔发电结构，水电占国内发电量的比例 2006 年为 48.33%，2016 年将上升到 93.53%。2012 年 1 月公布的基础设施战略部门建设规划——《战略项目投资目录》[1]规定，增加油气生产，发展可再生能源，扩大矿业，增加国内发电能力，特别是水电发电和可再生能源，以改善国内电力结构，增加电力供应，摆脱电力进口。目前在建的水电站 8 座，可在 2017 年全部完工投产。这些项目共包括以下五类：

1. 电力项目 16 个，包括 9 座水电站、4 座地热电站、3 个输电项目，计划总投资 69 亿美元。

2. 水利项目 11 个，共投资 14.95 亿美元。

3. 矿业项目 7 个，包括黄金、白银、铅、锌、铜、钼、铁矿砂等。原计划 2012 年开始投资。

4. 石油勘探开发项目 9 个，其中 3 项投资数额已定，合计为 13.58 亿美元，其余 6 项未定。

5. 电信项目 2 个，即地面数字电视和国家公共数据中心，计划投资 9300 万美元。2012 年开始投资。

目录规定的上述项目估计需要总投资达 100 多亿美元。这些项目的投资开始时间除少数为 2011 年外，多数从 2012 年开始实施。其中一部分将在 2017 年完成投产。

三 新一轮改革值得关注的看点

拉美地区这一轮改革有几个突出的看点。第一个看点是这一轮改革目标很明确。其近期目标是，通过改革调整，克服危机，推动复苏。远期目标是，转变增长方式，为实现可持续发展打下基础。这两个目标能否实现，将取决于各种内外因素。复苏经济的目标，不仅要看改革举措，还要看国际经济形势和市场的变化。要实现转变增长方式的目标，特别是摆脱对大宗产品出口和对外资的依赖，并非易事。这不仅需要发展新产业，开辟新国际市场，还要提高国内储蓄率和投资率，扩大国内市场。从国际环

---

[1] "Catálogo de Inversión Para Proyectos Estrratégicos"，http://www.invec.ec/archivos/menu_6/catalagosdeinversionpara.

境来说，今后数年国际经济将继续处于低增长期，这显然不利于拉美经济的复苏和调整。因此，如何实现改革的目标，值得特别关注。①

第二个看点是制度创新和体制改革。如前所述，为实施改革，各国纷纷修改法律法规，调整和修改相关。但是这方面各国的计划和做法显然差别很大。但也有的国家对体制改革并未给予应有的重视，有的国家甚至并没有把体制改革列入议程。这一点后面将会论及，这里不再细述。必须指出的是，体制改革关系到经济改革的前途，今后这些国家如何解决政策和体制方面的问题，值得特别关注。②

第三个看点是其他领域的改革。一些国家把教育和科技改革及社会发展列为施政重点。这些领域的改革和发展是实现社会公正公平和社会安定的必要条件，也是实现经济结构调整和可持续发展的必要条件。但是，其他领域，如社会安全、官员贪腐、行政效率等，是构成经济发展环境的重要因素，如何解决这些领域存在的问题，关系到经济环境的改善，因此也是一个值得关注的看点。

第四个看点是扩大对外开放。各国公布的改革方案都将寻求外国投资与合作作为重点。这在保护主义思潮严重的拉美国家是一个重要事件，因而也最受国际舆论关注。吸引外资，除项目计划外，各国政府不仅要转变思路，克服保护主义势力的反对与抵制，争取对扩大开放的更多支持，还要推动相应的政策调整和体制改革。

在此需要指出近些年来拉美国家的一些积极变化。首先，贸易多元化已经成为多数拉美国家的战略选择。探索对外经贸合作新路，开拓新市场，增加出口成为各国的共识和共同实践。其中一个重要方面是扩大与中国等东亚国家的经贸合作。其次，贸易谈判的主导思想发生积极转变。南方共同市场成员国是保护主义思潮较强的国家。该组织迄今未能与任何外地区组织达成自由贸易协议。但近年来其贸易谈判的主导思想发生了转变。我们看到，近几年南方共同市场与欧盟打破持续近20年的僵局，开始加速双方的自由贸易谈判。这种转变为中国加强对拉经贸合作和加强对其自由贸易谈判创造了有利条件。在地区一体化方面，拉美和加勒比共同

---

① Cepal, "Informe Prelimilar de las Economias de Amercia Latina y Cabribe", http:？？www. cepal. cl, 14/10/2014.

② Notimex："Cepal Sugiere AL Inversion Anual de 320 Mil MDD en Infraestructura", http: // www. informador. Mx, 11/11/2014.

体的建立和其对外合作机制的建立，中国与拉共体双方同意建立的中拉合作论坛，成为中国与拉美整体合作的一个重要平台。再次，拉美意识形态不同的小地区一体化组织正在相互靠拢，谋求加强它们之间的横向联系与合作。其中最引人注目的是比较开放的太平洋联盟与比较保守的南方共同市场在2014年开始两个组织的合作磋商。这些政策性调整和变化，对推动拉美地区的对外开放有十分积极的意义，对中国对拉美经贸合作关系同样具有重要意义，因此今后的发展趋势同样值得关注。

四 改革深度不足与有待解决的问题

　　经济改革或结构调整并非仅仅经济领域的变动，它还涉及相关政策与制度，以及其他与经济环境有关的非经济领域的改革。从制度化建设的角度讲，经济改革首先应该是体制改革，经济改革也是制度化不断完善的过程。对一些不利于经济发展的制度和政策进行必要的改革，加强机制创新和制度化建设，是关系改革与调整成败的关键因素。但总体观察各国本轮改革方案，可以发现，除应急性和区域性不平衡性，还存在一些不足或缺陷，特别是体制改革没有受到应有的重视，有些国家甚至没有将其列入改革议程。体制问题如果不解决，致使改革的深度不足，经济改革的目标很难全面实现。

　　（一）计划过于粗放，缺乏细化的实施措施。比如，一些重大基础设施建设投资项目，取决于外资能否如期到位，要等待外资投入确定后才能谈到具体落实。换言之，如果没有外来投资，改革计划的落实也就无从谈起。这种"等米下锅"现象的存在，主要是各国都面临本国投资不足的困难局面。这个问题在经济实力较强的大中国家较容易解决，在实力较弱的中小国家就比较困难了。另外，从各国政府公布的政策方案来看，有些缺乏吸引外资的具体详细的政策措施。此外，如何取消对外资的限制性政策，对外资政策也不够明确。有些国家政府公布的基础设施建设项目还仅仅是初步的设想，甚至还没有进一步的实施规划。

　　（二）存在明显的自相矛盾，特别是保护主义问题没有受到应有的重视。如一边强调扩大对外开放，表示欢迎外资；另一边并不减少甚至继续强化保护主义，对进口和外资种种限制、严格的外汇管制等不利于资本流动的制度政策依然故我。这种现象在巴西、阿根廷、委内瑞拉等南美国家尤其突出。保护主义是妨碍经济发展的重要障碍，不克服这些障碍，经济难以发展。

（三）体制改革还没有得到应有的重视。如前所述，发展战略和政策调整滞后，是造成经济减速和结构失衡的原因之一。拉美各国都不同程度地存在一些不利于经济发展的政策和体制性问题，本轮改革应将政策调整和体制改革作为重点。能否认真实施体制改革将关系到经济改革的最终成败。这些问题的存在与各国近 10 年发展战略的调整有密切关系。21 世纪初起，一些国家强化对经济的宏观管理，但也出现了过度干预现象，在激进左派领导的国家更是如此。在价格、财政、税收、货币、汇兑、汇率、利率、信贷、进出口、公司政策和制度等方面，各国均存在不同程度的问题。如，一些国家在价格、出口、市场和资本管制方面过于严格或死板，限制了企业的发展，如不解决，就无法推动企业投资，无法吸引外资，也无法调整经济结构，因而也无法达到经济改革的目标。另一个普遍存在的现象是，税收一方面存在税率过高，企业难以负担；另一方面税收体制松懈，偷税漏税普遍发生，税收流失严重。还有社会开支过大，造成财政负担沉重，等等。对于这些问题，各国都有所认识，在已公布的改革方案和措施中，也包括一些涉及政策和体制调整的措施，但是总体来说，还没有任何一个国家制订了比较全面的深化体制改革计划。

（四）科技政策问题。科技发展滞后，严重依赖外国技术，本国产品竞争力低下，是普遍性问题。这是长期重经济轻科技的发展政策造成的。虽然各国对此有深刻认识，但是仍缺乏明确的鼓励和刺激科技发展的举措和政策。

除上述经济领域和制度方面的问题外，严重的有组织犯罪、毒品暴力、恐怖活动、社会治安恶化、官员腐败、行政效率低下，等等，都是影响经济发展的不利因素，需要严肃面对和解决。

五 中拉经贸合作面临的新机遇和新风险

综上所述，这一轮经济改革已成为拉美地区经济和社会发展的主旋律，因而成为世界舆论关注的重点。这一改革具有重大的意义，特别是大规模的基础建设投资计划的实施与完成，必将大大影响拉美经济的发展进程。与其他地区国家一样，基础设施建设成为拉动经济复苏和结构改革的重要手段。改革如进展顺利,达到预期的成果,拉美经济必然会克服危机,转变增长方式,走上可持续发展的道路。

这一轮改革为中国企业进一步扩大对拉美贸易和投资提供了新的机遇。近年来,中资企业在一些拉美国家获得了投资项目或承包项目,参与其矿业、能源、基础设施建设、制造业、交通运输、农牧业、汽车制造业、电信业等。据中国官方数字,2014 年,中拉贸易额达 2636 亿美元。截至 2014 年底,中国在拉美投资存量总额达 989 亿美元。2015 年初中拉合作论坛在北京召开部长级会议,宣布论坛正式启动。会议期间,厄瓜多尔总统科雷亚正式访问中国,与中国政府签署了一系列合作协议,与中国相关银行签署了数十亿美元的贷款协议。此外,双方各项合作全面展开,逐步落实。2015 年 5 月李克强总理访问巴西、哥伦比亚、秘鲁和智利期间,与四国签署了高达 530 亿美元的经济合作协议,其中包括多项基础设施建设工程。此外,中国银行还与各国签署了高达 500 亿美元的金融合作协议,用于支持双方经济合作。

但在拉美的中资企业也将面临新的风险。特别是应看到,前述改革的不全面不彻底,一些关系到改革成败的体制改革还没有列入议程,也使改革面临着功败垂成的风险。此外,这一轮改革是为应对严峻的世界经济形势和本国经济放缓的挑战而展开的,具有明显的应急性特点,因此在改革和复苏经济的过程中,各国政府也应该随着经济发展和变化进程,随时调整改革的重点和步伐,调整和完善相应的政策措施,逐步深化改革,取得较长期的发展效果。

2015 年拉美经济增速进一步放缓,全年经济降速已成定局。巴西陷入衰退,墨西哥大幅减速,阿根廷略有好转但仍处于停滞状态,智利、秘鲁、哥伦比亚、厄瓜多尔等原来增长率较高的安第斯国家也进入低增长状态。受全球经济复苏缓慢,中国经济放缓,美国货币政策调整,世界金融市场变动,能源和大宗商品等需求疲软和价格下降等因素影响,今明两年拉美各国经济还会继续减速,出口更加困难,收入减少,财政困难,汇率波动,储备下降,债务上升,个别国家面临支付困难。一些国家通货膨胀上升,民生下降,国内政治和社会形势动荡。

面对这一困难形势,一些国家调整了原定的经济改革计划,一些重大投资项目被迫取消或推迟。限制进口和外资的保护主义进一步抬头。这种形势使外资企业面临新的挑战和困难。中资企业也不能例外。如,墨西哥取消的高铁项目就给中资企业造成不小损失。还有一些国家政治社会形势日益恶化,出现社会动荡的可能性增强,有的国家,大规模哄抢商家企业的事件不断发生,华人人身安全受到直接威胁。中资企业也面临严峻考验和威胁。最严重的是委内瑞拉,2015年可能出现下降7%的严重衰退,国际舆论甚至认为近期内可能出现所谓政治、社会和经济全面崩溃。2015年12月6日委将举行议会选举。反对派正在全面动员,准备利用当前的经济困难,夺取议会多数席位,迫使执政党和政府改变政策甚至下台。对此,我国有关方面应密切关注其形势发展,提前作出应变对策预案,力争将可能出现的损失降到最低限度。

Characters of Latin American nations' economic reforms in 2014

Shen An

(WorldStudiesCenter of Xinhua News Agency, Beijing, 100803)

Abstract: In 2014, Latin American nations embarked on implementation of new economic reforms, transformed growth modes, adjusted economic structures, strengthened infrastructure constructions, and carried out other reforms and adjustment measures. Such reforms required huge capital investment and cooperation and investment from domestic and foreign enterprises. Thus it offered important opportunities for Chinese enterprises to expand trade and investment in Latin America. However, these reforms were obviously characterized as emergent reactions and emphasized infrastructure constructions, and some long-standing structural problems have not been given due attention to or included in the agenda of reforms. These unresolved problems would become constraints of this wave of reforms, and we should have a clear awareness. Some internal and external negative factors have further slowed down the economy in Latin America in 2015, and some major regional economies like Brazil even fall into a new recession. Latin American countries have to readjust their economic reform plans, and give up some infrastructure projects. These readjustments will bring new risks for Sino-Latin America economic cooperation.

Key words: Latin America; Economic reforms; Infrastructures; Structural adjustment

参考文献:

Anuncia Peña Nieto inversión de 4 billones de pesos parainfraestructura, www. unotv. com/, 15/07/2013.

Brecha de inversion en infraestructura 2012 – 2021, www. republica. pe 25/10/20112.

Cepal: Informe Prelimilar de las Economias de Amercia Latina y Cabribe, www. cepal. cl14/10/2014.

Chile apuesta a invertir en energía para elevar crecimiento y competitividad, efe 01/07/2014.

China financiará las obras de las represas Kirchner y Cepernic en Santa Cruz, www. lanacion. com. ar, 19/7/2014.

El Gobierno de Rousseff anuncia nuevas medidas para impulsar la industria y la actividad económica, www. republica. com 19/06/2014.

Notimex: Cepal sugiere AL inversion anual de 320 mil MDD en infraestructura, www. informador. Mx, 11/11/2014.

Promesas a los brasilenos que Dilma debera cumplir, www. terra. com. ar 16/10/2014.

Secretaria Ejecutiva de Cepal destaco la importancia de mejorar la calidad de las relaciones America Latina – China, www. cepal. cl 22/08/2013.

Sergio Clavijo, Alejandro Vera y Nelson Vera: La inversión en infraestructura en Colombia 2012 – 2020, ANIF ene-mar 2013。

试析当前中拉合作的成效与深化合作的战略意义

刘青建[*]

内容提要 本文梳理了21世纪的10多年中拉合作在领导人高层互访、经济贸易合作、文化交流、多边国际机制的参与及合作等方面的四大成效，分析了取得上述成效的两个主要原因：一是中国和拉美国家的发展诉求和双方的务实合作，二是体系结构的动态发展进程。笔者认为这两个原因也是中拉合作取得成效和未来深化合作的内部动力和外部条件。在此基础上，本文进一步探讨了深化中拉经济合作的未来发展空间，指出深化中拉经济合作不仅能为中拉合作关系奠定坚实的经济基础，而且对中国和拉美国家摆脱美国的制约，推动世界政治经济体系的多元化和摆脱中拉在世界经济体系中的外围地位都具有战略意义。

关键词 中拉合作 合作成效 合作发展

21世纪10多年来中拉合作取得了令人瞩目的成效，本文试图通过梳理中拉合作的四大成效，解析双方合作得以发展的内外原因，即国家发展诉求与务实合作和体系进程动力，进而探讨深化中拉合作的可能性和战略意义。

---

[*] 刘青建，中国人民大学国际关系学院教授，博士生导师。

一 21世纪初中拉合作的初步成效

进入21世纪以后,中国经过改革开放30多年的发展,经济发展水平有了较大的提高,经济结构也有了很大的变化。这为中国和拉美国家开展多领域、全方位的国际合作打下了良好的基础。2008年11月,中国明确向世界宣示了自己的拉美和加勒比政策,发表了《中国对拉丁美洲和加勒比政策文件》。中国政府以发布政策文件的形式向全世界宣布自己从战略高度看待与拉美的关系,确立了对拉美和加勒比的政策目标,明确了与该地区国家34个具体的合作领域,以及与拉美区域及次区域组织在各领域的交流、磋商、合作,致力于同拉丁美洲和加勒比国家建立和发展平等互利、共同发展的全面合作的伙伴关系,开展更高层次、更宽领域、更高水平的合作。

拉美国家在经历了"华盛顿共识"的改革困境之后,开始了新一轮的经济调整。新自由主义理论指导的改革的失败为拉美左翼上台执政提供了机遇,同时也为上台执政的左翼政府的改革营造了良好的社会基础。他们开始打破原有的合作思路,摆脱美国对拉美经济发展的束缚,寻找美洲之外的合作伙伴。中国经济发展的速度和巨大的变化,无疑吸引了众多的拉美国家。双方在20世纪90年代以来合作发展的基础上,开展了较深入的政治经济合作,并取得了如下成效。

第一,双方高层领导人互访频繁,建设了多种类型的合作伙伴关系。进入21世纪中拉高层互访更加频繁,政治互信不断加强,双边关系进一步深化,中国对拉美地区的战略更加积极主动。中国的最高领导人均访问过拉美国家。其中,胡锦涛(2003—2013年)担任国家主席期间四次访问拉美。习近平担任国家主席后已经两次(2013年、2014年)访问拉美。自2000年以来,拉美21个建交国共100多位国家元首、议长和政府首脑访问中国,委内瑞拉前总统查韦斯生前曾六次访华,是拉美领导人中访华次数最多的领导人。中拉高层的直接交往不仅十分频繁,而且建立了多种政治磋商机制,对话与合作不断完善,并走向制度化。这为双方关系的发展提供了强大的动力,增进了相互了解和信任,推动了双方各领域的友好合作,加强了在国际事务中的相互协调与配合。21世纪,中国与多个拉美国家建立了多种形式的伙伴关系。2003年中国与墨西哥跨世纪全面合作伙伴关系提升为战略伙伴关系。2004年中国与智利全面合作伙伴关系也提升为战略伙伴关系。2012年6月，中国与巴西的战略伙伴关系提升为全面战略伙伴关系，并建立了外交部长级全面战略对话机制。中国与阿根廷、委内瑞拉建立了全面战略伙伴关系，与秘鲁建立了全面合作伙伴关系。

第二，经贸合作成效显著，合作领域进一步拓宽。进入21世纪后，随着中拉合作的发展，中拉贸易额成倍增长。如表1所显示，2000年中拉贸易额只有125.955亿美元，2014年已增至2636亿美元。中国已经成为拉美的第二大贸易伙伴。中国对拉美的投资也在不断增长，2007年中国对拉美非金融类直接投资247亿美元，此后5年增加了176%。2012年已经达到682亿美元，中国已经成为拉美的主要投资国。截至2014年底，中国对拉美的直接投资存量达到989亿美元。[①] 中国与拉美主要国家均签订了经济合作协议。中国已与智利、秘鲁签署了自由贸易协定，完成了与哥斯达黎加自由贸易协定的谈判。在21个建交的拉美国家中已有15国[②]承认了中国的市场经济地位。

表1　　　　　　　　2000—2013年中拉贸易额　　　　　　（单位：亿美元）

年度	进出口总额	出口总额	进口总额	年度	进出口总额	出口总额	进口总额
2000	125.9549	718.521	54.1028	2010	1836.3967	917.9803	918.4164
2005	504.6577	236.8050	267.8527	2011	2413.8750	1217.1930	1196.6820
2007	1026.5030	515.3940	511.1090	2012	2612.8785	1352.1521	1260.7265
2008	1434.0599	717.6204	716.4395	2013	2613.9025	1339.6130	1274.2895
2009	1218.6305	570.9426	647.6879				

数据来源：《中国统计年鉴》2001年、2006年、2008年、2009年、2010年、2011年、2012年、2013年、2014年，http://www.stats.gov.cn/tjsj/ndsj/。（上网时间2015年8月21日）

中国和拉美国家的合作领域进一步扩展。中国的中石油、海尔集团、华为等知名公司都积极参与拉美国家的合作，目前在拉美的企业数已经达

---

① 商务部：2014年中拉贸易额2636亿美元，http://money.163.com/15/0515/11/APLDRIB100253B0H.html。（上网时间2015年8月21日）。

② 它们是巴巴多斯、圭亚那、安提瓜和巴布达、巴西、阿根廷、智利、秘鲁、委内瑞拉、牙买加、格林纳达、苏里南、特立尼达和多巴哥、多米尼克、乌拉圭和巴哈马。

到 600 多家，其合作领域涵盖了能源矿业、金融投资、机械电子、农业食品和高新技术等诸多重点领域。[①] 就科技领域的合作而言，中国与 10 多个拉美国家签订了政府间科技合作协定。在中国倡议下成立的中拉科技创新论坛，推动了中国与拉美在航空航天、新能源、资源环境、海洋、极地等领域的科研与合作。目前，中国从 20 世纪与巴西的卫星合作扩展到与委内瑞拉、玻利维亚在此领域的合作。中国与巴西的科技合作除了航天领域，还发展到气象信息、灾害预警、生物制药、生物信息和生物材料等领域。中国与古巴在生物医药合作方面也取得了市场效果。中国和智利在地震、天文、信息技术、新能源和南极事务等领域的合作也发展起来。

第三，中拉文化合作的长足发展，促进了民间的交流和了解。在中拉政府的积极推动与有力支持下，双方文化交流更加活跃，呈现出多层次、宽领域、多渠道的良好局面。其一，双方文化交流逐步向机制化发展。进入 21 世纪以来，中国与拉美国家之间的文化交流日益密切，中国同大多数拉美建交国签订了文化交流合作协定，2010 年，具有官方或半官方背景的"中拉智库交流论坛"机制创立，2012 年，在拉美地区建立的首个中国文化中心——墨西哥中国文化中心成立。这为加强中国与拉美民间的相互了解提供了平台。其二，双方文化交流的广度与深度不断拓展。中拉双方留学、旅游等人员往来逐年增多，目前，拉美有 21 个国家成为中国公民出境旅游目的地国，中国在拉美 14 国设立孔子学院 31 所，4 国设立孔子课堂 10 个[②]，汉语热在拉美国家持续升温，为中拉教育交流提供了新渠道。其三，双方文化交流的形式与内容推陈出新。中拉双方文化组团互访、相互举办文化活动日益频繁，为了解彼此文化提供了更多的机会。2013 年，中国在巴西举办了"中国文化月"，在中国举办了"巴西文化节"。是年首届拉美艺术季在北京开幕，来自乌拉圭、墨西哥等 18 个拉美与加勒比地区国家的艺术展览与演出，增进了中拉民众对彼此文化的了解。

---

① 资料来源：中国—拉美企业家理事会：关于召开"中国—拉美企业家理事会 2014 年会暨第八届中国—拉美企业家高峰会推介会"的通知，http：//www.clacouncil.net/ccpit/website/201303006/cn/news_detail.jsp?id=F0F0D1CCA995D899E040A8C048013331&sid=D8BDD5C2694223D4E040A8C048016D8A&curpager=null。（上网时间 2014 年 3 月 25 日）

② 数据来源：孔子学院总部/国家汉办官网，http：//www.hanban.edu.cn/confuciousinstitutes/node_10961.htm。（上网时间 2015 年 8 月 21 日）

第四,全球、区域多边合作全面发展,中国积极参与拉美地区的多边合作机制。21世纪的中拉多边合作获得了长足的发展。在全球层次上,中国和拉美在联合国、国际货币基金组织、世界银行、世界贸易以及20国集团中相互合作,参与全球治理,维护发展中国家的共同利益。在跨区域层次上,中国和拉美国家在亚太经合组织、东亚—拉美合作论坛中开展对话与合作。中国还积极参与拉美已有的区域组织,成为其对话国或观察员(参见表2)。2004年5月,中国成为美洲国家组织的第60个观察员国。这一特殊的身份使中国与美洲国家组织的关系取得了更快的发展,互利合作的前景更加广阔。2009年中国作为捐助国之一加入了美洲开发银行[1],成为该组织的第48个成员国。2011年12月,拉美和加勒比地区33国正式成立了"拉美和加勒比国家共同体"(简称"拉共体")。中国认为拉共体的成立是拉美地区一体化进程中的重要里程碑。随即在2012年8月与拉共体就建立中国—拉共体"三驾马车"[2]外长对话机制达成一致,愿同拉共体及地区各国加强交流、协商与合作,共同为建立和发展中拉平等互利、共同发展的全面合作伙伴关系而努力。2012年9月,中国—拉共体"三驾马车"在纽约举行首次外长对话,并商定把推动构建以中拉合作论坛为核心的中—拉整体合作机制作为共同努力方向。2015年1月"中国—拉共体论坛"首届部长级会议在北京举行,标志着中拉整体合作机制正式启动,中拉合作进入了一个新的发展阶段。

表2　　　　　中国参与拉美地区合作组织的形式与时间表

组织名称	基本功能	参与形式	参与时间
里约集团	政治、经济和社会磋商机制	对话	1990年
拉丁美洲一体化协会	地区经济一体化	观察员	1994年
南方共同市场	地区经济一体化	对话	1997年
加勒比开发银行	地区发展	成员国	1998年
安第斯共同体	地区经济一体化	政治磋商与合作	2000年

---

[1] 美洲开发银行是世界上成立最早和最大的区域性多边开发银行,在拉美的经济发展进程中扮演着重要角色。

[2] 现为"四驾马车"。

续表

组织名称	基本功能	参与形式	参与时间
拉丁美洲议会	地区团结和一体化	观察员	2004 年
美洲开发银行	地区发展	成员国	2009 年
拉美和加勒比国家共同体	政治、经济、社会和文化一体化	外长对话	2012 年

资料来源：根据中国外交部网站的资料整理。http：//www.fmprc.gov.cn/mfa_chn/gjhdp_603914。（上网时间 2014 年 3 月 20 日）

二 取得成效的原因和深化合作的内外动力

21 世纪中拉合作取得的上述成效的原因主要有二：一是中国和拉美国家的发展诉求和务实合作为双方合作的发展提供了内在动力；二是体系结构的动态发展进程为中拉合作提供了外在条件。

在国家发展诉求方面，拉美一些国家为实现自身发展非常重视与中国的政治经济合作；中国为实现和平崛起，在合作中采取了符合拉美国家实际的合作方式。在中拉合作的进程中，中国注意了拉美各个国家内部的政治社会状况、资源禀赋、经济贸易结构的不同，根据拉美合作国家的实际情况选择合作领域与合作方式，从而在双边经济合作中创造了四种不同的合作类型：以巴西为代表的全面合作，以墨西哥为代表的竞争性合作，以智利为代表的互补性合作和以巴拿马为代表的自贸区合作。

中巴全面合作。巴西是拉美大国，21 世纪以来，巴西积极参与全球政治经济事务，力求发挥自己在国际事务中的大国作用。在世界政治经济体系结构中，巴西与中国有着相同或相近的利益诉求。巴西的经济结构属于混合型经济结构，出口产品既有初级产品也有制成品，在科技的某些领域处于全球领先地位，双方在许多领域有着较强的互补性。更重要的是早在 1993 年，巴西就率先与中国建立了"战略伙伴关系"。因此，中巴全面合作不仅在双边的政治、经济、外交、文化等多个领域中全面合作，而且在全球多边的国际组织和国际机制中进行政治、经济合作。就双边经济合作而言，双方所涉及的领域非常广泛，如在贸易、投资、农业、工业、科技等领域都有不同程度的合作。就双边贸易而言，巴西已经成为中国在拉美最大的贸易伙伴，中国则是巴西的第二大贸易伙伴。两国还在全球性国际组织中加强了合作，如在联合国、世贸组织、二十国集团、金砖国家等组织中，在气候变化等全球问题上进行合作，以实现发展中国家的共同利益。巴西也在促进中国与拉美地区区域组织的合作中发挥了积极作用。

中墨竞争性合作。中国与墨西哥竞争性合作的特点主要表现在经济领域。这是由两个因素造成的：一是两国经济结构相似所导致的出口产品相似。由于中国制造业的潜力和经济实力，如经济规模、丰富的廉价劳动力、高生产力、可利用的资本等，使其在国际市场上与墨西哥在同类产品的竞争上处于相对的优势。二是墨西哥政府缺乏与中国经济合作的有效政策。由于墨西哥是北美贸易区的成员，在美国市场上相较中国具有绝对的优势，但是墨西哥并没有很好地利用这一有利的地位，从美国市场提供的机会中获得更大的收益，反而不得不面对与中国在美国市场上的竞争性挑战。这给双方深入合作带来许多问题和结构性矛盾。这使两国的经济合作不是那么顺利。为了改变这种状况，进入21世纪以来，中墨两国采取了比较积极的应对措施。2003年12月，温家宝总理访问墨西哥，中墨双方正式宣布建立"战略伙伴关系"。2004年8月，两国外长在北京签署了《中墨关于成立两国常设委员会的谅解备忘录》，建立了两国政府常设委员会双边磋商机制以推动两国政治、经济、社会、文化等多方面关系的深入发展。2006年5月双方签署了《2006—2010年共同行动纲领》，同时还签署了能源、教育、交通、基础设施、信息技术和电信等方面的协议，促进了双方经济关系合作的进一步发展。在双方的共同努力下，墨西哥已经成为中国在拉美的第一大出口市场。双方还通过文化交流活动，加深了民众对对方国家文化、艺术等的了解。在全球问题上，双方在环境保护、维护国际和平与安全、打击恐怖主义、促进人权保护以及促进经济社会发展等方面有着许多的共识，其合作也在不断加强。

中智互补性合作。智利不仅是南美国家中最早与中国建交的国家，而且也是最早承认中国市场经济地位的国家。智利一直对中国采取友好务实合作的政策，把与中国的经贸关系放在了重要的地位。这不仅因为智利与中国的经济和贸易结构具有较强的互补性，而且在于智利政府积极利用资源优势和出口商品的优势促进国家的发展。更重要的是中智政治关系始终保持着良好的互动，智利从与中国的经贸合作中获得了经济实惠，推动了智利贸易出口量的增长。早在1988年，两国政府就建立了政治协商机制，保证了两国关系持续、健康、稳定的发展。2001年，双方最高领导人就建立中智21世纪长期稳定、平等互利的全面合作关系达成重要共识。2004年两国首脑一致同意建立两国全面合作伙伴关系，并启动双边自由贸易协定谈判。次年11月双方签署了《中智自由贸易协定》，2006年10月1日正式开始实施。中智自由贸易协定的签署和实施不仅给双方贸易带来了巨大的活力，使智利成为中国在拉美的第二大贸易伙伴，而且推动和促进了拉美—亚太两大地区的经济一体化的发展。

中国与巴拿马的合作是中国与拉美未建交国家[①]之间的合作，代表了中拉合作的第四种类型。中国与巴拿马的合作成果主要体现在巴拿马运河和科隆自由贸易区的合作上。巴拿马位于中美洲地区，是连接北美、中美和南美的交通要道，是当今国际的航空、物流、贸易和金融中心，因此，具有重要的地缘战略和经济地位。中国根据巴拿马在巴拿马运河和科隆贸易区上的优势，在这两个领域与巴拿马进行了合作。21世纪初，中国抓住了巴拿马决定扩建运河的机遇，通过中国香港和记黄埔巴拿马港口公司在2005年10月与巴拿马政府签署协议，投资10亿美元用于巴拿马运河港口的兴建。这不仅使巴拿马得到了运河扩建急需的资金，而且有利于中国在拉美地区获得运输的安全通道，为深化与该地区国家的经贸合作奠定物质基础。巴拿马的科隆自由贸易区是拉美地区规模最大（占地面积250公顷）、建立最早（1948年）、发展最快的自由贸易区。中国积极参与该自由贸易区的发展和建设，成为该自贸区最重要的供货商，在促进巴拿马的对外贸易中发挥了重要作用。

这四种不同类型的合作正在改变20世纪中拉合作的传统方式，开始在合作中注意拉美国家不同的国情、国力、经济发展结构和经济发展水平。同时也表明中国这个地大物博的国家已经成为一个具有多样性发展特质的经济体。正是中国和拉美国家合作的这些变化才使中拉的多样性和互补性得到了初步的发挥，才使起始于20世纪70年代的中拉南南合作有了深化的可能和条件。

在体系结构层次上，中国和拉美利用了体系的动态发展进程，规

[①] 中美洲七个国家中，只有哥斯达黎加于2007年与中国建立了外交关系，其他六国均未与中国建交。其中危地马拉、巴拿马、萨尔瓦多、洪都拉斯一直保持着与台湾当局的关系，伯利兹和尼加拉瓜曾与中国建立过外交关系，但在台湾当局的"金钱外交"的诱惑下倒向台湾当局，中国与这两个国家断绝了外交关系。

避了体系的静态结构对双方发展的制约,[①] 实现了双方较为有效的合作。

20世纪90年代初,冷战时期美苏两极结构的世界政治体系转变成美国一超主导的单极世界体系。这种单极体系与历史上的单极体系有着诸多的不同,其中最重要的不同是当前的单极世界体系呈现了"一超多强"的结构形式或状态,任何一强都没有达到与美国力量均衡或制衡的程度。这种"一超多强"的结构状态显示了美国实力的绝对优势,"一超多强"网状结构的多层次性,"多强"利益的多元化所形成的多方位多层次的合作,"多强"对单极霸权和强权的挑战等体系结构特点。[②] 然而,单极世界政治体系不是一个静态的而是一个动态的世界体系。而动态的单极世界体系则伴随着国际行为主体之间频繁互动的体系发展。"多极化"趋势正是这种动态进程的学术表达。而单极世界体系的上述特点也是这种互动体系进程的集中表现。这种互动进程不仅给中国和拉美国家的合作与发展提供了空间,而且提供了发展的内在动力。

在世界政治体系的动态发展进程中,美国的全球反恐战略减轻了美国对中国政府和拉美左翼政府的结构性压力,为中国与拉美左翼政府的合作提供了进程动力。2001年的"9·11"事件使美国的全球战略转向了全球反恐,其战略重点放在了中东地区。2001年10月美国发动了阿富汗战争,打击了基地组织和支持基地组织的塔利班政权。2003年3月又发动了伊拉克战争,推翻了萨达姆政权。此后若干年,美国不得不应付这两场战争的后遗症对这两个国家以及美国的影响,直到2009年2月奥巴马宣布从伊拉克撤军,此后2011年又宣布从阿富汗撤军(2014年最后完成)。在此情势下,美国在对华政策上更加强调接触与合作,[③] 并把中国界定为

[①] 关于当前世界体系的动态进程和静态结构参见刘青建、张凯《结构压力与进程动力:中国和平崛起的体系层次分析》,《教学与研究》2011年第10期。

[②] 刘青建、张凯:《结构压力与进程动力:中国和平崛起的体系层次分析》,《教学与研究》2011年第10期,第58页。

[③] 2001—2005年美国负责东亚与太平洋事务的助理国务卿詹姆斯·凯利总结了布什政府第一任期的美国亚太政策,其中对华接触便是焦点之一。参见 Jams A. Kelly, "George W. Bush and Asia: An Assessment," in Robert M. Hathaway and WilsonLee eds., *George W. Bush and East Asia: A First Term Assessment*, Washington DC: Woodrow Wilson International Center for Scholars, 2005, pp. 15–30.

"负责任的利益攸关方"①。而在此期间，拉美左翼政府纷纷上台执政，对美国采取了更加独立的政治、经济和对外政策，有的国家甚至实施了与美国对抗的政策（如委内瑞拉的查韦斯政府），美国也表示了宽容。这种情势是在中国与美国、拉美与美国的互动进程中逐步实现的。也就是在这种情势下，中国和拉美国家才在领导人高层互访、经济贸易合作、文化交流、多边国际机制的参与和合作等方面进行了频繁互动，实现了各个领域和各个方面的合作，取得了一些令人称道的成果。

在世界经济体系的动态发展进程中，美国在拉美推行的以新自由主义理论为基础的"华盛顿共识"改革的失败和拉美"北京共识"的改革经验在全球的传播，使中国模式（中国特色的社会主义发展模式）成为遭遇发展困境的拉美左翼政府改革借鉴的重要经验，为双方经济领域的合作提供了理论模式和政策实践的基础。2008年由美国次贷危机引发的全球金融危机不仅对中心国家垄断的国际货币金融体系提出了质疑，而且为中国、拉美等发展中国家参与世界经济体系的改革提供了机遇。由于全球金融危机的影响，美国不得不一方面全力应对国内经济衰退的各种问题，另一方面协调解决国际货币金融体系的问题。因此，对其影响最深的外围国家拉美与中国的合作对美国走出金融危机的困境至关重要。也正是在这样的经济情势下，中国与美国实现了一系列的经济互动，拉美也与美国开展了各层次的经济互动，从而规避了中国和拉美与美国在世界经济体系中的结构性矛盾，实现了中国、拉美与美国的合作以及中拉在经济领域的各种合作。

总之，在21世纪的10多年里，中国与拉美国家的合作就是在与美国的互动以及相互间的良性互动中实现的。也正是在这种双边和多边、多层次多方位的良性互动中，使中国和拉美国家规避了单极体系的结构性压力，实现了双方合作的进一步发展。

综上，中国和拉美国家的发展诉求和双方的务实合作，体系结构的动态发展进程是中拉合作取得成效的主要的原因。同时，它也为21世纪过去10多年的中拉合作提供了内部动力和外部条件。

---

① Robert Zoellick, "Wither China: From Membership to Responsibility?" Issued by the US Department of State, September 21, 2005. http://www.state.gov/s/d/rem/53682.htm.

三 中拉经济合作的发展空间和深化合作的战略意义

上述中拉合作的内部动力和外部条件同样将在未来的合作中发挥作用。此外，就中拉经济合作的现状而言，仍存在着深化和发展的较大空间。

第一，中拉贸易对国家发展的贡献具有提升的空间。从中拉贸易额对国家发展的贡献来看，2009 年，中国和拉美国民生产总值超过 4 万亿美元，而双方贸易额仅 1218 多亿美元。① 2013 年虽达到 2613.9025 亿美元，但仅比 2012 年增长了 1 个亿。而中拉贸易额对各自的国民生产总值的贡献微不足道。以 2012 年中拉贸易为例，中拉贸易额虽突破 2612 亿美元（其中中方出口 1352 亿美元，进口 1260 亿美元，同比分别增长 11.1% 和 5.2%），但中拉贸易占中国外贸总量的比重也只有 6.76%。② 据联合国拉美经委会统计数据，2012 年中拉贸易只占该地区对外贸易额的 11.27%。因此，无论从合作的深度，还是合作的广度，中拉深化合作都有较大的提升空间。

第二，中国对拉美贸易主要集中在少数国家，与大多数国家的合作有待开发。根据美洲开发银行的数据统计，2008 年，拉美对华出口总额约 90% 都来自于南锥体四国：巴西（41%），智利（23.1%），阿根廷（15.9%），秘鲁（9.3%）。中国同它们的贸易占中拉贸易总额的 68.3%，其中出口占对拉美出口总额的 61.3%，进口约占自拉美进口总额的 75.4%。③ 这表明中拉经济合作存在高度集中的问题。近几年虽有所改善，但这四国仍是中拉贸易的主体。除了国家集中之外，中拉经济合作也主要集中在某些产品方面，如 2006 年拉美向中国出口的十大主要产品几乎占据了整个出口量的 90.8%，其中前三大产品几乎达到了 50%，而主要出口国为巴西、智利、阿根廷和秘鲁，主要出口产品为矿产（铜矿、

---

① 数据来源：《中国统计年鉴》2010 年，http：//www.stats.gov.cn/tjsj/ndsj/。（上网时间 2014 年 3 月 15 日）

② 商务部："中国与拉美经贸新格局真正实现互利共赢"，http：//www.chinanews.com/gn/2013/05 - 30/4875685.shtml。（上网时间 2013 年 10 月 15 日）。

③ Interamerican Development Bank (IDB), "Ten Years After the Take - off. Taking Stock of China-Latin America and the Caribbean economic Relations", China-Latin American Business Summit, 2010, p. 15.

铁矿和镍矿），原油和食品（大豆）或工业原料。智利铜的出口大约占整个出口的89%。目前，这种状况没有多大的改变。

第三，中国在拉美的投资主要集中在少数国家，有待拓宽；拉美对中国的投资也需要提升。尽管近年来中拉双方重视彼此投资，尤其是中方加大了对拉美的投资力度，但投资主要集中在经济合作相对较多的国家。根据美洲开发银行（IDB）研究显示，从2003年至2010年上半年，66%的中国非金融类直接投资集中在南锥体国家。其中巴西占41%，阿根廷占11%，秘鲁占12%和智利占2%。中国在智利的非金融行业直接投资95%集中在农业、林业和采矿业，在秘鲁的直接投资则几乎全集中在采矿业。[1] 2005—2010年中国在拉美的投资项目主要集中在巴西、智利、秘鲁等少数国家，其投资领域也主要集中在金属冶炼、能源和运输等三个领域。随着中国的发展，扩大投资国家和领域都有着较大的潜力。

2008年前拉美在中国的投资大部分来自巴西，整个拉美在华投资总额不超过拉美海外投资总量的1%。拉美的大部分直接投资流向了美国、欧洲及拉美地区。值得注意的是2008年以来拉美对中国的非金融类投资呈现逐年下降的趋势，从2008年的209.0344亿美元，下降至2012年的101.8357亿美元。这显然受到2008年以来的全球金融危机对拉美经济发展的影响，美国与欧洲的经济不景气，直接影响了拉美国家的经济发展和其对外投资的数量。要改变这种状况，拉美国家有必要重新考虑自己的投资目的地和合作伙伴。中国经济的快速发展当然是其明智的选择。

上述三点足以表明中国和拉美未来的经济合作存在着巨大发展空间。更重要的是深化中拉经济合作不仅能为中拉合作关系奠定坚实的经济基础，而且对中国和拉美国家的未来发展也具有深远的政治和战略意义。

其一，中国、拉美深化合作有利于挫败美国对中国战略空间的挤压，削弱美国对拉美国家的控制力和影响力。美国重返亚太的一个重要目的就是挤压中国的战略空间，无论是它支持菲律宾对中国南海海岛的主权要求，还是它联合日本搞军演，其目的都是在给中国制造敌人，为中国发展与周边国家关系制造难题和障碍。中国与拉美深化合作，可以削弱美国在该地区的控制力和影响力。深化中拉合作也符合拉美国家摆脱美国控制，

---

[1] Inter-American Development Bank (IDB), "Ten Years After the take-off. Taking Stock of China-Latin America and the Caribbean Economic Relations", 2010, p. 24.

独立自主处理自己的内外事务的外交目标，符合拉美国家的战略利益。

其二，有利于推动世界政治体系的多元化发展以及多元国际政治格局的建立。多元化的国际政治发展趋势一直在挑战美国的单级霸权体系。中拉合作，在拉美地区建立了多种形式的战略伙伴关系，不仅可以促进中国的发展，也可以促进拉美诸多大国的发展。特别是南美大国巴西等国家已经是当今南美最重要的新兴经济体，在国际事务中与中国有许多共同的利益，双方在国际事务中的合作已经有了许多共识，深化中国与巴西及其他拉美大国的战略伙伴关系，也有利于巴西等国成为未来国际政治中的重要力量。

其三，有利于同处世界经济体系外围的中拉国家通过经济合作增强实力，提升中拉在世界经济体系中的地位，促进国际经济旧秩序的改革，国际经济新秩序的斗争。如前文所述，中拉合作是南南合作的重要组成部分，南南合作有利于增强南方国家整体的经济实力，促进南北对话改变国际经济旧秩序。

中国与加勒比地区的经济关系

董经胜[*]

内容提要 进入21世纪以来,中国与加勒比地区的经济关系迅速发展,其基础是双方经济的互补性以及中国经济的迅速增长。中国与加勒比国家的政府机构、企业、银行、人员来往等行为体在双方的关系中发挥了重要的作用:高层领导人的互访以及双方政府间交流成为促进中国与加勒比地区合作的重要手段;金融机构在中国与加勒比地区的经济关系中也发挥了重要作用;中国企业,包括国有企业和私人企业,在加勒比地区的活动主要集中在矿产、农业和基础实施建设领域。中国与加勒比地区的关系虽然获得较快发展,但目前也面临着一些明显的挑战:加勒比国家为了获得中国的援助而产生竞争,双方存在巨大的贸易逆差,中国企业的投资过于集中在少数领域,中国对加勒国比地区的提资和贷款应注意投资风险。

关键词 中国 加勒比 经济关系 投资

进入21世纪以来,中国与加勒比地区的经济关系迅速发展。这种发展的基础当然是双方经济的互补性以及中国经济的迅速增长所致。然而,政府、企业、银行、人员等行为体也在其中发挥了重要的作用。本文首先概述中国与加勒比地区经济关系的基本状况,然后重点分析不同的行为体的作用、成就以及他们所面临的问题,最后分析中国与加勒比地区经济关系所面临的挑战。

---

[*] 董经胜,北京大学拉美研究中心主任,教授。

一 历史背景

中国与加勒比地区的关系始于19世纪黑人奴隶制废除后中国劳工被贩运到加勒比地区的甘蔗种植园。1847年,第一批华工被运往古巴。根据统计,1847—1874年,排除中途死亡的部分,被运抵古巴的华工大约有124813名。绝大多数受雇于甘蔗种植园。[①] 英国、法国、荷兰在加勒比地区的殖民地也引进了大批华工。但是,在这些地区,绝大多数华工在契约期满之前就离开甘蔗种植园,进入城市成为小生意人,特别是经营杂货店或者小工厂等。此外,在19世纪末和20世纪初,一些华人来到加勒比地区,从一开始,这些人就不是作为劳工,而是作为生意人前来的。由于勤劳和节俭,中国商人取得了较大的成功。在一些领域,他们与当地的生意人产生了竞争。因此,当华人从劳工转变为商人,并与当地人出现竞争之后,在一些拉美和加勒比地区出现了排华的情绪和运动,特别是在经济萧条时期。例如,1918年,牙买加发生了针对华人杂货店的反华骚乱,很多商店被洗劫,华人店主遭到殴打。[②]

中国与加勒比地区的官方关系始于1912年中国与古巴的建交。此后,1940年,中国与多米尼加建交。但是,1949年新中国成立后,拉美和加勒比国家长期与中国台湾当局维持"邦交"关系。直到1960年古巴宣布与中华人民共和国建交,古巴成为第一个与新中国建交的拉美和加勒比国家。1971年,中华人民共和国恢复在联合国的合法席位,与此同时,中美关系改善。在这种新形势下,绝大多数拉美和加勒比国家与新中国建立了正式的外交关系。然而,目前,该地区仍有12个国家与台湾当局维持着"邦交"关系,其中6个位于加勒比地区:伯利兹、多米尼加、圣卢西亚、圣文森特和格林纳丁斯、圣基茨和尼维斯、海地。有的国家在承认中华人民共和国与中国台湾当局之间多次转变。例如,圣卢西亚在1984—1996年承认中国台湾当局,1996年转变立场,与中华人民共和国

[①] Arnold J. Meagher, *The Chinese Coolie Trade*: *The Traffic in Chinese Laborers to Latin America*, *1847 – 1874*, Xlibris Corporation, 2008, pp. 207 – 208.

[②] Howard Johnson, "The Anti-Chinese Riots of 1918 in Jamaica", *Caribbean Quarterly*, Vol. 28, No. 3, 1982, pp. 22 – 27.

建交，2007年又改变立场，与中国台湾当局再次"建交"。[①]

二 中国与加勒比地区的经济关系

经过20年来经济的迅速增长，中国成为世界第二大经济体。中国的经济实力和中国企业的生产能力大幅度增强。与此同时，中国经济发展受制于资源和市场的局限也日益明显。在此形势下，资源丰富、市场广阔、政局相对稳定的拉美和加勒比地区成为中国企业"走出去"的重要目标之一。但是，相对于南美地区，中国与加勒比地区的关系无论从广度和深度上都有很大的差距。这是由许多因素造成的：加勒比地区的资源远不及南美地区丰富；加勒比地区的市场规模有限，不能进口大量中国商品；美国因素和台湾因素的影响。尽管如此，进入21世纪以来，中国与加勒比地区的经济关系仍然有了迅速的发展。

双方的贸易增长迅速。即使在全球金融危机期间，加勒比地区与世界其他地区的贸易额下降，但与中国的贸易额不断增长。2009年，加勒比地区向中国的出口增长5%，同时向美国和欧洲的出口下降25%以上。2013年，中国向加勒比地区的出口总额为42.1亿美元，从加勒比地区进口额18.8亿美元，出口为进口的两倍多。[②]

中国从加勒比地区进口的产品主要为无机化合物、铁、钢以及其他矿产、石油和木材产品等。[③]例如，近年来，中国从加勒比地区进口大量的电解铝和氧化铝。根据中国海关资料，2012年8月，中国从加勒比地区进口了2043.8万吨电解铝，其中43260吨来自牙买加，每吨64美元，用以生产氧化铝。

中国向加勒比地区的出口产品主要是车船、油轮、浮动船坞、鞋类、轮胎、T恤、电子产品、彩色电视机等等。由于价格优势和质量的提升，出口量迅速增加。在绝大多数加勒比共同体国家（CARICOM），来自中国

[①] Richard L. Bernal, "The Dragon in the Caribbean: China-CARICOM Economic Relations", *The Round Table*, Vol. 99, No. 408, June, 2010, p. 282.

[②] 此数据包括所有加勒比地区国家（含古巴）和欧美在加勒比的海外领地，参看 Caitlin Campbell etc., "China's Expanding and Evolving Engagement with the Caribbean", *U. S. -China Economic and Security Review Commission Staff Report*, May 16, 2014, p. 3.

[③] Annita Montoute, "Caribbean-China Economic Relations: What are the Implications?", *Caribbean Journal of International Relations and Diplomacy*, Vol. 1, No. 1, 2013, pp. 116 – 117.

的进口产品与当地产品并未产生竞争。但是在个别领域，中国产品有取代当地产品之势，包括加工食品、波特兰水泥、服装、家具、纸制品和塑料制品等。某些消费品如鞋类、电子产品、T恤，加勒比地区已主要依赖于中国的进口。[1] 理查德·L.贝纳尔（Richard L. Bernal）指出，在2010年，在加勒比共同体市场上尚未出现一些中国产品如摩托车和药品。[2] 但是，根据2011年的一项报道，多米尼加首都圣多明各的一家出租车公司使用中国进口的车辆以提升其车辆的水平，虽然这一报道的真实性尚未得到确认。[3]

2012年，排除流向英属维尔京群岛和开曼群岛等避税天堂的部分，中国在加勒比地区的直接投资为3100万美元。[4] 中国与古巴、牙买加、巴巴多斯、特立尼达和多巴哥、圭亚那、巴哈马等国签署了双边投资协定。高级别的中国代表团和投资机构前往加勒比地区考察项目。[5] 中国在加勒比地区的投资领域主要是自然资源、农业、技术设施等。

中国增加了对加勒比地区的发展援助，主要集中在基础设施建设领域，例如修建国家体育场、学校、医院等。例如2004年，当多米尼克与台湾"断交"并与中华人民共和国正式建交后，中国承诺向该国提供1亿美元的基础设施建设项目，其中主要包括四项工程：修建1个体育场、1所新的小学，修复连接首都罗索与第二大城市普利茅斯之间的主要道路，重修该岛国主要的医疗设施玛格丽特王子医院。[6] 相比之下，当2007年圣卢西亚与中国断交，重新与中国台湾"建交"后，我国中断了在该国正在进行的一家医院的建设工程。

---

[1] Richard L. Bernal, "The Dragon in the Caribbean: China-CARICOM Economic Relations", The Round Table, Vol. 99, No. 408, June, 2010, p. 287.

[2] Ibid..

[3] Ezra Fieser, "Why Chinese Spending Billions in the Caribbean?" http://www.globalpost.com/dispatch/news/regions/americas/110325/china-caribeban-investment-tourism.

[4] Caitlin Campbell etc., "China's Expanding and Evolving Engagement with the Caribbean", p. 3.

[5] Richard L. Bernal, "China's Rising Investment Profile in the Caribbean", Inter-American Dialogue, October, 2013, p. 3.

[6] Sir Ronald Sanders, "China's Presence in Dominica", April 28, 2011. http://www.caribbean360.com/index.php/opinion/389630.html#axzz1L32altQl.

三 中国与加勒比国家关系中的主要行为体

中国与加勒比国家的政府机构、企业、银行、人员来往等行为体在双方的关系中发挥了重要的作用。

双方的政府机构在促进双方关系的发展中扮演了重要的角色。进入21世纪以来，双方的高层互访频繁。中国国家主席、副主席、国务院总理、副总理等高级别的领导人都多次访问加勒比地区。加勒比国家的政府首脑也大多访问过中国。2015年1月，中国与拉美和加勒比共同体部长级论坛在北京举行，巴哈马总理佩里·克里斯蒂（Perry Christie）出席了开幕式。双方政党和议会之间的交流也非常频繁。2005年2月，中国—加勒比经贸合作论坛在牙买加首都金斯敦举行。此后，2007年9月在中国厦门、2011年在特立尼达和多巴哥首府西班牙港举行了第二、第三届论坛。来自双方的政府官员、企业家以及相关地区组织的代表在论坛上商讨合作与发展事宜，以促进双方的经贸合作。

高层领导人的互访以及双方政府间交流成为促进中国与加勒比地区合作的重要手段。高层互访的目的在于加强互信、相互了解对方政策、签订合作协议，并借机开展公共外交等。然而，也有一些西方学者指出，政府间互访和合作论坛通常过于正式，缺少实质性的效果。双方关系的发展应主要通过民间的交往来开展。目前双方普通民众之间的交往仍十分有限，不利于双方关系的发展。双方政府应该认识到民间交往的重要性。

中国企业，包括国有企业和私人企业，在加勒比地区开展了积极的活动，主要集中在矿产、农业和基础设施建设领域。

2011年，中国国家发展公司和古巴国家石油公司在哈瓦那签署了框架协议，扩大双方在石油领域的合作。根据协议，中国国家石油公司将利用其在石油和天然气勘探和开发、工程服务和后勤等方面的技术，帮助古巴降低石油开采成本、提高原油产量。[①] 2014年7月22日，中国国家主席习近平和古巴领导人劳尔·卡斯特罗在哈瓦那出席了中石油与古巴国家石油公司框架协议的签字仪式，根据协议，中石油将帮助古巴国家石油公

---

① Chinas CNPC, "Cuba's Cupet Ink Pact to Expand Oil Cooperation". http://www.platts.com/latest-news/oil/singapore/chinas-cnpc-cubas-cupet-ink-pact-to-expand-oil-7764031.

司在一些现有油田降低生产成本、扩大产量，并提供9000米钻井平台和支持设施，以促进古巴近海油田的勘探和开发。①

中国公司还参与了特立尼达和多巴哥的近海石油工业的开采。中投公司、中石油等中国企业均参与了特立尼达和多巴哥的一些能源项目。新澳集团在特多参与兴建压缩天然气站等。②

2006年12月，中国波塞矿业集团收购了位于圭亚那莱登（Leiden）的奥迈铝矿的70%的控股权。圭亚那政府保留另30%的控股权。波塞集团是设在重庆的一家私有企业，该公司将与圭亚那合作，年产40万吨氧化铝，使之成为世界上最大的铝生产企业。③

农业投资主要集中在牙买加。2011年，中国成套设备进出口（集团）总公司（Complant）在牙买加购买了三个蔗糖厂，并租赁土地3万公顷。2011年8月，该公司开始预计在四年内注资1.56亿美元以增加甘蔗的种植和蔗糖提炼。公司还计划另外注资建立一家新的榨糖厂，预计年产蔗糖20万吨。④

中国公司还承揽了加勒比地区的基础设施工程。例如，2001年，中国香港和记黄埔公司投资20.6亿美元，改善巴哈马大自由港的港口设施工程。⑤ 2007年，上海建筑公司中标特立尼达和多巴哥总理府和国家行为艺术馆的建设工程。2013年，中国港湾工程有限责任公司计划投资12亿—15亿美元于牙买加的转口贸易港建设，预计5年建成，建设期间雇用2000名员工。⑥

中国进出口银行、国家开发银行等金融机构在中国与加勒比地区的经济关系中也发挥了重要作用。很多基础设施建设工程得到了这些银行的支

---

① "China Targets Cuba's Oil in CNPC-Cupet Trade Agreement". http：//www. oilandgastechnology. net/upstream-news/china-targets-cuba% E2% 80% 99s-oil-cnpc-cupet-trade-agreement.

② "T&T, China Talk Trade, Energy," http：//www. trinidadexpress. com/business/TT-China-talk-trade-energy – 208416111. html？m＝y&smobile＝y.

③ Richard L. Bernal, "China's Rising Investment Profile in the Caribbean", *Inter-American Dialogue*, October, 2013, p. 4.

④ Richard L. Bernal, "China's Rising Investment Profile in the Caribbean", *Inter-American Dialogue October 2013*, p. 4.

⑤ Daniel P. Erikson, "China in Caribbean: the New Big Brother", *China Brief*, Vol. 9, Issue：25, December 16, 2009. http：//www. thedialogue. org/page. cfm？pageID＝32&pubID＝2204.

⑥ "China Harbor to invest US＄1. 5 billion in development of Transshipment Port in Jamaica", http：//jamaica-gleaner. com/extra/article. php？id＝2424.

持。例如,中国进出口银行为牙买加帕利萨多斯（Palisadoes）半岛工程提供了6530万美元贷款。特立尼达和多巴哥的国家行为艺术馆的建设也从中国进出口银行得到了优惠贷款。① 2010年,中国进出口银行投资24亿美元在巴哈马建设加勒比地区最大的度假村。② 中国银行和中国对外贸易银行还将向多米尼加的普特纳珍珠角（Putnta Perla）度假村建设提供4.62亿美元贷款。③

随着中国与加勒比地区关系的发展,越来越多的中国人来到加勒比地区,在一定程度上引起了当地的担忧。根据一位西方学者的描述,"加勒比地区基础设施建设领域的发展合作的一大明显特点是中国劳工占据主导。在特立尼达和多巴哥,2008—2011年,获得工作许可的2996名中国人中,2731人在建筑部门工作。这意味着中国人在此期间占据了几乎3000名特立尼达和多巴哥人的工作岗位"④。

在苏里南的某些地区,由于担心中国劳工在签证到期后滞留不归,产生了是否应该允许中国公司将中国人带到当地工作的争论,因为一些人担心此举将影响当地的就业。但是,也有人注意到中国人带来的积极效应。在对中国食品商店的评论中,一家餐馆老板指出:"他们提供多样化的产品。价格便宜,并且营业时间一直持续到晚上很晚的时候。"⑤ 在多米尼克首都罗索,越来越多的零售商店是由中国人经营的。虽然这对当地的零售商带来了一定的竞争,但是当地消费者指出,中国商店销售商品价格便宜,他们能买得起。总体上说,目前中国人员的进入尚未给当地带来不满情绪。⑥

---

① Annita Montoute, "Caribbean-China Economic Relations: What Are the Implications?" *Caribbean Journal of International Relations and Diplomacy*, Vol. 1, No. 1, 2013, p. 120.

② Ezra Fieser, "Why Chinese Spending Billions in the Caribbean?" http://www.globalpost.com/dispatch/news/regions/americas/110325/china-caribeban-investment-tourism.

③ Richard L. Bernal, "China's Rising Investment Profile in the Caribbean", *Inter-American Dialogue October 2013*, p. 4.

④ Annita Montoute, "Caribbean—China Economic Relations: What Are the Implications?" *Caribbean Journal of International Relations and Diplomacy*, Vol. 1, No. 1, 2013, p. 121.

⑤ Simon Tomero, "With Aid and Migrants, China Expands its Presence in a South American Nation", *New York Times*, April 10, 2011.

⑥ Sir Ronald Sanders, "China's Presence in Dominica", April 28, 2011. http://www.caribbean360.com/index.php/opinion/389630.html#axzz1L32altQl.

四 中国—加勒比地区关系所面临的挑战

虽然中国与加勒比地区的关系获得较快发展，但目前也面临着一些明显的挑战。

中国与加勒比国家的关系以双边关系为主，这意味着很可能在加勒比国家中间为了获得来自中国的援助而产生竞争。因此，对于加勒比国家来说，它们应该加强团结，协调行动。虽然一些国家与台湾当局维持着"邦交"关系，但是这不应成为这些国家与祖国大陆发展经贸关系的障碍。台湾当局也表示不反对与其保持"外交"关系的国家与祖国大陆发展经贸关系。

另一挑战是双方巨大的贸易逆差。为此，中国应帮助加勒比国家扩大对华出口产品的多样化。例如，加勒比国家的产品如咖啡、朗姆酒在中国市场上将成为颇受欢迎的产品。此外，随着中国中产阶级规模的扩大，越来越多的中国人将出境旅游，加勒比国家应该大力吸引中国游客。

中国企业在双方经贸关系的发展中发挥了重要作用，但是在中国企业的经营活动中仍存在很大的挑战。例如，如上所述，在中国进出口银行的支持下，2010年，中国建筑公司开始参与巴哈马的巴哈－玛（Baha Mar）度假村的建设工程。工程预计2014年12月完工并开业。但是，此工程没有按期完工，2012年12月宣布工程延期6个月。中国建筑公司从国内招收了4000名工人进行工程建设。在巴哈马这个失业率高达15%的国家，中国劳工的进入在当地建筑工人中引起了不满情绪。根据外国媒体的报道，在工程建设过程中，很多开支方面的决策是在中国国内，而非当地作出的，由此导致时间拖延。中国建筑公司和当地的西方承包商之间也存在沟通不畅的问题。例如，在工程延后的情况下，中国公司没有及时地移走其使用的起重机，也没有通知负责场地清理的当地承包商，致使很多负责挖掘泳池和灌溉管道的工人几个月无法工作。[①] 2015年6月29日，巴哈－玛项目的最大股东巴哈－玛有限公司向美国特拉华州法院提出破产保

---

① Craig Kaimin and Wriz, "China's Bahamas Project Hits Hurdles", http://www.waj.com/articles/chinas-bahamas-projiet-hits-hurdles - 141209267.

护申请，理由是中国建筑公司停止了所有的工程建设。① 对此中国建筑公司指出，对方应该为工程建设拖延负责，因为中方没有得到足够的工程款以及对方的设计和管理方面存在问题。② 为了达成一致，尽快复工，巴哈马政府、巴哈马有限公司、中国建筑公司三方在北京正进行谈判。③

中国公司在牙买加的蔗糖生产领域的投资虽然增加了就业，为当地经济发展作出了贡献，但是产品主要是粗糖和黑糖，附加值很低。一些经济学家认为，只有增加高附加值的产品如朗姆酒的生产，才能促进牙买加经济的多样化，提升其在蔗糖产业价值链中的地位。④

五　结论

在中国与加勒比地区关系的发展中，不同的行为体发挥了各自的作用。高层互访成为促进双方关系发展的重要因素。加勒比地区政局的变化，特别是加勒比国家的政府更迭也将会对双方关系的发展也将产生影响。加勒比国家与美国、与中国台湾当局，以及与其他加勒比国家的关系也将对中—加关系产生影响。与此同时，中—加双方应进一步加强民间往来。

越来越多的中国企业在加勒比地区投资，但是投资领域多集中在矿业、农业和基础设施建设领域，制造业、服务业、旅游业的投资尚少。中国企业应扩大投资领域，特别是应该扩大在生产高附加值产品、增加当地就业的制造业领域投资。中国公司还应该了解当地文化和社会习俗，与当地的合作伙伴协调关系。只有得到当地社会的接受，中国企业才能在当地取得经济上的成功。

中国银行对加勒比地区的投资和贷款促进了双方关系大发展，但是银行应注重投资风险。

随着双方关系的发展，将会有越来越多的中国人前往加勒比地区。从

---

① http://www.miamiherald.com/news/business/article25792357.html#storylink=cpy.
② http://m.jiemian.com/article/326238.html.
③ http://finance.sina.com.cn/chanjing/gsnews/20150728/092622809576.shtml?cre=sinapc&mod=g&loc=25&r=u&rfunc=5.
④ Sara Ghebremusse, "Chinese Investment in the Caribbean: Turning Opportunity into Growth", *CCRTD Discussion Paper* 2014/1, published by the Caribbean Centre for Research on Trade and Development in July 2014, pp. 15 – 16.

历史上看,虽然中国人对当地经济的发展和生活作出了贡献,但中国人在当地并非一直是受欢迎的,很多情况下还受到过不公正的对待,中国人应该吸取历史经验教训,融入当地社会和文化。

中国与拉美经贸关系新常态研究

唐 俊[*]

内容提要 在经历了进入 21 世纪以来的 10 多年的高速发展之后，目前中拉经贸关系已经呈现了"增长降速、结构失衡、投资受挫"的发展"新常态"。世界经济和中国经济进入"新常态"的外因影响固然非常重要，深层次的内因还是在于中拉经贸的显性比较优势衰弱导致的产品空间僵化。当务之急是在"1+3+6"的合作框架下，通过与"一带一路"战略对接，开展"3×3 新模式"的中拉产能合作，发挥贸易、投资和金融三大引擎的功效，推进中拉人文交流发展服务贸易，进一步推动中拉经贸关系向前发展。

关键词 中拉经贸 新常态 显性比较优势 产品空间 产能合作

自 2009 年美国太平洋基金管理公司总经理艾尔安率先使用"新常态"一词来定义美国经济在经历金融危机之后的缓慢恢复过程并在其后扩展到描述世界经济的不确定性以来，"新常态"已经作为研判经济走势的关键词引起各方面的重视。2014 年 5 月，习近平总书记在河南考察时强调，中国发展仍处于重要战略机遇期，我们要增强信心，从当前中国经济发展的阶段性特征出发，适应"新常态"，保持战略上的平常心态。这被认为是中国高层领导首次用"新常态"描述中国经济。同年 11 月，习近平在出席 APEC 工商领导人峰会开幕式上的演讲中对中国经济的新常态

---

[*] 唐俊，浙江外国语学院拉丁美洲研究所副所长，讲师。

进行了深入阐述，引起了全世界关注。12月，中央经济工作会议从"消费需求"等九个方面对我国经济"新常态"进行了全面阐述。如此频繁地使用"新常态"，这也表明新常态已经成为中央高层对我国经济形势的新转变、新态势的基本战略判断。

在世界经济的"新常态"和中国经济的"新常态"的双重作用下，中国经济的许多领域不可避免地率先进入"新常态"，这其中包括中国与拉丁美洲和加勒比地区（以下简称"拉美"）的经贸关系。不难发现，在经历了进入21世纪以来的10多年的高速发展之后，目前中拉经贸关系已经进入了"增长速度换挡期"、"结构调整阵痛期"和"前期发展成果消化期"的"三期叠加"的关键时刻，呈现了"增长转速、结构失衡、投资受挫"的发展"新常态"。

一 中拉经贸关系"新常态"的特征

（一）增长转速

进入21世纪以来，中国同拉美贸易取得飞快发展。2000年，中拉双边贸易首次突破100亿美元大关，到2013年，这一数值达到2616亿美元，期间增长了20多倍，年均增速超过30%，远超同期中国对外贸易和宏观经济的增速。其中，中国对拉美的出口额从72亿美元增至1343亿美元，增长超过18倍；中国从拉美进口额从54亿美元增加到1273亿美元，增长超23倍之多。2010年，中国成为拉美第二大进口来源地。中拉贸易在中国对外贸易中的比重也在显著提高。有学者将其形容为"21世纪初是中拉贸易的盛宴"[①]。

然而，"福兮祸所伏"，高度发展的背后也隐藏着一定的危机。2008年金融危机的爆发给中拉贸易以沉重的一击。2009年中拉贸易出现15%的负增长，中国出口比上年收缩20%，进口收缩10%。这在当时由于全球性金融危机的大背景未能引起足够的重视，加上一些应对措施的实施，使得2010年和2011年两年中拉贸易出现反弹。但从2012年开始，中拉贸易增长势头已经呈现明显的衰弱势头。2012年、2013年、2014年中拉贸易的年均增速已经下降到0.1%、1.05%、0.791%，不但远远低于同

[①] 岳云霞：《中拉合作：新常态需要新对策》，《国际商报》2015年2月15日。

期中国对外贸易和 GDP 的增长速度，与前 10 多年中拉贸易的高速增长率相比更是天壤之别。增长降速已成不争的事实。

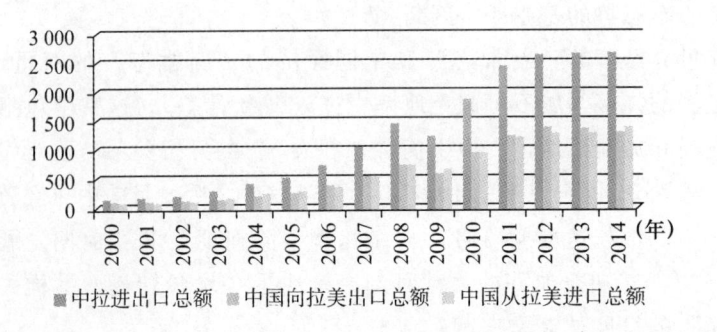

图 1　2000—2014 年中拉贸易增长（亿美元）

数据来源：中国海关统计。

（二）结构失衡

贸易结构失衡已成为中拉贸易发展不可忽视的问题，也屡遭国际社会尤其是拉美地区的诟病。

从国别结构来看，中国对拉美贸易主要集中在拉美、墨西哥、智利、委内瑞拉、巴拿马、阿根廷和秘鲁等国家。以 2014 年为例，与中国进出口贸易总额超过 10 亿美金的拉美国家有 17 个国家，其中，超过 100 亿美元的国家是巴西、墨西哥、智利、委内瑞拉、巴拿马、秘鲁和阿根廷。中国与上述 7 国的贸易占整个中拉贸易总额的比重达到 85%，中国对该 7 国的出口占中国对拉美出口的 82%，中国从该 7 国的进口占中国自拉美进口的 89%[①]。（详见图 2）

从商品结构看，中国对拉美出口基本上是中低技术含量的制成品，而从拉美进口的主要是初级原料及利用初级原料简单加工的产品。根据联合国拉美经委会统计，2013 年，拉美对中国贸易中，初级产品出口占其总出口额的 73%，低、中和高技术制造产品占对华总出口额的 6%，而在同一时期，拉美对世界其他地区的出口中，初级产品仅占 41%，低、中和

---

① 根据 2014 年海关有关统计数据计算。

高技术制造产品的比重则达42%。进口情况相反，2013年拉美从中国进口中，低、中和高技术制造产品占到的比重高达91%，而来自其他地区的制造成品进口仅占进口总额的69%。① 由此可见，中拉贸易结构基本上是以原材料交换工业制成品的简单模式。

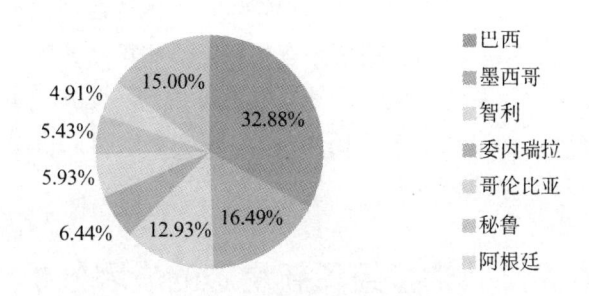

图2　中拉进出口贸易中的国别结构

资料来源：根据中国海关有关数据计算。

从商品种类来看，中拉贸易的品种也相当单一。2013年，除墨西哥以外，拉美所有国家的五大出口产品占对华出口总额的80%以上。其中石油、铁矿石、铜、大豆、废金属、鱼粉、木材和糖等初级产品占绝大多数。中国是拉美国家出口产品种类最少的市场之一，多数拉美国家对华出口产品数仅为其全球出口的1/10左右。②

贸易结构失衡隐藏或引发了贸易摩擦，尤其是在拉美经济增长低迷的背景下，拉美贸易保护主义借势"中国威胁论"、"新殖民主义论"等论调大行其道。墨西哥、阿根廷等国对华发起反倾销力度、频率和执行强度都超出全球平均水平，对中拉贸易进一步发展造成很大的阻碍。

（三）投资受阻

进入21世纪以来，中国企业对拉美的非金融类直接投资也在显著增加。2000年年底中国对拉美直接投资存量仅为10亿美元，截至2014年

---

① 卢国正：《21世纪海上丝路助推中拉经贸换挡升级》，《对外经贸实务》2015年第3期。
② 岳云霞：《中拉合作：新常态需要新对策》，《国际商报》2015年2月15日。

年底，中国对拉美的直接投资存量为 989 亿美元，累计在拉美工程承包实际完成营业额 676 亿美元，主要涉及天然气管道、电站、公路、港口疏浚、住房、通信设施等多个领域。①

然而，骄人的成绩背后也潜伏着一系列的危机。近年来，中国在拉美的投资项目屡屡亮出红灯。如 2013 年墨西哥高铁项目被突然取消，给中资企业造成巨大的损失。由于委内瑞拉国内严重的经济危机，中国在委内瑞拉的石油贷款项目也面临前所未有的风险。中国在巴哈马的旅游投资项目在即将完工之际被宣布破产，其损失不可估量。此外，中国企业在拉美的多个投资项目在当地遭到"抵制"。种种迹象表明，中国在拉美的投资面临的困难和风险越来越大。

二 中拉经贸新常态的成因分析

中拉经贸关系进入新常态是在当前国际经济大背景下外因和内因共同作用的结果。从外因看，世界经济和中国经济进入新常态导致中拉经贸新常态的出现；从内因看，中拉经贸飞速发展过程中的显性比较优势逐渐趋于衰弱，导致产品空间刚性化起到了决定性的影响。

（一）外因：世界经济与中国经济的"新常态"

1. 世界经济和中国经济进入新常态

尽管距离 2008 年全球金融危机已经过去了 6 年多时间，但其对全球经济的负面影响至今仍未消除。首先，发达经济体恢复缓慢。美国经济虽然出现了复苏的良好迹象，但前景仍然扑朔迷离。欧元区的主权债务危机的阵痛尚未消除，2012 年和 2013 年的经济增长毫无起色，被希腊、意大利等国严重拖了后腿。日本经济在 2010 年昙花一现式的增长后，重新回到"死而不僵"的状态。其次，原本在金融危机中充当世界恢复引擎的新兴市场和发展中经济体的经济逐步放缓。自 2010 年以来增速逐年下降，其中包括近年来风光一时的"金砖国家"。国际货币基金组织预计 2014 年全球经济增速将为 3.3%，其中发达经济体与新兴市场和发展中经济体的增速分别为 1.2% 和 4.4%，均为 2010 年以来最低水平，预计 2015 年

---

① http://news.xinhuanet.com/world/2015 - 05/15/c_ 1115301327. htm.

下行压力会更大。

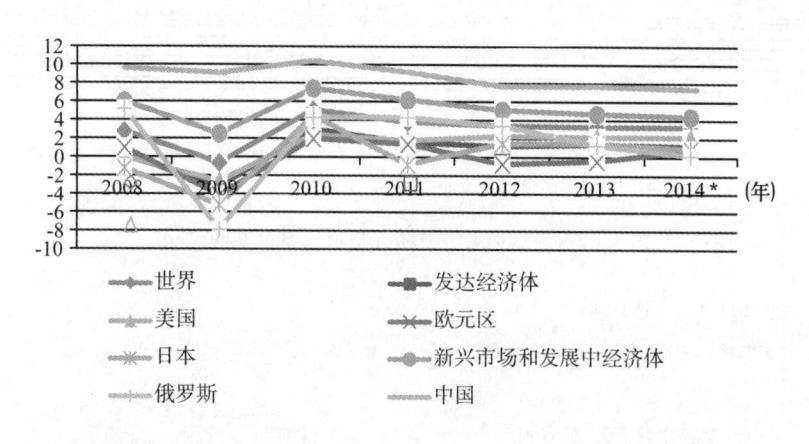

图3　2008—2014年世界及主要经济体经济增长率（单位:%）

注*：2014年为预测数据。
资料来源：IMF, World Economic Outlook。

为了刺激经济增长，许多国家大肆使用金融货币政策的"猛药"，只顾本国、眼前的短期利益，损害他国和世界经济的长远发展。比如，美国从2009年实施数轮量化宽松的货币政策。欧元一再贬值，曾创下9年来对美元的新低。日本在安倍政府上台以后坚持使用极度宽松的货币政策，日元再次一度贬值。这些发达经济体的货币政策使得国际汇率出现了较大幅度的波动，严重扰乱了国际贸易秩序，尤其对新兴经济体的外贸造成了较大的伤害，中国、俄罗斯首当其冲。而这些国家本身实际上也没有从政策的实施上获取多少的好处，可谓损人不利己。

在国际经济萎靡不振的背景下，全球大宗商品价格持续下降，国际市场的争夺和博弈日趋激烈。在全球经济新常态下，国际市场空间成为最稀缺、最紧俏的资源。一方面，美国、欧盟、日本这些以往的国际贸易主要市场国家也加入贸易战争夺行列；另一方面，新兴市场国家对于国际市场的争夺日趋激烈。一时间，贸易保护主义在全球范围内重新抬头，贸易摩擦此起彼伏。

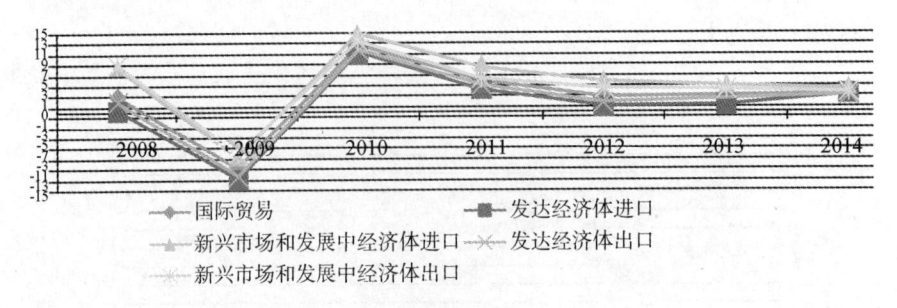

图 4　2008—2014 年国际贸易增长率（单位 %）

注：2014 年为预计数据。

数据来源：IMF，World Economic Outlook。

2. 中国经济进入新常态

2014 年 5 月，习近平总书记在河南考察时指出："我国发展仍处于重要战略机遇期，要增强信心，从当前我国经济发展的阶段性特征出发，适应新常态，保持战略上的平常心态。"此后，新常态一词频繁出现在对中国经济的研判情景之下。2014 年 11 月 9 日，习近平主席在 APEC 工商领导人峰会开幕式主旨演讲中，对中国经济新常态进行了全面阐述和解读，他指出中国经济新常态包含三大主要特征：一是从高速增长转为中高速增长；二是经济结构不断优化升级，第三产业消费需求逐步成为主体，城乡区域差距逐步缩小，居民收入占比上升，发展成果惠及更广大民众；三是从要素驱动、投资驱动转向创新驱动。①

中国经济新常态对中拉经贸关系的发展的影响极其深远：

第一，中国经济增速放缓直接影响到拉美经济的增速。联合国拉美经委会现任执行秘书长巴尔塞纳曾预言，中国经济每增长 1 个百分点，将直接带动拉美经济 0.5 个百分点的增长。② 2014 年，中国 GDP 增长 7.4%，成为 21 世纪以来最低的增速。同年，拉美地区的经济增长率仅为 1.1%，地区主要经济体经济增长缓慢甚至衰退，如拉美、阿根廷和委内瑞拉的增长率仅为 0.2%、-0.2% 和 -3%。经济减速是包括外贸在内一系列指标下调的结果，同时又进一步遏制了这些经济活动，形成负面循环的局面。

---

① http://finance.sina.com.cn/china/20141109/102620769481.shtml.

② http://news.xinhuanet.com/2015-06/06/c_127885975.htm.

第二,新常态带来的经济结构转型升级意味着中国经济将从过去强烈依赖外向型出口转为更加重视内需市场,第三产业消费需求逐步成为主体将改变原有的产业结构消费结构。因此,长期以来,从拉美进口原材料用于工业生产的需求将会出现一定的萎缩。

第三,由要素驱动、投资驱动向创新驱动的转变意味着未来中国经济将会重视进出口中的高新技术含量,逐渐淘汰与低产能相关的行业。这样,中国对拉美原材料的进口需求将会进一步下降,中拉贸易量将会受到较大的遏制。

(二)内因:显性比较优势衰弱导致产品空间僵化

要素禀赋和比较优势是国际贸易的基础。中拉经贸过去10多年的飞速发展意味着双方的比较优势发挥得淋漓尽致。但比较优势也并非一成不变的。美国学者豪斯曼和克林格(Hausmann & Klinger,2006)等提出了比较优势的动态演化观点,认为一国产品之间存在着紧密或者疏散的联系,这些联系构成一个"产品空间",决定了该国出口的显性比较优势,而且也决定了该国产业结构和外贸战略升级的实现。豪斯曼和罗德里克等人把这种升级形象地比喻成生活在一片森林中的猴子从相对贫瘠的森林"跳跃"到一个相对富饶的森林中的过程。换言之,无论是出口增长,还是产业结构升级,其决定因素都是一国的"产品空间"的内在逻辑。该理论将传统国际贸易中静态的比较优势进行动态化,能够充分解释一国出口产品结构的演化,赋予比较优势理论新的活力,从而受到越来越多的学者的认可和推崇,被称为"产品空间理论"(Product Space)。

本文将利用产品空间理论的分析框架,对中拉经贸的显性比较优势的动态演变以及由此形成的产品空间进行分析。

1. 中拉经贸的显性比较优势

显性比较优势(Revealed Comparative Advantage Index,即 RCA 指数)是美国经济学家贝拉·巴拉萨(Balassa Bela)1965年提出的用来反映一个国家(地区)某一产业贸易的比较优势。它通过计算一国某种产品出口值在该国出口总值中所占比重与该种产品的世界出口总值在世界全部出口产品总值中所占的比重,判断一国产品是否具有国际竞争力的一种指标。由于较好地剔除了国家总量波动和世界总量波动的影响,它可以较好地反映一个国家某一产业的出口与世界平均出口水平的相对优势,因此现

在被广泛采用。其计算公式是:

$$RCA_{c,i} = \frac{\dfrac{x(c,i)}{\sum_i x(c,i)}}{\dfrac{\sum_c x(c,i)}{\sum_{c,i} x(c,i)}} \quad (1)$$

其中，i 代表某类产品，c 代表国家。

以 RCA 来判断一国某类产品的国际竞争力时，通常设置为如下几个档次：

RCA 值	产品竞争力情况
≥2.5	竞争力强
1.25—2.5	竞争力较强
0.8—1.25	竞争力一般
<0.8	竞争力弱

本文将采用《联合国国际贸易标准分类》[①]（SITCRev.3）的商品分类方法和联合国贸易数据库的贸易统计数据，对中国和拉美双边贸易的比较优势进行计算。由于产品空间理论的局限，在计算时只考虑中拉之间的货物贸易。

图 5 显示的是 2001—2013 年拉美对中国出口商品的显性比较优势。从中可以看出，拉美出口的商品中有四大类产品非常有竞争力（RCA 大于 2），包括 0 类、1 类、2 类和 4 类商品。这些商品主要是一些资源型和农业初级产品。其中 0 类和 2 类商品在 2007—2009 年的金融危机期间的竞争力显著提升，2010 年至今的竞争力保持比较稳定。相比之下，四类产品的竞争优势在近 13 年期间出现较大幅度的波动，而 1 类商品的竞争优势的波动趋势比较平缓，这两类商品在 2010 年以来也保持着比较稳定的竞争优势。除此之外，拉美在工业制成品方面的竞争优势就没那么明

---

① 《联合国国际贸易标准分类》（SITCRev.3）将产品分为 0－9 等 10 类商品，其中 0 类商品表示食品及主要供食用的活动物，1 类商品表示饮料及烟类，2 类商品表示燃料以外的非食用粗原料，3 类商品表示矿物燃料、润滑油及有关原料，4 类商品表示动植物油及油脂，5 类商品表示未列名化学品及有关产品，6 类商品表示主要按原料分类的制成品，7 类商品表示机械及运输设备，8 类商品表示杂项制品，9 类商品表示没有分类的其他商品。

显。其中，6类商品因为是与原材料相关的制成品，因此有一定的竞争力。而其他5类的商品的竞争优势较弱（RCA在0.8以下），这也显示了拉美出口的工业水平还处于一个较低的水平，"重初级产品出口，轻工业制成品"的格局短时间内难以得到较大的改善。

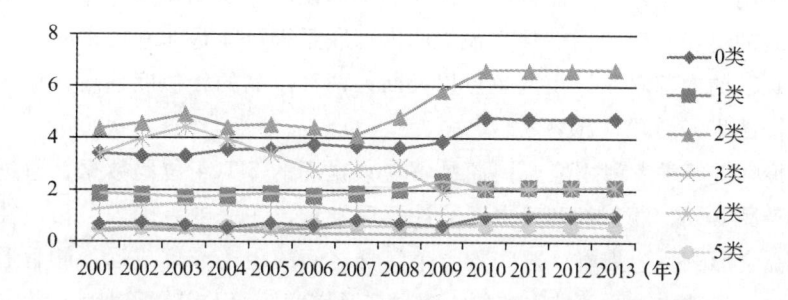

图5 2001—2013年拉美对中国出口商品的显性比较优势

资料来源：笔者计算。

图6显示的是2001—2013年中国对拉美出口商品的显性比较优势。可以看出，中国对拉美出口具有竞争力的商品种类主要集中在工业制成品方面，包括6类、7类和8类商品。其中8类商品的竞争力最强，6类和7类商品经过近10年的发展，竞争力逐渐增强。这三类商品在2010年后都保持着比较稳定的竞争优势。相比之下，中国对拉美的其他类的出口商品的竞争优势都比较弱，且长期在低位徘徊，这也影响了中国对拉美的出口总量。2011年以来，中国对拉美出口的显性比较优势在逐渐走弱。

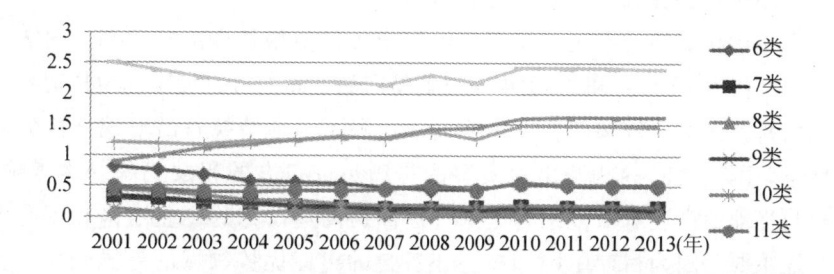

图6 2001—2013年中国对拉美出口商品的显性比较优势

资料来源：笔者计算。

(二) 中拉贸易的产品空间

通过计算 RCA，豪斯曼等人发现一国生产的产品之间具有某种潜在的依存关系，一国产品是具有高度异质性的，不同产品之间的内部联系也不尽相同，如果两种产品的生产需要的基础设施、物质要素、技术、制度等要素的组合相似的话，那么他们的内部联系很可能是非常紧密的，反之则是疏散的内部联系。由此也可以推断，两种产品的相似度越高，那么彼此之间的生产转化也越容易。

豪斯曼等学者利用联合国商品贸易数据库的 SITC4 位码数据，通过对各国产品 RCA、相似性和集中度的计算后发现，在一国范围内，相似性高的产品会形成一个集群，这些若干个集群之间的距离或近或远，最后形成一定的空间结构，这种结构被称之为"产品空间"，用矩阵可以表示为：

$$\Delta = \begin{pmatrix} 0 & D_{a,b} & D_{a,c} & \cdots & D_{a,n} \\ & 0 & D_{b,c} & \ddots & \vdots \\ & & \ddots & \ddots & \vdots \\ & & & \ddots & D_{n-1,n} \\ & & & & 0 \end{pmatrix} \quad (2)$$

在产品空间中，由于同一时期内生产同品种单位产品的生产要素是特定的，因此，各种产品之间的距离是恒定的。如果假定生产要素是连续的，那么在产品空间中，相似度越高的产品之间的距离会越接近，形成一定的聚集状态，反之则会保持疏远的状态，这样产品空间的分布具有异质性，是不均匀的。越是精细化的产品都位于一个紧密联系的中心领域，而较为简单的产品则位于相对疏松的外围。

利用中拉贸易的有关数据可以绘制出中拉贸易的产品空间图。图 7 和图 8 分别代表 2010 年和 2013 年中拉贸易产品空间。可以发现，中拉贸易的产品关系整体上比较稀疏，一定程度上反映了当前中拉贸易出现结构失衡的状态。两国之间的相互出口更多的是满足进口方的粗放式的基本需求，没有与当地的产业有效地结合起来，进而提高进口方的产业结构和贸易水平。这主要是因为目前中国和拉美在各自的出口优势领域的差异较大，且在一些技术密集型制成品和资本密集型制成品上，都不具有明显的比较优势，不同产业之间的联系没有有效地结合在一起，更多的是处于"各自为战"的粗放状态。

对比 2010 年和 2013 年的中拉经贸的产品空间的变动，可以发现近几年来，中拉贸易的产品空间的显性比较优势趋于下降，这主要是因为初级产品类（0 类、1 类等）贸易数量在不断扩张，且占据了较高的权重，而工业制成品（如 5—8 类）的贸易受到了一定的抑制；产品空间的运动趋于向显性比较优势为 1—1.5 的趋于收敛，这意味着产品空间的刚性逐渐形成。而一旦形成刚性，这意味着中拉贸易的竞争力一般的格局将最终固化。

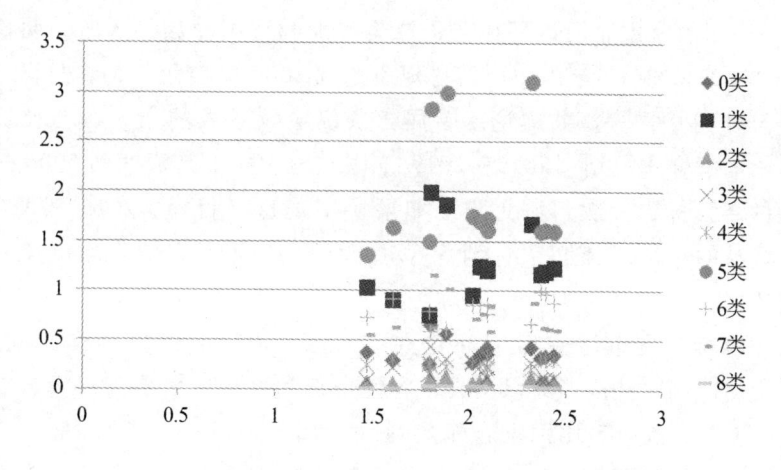

图 7　2010 年中拉贸易产品空间

资料来源：笔者计算绘制。

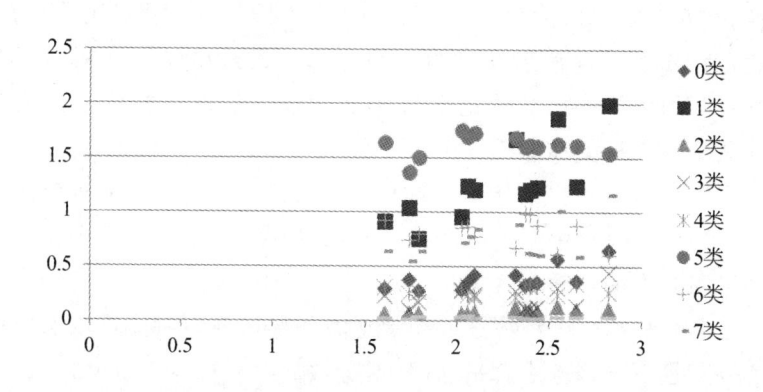

图 8　2013 年中拉贸易产品空间

资料来源：笔者计算绘制。

三 新常态下中拉经贸发展的对策建议

新常态给中拉经贸关系的发展带来了严峻的挑战。长期以来，经贸关系是推动中拉全面务实合作的关键因素。其量化指标也一直是中拉双方的重点关切之一。继 2012 年时任中国国务院总理温家宝在联合国经委会提出"5 年内双边贸易额达到 4000 亿美元"的目标之后，2014 年 7 月，中国国家主席习近平在会晤拉美和加勒比国家领导人时，明确提出了"力争实现 10 年内中拉贸易规模达到 5000 亿美元"的新目标。在 2015 年 1 月中国—拉共体论坛首届部长级会议达成的《中国与拉美和加勒比国家合作规划（2015—2019）》中，"中拉贸易额达到 5000 亿美元"的新目标再一次得到重申。如果要实现这一目标，2015—2024 年中拉贸易的年均增速必须达到 6.6%。而 2012 年以来的年均增速显然难以达标。

2014 年，习近平主席倡导建立"1+3+6"的中拉合作新框架。"1"是"一个规划"，即以实现包容性增长和可持续发展为目标，制定《中国与拉美和加勒比国家合作规划（2015—2019）》。"3"是"三大引擎"，即以贸易、投资、金融合作为动力，推动中拉务实合作全面发展，力争实现 10 年内中拉贸易规模达到 5000 亿美元，力争实现 10 年内对拉美投资存量达到 2500 亿美元，推动扩大双边贸易本币结算和本币互换。"6"是"六大领域"，即以能源资源、基础设施建设、农业、制造业、科技创新、信息技术为合作重点，推进中拉产业对接。2015 年 1 月召开的中国—拉共体论坛首届部长级会议形成的标志性成果之一——《中国与拉美和加勒比国家合作规划（2015—2019）》对这一倡议进行了深化与落实。紧接着，2015 年 5 月，国务院总理李克强访问拉美时，进一步提出中拉国际产能"3×3 新模式"，为提升中拉经贸合作提供了强有力的推动。

在世界经济和中国经济进入新常态的外部环境短时间难以取得根本性改善的背景下，当务之急是利用中拉产能合作"3×3 新模式"，重塑中拉经贸的比较优势新红利，打破日益僵化的贸易产品空间，发挥贸易、投资和金融三大引擎的功效，将中拉经贸发展推向一个新的发展阶段。

（一）积极对接"一带一路"战略，扩大中拉经贸合作的外延

从 2013 年习近平主席先后提出"丝绸之路经济带"和"21 世纪海上丝绸之路"两大倡议以来，"一带一路"已经跃升为中国的国家重点战略，被誉为中国新时期的又一次"对外开放"。

虽然在公开场合下"一带一路"战略并未涵盖拉美地区，但是从历史上看，拉美地区是"海上丝绸之路"的重要目的地。如今，中拉经贸的飞速发展也意味着"海上丝绸之路"在 21 世纪复兴。无论从经济实力基础、经贸发展基础、政治互信基础还是人文交流基础，拉美地区理都应成为"21 世纪海上丝绸之路"的重要一极。

从现实情况出发，应积极实现中拉整体合作积极与"一带一路"战略的对接。对中国而言，可以这两大外交战略向东西两个方向的纵深的延伸，东西能够相互呼应，连为一体，实现更广领域、更深层次的互联互通；对于拉美而言，一方面，可以提升与中国经贸关系的战略提升；另一方面，借助中国的"一带一路"战略与沿线地区的交融，使拉美产品获得更广阔的市场。总之，中拉整体合作积极与"一带一路"战略的对接，能够为中拉整体合作创造一个全新的外部环境，为中拉国际产能合作提供有力的战略保障。

（二）通过国际产能合作，培育新的增长点，推动产品空间升级

中拉整体合作的关键在于推动国际产能合作。应主要着眼于以下三个重点领域。

1. 通过国际产能合作，积极参与拉美地区基础设施建设

拉美地区基础设施建设落后已为国际社会普遍诟病，这也是严重制约拉美经济发展和中拉经贸关系发展的主要因素之一。显然，中拉双方已经意识到这一问题，中方通过提供基础设施贷款，建设"两洋铁路"、"尼加拉瓜运河"等大型建设项目等一系列措施帮助拉美国家改善基础设施条件。接下来，中拉合作基金应多向基础设施建设倾斜。

2. 借力国际产能合作，助力拉美地区"再工业化"，扩大成套设备出口

长期以来，初级产品出口模式造成中拉经贸产品单一、贸易结构失衡等问题，在世界经济陷入低俗增长、国际原材料和大宗商品价格不断回落

的大环境下，对拉美经济的增长形成严重的制约。拉美国家也意识到这一问题，意欲"再工业化"，试图提高工业化水平，提升其在国际贸易价值链中的地位，但又苦于自身能力有限。在此需求之下，中方应借力国际产能合作，进军拉美地区的重要工业部门，加大成套工业设备的出口，不仅可以在双边贸易中寻找到新的增长点，也可广泛参与拉美的"再工业化"过程，为拉美的经济振兴作出贡献。

3. 利用国际产能合作，开发新的产品，实现贸易多元化

前文中的分析表明，中拉产品空间日益僵化，如果仍由其自发发展，只能在贸易数量上出现略微的调整，根本无法取得质量上的重大突破。只有通过国际产能合作，取长补短，在机电产品、高新技术产品等存在潜在比较优势的领域合力开发新产品，打破固有的产品空间内在机构，向产品空间的边界寻求突破，创造新的贸易增长点。另外，基于中国与拉美主要国家的贸易产品空间已经形成的基本事实，应在保持现有市场的基础上，培育和开发加勒比国家等新兴市场，以市场多元化策略来寻求产品空间的扩张性。

（三）充分发挥贸易、投资和金融三大引擎功能，提升中拉经贸的资本含量

在过去60余年的双边交往中，中拉双方形成了以贸易为主导、投资与合作逐步展开的经贸合作布局。中拉都共同认识到，在新形势下，贸易、投资和金融三大引擎能够相互促进，形成轮转优势，为中拉经贸的发展注入资本含量。

1. 抓住投资机遇，推进中拉经贸由"量"向"质"的转变

目前，拉美国家的经济比较低迷，对投资的需求加大，许多行业都孕育着巨大的投资商机。近年来，中国企业开拓拉美等新兴市场的热情和力度持续高涨，目前正是逢低进入的大好时机。例如，拉美许多国家对产品进口有着较为严格的本土化要求，单纯的货物出口往往受到很大的制约，或者承担较高的关税。如果利用当前的投资机遇进入拉美市场，不但可以大幅度地降低投资成本，还可以发掘新的贸易增长点，趁机推动拉美有关产业的转型升级，实现单纯追求从"量"到"质"的提升。

2. 发挥信用保险机制，为中拉经贸发展保驾护航

在当前经济形势下，中国对拉美的出口和投资风险加大，因此要充分

发挥保险提振信心和降低风险的功能。要进一步健全出口保险机制，维持出口信心，降低出口风险。另外，保险也可以进入产能合作、设备租赁甚至投资业务中，为中拉经贸发展保驾护航。

3. 加强金融合作，为投资和保险提供全方位支持

目前，中国与拉美在金融方面的合作卓有成效。例如与拉美等国签署的货币互换协议，大大提高了人民币的国际化水平，也为中拉经贸发展提供了许多便利。接下来，中国应与更多的拉美国家扩大货币互换及本币结算合作，切实维护拉美地区的金融市场稳定，促进实体经济的发展。中资银行也可在条件成熟之际在拉美更多国家设立分支机构，开展业务，更好地服务于中拉经贸发展。

（四）进一步开展中拉人文交流，扩大双边服务贸易

新形势下，中拉人文交流日益频繁。以"文化搭台，经济唱戏"推动中拉经贸关系发展将大有可为。双方已经确定2016年为"中拉文化交流年"，而且2016年拉美将承办奥运会，以此为契机，在未来一段时间，应进一步开展中拉在文化、教育、旅游、金融服务等多方面的交流，扩大服务贸易。

The New Normalof The Economic And Trade Relations Between Chinaand Latin America

Abstract：In the past 10 years' rapid development since entering twenty-first Century, the current economic and trade relations between China and Latin America have shown the feature of New Normal including growth deceleration, structural imbalance, investment frustration. It is owing to both global economy and China's economy fall into the new normal, as well as the decline of Revealed Comparative Advantage of economic and trade between China and Latin America lead to a rigid product space. For the development of economic and trade relations, we should carry out the framework of the "1 + 3 + 6" cooperation, through docking to "One Belt, One Road Initiative", promoting the international capacity cooperation of "3 x 3 new model", launching the efficiency of the three engines (trade, investment and finance), and enhance exchanges in humanistic sectors.

Key words: Economic and trade relation between China and Latin America, New Normal, Revealed Comparative Advantage, Product space, Capacity cooperation

参考文献：

Abdon Arnelyn, Marife Bacate. et al., "Product Complexity and Economic Development." Levy Economics Institute Working Paper No. 616, 2010.

César A. Hidalgo, B. Klinger, A. Barabási, "The Product Space Conditions the Development of Nations", Science (317): 482 – 487, 2007.

Felipe Jesus, Utsav Kumar. et al, "Why Has China Succeeded: And Why It Will Continue to Do So?" Levy Economics Institute of Bard College Working Paper No. 611, 2010.

Grossman, G. M. and E. Helpman, "Product Development and International Trade" The Journal of Political Economy, 97 (6), pp. 1261 – 1283, 1989.

Hausmann Ricardo, Bailey Klinger, "The Structure of the Product Space and the Evolution of Comparative Advantage", CID Working Paper No. 146, 2007.

Hausmann Ricardo, Dani Rodrik, "Economic Development as Self Discovery", Journal of Development Economics, 72 (2), pp. 603 – 633, 2003.

Hausmann Ricardo, J. Hwang, Dani Rodrik, "What Your Export Matters", Journal of Economic Growth, 12 (1): pp. 1 – 25, 2007.

Hausmann Ricardo, Bailey Klinger, "The Evolution of Comparative Advantage: The Impact of the Structure of the Product Space", CID Working Paper No. 106, 2006.

Hausmann Ricardo, César A. Hidalgo, "Country Diversification, Product Ubiquity, and Economic Divergence", CID Working Paper No. 201, 2010.

Rodrik Dani, "What's so Special about China's Exports?" China& World Economy, 14 (5): 1 – 19, 2006.

曾世宏、郑江淮：《产品空间结构理论对我国转变经济发展方式的启示》，《经济纵横》2008 年第 11 期。

郭界秀：《比较优势理论研究新进展》，《国际贸易问题》2013 年第 3 期。

唐俊：《应将 21 世纪海上丝绸之路扩展到拉美地区》，《当代世界》2015 年第 2 期。

伍业君、张其仔、徐娟：《产品空间与比较优势演化述评》，《经济评论》2012 年第 4 期。

伍业君、张其仔：《比较优势演化与经济增长——基于阿根廷的实证分析》，《中国工业经济》2012 年第 2 期。

张其仔：《比较优势演化与中国产业升级路径选择》，《中国工业经济》2008 年第 9 期。

岳云霞：《中拉合作：新常态需要新对策》，《国际商报》2015 年 2 月 15 日。

卢国正：《21 世纪海上丝路助推中拉经贸换挡升级》，《对外经贸实务》2015 年第 3 期。

中国企业在拉美的直接投资：
区位选择的影响因素

Diego Quer　李宇娴[*]

内容提要　在世界范围内，拉美地区已经成为中国开展投资的第二大目的地，仅次于亚洲。本文旨在分析区位因素对中国企业在拉美地区的目的地国家的投资决策的影响。为了客观地进行该项研究，我们使用了一套详尽的数据样本，这些样本涵盖了在2005—2015年这10年里中国在拉美地区的10余个国家所开展的73项投资。我们的研究表明，目标市场的规模对中国企业的选址决策有着积极的影响，文化距离产生负面影响，而政治风险对区位选择并没有影响。

关键词　中国　对外直接投资　拉美　区位选择

一　简介

近年来，中国企业所进行的对外直接投资（FDI）呈成倍增长的趋势。2014年，由中国各企业开展的外国直接投资流量达到1160亿美元。中国大陆已跻身全球第三大投资者，仅次于美国和中国香港（Unctad，2015）。

图1显示了截至2013年中国对外直接投资累计存量在全球各个地区的分布情况（中国商务部统计，2015年）。

---

[*] Diego Quer，西班牙阿利坎特大学管理系副教授；李宇娴，西南科技大学拉美研究中心科研助理。

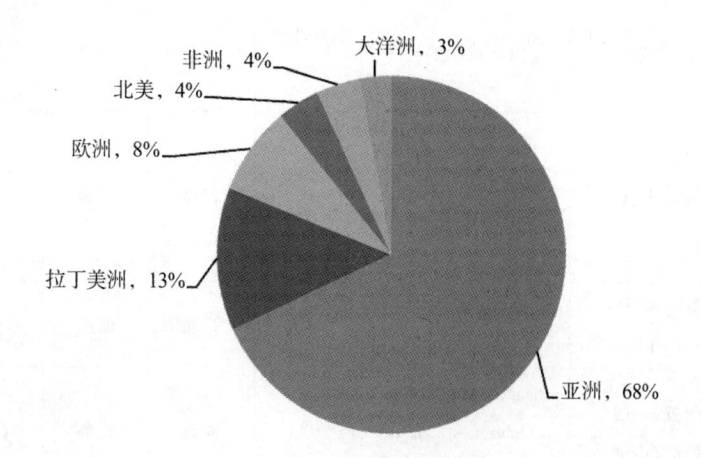

图1　中国对外直接投资地区分布情况（累计存量）

资料来源：中国商务部（2015年）。

如图1所示，拉美是中国对外直接投资的第二大主要接收地（占累积存量的13%），仅次于亚洲（68%）。此外，根据商务部2015年的报告，委内瑞拉是中国对外投资在拉美地区最主要的接收国，截至2013年累计投资达23.6亿美元，其次是巴西（17.3亿美元）、阿根廷（16.6亿美元）及厄瓜多尔（10.1亿美元）。一些中国企业已经开始斥巨资到拉美地区投资，主要通过收购与能源和矿业相关的当地公司。表1分别列出了最为突出的收购案例，并按照投资额度由高到低排列。

表1　　　　　　　　　中国公司在拉美的主要收购案例

年份	中国投资公司	在拉美收购的公司	收购份额（%）	行业	国家	投资额（单位：亿美元）
2010	中国石化集团（中石化）	巴西雷普索尔公司（Repsol Brasil）	40	石油	巴西	71
2010	中国海洋石油总公司（中海油）	Bridas	50	石油天然气	阿根廷	31

续表

年份	中国投资公司	在拉美收购的公司	收购份额（%）	行业	国家	投资额（单位：亿美元）
2010	中化集团	佩雷格里诺油田（挪威国家石油公司）（Yacimiento de petróleo Peregrino）（Statoil）	40	石油	巴西	30.7
2011	中国石化集团（中石化）	高浦能源公司（Galp Energía）	30	石油	巴西	48
2014	中国五矿/国信国际/中信	Bambas铜矿（Mina de cobre Las Bambas）（Glencore）	100	铜业	秘鲁	69.9
2014	中国石油天然气集团公司（中石油）	太平洋炼油厂（Refinería del Pacífico）	30	石油	厄瓜多尔	30

资料来源：中国全球投资跟踪器（传统基金会）。

本文旨在分析目的地国家的区位因素对中国企业在拉美地区直接投资的决策影响。更准确地说，我们将研究中国企业在拉美地区投资的区位因素，目标市场的市场规模、文化距离以及政治风险对区位决策的影响。

二 理论和假设

目标市场的规模

目标市场的潜在规模会影响对外直接投资的决策。能够进入大规模的市场的可能性是吸引外国公司进入该市场的一大因素（Kang & Jiang，2012）。进入更大规模的市场意味着拥有更大规模的顾客群和更多的机会探索规模经济。在之前的一些关于中国跨国公司的研究中，我们得知，目标市场的规模对中国对外直接投资的区位选择有积极影响（Buckley et al.，2007；Duanmu & Guney，2009）。因此，我们提出以下假设：

假设1：拉美地区东道国的市场规模对中国企业的选址决策有着积极影响。

文化距离

文化距离是指国家之间存在的差异，这种差异通常可能通过人们不同的行为表现出来。当开展的业务从一个国家转移到另一个国家时，这种差异时常会影响工作实践及其方式（Hofstede et al., 2010）。文化差异通常被视为跨国公司向其他国家开展贸易的一大障碍，因此，它影响着区位因素的决策（Kang & Jiang, 2012）。在中国企业的案例中，部分以前的研究表明：文化距离越大，中国企业越不愿意到该东道国去进行对外直接投资（Blomkvist & Drogendijk, 2013; Buckley et al., 2007; Quer et al., 2012b）。由此，提出我们第二个假设：

假设2：中国与拉美地区东道国的文化距离对中国企业的选址决策有着消极影响。

政治风险

政治风险是指一个国家政府的行为或政治和社会形势的变化对公司造成不利影响的可能性。由于东道国政府与跨国公司的目标冲突，东道国发生的政治事件或东道国与其他国家的政治关系发生的重大变化导致跨国公司利益受损的可能性，它对经济的稳定产生负面影响（Simon, 1984）。尽管一些关于跨国公司的研究表明政治风险对区位的选择有消极的影响（Duanmu & Guney, 2009），但是，也有研究发现政治风险对对外直接投资的区位选择并没有任何消极影响（Buckley et al., 2007; Duanmu, 2012, 2014; Kolstad & Wiig, 2012; Quer et al., 2012b; Ramasamy et al., 2012）。有些论据可以证明这个结果。一方面，一些具有高政治风险的国家可以提供不被其他国家的跨国公司利用的商业机会，因为这些跨国公司已经决定不向这些高政治风险的地区投资。另一方面，中国一直和一些具有高政治风险的国家保持着良好的外交关系，这些国家在一定程度上能够为中国企业的对外直接投资提供一定的便利。因此，我们提出以下假设：

假设3：拉美地区东道国的政治风险将不会影响中国企业区位选择的决策（Duanmu & Guney, 2009）。

三 研究方法论

样本与数据

该研究的样本是从各种辅助数据源得出：中国全球投资跟踪器（传统基金会创建的数据库，提供有关中国公司的对外直接投资信息），发表在中国媒体的报道（如《中国日报》、《环球时报》）和直接从中国企业投资的企业网站获得的信息。最后，我们将分析自 2005 年 1 月到 2015 年 6 月 43 家中国公司在拉丁美洲的 10 个国家所开展的对外直接投资活动。

图 2 是该研究样本获取数量在拉美地区各国的分布情况，根据各国开展对外直接投资的数量来制图。由此可发现，巴西是拉美众多国家中接受中国投资最多的国家（33 项投资），紧接着是阿根廷和秘鲁（分别拥有 10 项投资）。

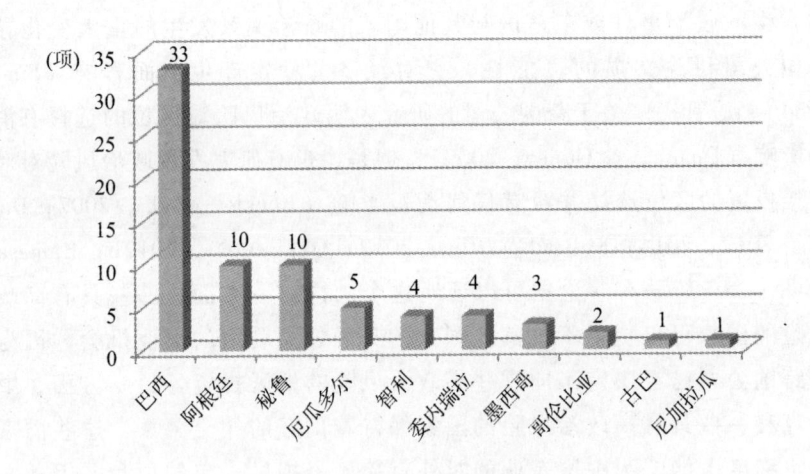

图 2 中国对外直接投资在拉美各国的分布情况

资料来源：中国全球投资跟踪器（传统基金会）。

表 2 是关于中国企业在拉美地区进行对外直接投资的一个分类情况。中石化（Sinopec）是进行对外直接投资最多的公司（7 项），其次则是中石油（CNPC）（6 项）和中国五矿（5 项）。

表2　　　　　　中国企业在拉美进行对外直接投资的数量

企业名称	FDIs的数量	国家
中石化	7	阿根廷，巴西（2），哥伦比亚，厄瓜多尔（2），委内瑞拉
中石油 CNPC（China National Petroleum Corporation）	6	巴西，厄瓜多尔（3），秘鲁，委内瑞拉
中国五矿（China Minmetals）	5	智利，古巴，秘鲁（3）
奇瑞（Chery Auto）	3	阿根廷，巴西，委内瑞拉
中国建设银行（China Construction Bank）	3	巴西（3）
中国铁建（China Railway Construction）	3	厄瓜多尔（2），委内瑞拉
中国长江三峡集团公司（China Three Gorges Corporation）	3	巴西（3）
中国投资有限责任公司 CIC（China Investment Corporation）	3	巴西（3）
中海油 CNOOC（China National Offshore Oil Corporation）	3	阿根廷（3），巴西
中国工商银行 ICBC（Industrial and Commercial Bank of China）	3	阿根廷（2），巴西
中国铝业（Chinalco）	2	秘鲁（2）
江淮汽车（JAC Motors）	2	巴西（2）
三一重工（Sany Heavy）	2	巴西（2）
中化集团（Sinochem）	2	巴西，哥伦比亚
国家电网（State Grid）	2	巴西（2）
中兴（ZTE）	2	巴西（2）
鞍钢（Anshan Iron & Steel）	1	巴西
宝钢（Baosteel）	1	巴西
北汽福田（Beiqi Foton）	1	巴西
比亚迪（BYD）	1	巴西
中国交通建设（China Communications Construction）	1	巴西
中国卫星发射测控系统部（China Satellite Launch and Tracking Control General）	1	阿根廷
重庆粮食集团（Chongqing Grain）	1	巴西

续表

企业名称	FDIs 的数量	国家
中信（中国国际信托投资公司）CITIC（China International Trust and Investment Corporation）	1	巴西
中粮集团（中国国家粮油及食品）COFCO（China National Cereals, Oils and Foodstuff）	1	巴西
中国东部矿产勘查开发局（East China Mineral Exploration and Development Bureau）	1	巴西
金龙（Golden Dragon）	1	墨西哥
黑龙江北大荒农垦（Heilongjiang Beidahuang Nongken）	1	阿根廷
江西铜矿（Jiangxi Copper）	1	秘鲁
金川集团（Jinchuan）	1	墨西哥
联想（Lenovo）	1	巴西
南金兆集团（Nanjinzhao）	1	秘鲁
日升新能源（Risen Energy）	1	墨西哥
陕西煤业化工集团（Shaanxi Coal and Chemical Industry）	1	阿根廷
中国首钢集团（Shougang Group）	1	巴西
顺德日新（Shunde Rixin）	1	智利
天源太阳能（SkySolar）	1	智利
太钢（Taiyuan Iron & Steel）	1	巴西
武钢（Wuhan Iron and Steel）	1	巴西
新疆金风（Xinjiang Goldwind）	1	智利
信威通信（Xinwei Telecom）	1	尼加拉瓜
徐工工程机械（Xugong Construction Machinery）	1	巴西
紫金矿业（Zijin Mining）	1	秘鲁

注：中石油和中石化在厄瓜多尔有 2 项共同投资；中石油和中海油在巴西有 1 项共同投资；中国五矿和江西铜矿在秘鲁有 1 项共同投资；鞍钢、宝钢、中信，首钢和太钢在巴西有 1 项共同投资。

资料来源：中国全球投资跟踪器（传统基金会）。

因变量

区位选择的决策：在我们的模型中的因变量是一个二分变量：（1）如果 i 公司在 j 国投资；（2）相反的情况（Duanmu, 2012; Quer et al., 2012b; Yuan & Pangarkar, 2010）。

自变量

市场规模。目标市场的规模通过每个国家的国内生产总值（GDP）的价值来衡量，使用世界银行的数据和应用对数变换（Buckley et al., 2007; Quer et al., 2012a）。

文化距离。中国与拉美地区各东道国直接的文化距离可以通过古特与辛格指数（el índice de Kogut & Singh）和霍夫斯泰德模型的6个文化维度（Hofstede et al., 2010）来判定。这一方法已经被运用于以往关于中国对外直接投资的研究中（Quer et al., 2012a, 2012b; Xu et al., 2011）。

政治风险。拉美各东道国的政治风险可以通过国际国家风险排名指南（el ranking International Country Risk Guide）（PRS, 2013）评估。这一方法在以前关于中国跨国公司研究中得到运用（Buckley et al., 2007; Duanmu, 2012; Duanmu & Guney, 2009; Quer et al., 2012a, 2012b）。

控制变量

经济增长率。东道国的经济增长率对中国企业在拉美进行对外直接投资也有一定影响。因此，我们将东道国的国内生产总值（GDP）的增长率归入控制变量，也可运用世界银行的相关数据进行研究（Buckley et al., 2007; Duanmu & Guney, 2009）。

目的：寻找资源。寻找自然资源（石油、天然气、金属、原材料等）一直是中国企业开展对外直接投资传统目标之一，特别是国有企业（Buckley et al., 2008; Deng, 2004）。一些拥有这些资源的拉美国家同时也在寻找有意向的中国企业。因此，这里涵盖了控制变量的两方面性质：（1）如果一家企业属于矿产、金属、石油和天然气行业，并且它开展对外直接的目的是寻找资源；（2）相反的情况。

国有企业。许多中国的跨国公司是国有企业，这些公司的国际行为与私有企业明显不同。为了控制这一点，我们将它划分为一个二分变量：（1）如果这一中国投资商是国有企业；（2）如果是私有企业（Cui & Jiang, 2012; Duanmu, 2012; Meyer et al., 2014）。

四 结果与讨论

对于上文提出的假设我们应用了有条件的条件逻辑回归模型。表 3 提出了相关系数矩阵，而表 4 给出了回归结果。

表 3　　　　　　　　　　相关系数矩阵

	1	2	3	4	5
1. 市场规模					
2. 文化距离	-0.51**				
3. 政治风险	-0.27**	0.41**			
4. 经济增长率	-0.25**	-0.19**	0.20**		5
5. 目的：需找资源	0.01	-0.01	-0.00	-0.00	
6. 国有企业	0.00	0.00	0.00	0.00	0.36**

注 **$p<0.01$

数据来源：笔者自制。

表 4　　　　　　　　　　逻辑回归结果

	系数 β
自变量	
市场规模（H1）	1.03**
文化距离（H2）	-0.83***
政治风险（H3）	0.01
控制变量	
经济增长率	0.15
目的：寻找资源	0.22
国有企业	0.31

卡方：73.95***

因变量：(1) i 公司向 j 国投资；(2) 相反的情况

注 **$p<0.01$；***$p<0.001$

数据来源：笔者自制。

从表 4 中可以发现，东道国的市场规模对中国企业实行对外直接投资有积极的影响（β=1,03, p<0,01）。这一点支持了我们之前提出的假设1，同时我们也发现在之前的相关研究中也对这一点作了相应的解释（Buckley et al.，2007；Duanmu & Guney, 2009）。因此，可以得出中国企业更愿意在具有更大市场规模的拉美国家开展对外直接投资。

我们得出的结果同时也支持假设2，也就是说文化距离对区位选择的决策有着消极的影响（β=-0,83, p<0,001）。在前人关于中国对外直接投资的研究中也得出了相似结论（Blomkvist & Drogendijk, 2013；Buckley et al.，2007；Quer et al, 2012b）。由此可知，中国企业不倾向于向与本国有着较大文化距离的拉美国家进行对外直接投资。

假设3同样也得到证明，政治风险对于区位选择决策并没有影响（β=0,01, p>0,1）。以往的研究也发现政治风险并不会对中国企业的对外直接投资产生消极影响（Buckley et al.，2007；Duanmu, 2012, 2014；Kolstad & Wiig, 2012；Quer et al.，2012b；Ramasamy et al.，2012）。综上所述，拉美部分国家的政治风险并不会对中国企业的区位选择决策产生影响。

最后，要强调的是，之前提出的三个可控变量对我们这一模型研究并没有产生任何有意义的结论。因此，东道国的经济增长率、中国企业寻找资源的投资目的或是是否为国有企业进行投资都不会影响中国企业在拉美进行区位选择的决策。

五 结论

拉美是中国对外直接投资最主要的目的地之一，正如前文中所指出的一样，目前已成为第二大目的地，仅次于亚洲。拉美各国向中国企业提供感兴趣的机会，尤其是与寻找自然资源如石油、天然气、矿产等相关的产业。委内瑞拉、巴西、阿根廷和厄瓜多尔是拉美国家中到目前为止接收中国对外直接投资最多的国家。此外，中国企业也在拉美开展重要的投资活动，如对西班牙雷普索尔公司（Repsol）子公司（位于巴西）、邦巴斯铜业（la mina de cobre las bambas）（位于秘鲁）、高浦能源（Galp Energía）（位于巴西）、Bridas（位于阿根廷）、佩雷格里诺油田（el yacimiento de petróleo peregrino）（位于巴西）或太平洋炼油厂（Refinería del pacifica）（位于厄瓜多尔）的各个收购活动。

本文通过分析中国企业在拉美各国进行对外直接投资的区位因素的影响对中国在拉美的投资进行了研究。我们的结论指出东道国的市场规模具有积极影响，文化距离则相反，具有消极影响，此外，政治风险对于中国企业在拉美进行直接投资的区位选择决策并没有任何影响。后者的结果反映了中国企业和其他国家，尤其是欧洲国家或美国的企业有不同的行为。对于这样的结果一个可能的解释是，中国政府一直与许多拉美国家保持着很亲密的外交关系，这有利于中国企业在一些被欧洲或美国公司认为高风险的国家进行直接投资。

该项研究最主要的不足是使用的都是辅助资料，所以我们不能分析中国投资企业的管理人员的看法。因此，在将来的研究中希望能够运用原始资料调查相关管理人员，了解他们对区位因素的评估以及对拉美各国区位选择因素的看法。

Abstract

Latin America is already the second largest destination for Chinese investments in the world, only behind Asia. This article analyzes the influence of location factors linked to the country of destination on the investment decisions of Chinese companies in Latin America. To do this, we used a sample of 73 Chinese investments in 10 countries in Latin America between 2005 and 2015. Our results indicate that the size of the target market positively affects the location decisions of Chinese enterprises, cultural distance and adversely affects political risk has no influence.

Keywords: China; Foreign direct investment; Latin America; Location decisions

参考文献：

Blomkvist, K., & Drogendijk, R. (2013): The Impact of Psychic Distance on Chinese outward Foreign Direct Investments. Management International Review, 53 (5): 659 – 686.

Buckley, P. J., Clegg, L. J., Cross, A. R., Liu, X., Voss, H., & Zheng, P. (2007): The Determinants of Chinese outward Foreign Direct Investment. Journal of International Business Studies, 38 (4): 499 – 518.

Buckley, P. J., Cross, A. R., Tan, H., Xin, L., & Voss, H. (2008): Historic and

Emergent Trends in Chinese outward Direct Investment. Management International Review, 48 (6): 715 - 748.

Cui, L., & Jiang, F. (2012): State Ownership Effect on Firms' FDI Ownership Decisions under Institutional Pressure: A study of Chinese outward-investing firms. Journal of International Business Studies, 43 (3): 264 - 284.

Deng, P. (2004): Outward investment by Chinese MNCs: Motivations and Implications. Business Horizons, 47 (3): 8 - 16.

Duanmu, J. L. (2012): Firm Heterogeneity and Location Choice of Chinese Multinational Enterprises (MNEs). Journal of World Business, 47 (1): 64 - 72.

Duanmu, J. L. (2014): State-owned MNCs and Host Country Expropriation Risk: The Role of Home State Soft Power and Economic Gunboat Diplomacy. Journal of International Business Studies, 45 (8): 1044 - 1060.

Duanmu, J. L., & Guney, Y. (2009): A Panel data Analysis of Locational Determinants of Chinese and Indian outward Foreign Direct Investment. Journal of Asia Business Studies, 3 (2): 1 - 15.

Hofstede, G., Hofstede, G. J., & Minkov, M. (2010): Cultures and Organizations. Software of the Mind. Intercultural Cooperation and Its Importance for Survival. 3rd edition. New York: McGraw-Hill.

Kang, Y., & Jiang, F. (2012): FDI Location Choice of Chinese Multinationals in East and Southeast Asia: Traditional Economic Factors and institutional Perspective. Journal of World Business, 47 (1): 45 - 53.

Kogut, B., & Singh, H. (1988): The Effect of National Culture on the Choice of Entry Mode. Journal of International Business Studies, 19 (3): 411 - 432.

Kolstad, I., & Wiig, A. (2012): What Determines Chinese outward FDI? Journal of World Business, 47 (1): 26 - 34.

Meyer, K. E., Ding, Y., Li, J., & Zhang, H. (2014): Overcoming Distrust: How State-owned Enterprises Adapt Their Foreign Entries to Institutional Pressures Abroad. Journal of International Business Studies, 45 (8): 1005 - 1028.

MOFCOM (2015). Statistics. Beijing: Ministry of Commerce (MOFCOM) People's Republic of China [english. mofcom. gov. cn].

PRS (2013). International Country Risk Guide (ICRG). The Political Risk Services (PRS) Group [www. prsgroup. com].

Quer, D., Claver, E., & Rienda, L. (2012a): Chinese Multinationals and Entry Mode Choice: Institutional, Transaction and Firm-specific Factors. Frontiers of Business Research in China, 6 (1): 1 - 24.

Quer, D., Claver, E., & Rienda, L. (2012b): Political Risk, Cultural Distance, and outward Foreign Direct Investment: Empirical evidence from large Chinese firms. Asia Pacific Journal of Management, 29 (4): 1089–1104.

Ramasamy, B., Yeung, M., & Laforet, S. (2012): China's outward Foreign Direct Investment: Location Choice and Firm Ownership. Journal of World Business, 47 (1): 17–25.

Simon, J. D. (1984): A Theoretical Perspective on Political Risk. Journal of International Business Studies, 15 (3): 123–143.

UNCTAD (2015): World Investment Report 2015. Reforming International Investment Governance. New York and Geneva: UNCTAD.

Xu, Y., Hu, S., & Fan, X. (2011): Entry Mode Choice of Chinese Enterprises: The Impacts of Country Risk, cultural distance and their interactions. Frontiers of Business Research in China, 5 (1): 63–78.

Yuan, L., & Pangarkar, N. (2010): Inertia Versus Mimicry in Location Choices by Chinese Multinationals. International Marketing Review, 27 (3): 295–315.

拉美大国与中国的拉美外交战略

范和生　唐惠敏[*]

内容提要　进入 21 世纪，中国和拉美之间的命运共同体关系得到了前所未有的发展。当前中国已和巴西、墨西哥、阿根廷、委内瑞拉、智利与秘鲁六国建立了全面战略伙伴关系或战略伙伴关系，使得彼此之间的政治关系迈入了崭新的发展阶段。这折射出中国传统外交战略逻辑，即在双边和多边外交框架下，既重视与拉美地区的整体性合作，又着重加强与巴西、墨西哥、阿根廷、委内瑞拉、智利与秘鲁等拉美大国在国际事务、经贸往来、人文互鉴等领域的合作。正确把握和处理中国与拉美大国的关系，既符合我国的利益诉求，又有助于提升中国在拉美地区的国际影响力，增强中国与拉美国家间的政治互信，降低战略误判的可能性。

关键词　拉美大国　中拉关系　外交战略　选择

一　研究背景与缘起

由中国倡导成立、主要面向广大发展中国家、地区的双边和多边合作机制架构起中国外交战略的重要框架。当前中国致力于同世界上广大发展中国家站在南南合作的框架内致力于在和平发展与全球治理中谋求更大的话语权。而拉美作为全球化治理、多边外交与南南合作的重要一环，在国

---

[*] 范和生，安徽大学社会与政治学院副院长、安徽大学拉丁美洲研究所所长，教授；唐惠敏，安徽大学拉丁美洲研究所研究助理。

际事务中的影响力不断提升，中国始终高度重视同拉美国家之间建立战略伙伴关系。继 2014 年习近平出访拉美并宣布建立平等互利、共同发展的中拉全面合作伙伴关系后，李克强总理的拉美首访将中拉命运共同体关系推上新的里程碑。2014 年成立的中拉论坛标志着中国基本实现全球多边外交体系的建构。近年来中国与拉美在双边和多边外交框架下，既重视以中拉论坛为核心的整体性合作以实现优势互补，又着重加强与巴西、墨西哥、阿根廷、委内瑞拉、智利与秘鲁等拉美大国在国际事务、经贸往来、人文互鉴等领域的纵深拓展。20 世纪 90 年代，大国外交就成为美国、俄罗斯、印度等诸多国家坚持的基本外交策略。其中深谙国家外交之道，也即外交政策的制定应既有利于贸易的繁荣，又能以此推动民主，进而促进国家稳定，形成良性循环。① 拉美国家长期一度在政治经济上依附于资本主义世界体系的"欧美中心"②，但并没有给拉美国家带来政治稳定与经济繁荣，反而被人为地贴上"中等收入陷阱"、"拉美病"等诸多不利标签。不言而喻，中国已经成为拉美国家在美欧之外的新选择，处理好与拉美大国关系对中拉命运共同体关系十分重要。当前，中国已成为拉美第二大贸易伙伴和主要投资来源国，中国在拉美影响力的上升是毋庸置疑的。加强中国同拉美大国全方位战略合作，对于建设更加合理公正的国际新秩序，维护发展中国家利益将会起到重要作用。

二 中国"拉美大国外交"的战略选择

考察中国的外交实践，不难发现，"大国是关键，周边是首要，发展中国家是基础，多边是重要舞台"外交指导方针的合理性。建立以大国为核心的新型大国外交关系是中国外交的基本原则与一贯逻辑。中国以合作共赢为核心的特色外交理念在国际外交舞台上赢得广泛认同与赞誉。中国积极把理念付诸实践，搭建中拉合作的新框架，广泛开展经贸、技术与能源等领域的互利合作，打造深度交融的大国外交典范。当前国际政治民主化、经济全球化发展趋势明显，人类利益共同体意识不断增强，整个拉

---

① 肖佳灵、唐贤兴：《大国外交——理论．决策．挑战（上）》，时事出版社 2003 年版，第 20—25 页。

② 张新建：《从依附到自主：拉美国际关系理论的成长》，《外交评论》2009 年第 2 期，第 114—122 页。

美世界比以往有了更多的外交空间和政治选项。① 中国特色大国外交以维护世界和平与发展为基本准则，在捍卫国家核心利益的前提下，既不干涉他国内政而又在国际事务与全球化治理中发挥应有的贡献。中国"拉美大国外交"是中国特色大国外交的重要组成部分。中国已与拉美 21 个国家建立了邦交关系，其中 2/3 是小国。而要与众多拉美小国打交道并保持良好的外交关系太耗心力。为此，中国应选择若干个拉美大国加强重点合作，通过拉美大国的政治、经济与国际影响，发挥中拉友好合作的典型与示范作用。笔者认为，拉美大国应具备三方面特征：一是国土面积和人口，二是国家的综合实力，三是与中国的利益关切度。为此，本文的拉美大国主要是指巴西、墨西哥、阿根廷、委内瑞拉、智利与秘鲁六国（为使用简便，这里简称为"拉美六国"）。

（一）综合考虑多重因素，确定重点合作国家与合作领域

实践证明，中国应根据国家利益需要，有目的性地选择与我国国家利益关切度高的拉共体成员国建立牢不可破的外交关系。因而，要与拉美 34 个国家与地区都发展密切的投资与贸易关系既超出了中国的能力，也不是中国的责任。② 当前，拉美政治版图变动大，某些国家政权更替频度高，且拉美国家之间的经济发展水平、法律制度完善程度与国家治理能力参差不齐，加之地理位置遥远、语言障碍以及文化差异，使得中国在与拉美国家打交道存在难以控制的政治风险。中国只能依据国家利益（以国家安全与经济利益为主，其他利益为辅）的需要确定重点合作的国家与重点合作领域。基于对拉共体成员国差异性的认识，中国要想在有限精力的前提下处理好中拉关系，必须将拉美国家组织起来形成一个交往整体，以拉美大国为中拉特色外交的突破口。中国与巴西在联合国、世界贸易组织、二十国集团、"金砖国家"、"基础四国"等国际组织和多边机制中具有重要的利益诉求与合作前景；中国与墨西哥 2013 年建立起全面战略合作伙伴关系，墨西哥是中国在拉美第二大贸易伙伴。2014 年，中墨贸易额 434.5 亿美元，其中中方出口 322.6 亿美元，进口 111.9 亿美元，同比分别增长 10.8%、

---

① 沈德昌：《全球化背景下国际政治的双重发展趋势》，《人民论坛》2011 年第 20 期，第 70—71 页。

② 高伟凯：《国家利益：概念的界定及其解读》，《世界经济与政治论坛》2009 年第 1 期，第 80—85 页。

11.4%和9.3%；中国与阿根廷建交以来，各领域互利合作日益深化，中国已成为阿根廷的全球第二大贸易伙伴，两国在国际事务中保持着良好合作；中国与委内瑞拉2014年建立起全面战略合作伙伴关系，中国是委内瑞拉最重要的贷款来源国，也是该国第二大石油进口国，同时委内瑞拉也是中国在拉美重要的贸易伙伴和投资对象国；中国与智利是传统的合作伙伴，智利是第一个就中国加入世界贸易组织与我国签署双边自由贸易协议，并承认我国完全市场经济地位的拉美国家。建交以来，两国政治互信与经贸往来不断提升；中国是秘鲁的重要合作伙伴，发展对华关系是秘鲁外交的优先方向，中秘在深化政治互信的同时，不断加强能源、矿业、水电、基础设施建设等领域合作，扩大双边贸易和投资，两国关系目前已提升为全面战略伙伴关系。中国不仅与"拉美六国"在政治互信以及全球化治理中密切联系，在经贸领域双方也取得了长足发展。据中国海关的统计，2014年中拉贸易额为2636亿美元，同比增长0.8%。而中国与巴西、墨西哥、阿根廷、委内瑞拉、智利与秘鲁六国的双方贸易额达到2096.91亿美元，占中拉贸易总额的79.55%（见表1）。整体而言，拉丁美洲与中国的大宗商品和原材料贸易顺差在扩大。2000—2013年，拉美对中国的出口商品主要是原油、大豆、铁矿石、铜矿石和精炼铜等五种商品，占拉美对中国总出口的75%。[①] 因而，中国与拉美合作重点应是能源、大宗农产品与矿产资源等关系国计民生的基础领域。2014年委内瑞拉、巴西、阿根廷和墨西哥四国向中国出口的石油占拉美地区出口中国石油总量的66.76%。阿根廷、巴西是中国在拉美最大的两个大豆和玉米进口国。巴西、阿根廷、智利、秘鲁与墨西哥的矿产资源出口量均占对华出口总量的1/3以上。

表1　　　　　中国与"拉美六国"的贸易总额　　　（单位：亿美元）

	2011	2012	2013	2014
巴西	842.00	750.00	904.90	865.80
墨西哥	333.59	366.76	392.17	434.50
阿根廷	161.60	144.25	148.40	158.01
委内瑞拉	200.00	238.30	192.40	138.90

---

① 驻牙买加经商参处："2014年中国与拉美及加勒比贸易概况"，http://china.huanqiu.com/News/mofcom/2015-07/6972040.html，2015-07-11（2015-08-22）。

续表

	2011	2012	2013	2014
智利	290.30	322.00	338.06	341.00
秘鲁	125.87	137.96	146.60	158.70

资料来源：笔者根据国家经信委及 World Trade Atlas 的相关数据整理而得。

（二）注意控制单方面国家风险，平衡与拉美各国的关系

新型大国关系本质上虽带有主观偏向性，但应看到这种偏向性是具有积极意义的。自古以来，国家之间的合作就存在限定性，绝对的普世性原则不可能存在。中国与"拉美六国"搁置争端和分歧不等于没有争端和分歧。中拉虽同属发展中国家，但双方在政治制度、意识形态、价值体系与发展模式选择等方面差异明显，导致各个国家判断事物的是非标准也各不相同，由此强化了中拉关系的"结构性矛盾"。在分析拉美陷入经济增长缓慢困局的因素时，中国需求的减少与经济竞争被很多经济学者频频提及。某些拉美国家将在经济发展道路上遇到的挫折、遭受的重创归因于中国的竞争，完全属于空穴来风。中国与拉美都处于经济结构与增长方式转型的关键时期，诚然双方在某些合作领域具有举足轻重的作用，但这并不意味着拉美是不可或缺的经济合作伙伴。中拉双方坚持在国家核心利益不受侵犯基础上的互利合作，是全球化发展的必然趋势。中国对拉投资正呈现持续增长和多元化的趋势，既标志着双方经贸合作走向成熟，又展现了中国在拉美脱困之路上的大国风范。步入 21 世纪，拉美地区的政治风向不稳定状态虽有所好转，但某些国家政局仍不明朗，政治"军事化"倾向明显，国家权力结构分散，社会动荡因素增多。"拉美六国"中的委内瑞拉、巴西、阿根廷和秘鲁等左派政党上台后，经济发展模式的调整并没有有效改变国家不公平的收入分配状况，也没有触及阻碍社会改革的根本性因素。[1] 这给我国企业在拉美的投资带来了不少挑战。因而，中国企业应充分考虑在拉投资的政治风险，在不触动既有利益格局的前提下，加强对投资国的风险评估，是中国企业防范在拉投资风险、减少政治成本的重要途径。墨西哥取消中国高铁中标和叫停坎昆龙城中国商品集散

---

[1] 张森根：《从政局发展看拉美当前的政治和社会问题》，《拉丁美洲研究》1993 年第 1 期，第 9—14 页。

中心项目、阿根廷铁路国有化等不得不引起中国企业的警惕。即使中国海外投资主体是大型国企，但依然不可忽视拉美的政治风险，特别是在投资额度高且合作国相对集中的能源、矿产领域，一旦发生大的政治变动，必然会影响中国企业的投资利益。同时，在拉美投资中国企业还应高度重视并处理好与当地劳工组织和工会的关系。在能源与矿产资源合作领域，中国企业需密切关注拉美国家或非政府组织在环境保护、劳工福利、技术标注等方面提出的新条件。值得注意的是，中国的"拉美大国"外交战略还面临着处理好个体和群体之间关系的难题，也即如何在突出拉美大国主导作用的同时，又要强调"拉美各国同等重要"。以"中拉合作论坛"为核心的中拉整体合作机制看似缓解了上述矛盾，但实际上也对中国与拉美大国间的传统关系形成一定的冲击。中国为了平衡与拉美各国间的关系，按照亲疏关系与利益关系度，与拉美各国实行"差序化"外交模式，先后与巴西、墨西哥、阿根廷与委内瑞拉四国建立全面战略合作伙伴关系，与秘鲁、智利建立起战略伙伴关系，与其他建交国保持着友好合作关系，并不断增强与未建交国的政治互信与经贸往来。

（三）深入剖析拉美地缘政治格局，妥善处理与其他外部大国的关系

中国特色大国外交以建立新型大国关系为核心，力争避免掉入守成大国与新兴大国恶性竞争的"修昔底德陷阱"[1]。[2] 中国与拉美大国的新型外交关系应注重其他外部大国在拉美的地缘政治格局。中国在处理与拉美国家的外交关系中首要考虑美国的态度。拉丁美洲一度被称为美国的"后花园"，拉丁美洲在美国国家安全的全球性布局中的战略地位异常重要。在美国战略中心重返亚太的同时，中国的全球化战略转向与在拉美影响的迅速崛起，引起美国当局的不安与担忧。美国政界激进分子甚至将中国在拉美地区经济影响力的上升视为严重的地缘政治挑战，臆想中国借机

---

[1] "修昔底德陷阱"，是古希腊著名历史学家修昔底德运用历史类比法得出的观点。他认为，一个新崛起的大国必然要挑战现存大国，而现存大国也必然会回应这种威胁，其结果多数是双方以战争终结面临的危险，冲突的结果不会是灾难性的，但此后两个强国都将走向衰落。

[2] 杨洁勉：《新型大国关系：理论、战略和政策建构》，《国际问题研究》2013年第3期，第9—19页。

在拉美扩大势力以对美国的国家安全造成威胁。同时，欧盟和日本也是制约中拉关系发展无法忽视的因素。中国在拉美地区影响力上升无疑会削减美国、欧盟、日本等在拉美的利益空间与政治诉求。当前，西方国家一方面在拉美地区鼓吹"中国威胁论"和"恐惧中国论"，以挑起拉美大国对中国的警惕和戒备；另一方面又积极调整其拉美政策，密切关注中国的拉美动态。当今的拉美正逐步摆脱过度依赖外部力量的经济发展模式，拥有更多的外交空间与自主性。置身复杂多变的国际政治经济格局，中国的拉美外交价值已今非昔比。中国的"拉美大国外交"必须妥善处理与以美国、欧盟和日本为代表的大国间关系。与美国在拉美能源、军事与安全等敏感领域开展广泛的讨论与磋商，本着互利共赢原则，秉持谨慎严肃的态度，就美方关切的涉拉敏感问题及时沟通，避免因信息不对称导致的战略误判。中国与欧盟、日本应构建起有效的沟通与协商机制，谨慎处理政治分歧，妥善解决贸易争端，避免经济矛盾政治化。同时，中国还应与拉美12个未建交国家之间拓展经贸合作领域，增强政治互信，加强战略对话，消除双方的疑虑与隔阂。应当看到，以欧美为主导的全球治理体系存在种种弊端，难以实现全球事务的有效管理，在全球性议题中缺乏公正性与公平性，无法建立起和平与发展的世界秩序。中国致力于改变旧有的国际体系，努力塑造更加包容与公平的、能与现阶段全球地缘政治格局相匹配的新兴国际关系格局。

三　拉美大国在中拉关系走向中的作用

（一）指引拉美政治导向，规避外交政治风险

中拉关系的稳定长足发展离不开拉美大国的政治导向作用。拉美国家从经济发展程度来看，与中国同属于发展中国家和地区，都处在巩固政治稳定和发展国民经济的关键阶段，但在地理位置和文化渊源来看，拉美与西方国家更亲近。拉美国家大多仿照西方国家建立起本国的政治、经济、法律、文化、艺术、教育等体系。因而，拉美国家具有双重属性。这种双重属性，导致中国在与拉美发展外交中遭遇各种阻碍。拉美左派思想盛行，表现形态不同，且其坚持的马克思主义颇不认可中国特色社会主义制度；而信奉新自由主义思想的拉美右派又对中国政治体制、治国理念与发

展道路嗤之以鼻。① 政治意识形态的差异迫切需要政治稳定与经济可持续发展的拉美大国在中拉关系发展中发挥政治导向作用，夯实中拉关系的社会基础，有效引导拉美舆论导向，为中拉双边与多边合作创造良好的舆论氛围。二战后，拉美国家开展了联合自强的区域合作。里约集团、美洲基民组织、拉美政党常设大会、社会党国际拉美与加勒比委员会、美洲工人工会联合国等拉美地区性政治组织，加强了拉美国家之间治国理政的经验交流与发展道路的深入探讨。安第斯共同体、加勒比共同体和共同市场、美洲开发银行、南方共同市场等拉美主要经济一体化合作组织，开启了21世纪中拉经贸合作的新篇章。2011年成立的拉美及加勒比国家共同体将拉美区域合作推向了新的高度。其中，拉美大国在拉美一体化合作中发挥了不可替代的作用。虽然拉美大国都试图主导区域合作，使得拉美一体化合作的深度与广度有不同程度的分散，但是在国际事务与拉美区域治理中，拉美大国都尽其所能凝聚各国力量，联合抗击国际市场冲击，规避在全球化进程中的政治风险。拉美地区与中国共建"命运共同体"，必将有效整合各国利益，并充分利用拉美大国的区域政治与经济影响力，形成与中国对等的利益整合体，超越社会制度与意识形态的差异，最大限度地谋求共同利益与共同追求。②

(二) 主导区域发展战略，增强拉美外交自主权

当今社会已进入全球化时代，和平与发展虽然是全世界发展的主流，但霸权主义和强权政治依然存在，大国利益深度交融，战略力量相互制衡，客观上要求中国积极构建新型大国关系。大国关系直接关乎全球事务治理的有效性，对国际安全起着至关重要的作用。拉美作为发展中世界和新兴经济体的重要组成部分，是中国全球战略的重要一环。自独立以来，拉美政治格局尚未稳定，局部地区时有动荡，经济周期性起落不定，恶性通胀和债务违约频频发生。由于长期的殖民历史，拉美对外部资本有种不信任感。中国与拉美的合作既是机遇，又存在各种风险。中国的"拉美大国外交"具有全球化战略和视野，不再以意识形态为主要考量，而是

---

① 范和生：《中国应怎样认识拉美——国内相关研究动态与镜鉴意义》，《人民论坛·学术前沿》2014年第17期，第36—49页。

② 邢凯旋、邓光娅：《中国与拉美：以信任为基础的区域合作》，《开放导报》2015年第3期，第105—108页。

以经济合作为核心，优先确认合作国家。21 世纪以来，拉美新兴大国巴西、墨西哥、阿根廷等在新的国际形势下适时调整外交战略，削减本国不稳定政治因素，利用其相对稳定的经济条件和 20 国集团成员的身份，积极参与国际多边事务，特别是在国际经济治理舞台上发挥日益重要的作用，成为新兴国家中不可忽视的重要力量。① 巴西的全球战略目标明确，力争成为世界事务决策的主角，在谋求世界大国地位的同时，全面参与拉美地区乃至其他地区和世界事务。墨西哥和阿根廷则致力于提高其国际地位，有选择性地参与国际事务，尽其所能调解本地区国家争端，但不主张介入世界其他地区国际争端的调解。此外，墨西哥积极谋求在全拉美和加勒比地区的主导角色，首倡并推动拉美及加勒比国家联盟的建立。而巴西、阿根廷则把主要精力放在南美地区，更加重视南美国家联盟和南美地区的一体化。② 而拉美大国也对中国有所期待：或希望借鉴中国的发展模式，实现经济的发展与国家稳定；或希望中国加强对拉贸易和投资，帮助拉美国家摆脱对美国的政治影响与经济依赖；或希望加强与中国家在全球战略层面的全方位合作，提升自身国际地位。加强与中国的伙伴关系也符合拉美大国增强外交独立性，乃至"对冲美国在该地区的主导权"等新的地缘政治利益考量。由此可见，拉美大国是中国在拉美立稳脚跟的关键，也是中国实现与拉美整体外交的突破口，同时也符合中拉双方的共同利益诉求。

（三）稳定与中国的重点领域合作，筑构中拉经济外交格局

中拉外交关系的稳定离不开中拉经济合作的坚实基础。从实践角度来说，国际关系总是以双边和多边经济问题逐步展开的。特别是在经济全球化背景下，经济因素俨然已成为主导大国关系走向的突出因素。总体而言，经济外交实际上是中拉总体外交的实质性领域。③ 而中拉经济外交的重要内容就是与中国具有共同利益的拉美大国建立起可持续性发展的经济合作体系。当前，全球经济不景气使拉美经济风险进一步增加，国家收入负增长趋势明显，公共财政压力不断增加。长期高度依赖初级产品出口与

---

① 张明德：《拉美新兴大国的崛起及面临的挑战》，《国际问题研究》2012 年第 5 期，第 115—123 页。
② 沈安：《国际多边事务中的拉美新兴大国》，《半月谈》2012 年第 4 期，第 81—83 页。
③ 李巍、孙忆：《理解中国经济外交》，《外交评论》2014 年第 4 期，第 1—24 页。

外国资本让拉美地区经济充满不确定性。对拉美而言，中国的经济外交具有很大吸引力。中拉经济合作对拉美经济增长的积极贡献不容忽视。据联合国拉美经委会测算，中国经济每增长 1 个百分点，将拉动拉美经济增长 0.5 个百分点。中国经济的不断发展对拉美初级产品、原材料与矿产资源具有巨大需求。特别是能源和资源领域的合作，有力地促成中国和拉美地区的实质性交往。中国是石油消费大国，以石油为代表的能源合作始终是中拉合作最强劲的动力之一。拥有巨大资源储量和产能的巴西、墨西哥、阿根廷、委内瑞拉、智利与秘鲁等"拉美六国"则成为中国对外经济外交的首要目标。据美国能源信息管理局（US EIA）统计，2014 年拉美主要石油生产大国委内瑞拉石油日产量 250 万桶，墨西哥日产量 245 万桶，巴西日产量 225 万桶，阿根廷日产量 53.2 万桶，秘鲁日产量 6.9 万桶。"拉美六国"年石油产量占拉美地区石油年产量近 80%。[①] 与该六国建立起稳定的能源合作框架，对于中拉双方都具有实实在在的好处。从拉美大国角度来说，无论是筹集其结构优化所需资金，还是获得发展国民经济发展的优惠贷款，中国都将是拉美国家重要的融资来源。中国与拉美筑构坚实的经济外交格局，既是处于推动本国经济持续发展的考虑，也是本着负责任的态度，通过提供资金和基础设施援建，帮助多数拉美国家脱离贫困。中国资源配置方式和经济增长模式的改革，为中国与拉美未来的经济合作创造了各种机遇，毋庸置疑的是中拉务实有效的经济外交将会进一步增强中拉双方的政治互信与人文互鉴。

四 如何正确处理中拉关系中的拉美大国因素

中国"拉美大国外交"随着拉美新兴大国经济崛起步伐的加速与政治影响力的不断提升，其空间和领域正稳步向纵深方向拓展，其战略性也越发凸显。中国与拉美大国的政治关系起步较晚，中国文化对拉美的影响也很微弱，要处理好与拉美大国之间的潜在矛盾，中国应从以下三个方面入手。

其一，推动中拉关系制度化建设，优化中拉合作的大国机制。中国目

---

① US EIA："拉美十个主要石油生产国 2014 年产量"，http://oil.in-en.com/html/oil-2337466.shtml，2015 - 05 - 11（2015 - 08 - 18）。

前已与 15 个拉美国家签订了贸易协定,与 12 个国家签订了投资保护协定,与 7 个国家签署了避免双重征税协定。在与拉美大国合作方面,不同领域和层次的对话与合作机制不断得以建立和完善。中国先后与墨西哥、智利、阿根廷等大国家建立了双边经贸混委会机制,并与巴西设有高层协调和合作委员会、与墨西哥设有常设委员会、与委内瑞拉设有高级混合委员会。① 中国与拉美大国所建立的一系列双边合作框架,为推动双方关系的实质性发展提供了政策性保障和法律支持。未来,中国与拉美主要贸易大国之间应在增强政治互信的基础上,夯实"1+3+6"合作新框架②,扩展现有贸易协定的适用领域及范围,扩大双边经济利益,促进双边重要领域贸易和重大项目投资的便利化。

其二,超越社会制度与意识形态差异,实现中拉大国关系新常态。中国特色大国外交建立的全球伙伴关系始终坚持不侵犯国家主权,始终尊重不同国家为实现本民族繁荣发展而选择的发展道路与价值观念,致力于以合作而非对抗的方式处理国际事务,搁置大国争端,最大限度地谋求大国间的共同利益。符合拉美和加勒比国家的迫切需要,符合"南南合作"和发展中国家团结互助的时代潮流。③ 面临中拉经济合作趋缓,产品结构过于集中,贸易低速增长的新常态,中拉大国关系应重塑合作的新格局、新平台,积极实施贸易多元化战略,充分发挥贸易、投资和金融"三轮驱动"的导向性功能,实现中拉贸易的良性优化与平稳转型。

其三,妥善处理中国与拉美大、小国家的关系,构建有利于中拉整体合作的政治秩序。正确处理好个体和群体之间的关系是个难题。一方面,拉美大国在中拉关系中的关键作用不言而喻,拉美大国与中国关系的好坏是判断中国与拉美整体合作的"晴雨表";另一方面,拉美小国也是中拉整体合作框架的重要组成部分。比如古巴、哥斯达黎加、厄瓜多尔等拉美重要小国也是中国在拉美不可忽视的外交盟友。历史上,中国作为亚洲政

---

① 乔丽荣、陈红娟:《中拉经贸关系发展的四大趋势》,《经济纵横》2015 年第 2 期,第 87—90 页。

② "1+3+6"合作新框架:"1"是制定"一个规划",即以实现包容性增长和可持续发展为目标,制定《中国与拉美和加勒比国家合作规划(2015—2019)》;"3"是以贸易、投资、金融合作为"三大引擎";"6"是以能源资源、基础设施建设、农业、制造业、科技创新、信息技术六大领域为合作重点。

③ 吴白乙:《中拉论坛:中国特色大国外交新的风景线》,《求是》2015 年第 3 期,第 53—55 页。

治、经济、文化等各领域的中心国家，就积累了丰富使用的外交智慧。对于中国而言，发展同这些具有重要战略地位小国之间的双边关系，无疑是实现中国对外政策目标的可行选择。中国既不因为同拉美整体性合作，而架空同拉美传统大国搭建的已有的合作平台，也不因为大国的主导作用，而低估拉美小国的政治与外交意义。

结　语

正如查尔斯·W. 凯格利指出的那样，21世纪的世界政治将依旧表现出冲突与合作、统一与分裂、有序与无序的双重状态，而"世界政治的未来某种程度上取决于国家采取协调合作行动的能力与它们相互竞争和打仗的历史趋势之间竞赛的结果"，"未来虽是不明朗的，但未来是我们塑造的"。[①] 因而，协调的国际合作是克服我们臆想的敌人，实现世界和平与稳定发展的重要途径。既把世界看作一个整体，妥善处理大国之间的利益博弈，同时也要观察其单独的各个部分，扭转"强权即公理"的霸权逻辑。当前，中国同巴西、墨西哥、阿根廷、委内瑞拉四国建立了稳定的全面战略伙伴关系，与智利、秘鲁之间的战略伙伴关系也不断巩固，中拉命运共同体关系得到了前所未有的发展。面对中拉关系中的诸多障碍，中国需要做的就是在全球化的历史轨迹中寻找与拉美各国之间相处的平衡机制。如是，正确把握和处理中国与拉美大国的关系，既符合我国的利益诉求，又有助于提升中国在拉美地区的国际影响力，增强中国与拉美国家间的政治互信，降低战略误判的可能性，必将有力加强中拉双方在国际事务、全球化治理与经济发展中的互利共赢。

---

① ［美］查尔斯·W. 凯格利著，夏维勇等译：《世界政治：走向新秩序？》，世界图书出版社2010年版，第465页。

中拉机制化整体合作的进程及特点解析
——以地区间主义为视角

楼项飞 *

内容提要 随着中国—拉美和加勒比国家共同体论坛首届部长级会议的成功举行，中拉整体合作终于由构想变成了现实。它标志着中国实现了与发展中国家机制化整体合作的全覆盖，为开拓中国特色大国外交迈出了新的步伐。中拉整体合作是地区间主义发展的重要产物，它与中非整体合作虽然有一些共同特点，但它并非后者的简单"复制品"。拉美特有的经济、文化和地缘因素决定了中拉整体合作在借鉴已有经验的基础上，必须根据现实环境走出一条兼顾各方利益的特有之路，从而促进中拉全面合作伙伴关系的健康发展。

关键词 整体合作 中拉关系 中拉论坛

冷战结束以来，经济全球化和地区一体化化大潮席卷全球，对世界政治经济格局的变化起了巨大的推动作用。地区认同、地区一体化合作以及跨地区的对话与合作成为当代世界政治经济变革与发展的重要组成部分。地区一体化组织在推动地区间整体合作的过程中发挥了越来越重要的作用，也越来越受到国际社会的关注与重视。中国与拉美地区组织和此地区组织的对话与合作正是在这一背景下逐步开展起来的，是发展中大国与发展中地区之间的地区间主义实践的重要组成部分。2015年1月9日，首

---

* 楼项飞，上海国际问题研究院外交政策研究所助理研究员。

届中国—拉美和加勒比国家共同体论坛(以下简称"中拉论坛")部长级会议顺利落下帷幕,为中拉整体合作向机制化发展迈出了重要一步。这一新的合作机制既为中国和拉美国家合作的全面对接提供了新平台,也为深化南南合作注入了新动力。

一 地区间主义与中拉机制化整体合作的发展

地区间主义作为伴随着新地区主义发展而产生的新现象,为研究国际关系提供了一个新的视角。虽然国内外学者对地区主义概念的界定迄今未形成一个比较权威的定义,但都较为认同以下两方面的观点:第一,地区间主义是不同地区之间在政治、经济和社会等各领域互动不断深化的过程。[①] 第二,地区间主义是不同地区组织之间或不同地区的一组国家之间制度化和正式的联系。[②]

地区间主义虽然最早来源于欧盟前身欧共体在冷战期间发起的与第三世界国家之间的"集团与集团"之间的对话,但是随着经济全球化和地区一体化的深入发展,地区间主义的表现形式和内容不断丰富。从地区间关系的类型划分来看,最大的争论焦点集中在是否应该把地区组织与单一国家间的互动关系视为地区间主义的表现形式上。杰根·鲁兰德(Jürgen Rüland)将地区间主义划分为双边地区主义(bilateral interregionalism)和跨地区主义(transregionalism)两个类型,前者指的是不同地区的地区组织之间的对话,如欧盟与东盟、欧盟与南方共同市场等的制度化合作;而后者则指的是不同地区的一些国家组成的对话关系,例如亚欧会议、亚太

[①] 详细内容可参见:Ralf Roloff, "Interregionalism in Theoretical Perspective", in Heiner Hänggi, Ralf Roloff and Jürgen Rüland, eds., *Interregionalism and International Relations*, p. 18; Fredrik Söderbaum and Luk Van Langenhove, "Introduction: The EU as a Global Actor and the Role of Interregionalism", *Journal of European Integration*, Vol. 27, No. 3, 2005, pp. 249 – 262.

[②] Björn Hattne, "Regionalism, Interregionalism and world order: European Challenge to Pax Americana", Council on Comparative Studies Presents Working Papers Series, No. 3, March 17, 2003, p. 8.

经济合作组织等。① 海纳·汉吉在此基础上提出了具有争议的第三种类型,即地区组织与单个国家之间的混合关系。② 中拉论坛就属于第三种类型。③

从20世纪90年代开始,为了给国内经济建设营造更为和平与稳定的国际环境,中国开始积极地参与地区内和地区间的经济合作。中国与各地区组织的互动变得更为频繁。拉美是世界上建立组织最多的地区,在"开放的地区主义"思想指导下,拉美各地区组织和次地区组织与区域外大国和地区组织间的对话与合作不断增多。在拉美和加勒比国家共同体(以下简称"拉共体")成立之前,中国以观察员身份参与了美洲开发银行、拉美一体化协会、联合国拉美经委会、太平洋联盟等拉美区域和次区域组织的活动;中国与里约集团和南方共同市场建立了稳定的对话机制;中国还通过东亚—拉美合作论坛与拉美各国进行了各领域的合作与交流。

2011年12月,拉共体的正式成立,不仅对拉美地区各国加强团结与合作具有里程碑意义,也为中拉实现整体合作提供了机遇。2012年6月,时任总理温家宝在访问拉美期间倡议成立中拉合作论坛,建立外长定期对话和探讨领导人定期会晤机制,为加强中拉整体合作搭建更高平台,此倡议得到了拉美国家的积极响应。2012年9月,中国与拉共体"三驾马车"在纽约举行首次外长对话,双方就进一步发展中国和拉共体关系,深化中拉合作和建立中拉整体合作机制等议题交换意见并发表联合声明。

习近平主席2013年上任不久即实现了对拉美三国的国事访问并在特立尼达和多巴哥会见和宴请了加勒比八国领导人。此次出访,是新一届中

---

① 转引自郑先武《国际关系研究新层次:区域间主义理论与实证》,《世界经济与政治》2008年第8期,第62页。详见:Jürgen Rüland, "Inter-and Transregionalism: Remarks on the State of the Art of a New Research Agenda", University of Freiburg National Europe Centre Paper, No. 34, Paper Prepared for the Workshop on Asia-Pacific Studies in Australia and Europe: A Research Agenda for the Future, Australia an National University, July 5 - 6, 2002。

② Herner Hänggi, "Interregionalism as a Multifaceted Phenomenon: In Search of a Typology", in Heiner Hänggi, Ralf Roloff and Jürgen Rüland, eds., *Interregionalism and International Relations*, pp. 31 - 62.

③ 虽然国内外学者对于地区组织与单个国家间关系是否属于地区间主义研究范畴存在争议,但笔者较为认同中国学者郑先武的观点,他认为单一大国在推动区域间主义的制度化进程中具有重大贡献,这些贡献不应被抹杀,如中非合作论坛就是典型例子。他认为定义区域间主义的"底线"是一方为"区域组织/集团或某一个或多个区域的大多数国家"。参见《国际关系研究新层次:区域间主义理论与实证》,《世界经济与政治》2008年第8期,第63页。

央领导集体开拓外交新局面、完善外交总体布局的又一重大行动，对进一步拉近中拉双方距离，推动双方关系全面升级具有重要意义。2014年1月，拉共体第二届峰会通过了《关于支持建立中国—拉共体论坛的特别声明》并表示将于今年举行论坛首次会议，中方予以了积极回应。2014年7月，习近平主席第二次访问拉美。他利用巴西之行再次"借台唱戏"，实现了与11个拉美国家领导人的集体会晤。会后，中拉领导人共同宣布成立中国—拉共体论坛并尽早在北京举行论坛首届部长级会议。中国—拉共体论坛的创立填补了中拉机制化整体合作的空白，为双方开展双边和多边的机制性合作提供了更多机遇。

2015年成为中拉建设全面伙伴关系的开局之年。新年伊始，中拉论坛首届部长级会议在北京顺利召开。本次会议以"新平台、新起点、新机遇——共同努力推进中拉全面合作伙伴关系"为主题反映了中拉论坛的特点和双方对整体合作的期望。在论坛的开幕致辞中，习近平主席提出的"四个坚持"，即坚持平等相待的合作原则、坚持互利共赢的合作目标、坚持灵活务实的合作方式、坚持开放包容的合作精神，[①] 为中拉论坛的未来发展指明了方向。经过两天的全体会议，双方就深化政府互信、扩大互利合作、推进论坛建设等方面达成广泛共识并通过了《中拉论坛首届部长级会议北京宣言》（以下简称《北京宣言》）、《中国与拉美和加勒比国家合作规划（2015—2019）》（以下简称《合作规划》）和《中拉论坛机制设置和运行规则》（以下简称《机制设置和运行规则》）三个重要的成果文件。

《北京宣言》集中反映了对推动中拉全面合作伙伴关系发展的政治共识，确定了整体合作和论坛建设的总体方向，明确了双方深化合作的指导原则。它指出："我们将遵循尊重、平等、多元、互利、合作、开放、包容和不设条件的原则，决心通过创新合作方式，在论坛主要领域及双方商定的其他领域开展对话，促进共同可持续发展、社会福祉和经济增长，为南南合作作出新的贡献。"[②]

《合作规划》确定了未来五年中拉开展整体合作的行动路线图，指出

[①] 习近平：《共同谱写中拉全面合作伙伴关系新篇章——在中国—拉共体论坛首届部长级会议开幕式上的致辞》（2015年1月8日上午），《人民日报》2015年1月9日02版。

[②] 《中国—拉共体论坛首届部长级会议北京宣言》，2015年1月9日，新华网。http://news.xinhuanet.com/ttgg/2015-01/09/c_1113944330.htm. （上网时间2015年5月13日）

了双方在13个重点领域的50多项具体合作措施，涵盖了政治和安全、国际事务、贸易、投资、金融、基础设施和交通运输、能源资源、农业、工业、科技、航空航天、人文交流等。"合作规划"重申了"将根据各自国内政策和法规，按照灵活和自愿参与原则予以实施，并且不影响任何已经达成一致的双边合作项目，也不替代各方已经达成一致的双边协定、决定或承诺"、"所述合作领域为提示性且不具排他性"、"在落实本合作规划过程中，将适当考虑拉共体成员国中最不发达国家、内陆发展中国家和小岛屿发展中国家面临的挑战和需求"等落实规划的具体原则和措施。①

"机制设置和运行规则"则是为了"更好地规划论坛发展，有效落实论坛部长级会议所通过的各领域合作倡议和措施"，它明确了部长级会议、中国—拉共体"四驾马车"外长对话、国家协调员会议等协调与对话机制，为论坛的可持续性发展提供了制度保障。②

二 中拉论坛特点：与中非论坛比较

中拉论坛的建立标志着中国实现了与发展中国家整体合作机制的全覆盖。它是构建中拉命运共同体的支柱，它与中非合作论坛、中阿合作论坛一起，成为新时期中国与发展中世界构建命运共同体的三根"擎天柱"。2000年中非合作论坛的成立成为中非关系史上的一个创举，为中非开展整体合作提供了新的平台。中非论坛取得的丰硕成果为中国与广大发展中国家开展类似的机制化合作树立了典范。中拉论坛与中非论坛有着许多相似之处但同时也存在一些区别。主要有以下三方面的共同特点。

第一，中拉论坛与中非论坛都属于双方开展集体对话、谋求共同发展的南南合作机制。中拉、中非双方具有相同的合作理念，各方都认同在当前国际体系深刻调整的背景下，深化南南合作的重要性和迫切性。首先，两个论坛作为推进跨区域整体合作的重要平台，都标志着双方跨区域合作开始由政治或经济主导向政治、经济、社会和文化等全方位务实合作迈

---

① 《中国与拉美和加勒比国家合作规划（2015—2019）》，2015年1月9日，新华网。http://news.xinhuanet.com/world/2015-01/09/c_1113944648.htm。（上网时间2015年5月13日）

② 《中国—拉共体论坛机制设置和运行规则》，2015年1月9日，中国—拉共体论坛官网。http://www.chinacelacforum.org/chn/zywj/t1236150.htm。（上网时间2015年5月15日）

进。其次，这种整体合作机制建立在平等互利、共同发展的基础之上。它有利于中国与拉美、非洲各国共同应对经济全球化带来的机遇与挑战，也有利于共同维护发展中国家的正当权益。最后，中拉、中非合作机制都秉承灵活务实和开放包容的原则。合作重点都主要集中在非传统安全领域，都不针对第三方也不预设合作条件和门槛，符合开放的地区主义原则。

第二，中拉论坛与中非论坛都以深化经贸合作为引擎，且都处于新的转型升级期。一方面，非洲和拉美国家都希望利用中国经济快速发展的机遇扩大与中国的经贸合作，但与此同时它们对发展本国工业，摆脱原材料供应者身份的愿望越来越强烈，因此也都希望改变与中国的产品贸易结构。另一方面，中国正处于人口红利逐渐消失，制造业面临成本上升压力，必须实现产业全方位转型升级，由"中国制造"转化为"中国创造"的关键转换期。非洲和拉美都将是中国重要的海外投资目的地、制造业以及过剩产能的转移地。中国企业在拉美和非洲落地生根的过程中都出现了"水土不服"的现象，都遇到了诸如企业的社会责任、雇用当地员工以及所在国的政治和政策风险等问题。中拉论坛与中非论坛都有利于深化经贸合作，促进双方经贸关系的转型升级。

第三，中拉论坛和中非论坛都面临重大的竞争压力。进入 21 世纪以来，随着全球资源和市场竞争的日趋激烈，拥有丰富资源和广阔市场的拉美和非洲再次引起了国际社会的重视。2006 年中非北京峰会之后，各种国际对非合作机制呈现出快速发展的态势。主要表现为：首先，旧有对非合作机制例如欧盟与非洲的欧非峰会、日本与非洲的非洲发展东京国际会议等重新得到重视并变得更为活跃。其次，韩国、印度和土耳其等国纷纷与非洲建立新的合作机制并呈快速增长态势。最后，涉非三边合作兴起，制约中非关系发展。西方不仅不断提出与中国在非洲开展三边合作的可能性，而且其他国际对非合作组织之间通过合作，对抗中非论坛的现象也在快速发展。[①]

中拉机制化合作也面临着类似中非合作的竞争压力。与美国和欧洲国家相比，中国与拉美国家的机制化合作起步较晚。当前，美洲国家首脑会

---

① 张春：《中非关系：应对国际对非合作的压力和挑战》，《外交评论》2012 年第 3 期，第 34—36 页。

议以及欧盟与拉美国家峰会①已经存在多年并取得了一定成果。此外，更多国家和组织开始加入与拉美的机制化合作。2015年1月底，第三届拉共体峰会在哥斯达黎加召开，会议通过的《2015年行动计划》（Plan de Acción de la CELAC 2015）中除了强调要把中拉论坛首届部长级会议的成果付诸行动外，也提出了要加强与印度、俄罗斯以及东盟的政治对话，并探讨在2015年建立更多跨区域合作论坛尤其是与印度和俄罗斯建立合作论坛的可能性。②

各国和地区组织强化对非洲与拉美的机制化合作将会给这两个地区的发展提供更多机会，也会增加它们在跨区域合作机制中的话语权。中国历来重视发展与发展中国家的关系。虽然各国和各地区组织对拉美和非洲的机制化合作的增强，会挤压中国与后两者合作的发展空间，但也使中国更加重视机制化合作的创新性和灵活务实性，尽可能使竞争压力转化为双方合作可持续发展的动力。

中拉论坛除了与中非论坛在合作理念、合作基础以及合作环境上有一些相似之处外，也有其自身特有的优势与特点。中拉论坛并非中非论坛简单的"复制品"。它与中非论坛存在以下几点区别。

第一，合作架构的区别。中非合作论坛是"一对多"的合作模式，该论坛的非洲对接方并非非洲联盟，而是与中国建交的50个非洲国家以及非盟委员会。虽然中非论坛从第一届部长级会议开始已经确立了机制化合作，但迄今为止非方仍没有统一的组织来跟进和落实论坛决议。"只有南非、埃塞俄比亚分别成立了后续行动委员会，其他国家还有赖于该国驻华使团和外交（和国际合作）部的亚太司等部门（非专门成立）来协调论坛有关事宜。中方后续行动委员会则早在2001年就已成立，每年都召开几次会议，专门负责与非洲驻华使节会议协调。这种架构决定了论坛的主导者还主要是中方，具体表现为召集会议、提出动议、敦促决议落实、收集并协调各成员国要求、立场等。"③

中拉论坛是"一对一"的合作模式，论坛的拉美对接方是拉共体。

---

① 随着拉共体的正式成立，2013年1月首届欧盟—拉共体首脑峰会在智利召开，取代了已举办六届的欧盟—拉美国家峰会。

② "Plan de Acción de la CELAC 2015", Belén, Costa Rica, 29 de enero de 2015.

③ 李安山、刘海方：《论中非合作论坛的运作机制及其与非洲一体化的关系》，《教学与研究》2012年第6期，第59页。

这种合作模式更容易形成合作力，提高合作效率。根据《中拉论坛机制设置和运行规则》所示，"中拉论坛定位为由中国和拉共体成员国外交部牵头的政府间合作平台，主要机制包括部长级会议、中国—拉共体'四驾马车'外长对话、国家协调员会议（高官会）"，其中高官会的主要职责为"筹备部长级会议，跟踪落实部长级会议成果，并视其技术和财政可行性、可持续性和影响，以及拉共体成员国的能力，制定中拉论坛阶段性工作规划"。[1] 中方业已成立了中方后续行动委员会，而拉方主要由拉共体轮值主席国和拉共体其他成员国相互协作，共同落实中拉论坛部长级会议成果。

第二，合作基础的区别。首先，合作的历史基础不同。拉美文化深受欧洲基督教文化的影响，并融合了美洲印第安文化和非洲黑人文化，具有丰富性、质感性和复杂性等特征。[2] 拉美在政治和经济上则长期处于美国"后院"的地位，并且在今后很长一段时间内美国仍将保持对拉美的传统影响力。任何美洲大陆以外的国家想要发展与拉美关系，都不得不考虑美国因素。非洲文明的主体不属于西方文明。非洲是最早遭受西方殖民侵略的地区。获得独立后与欧洲国家的经济关系密切，但是在政治和安全上对欧洲前宗主国的依赖较小。欧洲对非洲的影响力要远远弱于美国对拉美的影响力。正因如此，非洲成为新中国成立后实现外交突破的新地带。中国与非洲在反对殖民侵略和支持非洲国家发展民族经济中结下了深厚的传统友谊。[3] 拉美国家虽然与中国在反帝反殖上有相同的观点，但是其在地缘因素的影响下，中拉关系的发展不如中非关系顺遂。

其次，拉美与非洲的发展水平不同决定了中拉论坛和中非论坛的起点不同。拉美与非洲虽然同属于发展中地区，但早在19世纪初期，拉美就迎来了独立运动的高潮，比非洲早了一个多世纪。经过200多年的发展，拉美总体发展水平、政治体制和法制建设、教育文化水平以及地区一体化水平都要远远高于非洲。此外，拉美拥有相对稳定的发展环境，而非洲的

---

[1] 《中国—拉共体论坛机制设置和运行规则》，中国—拉共体论坛官网。http://www.chinacelacforum.org/chn/zywj/t1236150.htm。（上网时间2015年5月16日）

[2] ［美］托马斯·E. 斯基德莫尔、［美］彼得·H. 史密斯、［美］詹姆斯·N. 格林著：《现代拉丁美洲》，张根森、岳云霞译，当代中国出版社2014年版，第434—435页。

[3] 中非关系可参见张忠祥《中非合作论坛研究》，世界知识出版社2012年版，第40—71页。

传统安全和非传统安全形势都不容乐观。因此，中非论坛虽然成立至今已有10多年历史并已取得了许多机制化合作的成果，但中拉合作论坛的整体实力要高于中非合作论坛。

第三，合作内容的区别。除了经贸合作外，中非论坛中对非援助的内容占据了重要位置。"亚洲和非洲是中国对外援助的主要地区。为促进实现千年发展目标，中国对外援助资金更多地投向低收入发展中国家。"[①] 从第一届中非论坛开始，减免债务和对非发展援助就成为了双方合作的重点和亮点之一。中国不预设任何政治条件的对非援助受到了广大非洲国家的欢迎，对推动非洲经济发展起到了积极作用。对于经济发展水平较高的拉美国家来说，更为看重的是与中国发展全面的经贸合作关系。中拉论坛得以建立的一个重要基础就是中国已经成为拉美国家重要的经贸合作伙伴。从本届中拉论坛所达成的三份重要成果性文件可以看出，中拉双方并未把减免债务以及对拉发展援助列为重要议题。

三 中国—拉共体论坛：新机遇与新挑战

中拉论坛的成功举办为双方整体合作的可持续发展开启了新篇章。它不仅使习近平主席在2014年7月提出的"1+3+6"中拉合作框架得到了落实，也为中拉下阶段的合作指明了方向。它为中拉建设全面合作伙伴关系提供了以下几方面的机遇。

首先，中拉论坛为中国与包括非建交国在内的所有拉美国家就共同关心的国际和地区问题进行政治协商提供了平台。拉美地区国家众多，各国的政治、经济、社会状况各不相同，与中国的政治和经济关系也不一而足，甚至有12个拉美国家仍未与中国建立外交关系。中拉论坛的成立有利于促进整体合作与双边合作的共同发展，增进相互了解和增加政治互信。

其次，中拉论坛将为双方提升贸易水平、扩大投资合作以及拓宽合作领域提供新的动力。自2008年全球金融危机以来，世界经济复苏依然艰

---

① 中华人民共和国国务院新闻办：《中国的对外援助（2014）》白皮书，2014年7月。http://www.scio.gov.cn/zfbps/ndhf/2014/Document/1375013/1375013.htm.（上网时间2015年5月15日）

难曲折，国际贸易增长乏力，以中国为代表的新兴经济体增速放缓。中国与拉美各国都处于调整经济结构，寻求新的经济增长点的关键时期。双方经贸关系的进一步整合与发展，有利于各自经济的进一步发展以及提高国际竞争力。

最后，中拉论坛的建立将有利于进一步扩大双方的人文交流。在"合作规划"中，涉及人文交流领域的具体措施众多，为双方人民进一步扩大交流提供了机遇。中拉文化都具有多元性和开放包容的特性，双方需要在不断的相互学习和借鉴发掘出更多的价值认同中的共性，使其最终发生聚合效应，让中国形象和拉美形象在双方民众心中更加的立体和饱满。

中拉论坛这棵"嫩苗"已经栽种，但在将其培育成参天大树的过程中，双方需要正视和消除可能存在的一些不利影响，在把握整体合作有序推进的大好机遇的同时，积极应对可能出现的挑战。

第一，拉共体自身的机制化建设与发展将对中拉整体合作造成直接影响。拉共体作为中拉整体合作的对接方，其自身仍然是一个年轻的组织。一方面，自成立后的几年时间里，拉共体一直致力于推动地区一体化的发展，促进地区内部经济、社会和文化的整体建设，协调各成员国在国际事务中的立场，其国际影响力不断提升。另一方面，33个成员国在政治、经济和外交等方面存在不同的利益诉求，对拉共体的发展方向意见不一。今后拉共体内部的经济、政治整合进程，以及对"亲美"与"反美"两大阵营的协调都将对该组织的未来发展产生重大影响。拉共体是否能发展成为类似于欧盟的地区组织仍是一个未知数。它要取得实质性的突破仍离不开各成员国不断地相互协调与共同努力。虽然在"合作规划"中已经明确提出要根据拉共体成员国的现实情况适当考虑各国的需求，但是在具体操作过程中如何求同存异，平衡各方利益仍将直接影响中拉合作论坛的有效运行。

第二，因中拉经贸合作的增幅低于预期而带来的负面影响。中拉整体合作的推进主要建立在双方经贸合作快速发展以及对体系变革具有许多共同利益的基础之上，其中经贸合作又是中拉关系全面发展的重中之重。当前中国经济正进入增速放缓而结构优化升级的新常态。随着经济增长模式的转变，中国对拉美能源和原材料的需求相对减少，中拉贸易合作的增长幅度也将受到影响，加上中拉在投资与金融领域的合作如果不能及时跟进则必将动摇中拉整体合作的基础。

当前，中国对拉美的投资与金融合作仍处于起步阶段，与拉美国家在社会制度、价值观和企业文化上的差异较大。中拉论坛的成立将为增加相互投资提供更多机遇，但是中国与拉美都缺乏了解和精通对方事务的人才，在进行相互投资的过程中难免会出现水土不服的现象。可以预见，在未来中拉经贸合作的版图中，不仅要解决贸易领域的结构性不平衡和同质竞争的问题，更要处理好投资过程中出现的各种问题与矛盾。

第三，必须考虑"美国因素"对中拉整体合作带来的不确定性。虽然拉美各国在实施多元化外交和推进地区一体化过程中对美国的依附性相对减弱，但是美国依然是影响拉美国家对外关系中的重要因素。美拉关系"脱而不离、斗而不破"的复杂局面将长期存在。[1] 今后美国仍将保持在拉美的地缘政治、经济和文化优势，对美关系仍将处于拉美各国外交中的首要位置。"尽管美国官方也承认，中拉经贸合作促进拉美经济繁荣，符合美国的利益，但对中拉关系发展的猜忌不会轻易消除，以'西半球安全利益'为名的警惕不会放松"。[2] 为了保持在西半球的霸权地位，美国不会坐视拉美地区一体化不断深化，也不会任由中拉整体合作的顺利开展。一旦美国认为中拉合作的深度和广度对美国利益构成了威胁，那么其必将采取一系列的预防或反制措施。

四 总结

在全球化深入发展的今天，中国与拉美各国都意识到全面深化中拉关系的重要性和必要性，中拉关系无论在双边还是多边舞台中都大有可为。中拉机制化整体合作虽然处于起步阶段，但它是建立平等互利、共同发展的中拉全面合作伙伴关系的重要一步。中拉机制化整体合作可以借鉴和吸取中非整体合作的经验和教训，但它并非一个简单的"复制品"。中拉整体合作是双方关系发展到一定阶段后需要进一步全面提升的产物，有其特殊的历史背景。

---

[1] 王友明：《构建中拉整体合作机制：机遇、挑战及思路》，《国际问题研究》2014年第3期，第111—112页。

[2] 左晓园：《中拉论坛：新平台、新起点、新机遇、新挑战》，"今日中国"官网，2015年2月4日。http://www.chinatoday.com.cn/ctchinese/chinaworld/article/2015－02/04/content_667192.htm。（上网时间2015年2月10日）

中拉论坛作为中拉机制化整体合作的重要平台，凸显了平等性原则。它为拉美各国提供了一个用"同一个声音说话"的场所，使得中拉整体合作推进过程中拉美各国的对外政策和意愿都得以体现。这不仅有利于推动中拉关系的全面转型升级，也有利于促进拉美地区一体化的深入发展。中拉论坛同时也是一个倡导结伴而不结盟的开放性合作平台，中拉发展全面合作伙伴关系不具有排他性，也不针对第三方。为了推进中拉整体合作的健康可持续发展，不仅需要加强中拉间的对话与协调，也需要增进与美国等第三方的交流与沟通，从而使各利益攸关方能够利用好中拉论坛这一平台，增加战略互信，扩大经贸合作，最终实现各方的互利共赢。

An analysis on the process and features of the overall cooperation of China-Latin America and the Caribbean

Summary: The convening of the First Ministerial Meeting of the China-CELAC Forum marks the translation of the vision for overall cooperation into reality. It marks that China achieves a full coverage of institutional cooperation with developing countries, which contributes to the development of major-country diplomacy with Chinese characteristics. This overall cooperation is a result of all-round growth of China-Latin America and the Caribbean relations rather than merely a copy of China-Africa relations. Owing to Latin America's specific economic, cultural and geographical features, China, Latin America and the Caribbean countries should explore a unique approach of cooperation to give full account to different interests and needs on the existing basis, thus bringing the partnership of comprehensive cooperation to a new height.

Keywords: overall cooperation; China-Latin America and the Caribbean relations; China-CELAC Forum

世界能源秩序转型中的中拉能源合作：
新秩序、新角色与新篇章

王 双

内容提要 当前，世界能源环境剧烈变化，催生着世界能源秩序的逐渐转变和新秩序逐渐成形。中国崛起成为世界能源秩序中的新角色，有着其独特的优势与行为特点。而拉美地区在世界能源秩序变迁中，也出现了新的变化，并反过来影响着世界能源秩序的转变。

中拉能源合作进入了新的阶段，展现了更多的潜力与活力，同时也面临一些现实问题。中国与拉美都是塑造世界能源新秩序的重要角色，中拉合作正日益成为构建世界能源新秩序的重要基石。

关键词 世界能源转型 中国新角色 拉美能源秩序 中拉能源合作

当今，全球资源刚性需求持续增长、供需矛盾不断加剧，世界政治经济格局深刻变化和全球资源竞争日趋激烈导致利用国外资源的风险和难度加大，国家间的竞争演变为以资源特别是极其重要的经济命脉能源的竞争为主线，这是催生世界能源新秩序产生的外部条件。

世界能源环境的渐变在孕育新的世界能源新秩序，中国在此过程中起到很强的塑造作用。拉美作为中国主要的能源来源地区，区域能源新秩序也在不断发酵生成，中国与拉美在能源领域的合作将深刻影响世界能源新秩序的形成，这对两者有着重要的战略意义。

一 世界能源秩序转型加快

　　油气资源心脏地带地缘政治的极其不稳定、全球经济低位徘徊致使国际大宗商品价格低迷，国际油价持续走低，使中东地区国家、委内瑞拉、俄罗斯等严重依赖石油收入的国家政治、经济、生态愈加恶化，进而影响到主要石油进口国的能源供应安全；以页岩气为代表的非传统化石能源的横空出世，成为油气生产行业的新增长点，"页岩气"革命的兴起很有可能导致世界油气中心从中东地区西移至南北美洲；在全球气候变化和减排压力之下，新能源、可再生能源新技术的不断突破创新与开发应用，对传统化石能源的产生愈加强大的竞争与替代作用；国际能源地缘政治版图也在实时变化，中国崛起的庞大需求、美国油气产量的急剧提高、传统能源供应地区（如中东、北非、俄罗斯）内外部政治、经济环境的剧烈变化而导致的油气地缘政治、经济格局的动荡，这些动态变量正在深刻改变着世界能源旧秩序，重塑着世界能源新秩序，世界能源秩序正经历前所未有的剧变。

　　上述一系列变量引致世界能源秩序结构性变化，从而催生着世界能源秩序的不断转型。转型主要体现在三方面。

　　首先，世界能源贸易模式正在转变。近年来，美国致密油气的快速开发，使美国完成了从世界第一能源进口大国向世界第一能源出口大国的转变。在需求一方，中国需求增长强劲，成为世界能源需求最大国家，引领世界能源需求重心从西方转移至东方。中美两大国供需身份的换位促使世界能源贸易结构转变，此种转变不仅将加剧改变中美两国能源安全与能源利益形势，也将对世界能源安全生产与贸易格局产生深远的影响，未来此种变局还将持续发酵。

　　其次，全球能源结构继续转变。BP 公司预计大部分的全球能源需求将继续依赖化石燃料。到 2035 年，化石燃料将满足 2/3 的新增能源需求。但可再生能源和非常规化石燃料以及天然气的比重将有所提高。

　　随着天然气清洁、低廉的价格优势凸显，天然气市场规模将不断扩大并日益全球化。天然气将成为增长最快和最清洁的化石燃料，其满足的需求增量是煤炭和石油的总和。与此同时，随着新兴亚洲经济体的工业化趋缓以及全球能源政策日益严格,预计煤炭将是增长最慢的燃料。[1]

最后,世界能源地缘政治结构持续转型。美国的"能源独立"及其快速成为世界第一能源供应大国无疑将增强其霸权地位,增加其欧洲盟友的能源供应安全,降低了其对俄罗斯的能源依赖,增强了欧美在世界、地区事务中主动性与结构性权力,相应地削弱了欧佩克、俄罗斯等传统能源供应国家的地缘政治地位。

中国作为最大的能源需求国家的崛起,对世界能源地缘政治结构的震动无疑是巨大的,中国在世界能源地缘政治中的作用和影响不断增强,同时布局中东、北非、拉美等能源丰富地区,在这些地区的能源地缘政治中的地位逐渐提升。随着对外能源投资、贸易活动不断增加,中国日益成为世界能源秩序转型中最重要的新角色。

二 中国在世界能源秩序转型中的新角色

以中国为领头羊的东亚地区正取代美国和欧洲成为中东地区油气资源的新买家,使全球能源需求的重心东移,因而中国也成为重塑全球能源新秩序的主变量。

在与欧美国家的能源互动中,中国及其国有石油(能源)公司与欧美国家传统石油公司在油气富裕地区的购买与投资的竞争也正在不断深入。

(一)中国在世界能源地缘政治中的新角色

中国作为全球能源地缘政治的新角色,日益改变和塑造着世界能源地缘政治版图。中国的长期目标是获得稳定的资源供应,以支持经济崛起过程中不断增长的能源需求,而这并非权宜之计。因此,中国在其周边及全球其他能源富裕地区不断展开了能源布局,成为世界能源地缘政治中的新角色。

为减少海上能源运输通道脆弱性对中国能源供应的安全的影响,中国意识到需要通过能源多元化战略减少对地缘政治动荡的中东的能源依赖程度。因此,中国日益重视通过陆上运输能源的获取,而俄罗斯,中亚的哈

---

[1] BP, *Energy Outlook 2035*, 2015, pp. 4 – 5.

萨克斯坦、乌兹别克斯坦，东南亚的缅甸等周边国家丰富的能源储备为中国能源安全战略转型提供了地缘政治优势。

中国与俄罗斯不断加深的战略合作伙伴关系是中俄两国在不断变化的新的世界政治经济环境下必然的战略选择。现阶段，两国在与周边国家关系、地区秩序等领域都在经受着沉重的地缘政治压力，需要彼此在政治、经济、军事上相互支持、加强合作，历史、现实、意识形态的接近使两国在新的局势下相互依存程度日渐加深。能源是中俄经济合作的重心，能源领域的成功合作也是两国合作实现双赢的典型。中国的能源投资、能源基础设施建设与技术、人才输出使俄罗斯长久埋藏在地下的能源资源成为现实的财富，而中国巨大的消费市场也为俄罗斯在欧洲国家进口减少、西方经济制裁的新的外部环境下提供了最强有力的替代选择和稳定的出口渠道。对中国而言，中国也通过投资俄罗斯的能源，降低了海上通道能源供应来源的脆弱性，增强了能源来源多元化，提高了能源供应安全，因此中俄能源合作实为双赢。

在中亚，中国与地区国家的能源关系也日渐密切，通过上海合作组织（SCO）的创建与合作功能不断深化，逐渐融入中亚地区能源事务，成为该次区域最为重要的地缘政治力量，同时继续加大里海周边地区能源投资力度与能源布局。

在东亚地区，美国的"重回亚太"战略影响着其关键盟友日本、越南、菲律宾、印尼、澳大利亚等对中国的态度，因而也影响着中国参与与这些国家的能源合作。在能源资源丰富的中国东海、南海地区，美国的插手、领土争议与资源纷争的现实使得该地区地缘政治日趋紧张，影响着中国的能源供应与海上能源运输通道安全。为了更好地保障未来危机时刻海上能源运输安全，中国同缅甸、巴基斯坦、孟加拉等周边国家加强合作，密切海运关系。

能源进口的增长使中国与主要出口地区能源联系日益密切，与阿联酋、沙特阿拉伯、科威特，甚至伊朗、伊拉克、叙利亚等国家建立能源关系，中国成为影响波斯湾地区地缘政治的重要角色，从而也对欧美国家在该地区的能源利益产生了一定挑战。

在西半球，中国通过在加拿大和委内瑞拉大力投资重油开发，成为继美国之后该地区最重要的地缘政治力量。在这些国家和地区，美国是传统的能源地缘政治的主导外部势力，中国在其"后院"影响日益壮大的事实,加深了美国的疑虑,现今,美国逐渐淡出拉美能源进口的同时,对拉美合作伙伴的权力与主动性较之以前却增强了。而中国广阔的需求使其有能力成为一个强有力的市场替代者,互利共赢的合作理念也给予拉美地区国家更多的照顾和舒适度,寻求开拓新区域实现能源供应的多元化,因此拉美地区成为中美竞争的新场地,地区地缘环境变得愈加复杂。

(二) 中国在世界能源秩序中的优势

作为世界能源领域的后来者,中国有自己的优势。

第一,首先是中国不以政治、人权等问题为评判标准,采取实用主义的态度,并注重互利双赢。不干涉内政是中国一向坚持的外交原则,而在对外经贸领域,中国注重务实,敢于贷款、投资于西方封锁、制裁、政治经济环境复杂的"问题"国家,中国投资者敢于尝试其他投资者不愿尝试的前沿新项目,中国在资源丰富地区的拉美、非洲等地区的投资爆发式增长,竞争力越来越强[1]。

同时,通过"工业产能合作",中国不吝向投资对象国"授之以渔",注重提升基础设施和人才水平,显然更有利于投资对象国经济的可持续发展和互利双赢。这是中国在西方处于统治地位的投资环境下,开拓合作空间的独特方式,同时也是中国在海外寻求多元化能源供应、能源安全与地缘战略的必然选择。

第二,中国的国家石油公司行为是国家战略意志的表达,有着深厚的资本后盾。随着竞争的不断升级,中国参与能源获取的手段从传统的直接购买到通过间接投资参与油气富裕国家的油气基础设施建设获取国有企业油气开发分成与股权,甚至是通过融资支持投资对象国国内非石油部门发展,以换取一定的油气控制权。

中国通过国家石油公司在海外收购石油股权的行为,以保障能源安全供应,实现能源来源多元化目标,中国强大的国家行政动员能力是这些目标得以实现的基础,与实现中国的崛起与可持续发展的国家战略紧密相关。因此,中国有着更强的动机与动能开拓海外市场,成为世界能源新秩

---

[1] Barbara Kotschwar, Theodore H. Moran, Julia Muir, "Chinese Investment in Latin American-Resources: The Good, the Bad, and the Ugly", *Peterson Institutefor International Economics Working Paper*, 2012, No. 12 – 3, http://www.iie.com/publications/wp/wp12 – 3.pdf.

序中最有影响力的塑造者。

第三，中国已经在全球可再生能源、清洁能源开发利用领域成为新的领导者。中国在水电、风能、太阳能等可再生能源的投资总量、装机总量、布局与技术研发等领域处于世界领导地位。可再生能源的快速发展，使中国在此代表未来世界能源新兴方向的领域内占据了巨大优势，也赋予中国在世界能源新秩序构建中最有利的话语权利。

（三）中国在世界能源秩序中的问题

第一，中国的能源政策框架是比较分散的，缺乏总体政策统筹。中国的能源安全政策不是一个连贯统一的战略，而是一些各自行动的集合——有些协调，有些不协调，有些是国家推动的，有些是依赖市场和贸易。[①]

第二，中国的国有石油公司问题。政府给予国家石油公司很大的权力。有时石油公司利益和国家利益不一定统一，石油公司控制的股权石油并不一定全部流向中国国内而不在国际市场销售。

受一系列商业动机驱使，中国的国家石油公司基本态度和行为还是以市场为导向、以公司为核心的，而不是肤浅地照搬政府的"走出去"战略。[②] 因此，中国政府越来越多地了解和不断革新能源战略与思想，认识到能源安全的重商主义做法的局限性。

第三，中国石油公司在国外开发油气田面临许多困难与风险，致使能源计划与战略难以实现。比如，西方的跨国石油公司提前垄断、瓜分了世界高品质的油气田，而中国的进入将面临很高竞争风险；在能源布局中，中国作为能源领域的后来者，所投资的国家和地区很多都是西方国家和公司不愿意去开发的政治风险高、社会安全度低的地区，如伊朗、苏丹、缅甸、乌兹别克斯坦、委内瑞拉、古巴等。还对开采成本大、油品质量不高的地区也有所涉及。

此外，一些国家的能源政策有着很大不确定性，如保护主义、国有化油气资源政策等（以拉美地区为代表），使中国在这些国家的能源投资面临不可控的政治风险等。

[①] Kenneth Lieberthal、Mikkal Herberg：《中国对能源安全的研究：给美国政策的启示》，《中国与世界观察》2007 年 1 月第 3 期，第 6 页。

[②] 同上。

第四,中国的"不干涉原则"具有一定的局限性。一方面,中国"不干涉主义"具有很强的"应变性"(accommodative),使被投资国家对新兴的中国寄予很高期望,意图通过与中国合作逐渐完成对北美和欧洲投资的替代。

然而另一方面,中国的强"应变性"往往会与本地较为严格的环境、劳工标准相冲突,中国的投资与消费所引起的不断扩张的资源开采活动不可避免地对本地环境与社会造成了一定的负面影响。这就不可避免地引起了西方媒体对"新依附"、"新殖民主义"的担忧[1]。

三 拉美地区能源秩序:变革与趋势

拉美地区化石能源储量世界第二位,仅次于中东地区。排除深海地区与页岩气等非常规化石能源,其储量依然占据世界总储量的20%。此外,根据EIA和高级资源国际(ARI)的报告显示,液化丰富的页岩气形态在拉美地区非常丰富,且分布广泛,比如阿根廷的哇卡穆尔塔、墨西哥的伊格尔福特、巴西的蓬塔格罗萨、哥伦比亚与委内瑞拉共有的拉鲁那等地区[2]。

(一) 化石能源政策变化与改革

受世界经济增长乏力和主要贸易伙伴进口需求不足的影响,拉美和加勒比地区经济增长持续下滑。在委内瑞拉、墨西哥、阿根廷等地区国家石油产量衰退,拖累了整个地区。拉美地区最引人瞩目的产量增长来自巴西,巴西的海上盐下油吸引了众多国际石油公司的参与。而哥伦比亚凭借着持续而管理有序的经济改革已创造出对投资友好的项目发展环境,近年来石油产量不断增长。

拉美地区有着深厚的资源民族主义情怀,针对能源的保护主义的政策和措施在21世纪以来的新一轮资源民族主义潮流影响下也层出不穷,这极大地打击了投资者的积极性。

而近期情况出现了转机,一些地区国家的改革与变化正在不断酝酿。由于国际油价的一路走低,政府石油财政收入减少,这些国家不得不寻求外部

---

[1] Vicente R G, "The Political Economy of Sino-Peruvian Relations: A New Dependency?", *Journal of Current Chinese Affairs*, 2012, Vol. 41, No. 1, pp. 97–131.

[2] Lucian Pugliaresi, "Will Latin America Join Petroleum's New World Order?" *Oxford Energy Forum*, Issue 98, November 2014, p. 11.

援助与投资，以渡过经济难关。

巴西与哥伦比亚已经给予了切实的投资优惠条件，并出现了积极的增长。值得一提的是，巴西能源的政策开放也给中国企业带来了进入巴西市场的机会，中国中石油、中海油也参与了巴西的利不拉油田盐下油开采项目，并获得20%股权。

随着北美页岩油气产量的急剧增加，墨西哥石油主要进口国美国对其石油的进口大大降低，美国在墨西哥石油能源方面的利益也随之下降。国际油价的不断走低使墨西哥国有企业 Pemax 面临更严峻的生产环境，促使其不得不需求更多的国际合作与投资，在能源改革与新的立法配套完善的投资环境下，墨西哥历史上能源部门最开放的时代或将来临。

委内瑞拉新领导人马杜罗上台后面临脆弱低迷的经济状态，意图通过与中国等意识形态接近的新兴投资者展开国际合作的意愿增加，以促其高度垄断的能源开发，缓解其经济社会压力。而与其有相似内部环境的阿根廷，也在努力寻求国际援助，争取更多的国际融资以开发其丰富的能源，特别是页岩气资源。

古巴值得重点关注。近期美古关系实现了从传统敌对到关系正常化的急剧转变，这无疑将对整个地区的地缘政治产生重要影响。将使美国在该地区的影响力和掌控能力变得更加强大，古巴也将得到一定的政策优惠。在经济领域，古巴也表现出积极的开放姿态，与美国的外交关系正常化是其开始接受市场化和全球化的第一步，未来该国的能源资源开发或将引来更多国际资本的注入。而拉美左派掌权、政策较为激进的国家厄瓜多尔、玻利维亚等国家也逐渐显现一些细微的政策变化。

但不确定性因素却依然存在。首先是这些变革所能维持的时间、实现的效果还需进一步观察；其次，先进的开采技术、成熟的新生产工艺、持续的投资带来的长期合同以及政治风险等都是影响产量稳定增长的重要因素[1]。

（二）可再生能源领域蓬勃发展

在全球气候变化与减排任务不断加剧的背景下，可再生能源的开发对国家能源安全与可持续发展具有重要的战略意义。拉美地区是世界上可再

---

[1] Lucian Pugliaresi, "Will Latin America Join Petroleum's New World Order?", *Oxford Energy Forum*, Issue98, November 2014, p. 13.

生能源利用水平最高的地区,如巴西、秘鲁、委内瑞拉、巴拉圭和哥伦比亚的水能,阿根廷、巴西、哥伦比亚、哥斯达黎加的生物燃料,巴拉圭、墨西哥、萨尔瓦多、尼加拉瓜、哥斯达黎加和危地马拉的地热能源,巴西、墨西哥和智利的风能等,在地区甚至全球范围内都处于领先水平。

在拉美地区,由于拥有部分全球最优质的风能和太阳能资源以及相对高企的天然气价格,集中式可再生能源将变得非常具有竞争力。例如在巴西,从 2020 年开始,新的陆上风电将获得最便宜的平准化度电成本,大型光伏在 2025 年左右也将变得非常有成本竞争力。在拉丁美洲的北部,预测分布式光伏在长期而言仍然是主角。到 2040 年,拉丁美洲的新增装机中有 26% 来自分布式光伏。[1]

巴西是世界可再生能源开发利用的佼佼者和地区领导者,其水电能源、生物能源的利用具有世界一流水平。巴西政府鼓励可再生能源在电力、交通等经济部门的使用,特别是在对具有相对优势的水电、生物能等可持续能源进行强有力的引导与扶持上,取得了良好的成效。近几年,巴西水电、风电、太阳能等可再生能源的装机容量世界领先。

2014 年巴西 76 亿美元的可再生能源投资列世界第四位,增量居世界首位,而墨西哥、智利等国家可再生能源投资也超过 10 亿美元。若将风投/私募股权投资、公开市场、金融资产投资等包括在内,两国投资额分别达到 20 亿美元和 15 亿美元。近两年两国投资逐年增长,2014 年与 2013 年分别增长了 10% 和 17%。[2]

墨西哥是地区可再生能源开发利用的另一个领导者。丰富的风电、太阳能、地热能和水电资源,以及对新的、更加经济的发电装机容量的需求,正在为墨西哥的可持续能源投资活动注入强大的动能[3]。近来由于欧美大规模可再生能源开发项目的急剧减少,引起了墨西哥的注意。墨西哥巧妙利用世界可持续能源投资开发的低迷期,将其可持续能源推向国际市场。2014 年,墨西哥风能产量达到历史最高点,占 86% 的可再生能源

---

[1] 彭博新能源财经:《新能源展望报告 2015——美洲》,2015 年 7 月 9 日。

[2] Frankfurt School-UNEP Centre/BNEF, "Global Trends in Renewable Energy Investment 2015", 2015, pp. 15, 53.

[3] 彭博新能源财经,《墨西哥和中美洲——正在崛起的清洁能源投资增长引擎》,2014 - 8 - 19。http://about.newenergyfinance.com/about/content/uploads/sites/4/2014/08/BNEF_ PR_ 2014 - 08 - 19_ Mexico-and-Central-America-Update_ CN. pdf。

投资。

近期，由于世界经济不稳定造成的低迷的投资氛围和低位的能源价格，使拉美和加勒比地区的可再生能源开发变得比较缓慢。与此同时，拉美地区有着较高可再生能源利用水平的国家如巴西、阿根廷、哥伦比亚和智利等，已开始探索设计更长远的战略目标、制度框架，以开发可再生能源资源，推广绿色科技。

四 中拉能源合作的新篇章

（一）中拉能源合作步入新阶段

中国国家领导人对拉美地区出访为中拉关系开辟了新的历史起点，展示出中国对拉美地区的日渐重视，也取得了丰硕成果。其中，能源领域合作成果丰富。2014年7月习近平主席对巴西、阿根廷、委内瑞拉和古巴拉美四国的访问，在能源、矿业、新能源、基础设施等领域签订了巨额合作协议。2015年5月李克强总理对巴西、哥伦比亚、秘鲁、智利四国进行访问，签署了涉及经贸、金融、能源等领域的多项合作文件，并首次提出了中拉产能合作"3×3"模式，为实现中拉合作新模式与中拉合作升级打下了坚实的框架基础。其中涉及的共同建设物流、电力、信息三大通道，与能源合作也息息相关。

2015年1月8—9日，中拉论坛首届部长级会议在北京召开，开创了中拉整体合作的新阶段。"1+3+6"的中拉务实合作框架成型，以贸易、投资、金融合作为动力，推动中拉务实合作全面发展，力争实现10年内中拉贸易规模达到5000亿美元，力争实现10年内对拉美投资存量达到2500亿美元，其中"能源资源"作为中国在拉美的重点投资领域，列六大重点合作领域之首，在中拉合作中占据重要地位。

中国在拉美地区的经济影响力和经济利益不断增长。从贸易方面看，中拉贸易额急剧增长，从2000年到2014年双边贸易额增长了22倍。现今中国已是拉美地区第二大贸易伙伴[1]，中国已取代美国成为拉美地区最重要的经济体巴西的最大贸易伙伴，中国也已成为拉美地区阿根廷、墨西

---

[1] Alicia Bárcena, "China and Latin America: Diversification Is the Key Word", CEPAL, May 2015. http://www.cepal.org/en/articles/2015-china-and-latin-america-diversification-key-word.

哥、哥伦比亚、秘鲁、智利、厄瓜多尔、委内瑞拉、哥斯达黎加、古巴等主要经济体最大或第二大贸易伙伴。而在中拉贸易中，农业及矿产、能源类的初级产品占据70%以上。随着中国经济的不断发展与能源需求的不断增加，中国与该地区国家的能源贸易紧密程度还将继续提高。

拉美地区国家与中国的经济合作多以中国的投资形式实现，特别是能源领域，而这正是拉美地区国家经济发展所亟须的。2015年在整个拉美和加勒比FDI下降16%的背景下，来自中国的FDI却一枝独秀。据拉美经委会统计，2010—2013年每年中国流入拉美和加勒比地区FDI都达100亿美元，而2014年这一数据还将继续攀升，这是由于中国企业参与了一些该地区最大的并购，仅购买秘鲁的拉斯班巴斯矿就耗资70多亿美元[①]。

（二）中拉能源关系进一步深化

进入21世纪以来，中拉经济合作谱写着新篇章，经贸合作无论从规模还是质量都上升到了新的高度，而能源合作作为中拉经贸合作的重点领域，也随之进入了一个新的时代。中国成为拉美地区油气资源的最具实力的进口国，中国巨大的消费市场、雄厚的资本与技术，与拉美地区丰富的能源资源，资源禀赋互补性明显。随着中国对拉美地缘政治地位的日益重视和经贸往来的日益紧密，中拉能源合作关系也掀开了新篇章。

对能源领域的贷款和融资是中国在拉美地区的重要投资手段，中国采取的策略往往是通过强大的资本后盾，与相关国家签署"贷款换石油"协议换取油气资源，获取股权与开发权，以多元化能源来源，保障自身能源安全。而"贷款换石油"也在委内瑞拉、巴西、厄瓜多尔等对象国家融资困难时及时补充了资本，是在国际融资缺位的环境下必要的替代。

中国在拉美的投资形式除了传统的油气资源，还涉足非传统化石能源，如巴西的盐下油项目。此外，中国在可再生能源领域技术和经验丰富，在可再生能源丰富、使用程度很高的拉美地区国家大有用武之地，尤其是在发电、光伏太阳能等项目上的合作正成为中拉能源合作的新增长点。

---

① CEPAL, "Foreign Direct Investment in the Region Fell 16% in 2014 after a Decade of Strong Expansion", May 27, 2015. http://www.cepal.org/en/pressreleases/foreign-direct-investment-region-fell-16-2014-after-decade-strong-expansion.

现今，在拉美地区能源地缘经济关系中，一个重要的变化是拉美与中国的贸易总量在快速增长，而同时拉美与美国的贸易总量却在缩减。随着能源合作关系变化，中国与美国在拉美地区的影响力对比也正在不断变化，此消彼长。展望未来，中拉能源合作前景十分广阔，中拉能源合作关系将进一步深化。

(三) 中国模式的替代效应显现

由于美国追求能源独立，对拉美国家资源依赖性变得更小，美国成为拉美地区越来越不可靠的能源贸易伙伴。而一方面，中国模式成为自由市场的一种有效替代模式，被新兴市场国家所纷纷效仿与推崇[1]。

某种意义上，中国在改变地区的地缘政治与地缘经济力量对比状态的同时，还提供了至少一个传统西方主导模式的替代选择。西方是"更广、更复杂且更商业化的角色"[2]，中国境外投资在很大程度上都是受西方工业发展模式的驱动，不同的是中国具有强大的"应变性"，中国的模式表现得更专业、更简化、更务实，是中国实用主义原则的集中体现。通过对资源领域的大力投资，中国提升了在拉美地区资源丰富国家的地位，并减少了这些地区国家对西方发达国家的金融（一定程度上还有技术）依赖。该地区一些国家对中国寄予很高期望，意图通过与中国合作逐渐完成对北美和欧洲投资的替代。

在拉美，中国作为一个主要外部力量的出现，暗合了该地区许多国家向"左"转、强烈反美主义复兴、本土平民主义以及经济民族主义[3]。而中国在拉丁美洲的能源投资开发行为却较为谨慎，强调其商业属性，而尽量避免政治关联与意识形态的议题，如在查韦斯时期的委内瑞拉所表现出来的那样。然而，以中国为中心的跨太平洋联系开始挑战，甚至在有些地方开始替代拉美传统的跨洲和跨大洋定位[4]。

---

[1] Hal Weitzman, "ResourceNationalism: BeyondIdeology", *Americas Quarterly*, Winter 2013, pp. 121 - 124.

[2] "Kagame Attacks West's 'Exploiters'", *Financial Times*, Feb. 12, 2010.

[3] Jorge G. Castaneda, "Latin America's Left Turn", *Foreign Affairs*, Vol. 85, No. 3, 2006, pp. 28 - 43.

[4] ［英］菲利普.安德鲁斯-斯皮德、罗兰德.丹罗伊特著：《中国、石油与全球政治》，张素芳、何永秀译，社会科学文献出版社2014年版，第212页。

(四) 中拉能源合作中的问题

在中拉合作不断加深的同时，当然还面临着许多问题，主要问题有：

1. 资源民主主义。国家对越来越稀缺的资源的掌控是凝聚民族和推动民族主义运动的重要原则。近年来，随着全球金融危机后世界经济的逐渐复苏，拉美地区能源富裕国家实施能源民族主义的政策与措施日渐增多，对中国在该地区的能源投资安全造成了一定的负面影响。

拉美地区作为中国重要能源来源地区，其政治动态与思潮对我国的能源供应安全意义重大，该地区资源富裕国家的资源民族主义复兴对中国在该地区的能源投资安全造成的影响正日益显现，因此亟须制定政策与策略，以保障我国的能源安全。

2. "石油换贷款"模式困境。为获取高速经济发展所需的能源资源，在拉美地区，中国以国家对国家模式向一些国家政府提供巨额贷款，这些贷款几乎没有附带条件，但是也缺乏透明度。这种模式大都在一些投资风险较高、各方势力交汇、政治经济环境复杂的资源富裕国家，且这些国家往往都有着深刻的民族主义情结和左翼政治动向。

例如，委内瑞拉是中国"贷款换石油"政策的重要实践国家，据美洲国家对话组织的数据显示，中国已16次向该国提供贷款，总额达563亿美元，其中大约200亿美元尚未得到偿还[1]。分析原因，除自身经济状态低迷外，还与该国政府资源民族主义倾向有着重要联系，致使中国"石油换贷款"模式面临巨大的风险。

3. 与美国的地缘政治竞争。中国对拉美原材料进口、投资规模猛增是受到中国对拉美商品需求所驱动的，这与中国国内从劳动力密集的轻中工业到资本密集的重工业的发展轨道紧密相关。贡萨洛·帕斯论述道："2004年，中国干劲十足地进入了传统上被视为美国'后院'的地缘政治和地缘经济空间：拉丁美洲"[2]。

中国企业在拉美地区的投资不可避免地在美国国内激起了强烈的反应。美国的一些鹰派认为，中国进入拉美地区"潜在的野心是减弱美国

---

[1] FT中文网：《中国应从委内瑞拉危机中吸取教训》，2015-1-26。http://www.ftchinese.com/story/001060318。

[2] G. S. Paz, "Rising China's Offensive in Latin America and the US Reaction", *Asian Perspective*, Vol. 30, No. 4, 2006, p. 96.

在拉丁美洲的传统影响"①。美国现实主义者忧虑中国的势力在拉美地区不断扩大将在美国"后院"内建造另一个新兴的领导者,在获取稀缺原材料特别是石油方面,对美国的国家安全构成挑战。另一方面,拉美地区国家有更大的主动权打中国牌,增强了其对美关系的独立性。因此,中国在西半球力量的存在被看做对美国权力和地缘政治地位的侵蚀②。

虽然能源独立性增强,美国却并不愿意放弃对全球石化能源的控制,特别是在其认为具有重要战略意义拉美地区。这就给中国在拉美地区积极寻求可持续的能源供应的活动带来了诸多问题。中国的崛起需要不断提升的、巨大的能源需求,也会伴随着美国的阻力与战略围堵,特别是在其视为传统势力范围的拉美地区,针对油气的地缘政治角逐将更多地在中美两个大国之间展开。

五 结论

"世界能源新秩序的重塑,离不开更有现实意义的全球能源治理架构的重新建立。"③ 中国、拉美作为新兴市场国家的领导者和重要地区,积极倡导全球治理变革与转型,应是这种治理架构成型的重要推动者,将为塑造公平、开放、透明、充满活力的世界能源新秩序增添能量。而中拉能源领域的紧密合作则是主要推动力。

世界能源理事会认为,世界的能源体系正处于一个临界点,我们今天所作的决定将影响未来几十年的生活。未来能源领域有三大主要问题:未来气候框架协议和二氧化碳排放代价的持续不确定性;显著的能源价格波动和投资不确定性;以及全球经济衰退的大背景④。

围绕这三大问题的大背景,国际组织与世界各国的应对之策与它们之

---

① J. T. Dreyer, "From China with Love: P. R. C. Overturns with Latin America", *Brown Journal of World Affairs*, Vol. 12, No. 2, 2006, pp. 85–98.
② Detlef Nolte, "The Dragon in the Backyard: US Visions of China's Relations toward Latin America", *Papelpolitico*, Bogotá, Colombia, Vol. 18, No. 2, 2013, p. 589.
③ FT中文网,《中国将主宰世界能源格局》[EB/OL], 2014-9-23。http://www.ftchinese.com/story/001058320? page = rest。
④ 世界能源理事会(World Energy Council, WEC):《世界能源格局》,2013年,第6页。http://www.worldenergy.org/wp-content/uploads/2014/04/WEC_16_page_document_21.3.14_CH_FINAL.pdf。

间的互动，将产生更多变量和未知因素，这将进一步促进国际能源秩序的转型，孕育、催化，并最终产生新的世界能源秩序。在此过程中，能源领域的新兴力量中国和能源资源储备丰富的拉美地区的作用毋庸赘言，中拉能源合作将对世界能源新秩序重塑起到画龙点睛的作用。

China and latinamerica in the transition course of world energy order： New order new character and new stage

Abstract：Nowadays, the world's energy environment is suffering dynamic changes, gave rise to the gradually transition of old world energy order and the birth to the new one. China's rise and become a new role in the world energy order, possessingher unique advantages and behavior characteristics. Meanwhile, the Latin American region is changing as well in the transformation course of the world's energy order, and affecting the world's energy order vice verse.

The Sino-Latin Americaenergy cooperation has entered a new stage, which has exhibited more potential and vitality, but it also faces some practical problems. However, both China and Latin America are important roles of shaping the world energy new order, the cooperation between themis increasingly becoming the crucial cornerstone to build up the new world energy order.

Key Words：Transformation of World Energy　Order China's New Character　Latin American Energy Order Energy　Cooperation Between China and Latin America